U0534339

本书为国家社科基金一般项目"档案记忆再生产研究"(项目批准号:19BTQ093)结项成果

档案记忆
再生产研究

丁华东 著

中国社会科学出版社

图书在版编目（CIP）数据

档案记忆再生产研究 / 丁华东著. -- 北京：中国社会科学出版社，2025.2. -- ISBN 978-7-5227-4679-1

Ⅰ．A811.66；G279.21

中国国家版本馆 CIP 数据核字第 20257GF096 号

出 版 人	赵剑英
责任编辑	安　芳
责任校对	张爱华
责任印制	李寡寡

出　　版	中国社会科学出版社
社　　址	北京鼓楼西大街甲 158 号
邮　　编	100720
网　　址	http://www.csspw.cn
发 行 部	010-84083685
门 市 部	010-84029450
经　　销	新华书店及其他书店

印　　刷	北京明恒达印务有限公司
装　　订	廊坊市广阳区广增装订厂
版　　次	2025 年 2 月第 1 版
印　　次	2025 年 2 月第 1 次印刷

开　　本	710×1000　1/16
印　　张	29
插　　页	2
字　　数	466 千字
定　　价	168.00 元

凡购买中国社会科学出版社图书，如有质量问题请与本社营销中心联系调换

电话：010-84083683

版权所有　侵权必究

目录 CONTENTS

绪　论 ·· 1
　一　研究缘起 ·· 1
　二　研究意义 ·· 6
　三　研究路线 ··· 12
　四　研究创新 ··· 20

第一章　档案记忆再生产研究的思想土壤 ····································· 25
　一　记忆再生产思想的历史探源 ··· 25
　二　马克思主义社会再生产思想 ··· 38
　三　中外文化再生产理论的兴起 ··· 50
　四　社会记忆研究中的再生产意蕴 ·· 62
　五　社会记忆再生产的普遍存在 ··· 76

第二章　档案记忆再生产的内涵阐释 ·· 89
　一　档案记忆再生产的概念与性质解析 ······································· 89
　二　档案记忆再生产的基本类型与特征 ····································· 101
　三　档案记忆再生产的系统要素与结构 ····································· 112
　四　档案记忆再生产的运行模式与机制 ····································· 124

第三章　档案记忆再生产的正当性分析 ……… 137
　　一　档案记忆再生产的社会根基性 ……… 138
　　二　档案记忆再生产的历史真实性 ……… 150
　　三　档案记忆再生产的行为合法性 ……… 163
　　四　档案记忆再生产的现实合理性 ……… 175

第四章　档案记忆再生产的生产过程 ……… 186
　　一　档案记忆再生产的生成环节 ……… 186
　　二　档案记忆再生产的加工环节 ……… 198
　　三　档案记忆再生产的传播环节 ……… 210
　　四　档案记忆再生产的消费环节 ……… 222

第五章　文本再造：档案记忆形式再生产 ……… 236
　　一　档案记忆形式再生产及其文本再造性 ……… 237
　　二　档案记忆形式再生产的原生文本生成 ……… 248
　　三　档案记忆形式再生产的次生文本转化 ……… 259
　　四　形式再生产与档案记忆资源累积 ……… 272

第六章　内容叙事：档案记忆内容再生产 ……… 284
　　一　档案记忆内容再生产及其叙事性 ……… 285
　　二　档案记忆内容再生产的叙事组织 ……… 295
　　三　档案记忆内容再生产的叙事表达 ……… 308
　　四　档案记忆内容叙事的冲突与调和 ……… 319

第七章　意义阐释：档案记忆意义再生产 ……… 332
　　一　档案记忆意义再生产及其阐释性 ……… 333
　　二　档案记忆意义再生产的目的性阐释 ……… 345
　　三　档案记忆意义再生产的价值性阐释 ……… 355
　　四　档案记忆意义再生产的成效性阐释 ……… 367
　　五　档案记忆意义阐释与文本经典化 ……… 380

第八章　档案记忆再生产的伦理关怀 ········· 392
　　一　档案记忆再生产的伦理问题 ············· 392
　　二　档案记忆再生产的责任伦理 ············· 403
　　三　档案记忆再生产的公平伦理 ············· 415
　　四　档案记忆再生产的正义伦理 ············· 428
　　五　走向社会记忆的理解与和解 ············· 439

总结与展望 ······································ 451

主要参考文献 ···································· 454

后　记 ·· 457

绪　论

英国历史学家柯林武德（R. G. Collingwood）指出，人不仅生活在一个"事实"的世界里，也生活在一个"思想"（思维、观念）的世界里，思想变了，世界也随之转变。美国科学哲学家伯纳德·巴伯（Bernard Barber）也提出科学"本质上是一种动态事业"，"无止境地改进概念框架，把动力因素引入到科学活动之核心。人类理性以这种方式承担着未尽的动力来改变天地"。[①] 今天，从社会再生产角度探视档案记忆现象，可以发现其中所使用的概念和思维框架发生了新的变化，也触发我们对档案记忆现象的新思考，这是档案记忆问题的自然延伸和再度阐释，是从性质、功能分析向"记忆实践"的新转向。德国汉诺威大学教授哈拉尔德·韦尔策（Harald Welzer）说："探索附带的社会记忆实践不仅是一件必要的事情，而且也是一种极其引人入胜的尝试。"[②] 从当前的社会记忆发展趋势看，社会记忆的实践研究已经不只是处于"附带"的地位，它正在成为学术的一种主流，按陈寅恪先生的话说即是学术"新潮流"。

一　研究缘起

自20世纪90年代以来，档案学逐渐步入"记忆殿堂"，记忆问题成为档案学研究的新增点和新风景，学者围绕档案与社会记忆的关系，档案的

[①] ［美］伯纳德·巴伯：《科学与社会秩序》，顾昕等译，生活·读书·新知三联书店1991年版，第22页。

[②] ［德］哈拉尔德·韦尔策编：《社会记忆：历史、回忆、传承》，季斌等译，北京大学出版社2007年版，"社会记忆（代序）"第10页。

（社会）记忆属性（质性）与结构，档案与社会记忆传承、建构、控制和保护，档案记忆展演与能量释放，档案与国家、民族、个人身份认同，国家（数字、口述）档案记忆资源建设、档案记忆工程等问题展开了多方面探讨，形成了一批有影响的研究成果。人们普遍认识到档案是一种社会记忆形态，含有"集体记忆的关键"；档案工作是一项社会记忆传承、建构、控制和保护性工作；档案馆是"记忆宫殿""记忆的保存场所"；档案工作者是社会记忆守护者、记忆建构中介者和记忆资源组织者；档案记忆工程是档案部门自觉的、有组织的社会记忆抢救与保护行动。档案记忆研究活动的展开与成果的积累，孕育并推动着档案记忆理论范式的发展。在此基础上，提出并探究"档案记忆再生产"，是对档案记忆研究的反思与推进，旨在推动档案记忆理论在强固档案记忆本体的基础上，迈向一种记忆实践的研究。

1. "档案与社会记忆"框架的局限

反思和批判是学术发展的动力。反观档案记忆研究以来的学术探索，可以发现其中暗含着一个"档案与社会记忆"的逻辑线索或思维框架，引导学者将档案作为社会记忆建构的条件要素或资源，置于社会记忆的分析体系中，以此探索发现档案的社会记忆功能和资源建设要求。这一框架的优势在于我们从"社会—文化"的模式来分析阐发档案记忆、档案资源、档案工作的社会价值和社会意义，但也存在诸多缺陷：一是容易导致载体论。即认为档案是社会记忆的载体，不是记忆本身。时至今日，在学术研究中仍可听到"档案具有社会记忆属性，但不是社会记忆"的声音，档案作为社会记忆本体或形态的观念还不够强固。二是容易导致建构论。即遵循社会记忆建构观的学术思维，突出档案是社会记忆的建构性资源和要素、档案工作是社会记忆建构性行为。这种建构论虽然看到了档案在社会记忆建构中的作用，但无法全面解释和揭示档案记忆（资源）自身留存、保管、保护的内在规律、内在机制或行动逻辑。三是容易导致操控论。即认为对档案记忆的管控行为是国家政治权力对社会记忆权力的"宰制"，难以看到档案记忆行为控制的合理性与合法性，中外档案学中对档案记忆建构的批判充分反映了这一点。四是体系性不足。虽然我们努力建构档案记忆理论体系，但目前来看还不能说有显著的成功，一方面我们在档案与社会记忆传承、建构、控制、保护之间还难以做到有效统合；另一方面在学术论述中，我们还在不停地使用"档案与社会记忆……""社会记忆视角下的档案……""基于社会记忆理论视角的档案……"等方式来表达研究主题或研究问题，档案记忆研究的本体性难以凸显，理论体系难以凝练，以至于有学者仍在使用"档案记忆观"，不愿肯定甚至反对档案记忆理论的存在。

　　理论建设向来就不是一蹴而就的，需要持续、长期、艰苦的耕耘，运用"档案记忆再生产"作为一种新的逻辑思维和研究框架，不仅可以转换我们的研究立足点，也有利于对相关研究成果进行整合，或许它不能解决上述所有问题，但一定可以让档案记忆研究再次发力。

2. 社会记忆理论运用的反思与批判

　　20世纪80年代以来，随着法国社会学家莫里斯·哈布瓦赫（Maurice Halbwachs）《论集体记忆》、历史学家勒高夫（Jacques Le Goff）《历史与记忆》、皮埃尔·诺拉（Pierre Nora）《记忆之场：法国国民意识的文化社会史》（主编）、哲学家保罗·利科（Paul Ricoeur）《记忆，历史，过去》；美国文化人类学家保罗·康纳顿（Paul Connerton）《社会如何记忆》；德国学者哈拉尔德·韦尔策《社会记忆：历史、回忆、传承》（主编）、扬·阿斯曼（Jan Assmann）《文化记忆：早期高级文化中的文字、回忆和政治身份》、阿莱达·阿斯曼（Aleida Assmann）《回忆空间：文化记忆的形式与变迁》《记忆中的历史》等一批经典记忆论著的译介，社会记忆（集体记忆、历史记忆、文化记忆）研究已成为我国学术界不可忽视的学术文化现象。档案记忆研究既是对社会记忆理论引鉴、运用的过程，也是对其解读、理解和反思的过程，尽管社会记忆理论已显示其强大的学术影响力和解释力，但其在档案学领域的运用仍有许多问题值得反思和探讨。比如社会记忆建构观，自哈布瓦赫以来一直是社会记忆的理论根基和研究传统，这里且不论哈布瓦赫对社会记忆建构的连续性、客观基础等方面重视和论述上的不足［对此美国社会学家刘易斯·科瑟（Lewis A. Coser，科塞）在为哈布瓦赫《论集体记忆》所作的"导论"中做过详细分析与批判］，单就记忆对象（事项）是人为"建构"的来说，就容易造成对历史客观性的否定，容易导致历史虚无主义；同时，就记忆事项的呈现或叙述而言，当其不确定、不清晰、不定型时，可以将其发掘、加工、形塑称为"建构"性行为，而当其定型化之后，对其复制、传播、分享、利用，是否仍使用"建构"？再如，哈布瓦赫提出社会记忆只有在社会交往（互动、沟通）中存在，为弥补其不足，扬·阿斯曼和阿莱达·阿斯曼提出"文化记忆"理论，注意到各种文化记忆形态和影响（功能），但并未太多关注文化记忆（事项、制品、资源）的加工、组织、利用行为，更未注意到文化记忆传播者与接受者的态度问题。

文化记忆理论是对社会记忆（集体记忆）理论的补充或延伸，说明社会记忆具有各种不同的形态：群体记忆、文化记忆、历史记忆、媒介记忆、物化记忆、国家记忆、民族记忆等，不同记忆形态在其形成、转化、利用、积累、历史演化上各有不同的表现，而其行为、过程与结果具有反复、连续、循环等特征，现有的社会记忆理论对此探讨尚不够充分，有待结合具体对象加以深化。

3. 社会记忆再生产研究的新近出现

21世纪以来，社会记忆再生产思维已渐露端倪，其思想既寓含在社会记忆研究成果之中，同时也有直接论述。戴尔·艾克曼（Eickelman D. F.）以伊斯兰教育为例阐述了记忆具有社会再生产功能；[①] 莫妮卡·乔巴努（Ciobanu M.）提出社会记忆通过连续的传记式再生产给人一种认同感和归属感[②]。阿莱达·阿斯曼在《回忆空间》中提出"记忆不再仅仅是一种复制的能力，而是一种确确实实具有生产力的能力"[③]。阿斯切（K. V. Assche）也认为"研究表明，记忆需要再生产和选择，依赖于其保护者和推动者，可以在特定范围内被工具化"[④]。我国台湾学者蔡政良曾以都兰阿美人为例，探讨该部落内部如何将社会记忆转化成为一种协调外部力量的资本。[⑤] 南京大学陈蕴茜教授从仪式、纪念日、空间政治等方面分

[①] Eickelman D. F., "The Art of Memory: Islamic Education and Its Social Reproduction, Comparative Studies in Society and History", *Comparative Studies in Society and History*, Vol. 20, No. 4 (October 1978), pp. 485 – 516.

[②] Ciobanu M., "Remembering the Romanian Anti-Communist Armed Resistance: An Analysis of Local Lived Experience", *Eurostudia*, Vol. 10, No. 1 (July 2015), pp. 105 – 123.

[③] ［德］阿莱达·阿斯曼：《回忆空间：文化记忆的形式和变迁》（简称《回忆空间》），潘璐译，北京大学出版社2016年版，第24页。

[④] Van Assche K., Teampău P., "Narratives of Place and Self", in *Local Cosmopolitanism*, Switzerland: Springer International Publishing, 2015, pp. 57 – 86.

[⑤] 蔡政良：《记忆作为一种资本：都兰阿美人的社会记忆再生产案例》，d929802@oz.nthu.edu.tw。

析了孙中山记忆的再生产,以及这一记忆符号与现代民族国家认同的互动关系。① 浙江大学李红涛与四川大学黄顺铭"将重心放在机构性媒介及其记忆生产活动上",探讨"在各类媒介场景和媒介生产过程与表现实践中,南京大屠杀如何被中介化、被表征并被建构为文化创伤,创伤记忆又如何被再生产出来"。② 此外,面对社会变迁中社会记忆保护问题,我国一些学者通过案例或田野调查,探讨地方传统记忆再生产及其传承方式,如雷露沁《社会记忆再生产的模式——以成都"宽窄巷子"历史文化街区改造为例》③、刘岩《老工业基地的创意景观改造与城市记忆再生产——以沈阳铁西区的工业博物馆改建为中心》④、林磊《城市化语境下村庄日常生活与集体记忆的再生产——以武汉市郊区李庄元宵节习俗为个案的分析》⑤,等等。

国内外社会记忆再生产研究目前虽尚未形成体系,但从再生产视角思考和分析社会记忆问题的意识在不断增强,特别是对其研究方法论价值的倡导,注意到记忆对象、生产者、消费者(接受者、利用者)的关联,显示出更强烈的人文关怀。如美国学者沃尔夫·坎斯特纳(Wulf Kantsteiner)所言:"必须将注意力集中于记忆制造者、记忆使用者以及视觉上的和杂乱的表象对象和传统",以促进"对象、制造者和消费者"之间的公开对话。⑥

社会记忆再生产的出现并非偶然,它与当前社会记忆研究领域所倡导的"记忆实践"或"实践转向"相呼应。美国学者杰弗瑞·奥利克等(Jeffrey K. Olick)在梳理社会记忆的研究进程后指出:记忆"并非一个不变的容器,用来盛装现在之前的过去",它"是一个过程,而不是一件事物,在不同的

---

① 陈蕴茜:《崇拜与记忆——孙中山符号的建构与传播》,南京大学出版社2009年版。
② 李红涛、黄顺铭:《记忆的纹理——媒介、创伤与南京大屠杀》,中国人民大学出版社2017年版,第30—31页。
③ 雷露沁:《社会记忆再生产的模式——以成都"宽窄巷子"历史文化街区改造为例》,中山大学,硕士学位论文,2009年。
④ 刘岩:《老工业基地的创意景观改造与城市记忆再生产——以沈阳铁西区的工业博物馆改建为中心》,《文学与文化》2015年第2期。
⑤ 林磊:《城市化语境下村庄日常生活与集体记忆的再生产——以武汉市郊区李庄元宵节习俗为个案的分析》,《民俗研究》2017年第5期。
⑥ [美]沃尔夫·坎斯特纳:《寻找记忆中的意义:对集体记忆研究一种方法论上的批评》,张智译,载李宏图选编《表象的叙述——新社会文化史》,上海三联书店2003年版,第165—166页。

时间点上它的工作完全不一样"。① 我国学者钱力成也强调:"记忆研究的内容其实并不只包含话语、符号等表征系统",它也"十分关注与记忆有关的'记忆实践'","不仅涉及人们怎么说的,也涉及人们怎么做的"。②

社会记忆中的"记忆"既可作动词,也可作名词。当"记忆"作为动词时,意即"社会回忆",它是动作,是过程,人们需要关注其行为、机制及结果;而当其作名词时,社会记忆就获得了实在感,成为一种社会存在或社会事物,有其产生、形成、积累、演化的过程,不仅需要思考其行为,还要思考其过程和结果。因此,无论是作为动词还是名词,社会记忆都直接关联、指向记忆的实践。作为反复发生的实践行为,它就是社会记忆再生产。档案记忆再生产研究是对档案记忆行为、过程和结果的考察,是从传统记忆文本、记忆形态向记忆实践的转化,它不只是仅仅停留于对档案与社会记忆关系的认识,更为重要的是,档案作为社会记忆形态,它是如何反复生成、转化、加工、利用的,以及其历史演化的过程与结果等,是档案记忆研究新的转向。

二 研究意义

档案记忆再生产研究简单地说就是将档案记忆作为一种社会记忆形态和资源,运用马克思主义社会再生产理论和当代社会记忆理论,探索发现档案记忆再生产现象的内在本质和运行规律,以期建立一体化的档案记忆解释理论和实践理论,在促进档案记忆研究从记忆形态向记忆实践的转变中,实现档案记忆静力学(静态分析)与档案记忆动力学(动态分析)的有机结合。作为一种新的理论思维和分析框架,档案记忆再生产研究具有多方面的学术价值和实践价值。

1. 打造档案记忆理论研究新体系

由于档案记忆特点(文本性、刻写性、存储性)和学科思维定势,档案记忆研究突出了其形态论(档案作为社会记忆的性质和形态特点)、资

---

① [美]杰弗瑞·奥利克等:《社会记忆研究:从"集体记忆"到记忆实践的历史社会学》,周云水译,《思想战线》2011年第3期。

② 钱力成:《记忆研究的未来:文化和历史社会学的联结》,《南京社会科学》2020年第3期。

源论（档案记忆资源的性质、资源库和资源体系建设）、功能论（档案对社会记忆传承、建构、控制、保护功能，身份认同功能等），体现出一定的学科特色。但也存在主题分散，体系性不强；功能性分析过重，过程性解释不足；在"档案与社会记忆"的思维框架中讨论问题，本体论探讨不够等问题。档案记忆资源作为社会记忆资源的重要组成部分，不仅是社会（记忆）再生产的直接结果，更是社会（记忆）再生产的条件性资源和生成性资源；档案的产生、收集、整理、开发、利用具有鲜明的历史性、反复性、循环性、加工性、累积性、分享性和消费性等社会记忆再生产特征。运用社会再生产理论对档案记忆现象加以探讨，可以整合档案记忆既有研究成果，构建并打造档案记忆理论新体系。

马克思主义的社会再生产理论具有巨大的理论包容性和社会适用性，既涉及物质资料（有形与无形产品）再生产，也涉及人口与社会关系、社会制度再生产，而且更重要的是，在"再生产"过程中涉及产品再生产中的一切加工、分配、交换、消费环节的行为。社会记忆再生产也是社会再生产的组成部分或一种表现，运用社会再生产理论对档案记忆现象进行探视，一是可以将传承、建构、控制、保护等档案记忆行为加以整合。在档案记忆研究中，传承、建构、控制、保护各有侧重但又彼此关联，传承中有建构、有控制、有保护，建构中有传承、有控制、有保护，控制和保护也一样，四个概念之间无法统属，因而在论述表达上存在"麻烦"。通过"再生产"，可以将这四个概念纳入一个概念统一体中，使其成为档案记忆再生产的内涵、表现、行为、过程或功能，表达起来更具有体系性和逻辑性。二是可以将档案记忆再生产个体与资源，行为、过程与结果等加以统合。社会再生产必然有其材料（原料、资源），生产行为、过程和结果（产品），档案记忆研究中人们突出了档案记忆个体、整体（资源）作为材料和作为结果的意义，对生产过程从建构的角度也有所探讨，但通过再生产分析，既可以对档案记忆资源作为生产条件、生产资料和生产产品的多重性质加以系统阐释，同时也可以将档案信息组织和加工理论引入记忆再生产行为、过程、结果的分析，使档案记忆再生产的内在机制得到更清晰更完整的阐释，做到动静结合。

2. 开拓档案记忆研究问题新空间

理论是分析和解决问题的工具，理论不同，人们认识事物的出发点和观察点都会产生变化。运用社会再生产理论，能引发档案记忆研究的一系列新问题和新题材。

一是档案记忆再生产中生产、交换、分配和消费问题。马克思主义再生产理论将社会再生产过程分为生产、交换、分配和消费四个环节，档案记忆再生产过程是否也分为这四个环节，后文再做分析，但这些环节所触及的问题是存在且需要探讨的。扬·阿斯曼说："从群体的角度看，记忆是一个分配的问题，是群体在其内部，即在其成员中分配的一种知识"[1]；坎斯特纳也曾批评集体记忆研究不够重视"接受"这一问题，因而提出要在记忆对象、制造者和消费者之间展开公开的对话。[2] 档案记忆再生产既涉及记忆的生产/再生产，如档案信息的生成和加工；也涉及记忆的交换、分配和消费，如档案信息的开发和传播。档案文献的编纂公布、（档案）文献纪录片的制作、档案信息的网络传播等，都牵涉社会记忆的交换、分配和消费问题。

二是档案记忆再生产过程与结果的连续性、反复性、累积性问题。社会再生产是生产过程的不断反复和延续更新，也是社会财富、社会关系不断累积的过程。社会记忆研究中所强调的记忆建构连续性和累积性（如美国学者施瓦茨提出集体记忆"既可以看作是对过去的一种累积性建构，也可以看作是对过去的一种穿插式建构"）更多指向某种社会记忆事项建构的过程与结果，即通过集体回忆而形成的"记忆图像"或"记忆表象"的关联性、叠加性、累积性。档案记忆再生产中，不仅存在连续性、反复性和累积性，其结果不只是稍纵即逝的"图像"，也是社会记忆物（态）化产品和社会记忆资源、社会历史认知和国家民族意识，这是档案记忆再生产的独特性。这种连续性、反复性、累积性行为、过程和结果，其背后的历史演变、社会意图与社会影响等更需要探讨。

三是档案记忆再生产的形式再生产、内容再生产和意义再生产问题。从社会记忆对象（事项）的基本结构和形态结构看，可以将档案记忆再生

---

[1] ［德］扬·阿斯曼：《文化记忆：早期高级文化中的文字、回忆和政治身份》（简称《文化记忆》），金寿福等译，北京大学出版社2015年版，第29—30页。

[2] ［美］沃尔夫·坎斯特纳：《寻找记忆中的意义：对集体记忆研究一种方法论上的批评》，张智译，载李宏图选编《表象的叙述——新社会文化史》，上海三联书店2003年版，第166页。

产分为形式再生产、内容再生产和意义再生产三层结构。形式再生产是记忆形式（形体）的转化；内容再生产是对记忆事项所包含历史信息的加工和重组，是历史叙事的过程，也是记忆加工的基本内涵和过程；意义再生产则是对记忆事项功能和象征意义的阐释，是记忆对象加工的提升。三者反映出记忆再生产的复杂内涵、社会关联和问题导向。

运用新理论、新思维，既能重新解释原有问题，又能不断拓宽新的问题域，显示出档案记忆研究的生命力和发展前景，必将推动档案记忆研究向纵深发展。

3. 提高档案记忆理论的学术辐射力

档案记忆研究已进入社会记忆研究的学术圈，成为社会记忆研究发展不可忽视的组成部分和学术力量。在档案学研究中，通过确立档案记忆研究的学术坐标（即以中介或媒介切入的方式进入社会记忆研究殿堂），将档案记忆接入社会记忆研究"家族"中，因此，档案记忆研究深化也自然构成社会记忆研究丰富、推进和延展的方式。开展档案记忆再生产研究，有利于弥补社会记忆研究的某些不足，凸显档案记忆理论的学术辐射力和影响力。

一是强化沟通记忆与文化记忆之间的关联。扬·阿斯曼将社会记忆分为"交往记忆"（沟通记忆、互动记忆）和"文化记忆"，认为沟通记忆存在于个体和群体回忆过去事物的互动实践之中，即哈布瓦赫意义上"社会记忆"，而文化记忆则是每个社会和每个时代所特有的重新使用的全部文字材料、图片和礼仪仪式等的总和[①]，文化记忆包括存储记忆与功能记忆。从社会记忆再生产角度看，不仅交往记忆与文化记忆属于社会记忆再生产的不同形式，而且沟通记忆与文化记忆、存储记忆与功能记忆之间都存在相互转化。档案记忆再生产既是沟通记忆的实践结果，也是文化记忆的构成部分，透过档案记忆再生产可以考察沟通记忆与文化记忆之间的转化场域和资源累积机制。

二是弥补社会记忆重构与历史信息加工之间逻辑阐释上的空白。记忆与

---

① [德]哈拉尔德·韦尔策编：《社会记忆：历史、回忆、传承》，季斌等译，北京大学出版社2007年版，"社会记忆（代序）"第5页。

信息之间高度关联，认知心理学中多用"信息"的编码、存储、提取来分析个体记忆的发生过程，对信息加工与记忆形成的关系有着较为系统的论述。在社会记忆研究中，虽然学者在不停地用（历史）信息组织、选择、删改来说明记忆的建构、加工、储存、激活过程，但仍未对信息加工与社会记忆重构之间的内在逻辑关系做出充分的论述，还没有有意识地用信息加工的观点来解释社会记忆的重构与留存现象。运用社会再生产理论分析社会记忆行为、过程和结果，可以将信息组织、加工的观点融入社会记忆内容再生产中，系统分析信息加工与（社会）记忆重构、形塑、控制、传播、分享等之间的关联，考察社会记忆传承、建构、控制、保护中的内在信息机制。档案记忆再生产既是记忆再生产场域，也是信息再生产场域，是档案（记忆）信息进行选择、加工、重组、建构和解释的行为，对此加以探讨，可以解释和揭示社会记忆再生产的某些行为过程与内在机制。

三是为探讨各领域社会记忆再生产的社会规律和社会机制提供经验。社会记忆再生产渗透于社会物质再生产、精神再生产和社会关系再生产活动之中，具有社会普遍性，几乎是"触目皆是"的社会现象。历史书写、文献编纂、文学创作、艺术生产、影视制作、学术研究、纪念仪式、文化保护等活动都是社会记忆再生产的特定领域，每一场域都具有独特的（再）生产方式和生产规则。由于档案在本质上是为记忆而存在，因此档案记忆再生产是社会记忆再生产的典型场域，透过档案记忆再生产既可以探察社会记忆再生产的社会规律与社会机制，也可以引发其他领域的研究关注和研究兴趣。

奥利克等说："诺拉的研究项目优势之一是提醒了我们，所有不同地方的历史想象和实践都可以发生。社会学家长期以来研究这些遗址和实践，旨在理解社会再生产的静力与动力机制。"[1] 档案记忆再生产通过档案记忆静力学和档案记忆动力学的有机结合，为解释社会记忆再生产、社会再生产提供自身知识和智慧，并由此提高自身在"记忆家族"的地位和话语权。

---

[1] [美]杰弗瑞·奥利克等：《社会记忆研究：从"集体记忆"到记忆实践的历史社会学》，周云水译，《思想战线》2011年第3期。

4. 深化对档案实践行为的引领力

档案实践行为（包括档案管理行为和社会档案行为）既是社会记忆保存保护行为，也是再生产行为。从社会（记忆）再生产视角探视档案记忆现象，可以在档案记忆形态论、资源论、功能论的基础上，深化对档案实践行为的解释和理解，引导并增强档案实践行为对现实问题的关切，释放记忆能量，传扬华夏记忆，赓续红色基因，服务国家治理，展示档案记忆魅力与活力。

一是深化对档案管理行为的解释。在档案实体管理时代，人们将档案管理分为"六大环节"或"八大环节"；在档案信息管理时代，人们将档案管理分为"三个子系统"，使档案管理行为得到新的理解和解释。在档案记忆再生产视域下，一方面，需要对传统档案管理行为与社会记忆再生产之间关系加以重新阐释，深化档案实体管理、档案信息整理加工对社会记忆传承、建构、控制、保护功能的认识；另一方面，也将档案管理环节与社会记忆形式、内容、意义再生产关联起来，探讨档案记忆再生产的文本再造、内容叙事和意义阐释，引入新概念新理论，对档案管理行为加以重新阐释，打通学科知识交汇的新门径。

二是增强对社会档案行为的理解。社会档案行为是面向社会或社会上一般的档案行为，包括档案部门面向社会开展的档案行动或社会对档案的利用行为，如世界记忆工程、城乡记忆工程、档案文献纪录片、电视档案栏目、网上档案展览与传播、文化遗产与非遗的档案化保护等，这些社会性档案行为都与社会（档案）记忆再生产密切关联，在其内容叙事或宣传上，都时不时指向"记忆"。通过档案记忆再生产分析，可以深化社会档案行为的社会记忆再生产性质、功能、机制等理解，促进档案部门与社会文化部门的沟通互动。

三是提高对社会现实问题的关切。档案工作是"维护国家历史真实面貌的重要事业"，也是维护社会稳定运行的基础性工作。无论是为追求繁荣发展，还是应对复杂多变的局面，社会都需要借鉴前人的智慧和历史经验，都需要保护、传承、利用人类记忆。面对"新发展理念"、国家治理体系和治理能力现代化建设、乡村振兴、文化强国、数字人文、数字化转型、新文科建设、人类命运共同体等新形势，档案部门如何开拓创新，更深度融入社会、参与实践、奉献国家和社会，需要新思维新探点。档案记忆再生产研究在引导红色记忆生产实践、促进国家记忆与中华文明传承、强化国家记忆治理、树立正确历史意识、维系社会平稳运行等方面均具有重要现实意义。

孙德忠指出："现实的人类记忆并非自然记忆过程，也是实践—记忆模式的社会记忆过程。这种理解可以提高记忆活动的自觉性和效率，增强记忆的指向性并强化记忆的效果，以促进认识和实践活动更加有序高效地进行。"[①]

三 研究路线

档案记忆再生产是一种复杂的社会再生产现象，涉及再生产主体、客体，再生产行为与过程，再生产对象、条件、材料和结果，以及各种社会因素（价值观念、意识形态、历史意识、权力结构、社会情境等）的影响等。作为档案记忆研究的新问题新视野，自身的理论体系尚未形成，必须广泛借用其他学科的概念、理论、思想、方法来开展创新性解释和阐述，在此对本书的概念使用、理论选择、研究思路、内容体系和研究方法作出必要交代，以明确课题的研究路线。

（一）概念使用

英国人类学家拉德克利夫-布朗（Alfred Radcliffe-Brown）指出："一种理论是由一系列分析概念构成，这些概念应该是根据具体的现实来定义，而且彼此在逻辑上也应该是相互关联的。"[②] 档案记忆再生产牵涉多学科概念，这些概念或单独来自档案学、社会记忆、社会再生产等不同领域，或作为不同学科交叉融合衍生出的产物，既有旧概念，也有新概念，彼此纠缠，难解难分。

根据概念之间的内在关联性和"家族相似性"，可以将研究中使用的

[①] 孙德忠：《社会记忆论》，湖北人民出版社2006年版，第38页。
[②] 王铭铭主编：《西方人类学名著提要》，江西人民出版社2006年版，第303页。

概念划分为六组：

第一组一般性概念。包括记忆、社会记忆、历史记忆、文化记忆、媒介（体）记忆、档案记忆等，多在社会记忆研究中使用。其中社会记忆与历史记忆、文化记忆既可以互换，也可以用社会记忆统摄集体记忆、历史记忆、文化记忆、媒介记忆等。档案记忆属于社会记忆的一种形态。

第二组档案类概念。包括档案、档案文件、档案原件、档案史料、档案记忆、档案信息、档案资源、档案记忆信息、档案记忆资源等，属于档案学及其与社会记忆融合后的衍生概念，其内涵均指向"档案"这一对象性事物或其记载的内容，不同语境下表达不同。其中档案记忆、档案信息可以并列使用（分属不同学科背景），也可替代使用；档案记忆信息表示档案记忆的信息内容，如认知心理学领域的"记忆信息"或信息学中的历史信息。档案资源从社会记忆角度看，就是档案记忆资源，是表示档案记忆的整体性、累积性概念。

第三组记忆事项（对象）类概念。包括记忆事项、记忆对象、叙述事项、叙事对象、档案记忆对象、档案叙事对象、档案记述对象等，是用来表示社会记忆所指称的内容或对象的概念。记忆都是有内容有指向的，即记忆的对象或事项，也是记忆中所蕴含信息的主题；记忆内容的铺陈、表达或讲述，即叙事，因此也是叙事对象或事项。档案记忆中所记载、记述、讲述的内容主题即是档案记忆对象、档案叙事对象，其内容的展开、讲述、描述，即是叙事。

第四组再生产行为和过程概念。包括记忆生成、记忆加工、记忆组织、记忆传播、记忆消费、记忆利用、生产环节、生产过程、记忆实践、记忆传承、记忆建构、记忆控制、记忆保护等，这类概念都是对记忆（再）生产动作、行为、过程、功能的表达。由于各动作、行为概念在生活、学术中使用的灵活性，这些概念内涵有时宽泛，有时狭窄，因而表现出不同的关系，如记忆加工既可指生成后的各种行为，也可仅表示施加影响的信息组织、增减、更改等行为；再如记忆消费与记忆利用可以并行互换，意思大体一致。在档案记忆再生产领域，各种动作、行为、过程前加上"档案"，都具有适用性和针对性。

第五组再生产结果或产品概念。包括创始事件、根源事件、根基性事件、原生记忆、原初记忆、次生记忆、衍生记忆、记忆产品、记忆制品、记忆作品、记忆叙事作品等，是用来表示记忆的生成和生产结果的概念，是记忆表现物。其中创始事件、根源事件、根基性事件是指记忆的生成活动，即记忆的对象或事项；原生记忆、原初记忆是对社会记忆最初生成或形态的指称，次生记忆、衍生记忆是对原初、原生记忆加工后记忆形态的指称；记忆产品、记忆制品、记忆作品、记忆叙事作品、加工成果等都是记忆生成、加工后的物态化结果。档案及其整理加工后的结果都属于不同的记忆产品或记忆制品。

第六组其他类型概念。包括记忆能量、债责、债责伦理、记忆伦理等，是为解释档案记忆再生产使用的新概念。

人文社会科学中的概念都是启发性概念，是以所研究的专题对象"事质领域"为基础[①]，根据不同的语境具有不同的表达方式和内涵，体现出语言的灵活性和相对性。以上概念的使用在具体论述中再相机说明。

（二）理论选择

根据课题研究涉及的学科范畴和问题意识，本书主要选用社会记忆理论和社会再生产理论作为理论工具，同时根据研究涉及的内容，适当选择其他理论，以深化问题论述。

档案记忆理论研究是在社会记忆理论视域下对档案现象或档案记忆现象的认识和思考，是社会记忆理论在档案学领域的延伸和应用，也可以说是档案学研究继档案信息论之后的新视野和新范式。20世纪90年代中后期以来，档案记忆理论研究的发展及其对档案学科建设的积极影响，充分说明档案记忆理论范式的科学性和进步性。值得注意的是社会记忆理论自20世纪80年代以来，已经走出了社会学范畴，进入更为广泛的学科空间，形成了不同的研究取向，特别是近年来扬·阿斯曼、阿莱达·阿斯曼的文化记忆理论，皮埃尔·诺拉的"记忆场"理论的推出，使档案学和社会记忆的结合更加紧密。在一定程度上，本书也是在社会记忆新的"实践转向"启发下开展的探索性研究。

---

① ［德］海德格尔：《存在与时间》，陈嘉映等译，商务印书馆2019年版，第14—15页。

社会再生产理论是关于一切社会形态社会再生产过程及其规律的理论，是马克思主义理论体系的重要组成部分。社会再生产不仅涉及经济领域的物质资料（产品）再生产，还涉及社会文化领域的人口再生产、生产关系再生产、文化再生产、精神再生产、知识再生产、符号再生产、制度再生产、权力再生产等，研究领域越来越开阔。档案是社会活动的产物，也是社会（记忆、文化、精神、知识、权力、制度）再生产的组成部分，其自身也是一种社会记忆再生产形态，具有历史性、反复性、连续性、循环性。以马克思社会再生产理论为指导，必将对档案记忆现象有新的认识、解释和知识贡献。

除此之外，本书根据研究内容，还广泛吸收信息学、媒介学、叙事学、诠释学、文化学、伦理学等相关学科领域的理论和知识，以丰富档案记忆研究的学术思维和思想土壤。

（三）研究思路

1. 以档案记忆为本体，突出档案部门本位论

本书研究的基本问题为"档案记忆再生产"，是以"档案记忆"为本体对象，运用社会记忆和社会再生产理论等对其生产和再生产行为、过程、结果加以考察和分析，以探求其内在机制和规律。档案记忆作为社会记忆的一种形态，既是一种社会现象、社会事物，也是社会记忆物态化、档案化的结果。档案记忆不只是以单体存在（单份档案或一件档案），而且还是一种集合概念、资源概念——档案记忆资源，是历史连续、反复循环地生成和累积的结果。档案记忆再生产既涉及档案记忆（历史信息）的生成行为，也涉及档案记忆（历史信息）的加工、传播、利用（消费）行为；既涉及记忆再生产过程，也涉及记忆再生产结果，而这些行为、过程和结果在目前的社会（文化、历史）记忆研究中尚未给予充分的关注和探讨，对此探讨可以彰显出档案记忆研究的特质。

本书将突破"档案与社会记忆"的分析框架，改变"社会记忆视角下档案……"或"基于社会记忆理论的档案……"等表达方式，以"档案记忆"为本体，以档案部门为基点或本位，以档案生成、管理、开发、利用等为重点分析对象，同时注重与社会关联，将用户利用行为视为档案记忆接受和消费行为，并分析再生产过程中的各种影响因素，做到内外结合，整体统一。

2. 将生产与再生产视为统一体，突出解释性

马克思指出："不管生产过程的社会形式怎样，它必须是连续不断的，或者说，必须周而复始地经过同样一些阶段。一个社会不能停止消费，同样，它也不能停止生产。因此，每一个社会生产过程，从经常的联系和它不断更新来看，同时也就是再生产过程。"[①] 马克思主义社会再生产理论中，生产与再生产始终处于统一体之中，生产是再生产的一个部分，也是再生产的基础，没有生产就不可能有再生产；而生产的连续性进行，也就构成了再生产。用"再生产"来表示生产行为，旨在强调和表达生产的连续性、反复性、循环性。

档案记忆再生产是生产与再生产的统一。一方面，人类社会实践活动的持续开展，档案记忆/记录不断地产生/生成，从其历史连续性看，就是一种再生产行为；另一方面，档案生成以后，不断地累积、加工和利用，也构成档案记忆的"再生产"行为。档案记忆不断地产生/生成，也就不断地再生产，宽泛地说档案记忆再生产包括生成性再生产和加工性再生产（后文还将进一步分析），两者构成档案记忆再生产的统一体，这种统一体的内在运动及其与社会的关联，正是本书需要重点加以考察和解释的对象。

本书将继续秉承解释学取向，将档案记忆再生产放入社会（记忆）再生产的整体性框架中，吸收多学科的学术思想和理论资源，对档案记忆再生产的性质、结构、行为、过程和结果等加以解析，努力提高研究成果的学理性和解释力。

3. 动态分析与静态分析相结合，突出实践性

档案记忆再生产研究其研究对象是"档案记忆"，但其分析的关键点或落脚点是"再生产"，是对档案记忆个体或资源生成、加工、传播、消费等"再生产"行为、过程、结果的探讨与解析。

如果说档案记忆形态论（档案作为社会记忆质性和形态的论述）、资

---

① 《马克思恩格斯全集》第23卷，人民出版社1972年版，第621页。

源论（档案作为社会记忆资源的论述）、功能论（档案的社会记忆传承、建构、控制、保护、身份认同等功能论述）属于静态分析，那么档案记忆再生产则更倾向于动态分析，重点分析档案记忆的形成、加工、传播、利用（消费）、历史演化等，是社会记忆研究"记忆实践"转向的一种表现，也是利科所说的"由静态关系理论向动态操作理论转变"[①] 或者说"从文本到行动"的转变[②]。即使是突出解释性，也是突出对实践或行动的解释。

本书将在坚持动态思维、行动思维、过程思维的基础上，努力将档案记忆再生产的行动/行为研究与档案记忆形态论、资源论、功能论等既有成果有机结合起来，将动态分析与静态分析有机结合起来，强化档案记忆再生产实践性质、结构、过程、规则、机制等内涵阐释与其历史演化分析，在现实行为与历史演化的交互融合中深化问题思考。

（四）内容框架

根据研究思路和主题需要，课题进行内容体系构建，共设计八章内容。其中：第一章为思想土壤挖掘，旨在阐明档案记忆再生产存在的深厚思想资源、理论基础和实践根基；第二章为内涵阐释，旨在阐明档案记忆再生产的概念、内涵、性质、特点、系统及其总体运行等基本理论问题，分析档案记忆再生产的结构、过程、运行机制，为下文分析做铺垫；第三章为正当性分析，旨在阐明档案记忆再生产作为社会事实、社会现象存在的社会根基性、历史真实性、行为合法性和现实合理性，从社会系统角度对档案记忆再生产现象加以肯定；第四章为过程解析，旨在阐明档案记忆再生产生成、加工、传播、消费（利用）四个生产环节，说明档案记忆再生产是一个连续性、反复性、循环性的过程；第五、六、七三章为结构分析，旨在阐明档案记忆形式再生产、内容再生产和意义再生产的内涵、表现与机制；第八章为伦理关怀，旨在阐明档案记忆再生产过程中应该遵循的伦理准则和道德关爱。最后简要总结和展望。

[①] [法] 保罗·利科：《记忆，历史，遗忘》，李彦岑等译，华东师范大学出版社2018年版，第81页。

[②] [法] 保罗·利科：《记忆，历史，遗忘》，李彦岑等译，华东师范大学出版社2018年版，"出版弁言"第2页。

(五) 研究方法

"研究课题的性质决定研究的方法。"① 根据研究主题的内容和性质，本书主要采用以下方法：

1. 理论分析法

运用社会再生产理论（物质资料再生产、文化再生产、知识再生产、社会结构再生产等）、社会记忆理论（记忆建构论、文化记忆理论、记忆场理论）、档案记忆理论，结合历史学、叙事学、阐释学、伦理学等多学科的理论成果和思想资源，对研究对象和问题进行逐层深入解析，努力做到多学科思想的交汇融合。在具体分析上，运用"剥笋法"，将问题逐层剥开探视。如将生产结构分解为形式再生产、内容再生产、意义再生产，形式再生产分解为文本生成与文本转化，内容再生产分解为叙事组织与叙事表达，意义再生产分解为目的性阐释、价值性阐释与成效性阐释等；再如根据伦理学的相关论述，从责任、公平、正义、理解与和解四个方面对档案记忆再生产伦理关怀进行阐释等，逐层深入，将问题内涵有效地解释和揭示出来。

为突出档案记忆再生产具有深厚的思想资源、理论基础和实践根基，本书第一部分对其思想来源进行了重点分析，以展现档案记忆再生产研究的成长、繁育具有雄厚的精神营养和知识源泉。

2. 文本分析法

文本分析法一般是透过文本表层叙述，发现那些不为普通阅读者所把握的深层意义。本书在两个层次上理解和应用文本分析方法。一是基于对档案记忆形态的认知。档案记忆作为社会记忆的一种形态，属于文本记忆、刻写记忆和存储记忆，本身就具有文本性，包括纸质文本、声像文本、电子文本等。对档案记忆再生产的分析，需要从抽象的概念、理论走向具体的实体、对象，考察其形式、内容和意义的转变、再生或再现。本文选择有典型意义的档案、档案文献编纂成果、档案文献专题片、档案展

---

① [法] 保罗·利科：《记忆，历史，遗忘》，李彦岑等译，华东师范大学出版社2018年版，第417页。

览等，分析其中档案记忆的文本再造、内容叙事和意义阐释，把握再生产过程及其与各种影响因素的关联。这种应用也大体上属于文献分析法或案例分析法的范畴。二是基于对叙事学和解释学等理论的应用。目前，文本分析法在叙事学、阐释学、人类学、符号学等领域受到较为广泛的重视和应用，本文通过考察具体文本的内容叙事和意义阐释，总结和把握档案记忆再生产的表现方式和内在机制。

3. 实践考察法

理论与实践相结合是马克思主义科学研究方法论。本书理论上面向"记忆实践"，研究中也自然注重对档案工作实践活动的调研、考察、思考和分析，以重新认识档案实践行为。课题研究中，课题组成员先后到浙江省湖州市档案馆、安吉县档案馆、德清县档案馆、长兴县档案馆、南浔区南浔镇档案馆、南浔区和孚镇档案馆、德清县钟管镇档案馆、德清县乾元镇档案馆、南浔区荻港村，以及上海、安徽等地部分档案部门进行实地调研，重点考察各地城乡记忆工程建设、乡村记忆场馆建设、档案服务国家和社会治理、文化建设等内容，了解和把握档案记忆在具体实践和生活中的再生产形式、表现、成效、影响机制等，提高对档案记忆再生产的认知和体会；同时也通过浏览中外各类档案记忆项目、文化保护项目、非遗保护项目等网站，以及中央电视台"国家记忆""中国记忆""新中国档案"，北京卫视"档案"等栏目，考察分析档案记忆再生产的实际表现和社会影响，增强对档案记忆再生产媒介表征的感知度。

4. 教学实验法

课题研究与教育教学改革、人才培养、学术活动等紧密融合，将课题研究的内容和观点融入课程教学与实践，把教学实践作为课题研究"试验田"，通过多种形式深化课题研究的交流讨论，观察思考档案记忆再生产的方式、过程、结构、机制、成效。一是面向本科生开设"档案与国家记忆"新生研讨课、"中国记忆"思政课程通选课（学校"红色传承系列课程"），研讨档案记忆再生产方式与途径，档案记忆再生产与华夏文明传承，国家档案记忆资源开发传播与国家认同、民族凝聚关系，记忆工程与当代社会记忆再生产等议题，激发学生对档案记忆再生产的思考。二是与研究生课堂教学相结合，设定专题，开展课堂讨论，让研究生谈认识、提建议，提高理论思维深度；三是与学生社会实践能力培养相结合，指导学生开展相关联合大作业、大学生"育成"计划、暑期社会实践、周末校园文化活动等课外实践项目，以"小项目"将档案记忆再生产实践融入育人行动，提高课题研究的现实感和操作度。

四 研究创新

本书站在"档案记忆"本体和档案部门本位立场上，将档案记忆再生产置于社会再生产、社会记忆再生产系统中，在广泛吸收、借鉴、融合中外记忆、社会记忆、社会再生产等研究成果基础上，综合运用多学科理论知识、学术资源和研究视野，对档案记忆再生产进行较为全面、系统、深入的探讨和阐释，力求在问题解析和学术观点上体现创新性。课题创新点大致可以归结为以下几方面：

（一）探明档案记忆再生产研究的学术价值

档案记忆再生产研究是在档案学走进"记忆之门"、档案记忆理论经过20多年学术积累基础上提出的新课题。作为档案记忆理论范式的新领域，档案记忆再生产问题的提出，不仅有助于拓展档案记忆研究新空间，更带来学术视野和学术思维上的重大转变，潜含着十分深远的学术价值。一是突破"档案与社会记忆"框架局限，真正将档案视为社会记忆的一种形态和资源，思考并探究其在社会运行、社会（记忆）再生产中是如何生成、转化、累积，如何实现其社会目的和社会意愿的，由此克服载体论、工具论局限，使"档案记忆"回归本体论地位。二是推动档案记忆形态论、资源论、功能论向"记忆实践"转向，以马克思主义社会再生产理论为指引，以辩证唯物主义和历史唯物主义观点为支撑，思考并探讨档案记忆（资源）是如何生产和再生产的、如何体现出历史的客观性和真实性的；档案记忆作为记忆再生产结果和条件性资源又是如何实现与社会之间生成互动的；探寻档案记忆再生产系统运行规律与机制，实现档案记忆研究由静态观察向动态分析的转变与结合，避免陷入记忆建构主义和历史虚无主义的误区。三是整合档案与社会记忆传承、建构、控制、保护等既有学术成果，在记忆再生产视域下，重构档案记忆理论体系，将社会记忆传承、建构、控制、保护视为档案记忆再生产的社会记忆功能和再生产过程中的内在行动，使档案记忆理论范式的理论体系显示出更强的整体性。四是在社会（记忆）再生产中，强化对档案实践的理解和对社会发展、社会现实问题的关切，思考档案记忆再生产如何适应社会转型（数字转型）、如何提升能级、如何推动社会发展，促进档案记忆理论与实践的跃升。

（二）建立档案记忆再生产理论的分析体系

本书目标不只是一个单纯的命题表达或定性分析，而是要努力创建档案记忆再生产理论体系，希望能够通过系统性接续研究，不断生产和积累档案记忆再生产知识，不断推进档案记忆理论建设。在充分理解课题研究内涵，并广泛吸收、融合相关领域研究成果的基础上，课题构建起一个具有整体性、系统性、包容性的分析体系：一是研究内容能有序展开。在课题内容中，通过对档案记忆再生产思想来源的梳理、档案记忆再生产内涵阐释和正当性分析，为其研究奠定坚实的"立论"基础；通过对档案记忆再生产过程和对象结构（形式、内容、意义）的分析，使研究内涵得到剖析和深化；通过伦理关怀的阐述，阐明在档案记忆再生产过程中应遵循的伦理规则和道德关爱。研究内容体系完整，连为一体，逻辑关联强。二是具有包容性和开放性。课题聚焦"档案记忆"研究对象，对其再生产基本问题进行系统阐释，初步形成档案记忆再生产理论体系，既有利于整合档案记忆既有学术成果，也有利于吸收融合记忆、社会记忆、社会再生产、文化再生产等相关领域的理论思想，在理论与实践、历史与现实、档案学与相关学科理论的交汇中，提出值得探讨的学术话题和前沿问题，如记忆叙事、意义制造、偾责伦理、行动逻辑、数字转型等，打开"天窗"，留下"接口"，为档案记忆再生产研究持续深化提供框架、先导和探路。三是力求做到问题分析的多维度集合。根据档案记忆再生产的类型与特点，将档案记忆生成性、加工性与累积性再生产，物质性与精神性再生产，单个记忆与总体记忆再生产，专业系统内与专业系统外再生产等有机结合起来，体现档案记忆再生产行为、过程和结果的丰富性。

(三) 论证档案记忆再生产的根基性与正当性

档案记忆再生产虽然是一个新课题，但作为社会再生产、社会记忆的组成部分和档案管理、档案工作的实质体现，对其研究无论在思想资源、理论基础，还是在社会实践中，都有着深厚的根基性和正当性，对其根基性和正当性加以阐发，既是课题立论基础，也是课题首要任务。本书在"思想土壤""正当性分析"部分进行了专门讨论。我们认为：第一，人类的记忆本身就包含着"记"和"忆"的过程，是一个反复摄入、记住、提取、回忆的过程，是记忆的"重生""重现"也即"再生产"过程，因此人类记忆现象本质上就是"记忆再生产"行为、过程和结果。第二，社会记忆中的"记忆"既可作为动词，也可作为名词，当"记忆"作为动词时，"社会记忆"即是指群体性记忆行为，是群体性的记忆"再生产"，两者内在统一；而当"记忆"作为名词时，"社会记忆"即是社会记忆再生产对象或结果，是社会记忆活动的凝结物或物态化结晶。档案记忆作为刻写性、文本性、存储性社会记忆形态，其再生产思想已历史性地融汇在个体记忆、社会记忆理论思想之中。第三，马克思主义再生产理论是社会再生产的一般理论，具有普遍指导意义；档案记忆再生产既是一般社会再生产的组成部分，也是文化再生产、社会记忆再生产的特定领域，社会再生产、文化再生产、社会记忆理论既是档案记忆再生产研究的理论基础，也是其思想资源（思想根基）。第四，档案记忆再生产作为人类生命智能演化的结果和进化机制，广泛地存在于社会中，具有社会根基性、历史真实性、行为合法性和现实合理性，充分表明档案记忆再生产行为以及对进行科学研究的正当性。

(四) 揭示档案记忆再生产系统的运行模式与机制

档案记忆再生产既是记忆反复生成、加工、传播、消费（利用）的行为、过程和结果，也是由多种要素共同构成的动态循环的再生产系统或复杂的社会行动系统，本书从系统论角度对档案记忆再生产系统构成要素进行解析，将其分解为七个主要因素（生产主体、生产对象、生产目的、生产规则、生产过程、生产产品、生产环境等），并对其系统整体运行模式和运行机制加以阐述。我们认为档案记忆再生产的系统运行包含着两大基本模式，即社会记忆档案化和档案记忆社会化：社会记忆档案化是通过档案记录、存储的方式留存和积累社会记忆，实现社会记忆的档案化转化或文本化的过程；而档案记忆社会化则是对档案中累积、存储的社会记忆加以整理、开发、利用的过程。社会记忆档案化与档案记忆社会化彼此互化交融，实现档案记忆再生产连续、反复、循环和统一的过程，既在"流动中把握永恒"，也在运动中重新复活、"重新现实化"。在档案记忆再生产运行过程中，存在着主体互渗、信息组合、能量流动、价值转化等四种内在机制；同时也存在社会需求、群体框架、技术推动、权力控制、教育引导等五种外在机制，反映出档案记忆再生产运行过程中各种要素的相互作用关系与作用方式。系统运行模式和运行机制贯穿于档案记忆再生产全过程，是对再生产系统运行过程中内在规律的整体性认识和把握，对分析理解不同生产环节和对象结构（形式、内容、意义）生成转化中的各种具体机制起到总领作用。

（五）阐释档案记忆再生产的生产过程与结构

生产过程和生产结构分析是社会再生产研究的核心内容，也是本书研究的重要着力点。本书借鉴马克思社会再生产理论中对社会再生产过程四个环节的划分，将档案记忆再生产过程划分成生成、加工、传播、消费（利用）四个环节；借鉴社会记忆理论中关于社会记忆结构、记忆场结构的认识，从对象结构将其再生产结构分为形式、内容和意义再生产，并分别进行分析探讨。我们认为：第一，档案记忆再生产过程的四个环节环环相扣，体现为往复更新的开放循环过程，是社会记忆档案化与档案记忆社会化互化交融的反映，也是对档案记忆再生产与社会运行、社会实践、社会结构复杂关系的考察与反映。第二，档案记忆再生产对象的三层结构是一种"嵌套结构"，即内容包裹在形式之中，而意义又包裹在内容之中，其中意义再生产是核心与灵魂，既是出发点也是归宿；内容再生产为说明、解释和揭示记忆意义提供表达和依据，说什么，怎么说，都是根据意义需要来把握的；内容再生产为形式再生产提供了条件和基础，形式再生产也对内容再生产起着促进作用；形式作为记忆信息的"外壳"，不仅有效地传达、展现记忆的内容和意义，也表现出记忆再生产生动活泼、丰富多彩的特征，并通过意义再生产促使档案记忆实体具有象征意义。第三，在生产过程和结构分析中，体现出档案记忆再生产的独特内涵，如原生记忆生成与次生记忆转化、形式再生产与资源积累、信息组织与记忆叙事、叙事主体与叙事差异、意义再生产与文本经典化等，是提出新观点新论述的"用武之地"。

（六）解析并确立档案记忆再生产的伦理关怀

"无规矩不成方圆"，有行动必有规则。档案记忆再生产作为复杂的、有目的的社会行动，涉及法律法规、价值观念、伦理道德、公私利益、理论方法等多方面规则，是行动系统的重要构成要素，本书重点从伦理道德角度，对其行为规则和道德关爱加以探讨。本书在总结借鉴社会记忆伦理、档案管理与档案职业伦理分析的基础上，运用伦理学一般原理，提炼概括出四条伦理：责任伦理、公平伦理、正义伦理、理解与和解，作为档案记忆再生产的基本伦理准则，并对其具体内涵与基本要义加以深入阐释。我们认为档案记忆再生产的责任伦理包括记忆留存责任、记忆存真责任、清偿债责任、社会共同责任；公平伦理包括平等观念（原则）、共享原则、友善原则、互惠原则；正义伦理包括信任伦理、良知伦理、儆戒伦理、诚信伦理；理解与和解，是通过见证、建档、修通等，疗愈创伤，在维护历史与社会正义的前提下，宽恕过去，解除对过去的"错"的约束，实现对过去的和解。档案记忆再生产伦理既是档案部门、档案人员自身的职业伦理准则，也是社会普遍的道德遵循，是社会普遍伦理道德在档案记忆再生产领域的反映和折射，其根本目的就在于推动"记忆共同体"构建，建设"有伦理的记忆"事业，推动档案记忆再生产成为一项社会公益的、公平正义的、符合人类普遍"善目"的事业。

第一章

档案记忆再生产研究的思想土壤

"档案记忆再生产"作为新问题、新领域加以提出,并非偶然,其"种子"早已深深埋藏于人类记忆思维和再生产实践的深厚土壤之中,深深埋藏于人类关于记忆、社会记忆、社会再生产、文化再生产的相关研究成果、论述和实践之中,具有深厚的思想资源、理论基础和实践根基,它们既是档案记忆再生产扎根的土壤,也是其成长、繁育的精神营养和智慧源泉。发掘梳理档案记忆再生产的思想土壤,寻找其思想来源的主要"根脉",既为其研究提供充足的科学依据,也为其可持续发展提供思想动力和知识养分。保罗·利科说:依赖前人叙述,"血亲联系得以嫁接在庞大的族谱树上,而树根早就消失在历史的土壤中"[1]。如果我们把档案记忆誉为人类的"生命之树"[2],那就需要发掘档案记忆生长(再生产)之根的历史土壤,以便把它"嫁接"到人类"记忆""文化""社会"再生产的庞大族谱树上。

一 记忆再生产思想的历史探源

"人是在实践基础上的记忆存在物"[3],记忆是生命之魂,"记忆即生

---

[1] [法]保罗·利科:《记忆,历史,遗忘》,李彦岑等译,华东师范大学出版社2018年版,第535页。
[2] 国际档案理事会前主席让-皮埃尔·瓦洛在第十三届国际档案大会上指出:档案是我们集体记忆的基础,我们档案界要生存、要发展、要拯救"世界记忆",必须依靠"生命之树",即有若干分支和根系的记忆之树,为人类更好地呼吸和生活提供氧气之源。
[3] 孙德忠:《社会记忆论》,湖北人民出版社2006年版,第52页。

命"（徐友渔语）。自古以来，人们就注意到"记忆"这种人类奇特的生命现象，对其发生机制进行了深刻的反思与探寻。在1879年威廉·冯特（Wilhelm Wundt）创建心理学实验室，开展记忆实验科学研究之前，人们对记忆的认识与思考大多散见于哲学家的思想著作中，内容涉及记忆的生成、记忆与心灵、记忆与想象、记忆与生命等。孙德忠博士将西方思想史上对（社会）记忆研究历程分为古代本体论记忆观、中世纪基督教神学记忆观、近代认识论记忆观和当代生命哲学记忆观四个历史阶段[①]，以此为基础，结合我国古代思想家对记忆的论述，可以对古代至20世纪初（哈布瓦赫提出"集体记忆"概念前）的记忆思想进行简要回顾，对其潜含的记忆再生产思想进行发掘，把档案记忆再生产的思想之根扎到历史的最深处。

（一）古代本体论时期的记忆再生产思想

公元前6—前4世纪的古希腊哲学是西方哲学最初发生和发展阶段，在哲学家们对宇宙万物"本源""始基"（即本体论哲学）的探求中，蕴含着丰富的记忆思想资源，这些记忆本体论哲学思考是我们寻求记忆生成变化的始源和起点。

公元前5世纪，古希腊哲学家苏格拉底（Socrates）提出记忆的"蜡块"隐喻和"鸟舍"隐喻。他说："为了便于论证，假定我们的灵魂中有一块蜡板：在每个人心中或较大或较小，或较纯或较杂，或较硬或较软，或各方面都恰到好处。""这是缪斯女神之母记忆女神的馈赠：如果我们想要记住我们所视、所闻或心灵中所接受的东西，我们便将蜡板放在感觉和思想之下，将感觉和思想刻于其上，就像我们用印章戒指盖印作为标记那样。只要图像还保存在那，我们就能记住所印记的东西并且知道它；当印记被清除或是没有成功留下印记时，我们就会忘记，也就是说不知道它。"[②] 苏格拉底以"鸟舍"意象说明掌握知识和拥有知识之间的区别。"现在，我们要在脑中添一座大型鸟舍。鸟舍中可以栖息各种各样的鸟。

[①] 孙德忠：《社会记忆论》，湖北人民出版社2006年版，第54—69页。本课题在西方（社会）记忆思想史划分上借鉴孙德忠的四个阶段，结合"再生产"做了重新梳理和论述。

[②] 转引自［法］保罗·利科《记忆，历史，遗忘》，李彦岑等译，华东师范大学出版社2018年版，第11页。

有的独成一群，有的三五成群，也有的孑然一身，在鸟舍中自由飞翔"①。在这种大型鸟舍（鸟笼、鸽房）般的记忆中，拥有知识意味着鸟在舍中，掌握知识则意味着鸟在手中。前者意味着可能记起来，后者则表示已经记起来。荷兰学者杜威·德拉埃斯马（Douwe Draaisma）曾评价道："把记忆比作鸽房或鸟笼，也就意味着信息被储存在了一个封闭的空间中。回忆时还要回到这个空间，找到先前存放的东西。存储空间作为隐喻，也和蜡板一样，成了记忆理论中的一个原型，从古希腊到当下，有着许多变体。我们现在说的'存储时间'、'存储空间'和'搜索过程'等概念，都与记忆有关。"②

苏格拉底学生柏拉图（Plato）是第一个谈论记忆并赋予记忆以极高地位的哲学家，从《美诺篇》开始，他就力求用"回忆说"对整个世界形成一个完整的看法，"构建一个完整的本体论的结构图景"③。《美诺篇》中，柏拉图秉持古希腊人灵魂不朽的观念，认为：其一，灵魂是不朽的，它虽有一个叫作"死"的端点，可另一时又会重新产生，永不殄灭；其二，不朽的灵魂多次降生，见到过这一世界及另一世界存在的一切事物，所以具有万物的知识；其三，既然有知识，那么灵魂当然可以回忆起来。灵魂本来知道一切，而万物本性又是相近的，我们通过回忆某件事情，就可以发现其他一切；其四，回忆某一件事情的过程，也就是学习过程。④ "探索也好，学习也罢，实际上总体说来就是回忆。"⑤ 而回忆也就是"自己自身恢复知识"⑥。柏拉图的哲学思想自有学界评说，仅从其灵魂循环观、知识积存观、学习与回忆观看，对思考记忆再生产无疑具有积极意义。

柏拉图之后，亚里士多德（Aristotle）开创了以观察和经验为依据的哲学方法，被黑格尔称为"是从来最多才最渊博（最深刻）的科学天才之

---

① 转引自［荷兰］杜威·德拉埃斯马《记忆的隐喻——心灵的观念史》，乔修峰译，花城出版社2009年版，第25页。
② ［荷兰］杜威·德拉埃斯马：《记忆的隐喻——心灵的观念史》，乔修峰译，花城出版社2009年版，第25—26页。
③ 孙德忠：《社会记忆论》，湖北人民出版社2006年版，第56页。
④ 余纪元：《论柏拉图的回忆说》，《中国人民大学学报》1988年第1期。
⑤ ［古希腊］柏拉图：《柏拉图全集·美诺篇》，王晓朝译，人民出版社2002年版，第507页。
⑥ ［古希腊］柏拉图：《柏拉图全集·美诺篇》，王晓朝译，人民出版社2002年版，第516页。

一"。《论记忆》中,亚里士多德论述了他的记忆思想,涉及记忆与时间、对象、想象、意识、回忆、记忆术等多方面内容,核心要点如下:第一,"记忆属于过去"。亚里士多德认为讨论记忆首先必须弄明白哪些事物是记忆的对象,他认为将来是不可能记忆的,因为将来是猜想和希冀的对象;现在也无可记忆,而只能感觉;记忆只能属于过去,当一个人正在现实地记忆时,他总是在心里说,以前他就听见过,或感觉过,或思考过它,所有记忆都表明着时间的逝去。第二,"所有可以记忆的对象在本质上都是想象的对象"。"记忆和想象属于灵魂的同一部分",当人们记忆不在场的事物时,所出现的只是影像(象)而已,人们必须在灵魂中有这样的影像,再由感觉刺激形成图像,进而思想成一种画面,才成为记忆的最佳状态。第三,记忆"在本质上包含有意识"。"当一个人在现实地记忆时,他就不能假定自己没在记忆,也不可能在对记忆没有意识的情况下去记忆。"① 虽然亚里士多德的记忆观充满了经验论和形而上学(以灵魂学说为基础)色彩,但他对记忆对象、记忆发生、记忆过程,记忆与想象、记忆与意识,以及记忆刺激与记忆术等的论述,对思考记忆再生产均有启发意义。

古代本体论意义上的哲学记忆观虽然在本质上属于个体记忆、形而上学范畴,但其中所包含的记忆再生产元素是肯定的,值得注意并继续深入挖掘。

(二)基督教神学时期的记忆再生产思想

从公元5世纪罗马帝国衰亡到15世纪文艺复兴初现曙光,西欧一千多年间文明火炬主要由基督教所擎,所有的理论思维和思想争论都发生在神学范围内,人们不再探求自然和宇宙的奥秘,而是致力对上帝信仰的理解与论证,古希腊的哲学文化传统和希伯来的宗教文化传统逐渐融合为一体化的神学哲学理论。奥古斯丁(Saint Augustine)正是站在这个结合点上,作为"最后一个教父和第一个经院哲学家",将基督教视为"真正的哲

---

① 苗力田:《亚里士多德全集(第三卷)》,中国人民大学出版社1992年版,第113页。

学",发出对天主的颂歌,并使"(基督教)信仰本身获得了系统化的形式"。① 其记忆思想主要体现在《忏悔录》等最具影响力的著作中。

在哲学领域,学者更多关注奥古斯丁记忆观中的哲学思想。孙德忠曾分析讨论奥古斯丁的记忆"光照说"。"记忆的领域中原已有它们存在着,不过藏匿于邃密的洞穴,假使无人提醒,可能我绝不会想起它们。"② 人们获得知识,体验幸福,正是由于得到上帝之光的照耀,才使人获得记忆,记忆就是心灵的上帝记忆。③ 白洁曾分析奥古斯丁记忆观中"三一"思维和特征,是"感受性、意志和理智三者合一的综合"。④ 这些分析为深入理解奥古斯丁记忆观提供了可贵的认识基础。从记忆再生产视野看,《忏悔录》中同样包含着丰富、感性、直观、经验性的记忆再生产思想材料。

> 我要超越我本性的力量,拾级而上,趋向创造我的天主。我到达了记忆的领域、记忆的殿廷,那里是官觉对一切事物所感受而进献的无数影像的府库。凡官觉所感受的,经过思想的增、损、润饰后,未被遗忘所吸收掩埋的,都庋藏在其中,作为储备。⑤

《忏悔录》中,奥古斯丁对记忆的论述既涉及对记忆影像的摄取与存储,也涉及记忆影像的分类排列和调用提取,还涉及记忆与情感、记忆与遗忘、记忆的力量等。具体包括:其一,将记忆视为人的官觉所获得的各种事物影像以及知识、经验等。"我记忆的无数园地洞穴中充塞着各式各类的数不清的事物,有的是事物的影象,如物质的一类;有的是真身,如文学艺术的一类;有的则是不知用什么概念标识着的,如内心的情感——即使内心已经不受情感的冲动,记忆却牢记着,因为内心的一切都留在记忆之中。"⑥ 深藏在记忆中的影像千变万化,令人生畏。这些事物先在场,

---

① 黄颂杰主编:《西方哲学名著提要》,江西人民出版社2002年版,第62页。
② [古罗马]奥古斯丁:《忏悔录》,周士良译,商务印书馆1963年版,第195页。
③ 孙德忠:《社会记忆论》,湖北人民出版社2006年版,第59—60页。
④ 白洁:《记忆哲学》,中央编译出版社2014年版,第32页。
⑤ [古罗马]奥古斯丁:《忏悔录》,周士良译,商务印书馆1963年版,第192页。
⑥ [古罗马]奥古斯丁:《忏悔录》,周士良译,商务印书馆1963年版,第201页。

然后感官撷取它们的影像，使人能够想见它们，如在目前，以后事物即使不在，仍能在心中回想起来。其二，形象地把记忆描绘为"府库"，凡"我"所知道的都分门别类地藏在记忆中。"一切感觉都分门别类，一丝不乱地储藏着，而且各有门户"，"一切都各依门类而进，分储其中"。① 存储在记忆府库的记忆（影像）随意听候人的调用。"从同一库藏中，我把亲身体验到的或根据体验而推定的事物形象，加以组合，或和过去联系，或计划将来的行动、遭遇和希望，而且不论瞻前顾后，都和在目前一样，我在满储着细大不捐的各种影象的窈深缭曲的心灵中，自己对自己说：'我要做这事，做那事'……我在心中这么说，同时，我说到的各式影象便从记忆的府库中应声而至。"② 其三，强调记忆能力和记忆力量的伟大。奥古斯丁满怀对上帝的虔敬，对记忆及其力量进行了颂扬。"我的天主，记忆的力量真伟大，它的深邃，它的千变万化，真使人望而生畏"③，但记忆的一切都来自记忆的力量，"我现在记得我从前曾经记忆过，而将来能想起我现在的记忆。这完全凭借记忆的力量"④。

《忏悔录》中关于记忆的论述虽着墨不多，但意蕴深厚，可以从不同角度加以分析解读。其中对记忆摄取（影像、知识的获取）、记忆存储（庋藏、保管）、记忆加工（增、损、润饰、组合、分类排列）、记忆提取（调用、取用）、记忆与行为（联系过去，计划将来行动、遭遇和希望）的论述看，都与再生产相关联。在奥古斯丁那里，记忆不仅是深邃的"府库"，也是事物的"影像"，更是"记"和"忆"过程的结合，记忆的殿堂广延无边，也绵延不绝。

（三）近代认识论中的记忆再生产思想

17—18世纪，在文艺复兴运动、资本主义经济发展、近代实验科学出现等多种因素的影响下，逐步进入具有近代科学色彩的经验主义哲学时代。在此背景下，"记忆问题的探讨再也不能在原来神学的框架内进行了，

---

① ［古罗马］奥古斯丁：《忏悔录》，周士良译，商务印书馆1963年版，第192—193页。
② ［古罗马］奥古斯丁：《忏悔录》，周士良译，商务印书馆1963年版，第193页。
③ ［古罗马］奥古斯丁：《忏悔录》，周士良译，商务印书馆1963年版，第201页。
④ ［古罗马］奥古斯丁：《忏悔录》，周士良译，商务印书馆1963年版，第197页。

它被纳入了对知识的来源、性质、范围等问题的探讨中"①，形成具有近代认识论意义上的记忆（再生产）观，其代表性人物就是英国经验论哲学家约翰·洛克（John Locke）和大卫·休谟（David Hume）。

洛克被认为是经验主义的主要奠基者和源头，开创了近代系统研究认识论的先河。在其著作《人类理解论》（亦译为《人类理智论》）中，洛克指出："我们假定心灵就像我们所说的那样，是一块白板，上面没有任何记号，没有任何观念；心灵是怎样获得那些观念呢？人类繁杂而又无尽的幻想在心灵这块白板上留下的东西几近无穷，心灵是从哪里得到这些东西呢？它是从哪里得到理性和知识的全部材料的呢？我用一句话来答复这个问题：是从'经验'得来：我们的全部知识建立在经验之上；知识归根结底都源于经验。"②

洛克从哲学上对记忆问题进行思考和探讨，其记忆思想可概括为：第一，强调记忆在认识中的重要地位和作用。洛克第一次从唯物主义的经验论角度肯定了记忆在人类思想意识结构中的地位，他对人类思想的各种情状（如幻想、注意、出神、推理、判断、知识等）进行了划分，将"记忆"列为其中之一，明确表示在有智慧的生物中，记忆之为必要，仅次于知觉。"我们如缺少了它，则我们其余的官能便大部分失去了效用。因此，我们如果没有记忆的帮助，则我们在思想中、推论中和知识中，便完全不能越过眼前的对象。"③ 记忆的重要性表现在两个方面：一是人心的大部分官能在发挥其功能时都需要有记忆系统同其协同作用，否则其功能就无从发挥；二是"敏捷的才智在于能自由调动记忆中各种观念"④。有了记忆，人才可能有间接知识，只有凭借记忆，人才可能离开眼前的对象，通过推理、比较、想象等思维活动获得具有间接性的知识。⑤ 第二，记忆是一种获得知识的中介。洛克断言"记忆中并没有天赋的观念"⑥；"回忆作用同

---

① 孙德忠：《社会记忆论》，湖北人民出版社2006年版，第62页。
② ［英］洛克：《人类理解论》第1章第2节。转引自［美］唐纳德·帕尔玛《西方哲学导论》，上海社会科学院出版社2011年版，第80页。
③ ［英］洛克：《人类理解论》（上），关文运译，商务印书馆1959年版，第119页。
④ ［英］洛克：《人类理解论》（上），关文运译，商务印书馆1959年版，第122页。
⑤ 孙德忠：《社会记忆论》，湖北人民出版社2006年版，第62—63页。
⑥ ［英］洛克：《人类理解论》（上），关文运译，商务印书馆1959年版，第59页。

其他思维方法,分别之点,就在于回忆时,分明意识到那件东西是曾经在心中存在过的。人心以前所不曾知觉的东西,都不能说是在心中的"①。他认为人心中的知觉(观念)只有两种,即已知的记忆和当下的新知。新知的观念总是要以某种方式贮存到记性中成为记忆,作为记忆存在的已知观念在某个时候一定是当下的新知,当下的新知转化为记忆就成为人类知识的来源和流程。第三,人的意志对记忆活动具有主动控制作用。"记忆的职务就在于把那些隐伏的观念供给于人心,以供它的当下用途。我们所谓创作、想象和敏捷,就是由于我们能在任何时候,把那些观念立刻唤醒起来";"有了这种能力,则我们不借助于原来发生印象的那些可感性质,就能把我们并不现实地思维的那些观念唤起来,成了我们思想的对象。我们所以能把那些观念保留在理解中,正是借着这种记忆能力"。② 洛克的记忆观虽然以批判"天赋观念"为出发点,但对于我们思考再生产中记忆的累积性、记忆与知识的关系,思考人的意志、观念对记忆的主动控制作用等具有启发意义。

休谟也是从经验主义角度对知识来源进行探讨的哲学家。为了确定人类认识的性质和范围,在洛克"观念"的基础上,休谟将其分解为印象和观念,其中印象是"我们的较活跃的一切知觉,就是指我们有所听,有所见,有所触,有所爱,有所憎,有所欲,有所意识的知觉而言";而观念则是"在反省上述的那些感觉和运动时我们所意识到的一些较不活跃的知识"。③ 休谟认为印象永远先于观念发生,而且想象中所得到的每一个观念首先以相应的印象的方式出现;而记忆作为印象的重复,将对象和观念的表象结合起来,二者达成一致,才能延续记忆并使之成为知识。"当观念是对象的恰当的表象的时候,这些观念之间的关系、矛盾和一致,都可以应用于它们的对象之上;我们可以概括地说,这就是人类一切知识的基础。"④ 休谟的认识论记忆观中,对记忆再生产具有启发价值的思想不仅涉及记忆与知识形成的关系,也涉及记忆与表象、记忆与习惯等相关论述。

---

① [英]洛克:《人类理解论》(上),关文运译,商务印书馆1959年版,第60页。
② [英]洛克:《人类理解论》(上),关文运译,商务印书馆1959年版,第115—120页。
③ [英]休谟:《人类理解研究》,关文运译,商务印书馆1957年版,第20页。
④ [英]休谟:《人性论》,关文运译,商务印书馆1980年版,第41页。

他认为我们对于所得到的观念有两种能力：记忆和想象，它们可以摹仿或摹拟感官的知觉，虽不能完全达到感觉的那种强力与活力，但"它们把它们的对象表象得很活跃，使我们几乎可以说，我们触到了它或看见它"。①

（四）现代生命哲学中的记忆再生产思想

进入 20 世纪，以柏格森（Henri Bergson）为代表的生命哲学家对记忆进行了独特而深入的研究。柏格森以生命冲动为基石，突出直觉的方法论本质，系统提出了人的生命创造进化学说，记忆理论是柏格森思想的重要内容。

在《物质与记忆》中，柏格森肯定了精神的真实性和物质的真实性，并试图通过对记忆的研究来确定它们彼此之间的关系。他说："现在一旦我们着手从纯粹的事实寻找这样的信息，以求帮助解决问题时，就发现记忆才是我们需要处理的问题。"② "任何人只要不怀先见并立足坚实的事实，一旦着手研究心灵与身体这一经典问题，就会发现该问题的核心是记忆。"③ 对《物质与记忆》进行解读，可以获得柏格森丰富的记忆再生产思想。

其一，记忆的存储性。柏格森虽然强烈反对把大脑当作记忆的贮藏室、记忆是纯粹的过去等观念，但仍承认并强调记忆的存储性。他将分析视角从空间转向时间，提出记忆并非储存在大脑里，而是储存在绵延中，即储存在生命本身，是一种在时间流中的自我保存。"我们在设想过去的时候所遇到的困难完全来自于这样一个事实：我们在时间中扩展了一系列的记忆，而容器与内容的意义则仅限于在空间中被同时知觉的事物的集合。"④ 他提出记忆的两种形式或两种状态：记忆—形象与记忆—运动。"记忆—形象"记录我们日常生活中发生的所有当时事件，它形成了经验性认识，把人们的过去与现在联系起来；而记忆—运动则是一种纯粹记忆，它"位于现在却仅指向行动"，"仅保留着过去合理的协调的运动，代

---

① ［英］休谟：《人类理解研究》，关文运译，商务印书馆 1957 年版，第 19 页。
② ［法］亨利·柏格森：《物质与记忆》，姚晶晶译，安徽人民出版社 2013 年版，第 5 页。
③ ［法］亨利·柏格森：《物质与记忆》，姚晶晶译，安徽人民出版社 2013 年版，第 5—6 页。
④ ［法］亨利·柏格森：《物质与记忆》，姚晶晶译，安徽人民出版社 2013 年版，第 163 页。

表着以往积累起来的努力"，是"将形象的有用效应延长到了此时此刻"①，是"绵延不断的生命之流的形式和保证"②。

其二，记忆的现实化。在柏格森看来，记忆的现实化与记忆的物质化、记忆形式运动转化密切相关；从物质、物象到知觉、记忆是一个不可分割的融贯性过程，它们之间的差别不是对立，而是程度上的差异。我们与世界的交往方式就是纯粹记忆—记忆—知觉—身体—纯粹知觉—物象（物质），而记忆物质化就是唤醒记忆，使纯粹记忆转变成现实记忆的运动过程。对于这种运动，柏格森有段精彩的描述：

> 回忆一点一点地显现在我们眼前，正如一团愈来愈浓的云彩，从虚拟状态渐渐变得真实化。与此同时，它的轮廓越来越清晰并且它的外观越来越多彩，它开始趋向于模仿知觉。但是，回忆最深层的根仍然连接着过去，一旦意识到它不具备原始虚拟状态的某些东西时，并且作为一个现实状态，如果它也不具备区别于当前事物的显著特征的话，我们应该永远不知道它原本是一个记忆。③

记忆现实化反映出"记忆—形象"与"记忆—运动"（纯粹记忆）的关联以及相互支持方式，其中潜含着"感觉—运动"机制，过去的记忆能为"感觉—运动"机制提供指导它们任务的全部记忆，而"感觉—运动"机制则为记忆自身现实化或记忆变成当前提供手段。柏格森借助一个倒锥形图像④来形象说明和展现这个现实化过程：锥体的底部代表在记忆中积累的全部记忆，而尖点代表和行动平面的触点；行动者的身体被压缩在这个点上，这个中心以其自己的方式成为记忆的一处场所，一个当下运动的点，它不断地回顾过去，不同于锥体的宽阔底部代表的"真正的记忆"。法国哲学家保罗·利科评价说，柏格森令人钦佩地描述了记忆"从潜在状

---

① ［法］亨利·柏格森：《物质与记忆》，姚晶晶译，安徽人民出版社2013年版，第79页。
② 孙德忠：《社会记忆论》，湖北人民出版社2006年版，第31页。
③ ［法］亨利·柏格森：《物质与记忆》，姚晶晶译，安徽人民出版社2013年版，第144页。
④ 可参见［法］亨利·柏格森《物质与记忆》，姚晶晶译，安徽人民出版社2013年版，第167页。

态转变为现实状态"的这个活动,"把记忆识认'为记忆',整个难题都归结于此"。①

其三,记忆是人类生命创造进化的动能。柏格森强调,"从原则上来说,记忆必须是绝对独立于物质的一种力量"②。他说记忆的初始功能就是唤起全部与当前的知觉相似的过去的知觉,不过更重要的是记忆还能使我们通过一个直觉,来捕捉到无数个绵延的瞬间,使我们能够摆脱事物的流的运动。他认为有生命的物质的进化在于功能的分化,这种分化首先导致生育,然后导致神经系统不断增长的复杂性;而这个神经系统能够将刺激网络化,能够组织起行动。"通过对先前经验的记忆,这种意识不仅越来越好地保留了过去,已将它们与当前组织在一起,形成更新鲜、更丰富的决断,而且由于存活在更紧张的状态中,并且借助其对直接经验的记忆,将越来越多的外部瞬间压缩进了当前的绵延之中,它变得更有能力创造出行动,而其遍布于物质的任意多的瞬间里内在的不确定性将更容易通过必然性之网的孔洞。"③ 正是将记忆视为人类生命运动与发展的动能,使柏格森的记忆思想体现出某种社会记忆的性质。④

柏格森在《物质与记忆》中,不仅明确使用"再生产"⑤一词,而且还处处体现出记忆运动性、连续性、重复性、物质化、现实化等思维,这些都与其核心思想"绵延"相关联,也与"再生产"相关联。

(五)中国古代先哲的记忆再生产思想

在我国古代典籍中,"记"与"忆"合成一个完整概念——"记忆",早在战国时期就出现。道家典籍《关尹子》中就载有"是非好坏,成败盈虚,造物者运矣,皆因私识执之而有……譬犹昔游再到,记忆宛然,此不

---

① [法]保罗·利科:《记忆,历史,遗忘》,李彦岑等译,华东师范大学出版社2018年版,第584—585页。
② [法]亨利·柏格森:《物质与记忆》,姚晶晶译,安徽人民出版社2013年版,第68页。
③ [法]亨利·柏格森:《物质与记忆》,姚晶晶译,安徽人民出版社2013年版,第290页。
④ 孙德忠:《社会记忆论》,湖北人民出版社2006年版,第69页。
⑤ 柏格森写道:"过去的形象,按照它们本身被精确地再生产出来,连同它们所有的细节,甚至包括它们实际的颜色也一并再生产出来。"见[法]亨利·柏格森《物质与记忆》,姚晶晶译,安徽人民出版社2013年版,第110页。

可忘，不可遣"①。此后对"记忆"一词使用沿革不断。孔子曾对记忆问题作过论述，要求在学习过程中"多见而识之""默而识之，学而不厌""多识于鸟兽草木之名"等，"识"就是记忆的意思。这些可以说是我国古代记忆思想的源头。在后来的历史发展中，虽然我国没有像西方对记忆生理机制问题进行明确探讨，但也涉及这方面的论述。根据刘晓红对我国古代心理思想中记忆问题的分析，大体可以归结为以下几个方面。

一是"藏"与"虚"的统一。我国古代，"藏"有记忆、容纳之意，如朱熹云："心官至灵，藏往知来。"与此对应的"虚"，不是"无藏"，而是为了更好地有藏和多藏。战国时期思想家荀况曾对藏和虚解释道："心未尝不藏也，然而有所谓虚……人生而有知，知而有志。志也者，藏也。然而有所谓虚。不以所已藏害所将受谓之虚。"②荀子首先肯定心是能记忆的，有藏。人生来就有认识事物的能力，能认识事物就有记忆，记忆就是心中有所储藏。但为了有效地进行记忆，还应当有所谓"虚"。"虚"就是不使心中已经记住的东西（即旧知识经验）妨碍接受将要记忆的东西（即新知识经验）。由此，荀子建立起"藏"与"虚"的统一。此外，《二程集》载："又问：'夜气如何？'曰：'此只是言休息时气清耳。至平旦之气，未与事接，亦清。只如小儿读书，早晨便记得也。'"③这句话表面上看讲的是记忆时间和记忆效果的关系，但是建立在深层次的对新旧知识经验关系的正确认识之上，也体现出"藏""虚"关系的统一。

二是识、存、念的统一。识、存、念，是明清之际思想家王夫之在论及思维和记忆时，为论证思维的连续性而引入的概念。第一，关于"识"，王夫之认为："孔子曰：'默而识之'。识也者，克念之实也。识之量，无多受而溢出之患，故日益以所亡，以充善之用而不足。识之力，无经久或渝之忧，故相宁而不失，以需善之成。"④意即孔子所说的"识"，就是能

---

① 故宫博物院编：《关尹子文始真经·五鉴篇》，海南出版社2001年版，第43页。
② （清）王先谦集解：《荀子·解蔽篇》，云南大学出版社2009年版，第261页。
③ （宋）朱熹编：《河南程氏遗书·第二十二上（伊川杂录）》，商务印书馆1935年版，第315页。
④ （清）王夫之：《尚书引义·多方一》，中华书局1962年版，第133页。

保持（克）能相续（念），"相续之谓念，能持之为克"①，即指识记能力。人的记忆能力很强，在容量上、时间上均不受限制，可以"充善之用""需善之成"。第二，关于"存"，他认为："存，谓识其理而不忘也。变者，阴阳顺逆事物得失之数。尽知其必有之变而存之于心，则物化无恒，而皆像知其情状而裁之……化虽异而不惊，裁因时而不逆，天道且惟其所裁，而况人事乎！"②意即"存"是把识记的事物和规律保存下来而不忘记，即今天所说的"保持""留存"。第三，关于"念"，他认为："念者，反求而来于心，寻绎而不忘其故也"。③意即对心中保持的记忆加以"反求""寻绎"，而使其不忘，大体上相当于今之"回忆"。将识、存、念三个概念连起来看，就是识记（识）——保持（存）——回忆（念），三位一体，与现代心理学对记忆过程的三个划分阶段大体相当，体现出王夫之对记忆过程的认识。

　　三是记、心、思的统一。这里的记即记忆、识记；心即用心、专注、专心、用神；思即思考、理解、思维。记、心、思的统一即指记忆与专心（注意）、理解（思维）关系紧密，不可分割。我国古代先哲十分强调在记忆过程中的专心专注、用心用神，强调对记忆内容的思考思量、理解领悟，相关论述很多。如"心不使焉，则白黑在前而目不见，雷鼓在侧而耳不闻"④；"是以心驻于目，必忘其耳，则听不闻；心驻于耳，必遗其目，则视不见"⑤。这些是说在记忆时需要用心专一，注意力集中，否则就"无所不忘"。而如张载云："书须成诵持思……不记则思不起，但通贯得大原后，书亦易记"⑥；"读了又思，思了又读，自然有意，若读而不思，又不知其意味；思而不读，纵使晓得，终是不安……若读得熟而又思得精，自

---

① （清）王夫之：《尚书引义·多方一》，中华书局1962年版，第132页。
② （清）王夫之：《张子正蒙注·天道篇》，古籍出版社1956年版，第48页。
③ （清）王夫之：《尚书引义·多方一》，中华书局1962年版，第131页。
④ （清）王先谦集解：《荀子·解蔽篇》，云南大学出版社2009年版，第256页。
⑤ （南朝·梁）刘勰：《刘子新论十卷·专学第六》，（明）程荣辑：《汉魏丛书》内篇31，吉林大学出版社1992年版，第667页。
⑥ （宋）张载：《张横渠集二·经学理窟三·义理》，王云五主编，商务印书馆1936年版，第118页。

然心与理一，永远不忘"①。这些话都强调在记忆基础上对记忆内容进行深入思考理解，才能"永远不忘"。"广识未必得当，而思之自得者真。"②

中国古代先哲对记忆问题的思考，主要是从记诵、识记角度，强调记忆心性，以求知识的获取与增长，具有朴素唯物主义和方法论色彩。其中所包含的记忆再生产思想，即是对记忆内容的再生产或是对知识的再生产，用一句话来概括就是"温故而知新"。③

二 马克思主义社会再生产思想

社会再生产理论是指关于一切社会形态中社会再生产过程及其规律的理论，最初由18世纪50—70年代法国古典经济学家、重农学派的创始人魁奈（Francois Quesnay）和英国古典经济学家亚当·斯密（Adam Smith）提出，19世纪60年代马克思在正确评价、批判、吸收、继承重农学派再生产理论的某些科学成分基础上，创立真正科学的社会再生产理论。恩格斯曾对此给予高度评价，认为马克思对社会总资本的再生产和流通，作了"最出色的阐述"④，提出了"精辟高深"的理论⑤；是"卓越的研究，以及这种研究在至今几乎还没有人进入的领域内所取得的崭新成果"⑥。马克思主义社会再生产理论包括马克思本人及其后马克思主义思想家（者）对社会再生产的论述，不单是经济领域再生产分析的思想武器，同时也是社会文化领域再生产分析的思想武器。重读马克思及其后马克思主义者的经典论述，认识和把握马克思主义社会再生产理论的形成、发展、基本原理和指导意义，是档案记忆再生产研究的思想与理论根基。

---

① （宋）朱熹：《朱子语类第一册·读书法上》，（宋）黎靖德编，崇文书局2018年版，第127页。

② 冒怀辛译注：《慎言·雅述全译：慎言原文·潜心篇》，巴蜀书社2009年版，第271页。

③ 刘晓红：《中国古代心理思想中的记忆问题》，《上海师范大学学报》（哲学社会科学版）1998年第4期。

④ 《马克思恩格斯全集》第39卷，人民出版社1974年版，第414页。

⑤ 《马克思恩格斯全集》第36卷，人民出版社1974年版，第375页。

⑥ 《马克思恩格斯全集》第24卷，人民出版社1972年版，第25页。

（一）马克思社会再生产理论的基本原理与核心要义

马克思社会再生产理论（简称马克思再生产理论）基本原理是"马克思本人所揭示和阐明的有关原理；是关于社会总产品再生产与流通的原理；是包括马克思再生产理论体系范畴的原理；是一切社会形态适用的原理"。[①]

中华人民共和国成立以来，我国经济学界长期以马克思主义为思想指导，结合我国社会主义建设实践，对马克思再生产理论、社会主义再生产理论及实际问题进行了广泛、系统、全面的讨论，从不同角度对马克思再生产理论的基本原理加以总结和揭示。1978年著名经济学家、教育家郭大力在讲解《资本论》时，列举出马克思再生产理论所包含的重要原理有：其一，不管在什么社会形态中，生产必然会成为再生产；其二，剩余价值是资本积累的源泉；其三，扩大再生产的物质基础，就是把剩余劳动的一部分，用来生产出更多的生产资料和必要的生活资料；其四，在资本积累的进行中，不变资本部分会牺牲可变资本部分而增加起来。[②] 1982年，经济学家罗季荣把马克思关于社会总资本的再生产与流通作为研究对象，提出马克思再生产的理论体系，认为其基本原理包括六条，即关于社会总产品的原理；关于社会再生产总过程的原理；关于社会再生产形式的原理；关于简单再生产原理；关于扩大再生产原理；关于国民收入的形成和用途的原理。[③]

马克思再生产理论是马克思在《资本论》《剩余价值理论》《哥达纲领批判》等经典著作中阐述的，既涉及生产的一般原理、物质资料再生产、劳动力再生产和生产关系再生产等多方面，也涉及生产、分配、交换、消费等生产全过程，内容非常广泛。结合马克思的论述和前辈学者的阐释[④]，可以对马克思再生产理论的核心要义归结如下。

---

① 罗季荣：《马克思社会再生产理论》，人民出版社1982年版，第70页。
② 郭大力：《关于马克思的〈资本论〉》，生活·读书·新知三联书店1978年版，第191页。
③ 罗季荣：《马克思社会再生产理论》，人民出版社1982年版，第70页。
④ 参见罗季荣《马克思社会再生产理论》（人民出版社1982年版）、刘国光《马克思的社会再生产理论》（中国社会科学出版社1981年版）等。

其一，社会再生产是一个动态循环的生产与再生产的过程。马克思指出不管生产过程的社会形式怎样，从其连续不断、周而复始的运动看，就是再生产。社会再生产总过程是社会再生产的运动形式，而连续性是社会再生产过程的基本特征，连续性的破坏就是再生产过程的萎缩、停滞或中断，从而成为再生产的危机。

其二，社会再生产包括个别产品运动和社会总产品运动的统一。社会总产品是一个国家在一年内所生产的产品总和。在一年的社会再生产过程中，包括单个企业的产品（或单个资本）运动和作为总和的社会总产品（或社会总资本）的运动。马克思指出："正如每一单个资本家只是资本家阶级的一个分子一样，每一单个资本只是社会总资本中一个独立的、可以说赋有个体生命的部分。社会资本的运动，由社会资本的各个独立部分的运动的总和，即各个单个资本的周转的总和构成"[1]；"各个单个资本的循环是互相交错的，是互为前提、互为条件的，而且正是在这种交错中形成社会总资本的运动"[2]。单个企业的再生产是整个社会再生产的一个组成部分，社会总产品是社会再生产研究的出发点。

其三，社会再生产是社会总产品、劳动力和生产关系的统一。马克思指出，"把资本主义生产过程联系起来考察，或作为再生产过程来考察，它不仅生产商品，不仅生产剩余价值，而且还生产和再生产资本关系本身：一方面是资本家，另一方面是雇佣工人"[3]。在马克思资本分析的逻辑框架中，社会总产品（物质资料）再生产分析只是起始范畴，其核心则是社会结构与生产关系。马克思认为："生产过程和价值增殖过程的结果，首先表现为资本和劳动的关系本身的，资本家和工人的关系本身的再生产和新生产。这种社会关系、生产关系，实际上是这个过程的比其物质结果更为重要的结果。"[4] 社会再生产过程中，社会产品、劳动力和生产关系三者在扩大再生产过程中，一般是发生同方向的变动。

其四，社会再生产总过程是生产、分配、交换、消费的连续与统一。

---

[1] 马克思：《资本论》第2卷，人民出版社2004年版，第390页。
[2] 马克思：《资本论》第2卷，人民出版社2004年版，第392页。
[3] 《马克思恩格斯全集》第23卷，人民出版社1972年版，第634页。
[4] 《马克思恩格斯全集》第30卷，人民出版社1995年版，第450—451页。

社会再生产要能顺利进行，必须完成从生产到分配到交换到消费的全过程。再生产过程的这些环节是缺一不可的。马克思非常精练地指出："生产创造出适合需要的对象；分配依照社会规律把它们分配；交换依照个人需要把已经分配的东西再分配；最后，在消费中，产品脱离这种社会运动，直接变成个人需要的对象和仆役，被享受而满足个人需要。因而，生产表现为起点，消费表现为终点，分配和交换表现为中间环节。"① 从其内在联系的决定作用看，一定的生产决定一定的消费、分配、交换和这些不同要素间的一定关系，生产在这总过程中起决定作用，而消费也有其特殊重要的地位。

其五，社会再生产总过程是总产品实物形态的运动和价值形态的运动的统一。社会总产品具有使用价值与价值的两重性，它表现为产品的实物形态（或实物形式）和价值形态（或价值形式）。而产品的价值形态是通过货币来表现的，马克思称之为"货币形式的价值"。社会总产品实物形式的运动同货币形式的价值的运动是完全统一的，它们在时间上同时进行，在数量上相互适应。马克思说："对商品流通来说，有两样东西是必要的：投入流通的商品和投入流通的货币。"② "当再生产（无论是简单的，还是规模扩大的）正常进行时，由资本主义生产者预付到流通中去的货币，必须流回到它的起点（无论这些货币是他们自己的，还是借来的）。这是一个规律。"③

其六，社会再生产从再生产规模上可分为简单再生产和扩大再生产两类。马克思认为简单再生产取决于两个标志：一是剩余价值产品全部用于消费，没有积累；二是生产规模不变。"如果这种收入只是充当资本家的消费基金，或者说，它周期地获得，也周期地消费掉，那末，在其他条件不变的情况下，这就是简单再生产"，"简单再生产只是生产过程在原来规模上的重复"。④ 而生产规模扩大的再生产即为扩大再生产，包括外延性扩大再生产和内含性扩大再生产。"如果生产场所扩大了，就是在外延上扩

---

① 《马克思恩格斯选集》第2卷，人民出版社1972年版，第91页。
② 《马克思恩格斯全集》第24卷，人民出版社1972年版，第459页。
③ 《马克思恩格斯全集》第24卷，人民出版社1972年版，第512页。
④ 《马克思恩格斯全集》第23卷，人民出版社1972年版，第622页。

大；如果生产资料效率提高了，就是在内含上扩大。"①

马克思社会再生产理论体系完整，内蕴深厚，本处只是撷取与本书研究相关的主要观点与核心要义，以展现马克思社会再生产理论的基本思想，为后文做思想/理论铺垫。

（二）马克思主义思想家对社会再生产理论的继承发展

马克思主义社会再生产理论是一个不断发展的过程，列宁、斯大林、卢森堡、希法亭、鲍威尔、布哈林、格罗斯曼、卢卡奇、阿尔都塞、鲍德里亚、葛兰西等，对社会再生产理论多有创新。这些思想家继承和发扬马克思社会再生产理论思想，其理论旨趣不只局限于政治经济学领域狭义的生产过程，而是将思想触角更多地深入到社会关系、意识形态、文化霸权、日常生活等广泛的社会生产生活领域，也为档案记忆再生产研究提供可资参考的思想财富。其中主要思想家及其相关论述有：

1. 卢森堡的资本积累论

罗莎·卢森堡（Rosa Luxemburg）是国际共产主义运动的著名政治活动家和理论家，1913—1915年先后完成《资本积累论》和《资本积累——一个反批判》，"试图从总体上探索世界资本主义体系向帝国主义演化的历史过程，把资本主义宗主国的发展过程同非资本主义区域殖民地化演变过程看作是同一历史过程的两个不同表现方面"②。

卢森堡以马克思再生产理论为中心，认为按照马克思扩大再生产的图式，要实现生产资料与消费资料两部类的全部剩余价值，就必须有两部类以外的具有支付能力的需求，而马克思对积累过程的分析，"只是限于在完全由资本家与工人所构成的社会里"③，在这种封闭的资本主义体系内，资本积累会遇到需求不足的矛盾。世界资本主义为了实现它的全部剩余价值，就必须在工人和资本家这两个阶级以外寻求"第三者"因素——新的

---

① 《马克思恩格斯全集》第24卷，人民出版社1972年版，第192页。
② 何迈：《卢森堡〈资本积累论〉的解读——论资本主义与非资本主义的关系》，河北大学，硕士学位论文，2008年，第8页。
③ ［德］罗莎·卢森堡：《资本积累论》，彭尘舜、吴纪先译，生活·读书·新知三联书店1959年版，第260页。

殖民地市场，吸收一部分用来投资的剩余价值，资本的积累才能进行下去。

卢森堡为再生产理论提供了一个新的问题思考，即资本主义与非资本主义体系之间的关系问题，也为西方马克思主义研究开拓了一个新路向——非资本主义。如布罗代尔所言，资本主义发展壮大的过程表现为从自己家里（流通领域）走出，走进别人家里（生产领域），然后扩散至政治、文化和日常生活。① "这绝非仅仅是经济意义上的，而是整体社会关系的生产和再生产。"②

2. 卢卡奇的"物化"与阶级意识论

格奥尔格·卢卡奇（Georg Lukács），是匈牙利著名的哲学家和文学批评家，在20世纪马克思主义的演进中占据十分重要的地位。1923年，他以著名的《历史与阶级意识》开启西方马克思主义思潮，被誉为西方马克思主义的创始人和奠基人。《历史与阶级意识》也被誉为西方马克思主义的"圣经"。

在《历史与阶级意识》中，卢卡奇从马克思《资本论》中商品拜物教的"物化"概念出发，将其贯穿全书，认为"物化"是指"人的活动、他自己的劳动成了对他说来是客观的和对立的东西。这种对立既有客观的方面，也有主观的方面。客观的方面是，出现了一个事物及其关系（商品及其在商场上的运动）的世界"，"主观的方面是，人自己的活动、他的劳动成了与他对立的客体，这个客体服从于支配社会的客观自然规律，但是对人来说是异己的"。③ 运用物化概念，卢卡奇对资本主义的异化社会关系和本质进行了深刻的批判，揭示与资本主义物化结构相一致的历史观与意识形态的再生产，指出"阶级意识是一种客观的可能性，是无产阶级的历史利益的合乎理性的表达；它不是超验的东西，而是阶级的历史发展和现

---

① 参见［法］布罗代尔《15至18世纪的物质文明、经济和资本主义》第1卷，顾良译，生活·读书·新知三联书店1992年版。

② 林密：《意识形态、日常生活与空间——西方马克思主义社会再生产理论研究》，中国社会科学出版社2016年版，第15—16页。

③ ［匈］卢卡奇：《历史与阶级意识》，杜章智等译，商务印书馆1999年版，"译序"第7页。

实实践的产物"①。

卢卡奇的《历史与阶级意识》表明，资本主义社会的生产与再生产，不仅仅表现为资本本身的扩大和再生产过程，同时也是阶级意识再生产过程，揭示出资本主义生产关系再生产和社会结构的总体性，对讨论社会记忆"物化"及其与社会结构再生产的关系具有指导意义。

3. 阿尔都塞的再生产理论

路易·阿尔都塞（Louis Althusser）是一名马克思主义哲学家，对历史唯物主义发展具有创新性价值。在1995年出版的《论再生产》中，从再生产理论出发对历史唯物主义的社会形态、生产方式概念、经济基础和上层建筑的相互关系、法—国家—意识形态构成的上层建筑理论进行了全面阐述，创新发展马克思再生产理论。

《论再生产》中，阿尔都塞将"再生产"作为创新历史唯物主义的基本概念和理论工具，认为马克思关于生产方式是生产力与生产关系的统一、经济基础和上层建筑相互作用的观点尚处在描述性的理论阶段，必须精确分析生产力与生产关系的统一，弄清楚经济基础为何需要上层建筑，精确阐释上层建筑的结构，研究法—国家—意识形态的本质、职能、作用，以及阶级斗争与经济基础、上层建筑是何关系。"我们认为，对上层建筑的存在和性质进行思考，可以并且必须从再生产出发。要想阐明由大厦的空间隐喻指出了其存在，却又没有为其提供概念解除的许多问题，只要再生产的观念就够了。"②他认为"只考虑经济基础的机制，虽然能说明生产力（包括劳动力）的条件的再生产，却无法说明生产关系的再生产"；"生产关系再生产是通过由法—国家—意识形态构成的上层建筑及实践机制来保障的"。从再生产出发，阿尔都塞将经济基础和上层建筑的关系理论、国家形式和功能的理论由描述性理论上升为科学精确的理论。

《论再生产》重建马克思主义国家理论，为阶级斗争、革命学说提供新路径。雅克·比贷（Jacques Bidet）指出"阿尔都塞条分缕析地阐述了他的唯物史观，阐述了资本主义社会再生产的种种条件以及为了终止那种

---

① [匈] 卢卡奇：《历史与阶级意识》，杜章智等译，商务印书馆1999年版，"译序"第8页。
② [法] 路易·阿尔都塞：《论再生产》，吴子枫译，西北大学出版社2019年版，第136页。

再生产而要进行的革命斗争"①,由此也看出"再生产"具有十分重要的方法论意义。

4. 鲍德里亚的消费社会理论②

鲍德里亚（Jean Baudrillard）是法国哲学家、现代社会思想家、后现代理论家,撰有《消费社会》《生产之镜》《完美的罪行》《物的体系》等一系列分析当代社会文化现象、批判当代资本主义的著作,并最终成为享誉世界的法国知识分子。

在《消费社会》中,鲍德里亚指出现代社会的方方面面,从物到符号或景观乃至观念,都沦为消费对象。消费,已经成为资本主义社会的"神话"。鲍德里亚将消费社会中"需要"的生产机制视为分析的焦点,认为消费社会的核心路径在于控制、制造和再生产人们的"需要",使生产出来的主体内在地契合消费社会的需求结构,并且乐于追逐消费社会制造出来的各种消费需求；消费成了一个自足、自我再生产体系,而主体则沦为它的产品和属性。消费社会作为一个主动的结构（大众主动地进入这个符号系统；消费过程成了物体系/符号体系的主动行为),类似于符号学的结构,个性化的要求和实现都是符号体系编码的结果；个体主体的社会、个人的生存价值与意义的实现都必须在物—符号体系中进行,他们对消费体系的认同构成了自我确证和再生产的前提,因而也构成了消费社会符号体系的再生产的细小节点；整个消费过程都表现为对主体这个幻想和制造出来的"需要"的再生产过程,因而是资本逻辑所主导的合法性再生产过程。③

鲍德里亚对消费社会的批判,"实质上揭示了日常生活对于资本主义关系再生产的重要意义"④,也折射/映射出社会再生产研究的宽广领域。

---

① [法]路易·阿尔都塞:《论再生产》,吴子枫译,西北大学出版社2019年版,第19页；另参见李广平、康晓静《阿尔都塞〈论再生产〉对历史唯物主义的创新与发展》,《江汉论坛》2020年第10期。

② 对于鲍德里亚是否为马克思主义者理论界多有争议,有学者认为鲍德里亚的思想理论发展从未远离马克思主义脉络体系。参见童小畅《理论复调：作为马克思主义者的鲍德里亚》,《中华文化论坛》2012年第1期。

③ 参见林密《意识形态、日常生活与空间——西方马克思主义社会再生产理论研究》,中国社会科学出版社2016年版,第22—23页。

④ 林密:《意识形态、日常生活与空间——西方马克思主义社会再生产理论研究》,中国社会科学出版社2016年版,第23页。

以上选取四位马克思主义思想家对资本主义社会再生产的分析，旨在表明社会再生产问题的广泛性和再生产研究的方法论意义，从中也可以发现，一些重要论述（如积累、物化、消费等）对分析档案记忆再生产具有思想指导意义与启发价值。

（三）社会再生产理论：档案记忆再生产研究的思想根基

罗季荣先生曾指出："社会再生产理论不应该老是停留在'政治经济学中的再生产理论'上，它应该……成为一门独立的学科。"[①] 我国著名马克思主义哲学史家孙伯鍨先生也认为，"不能简单地把精神生活、政治生活和社会生活的一般过程归结为它们的共同基础——物质生产过程，恰恰相反，要从物质生活的生产和再生产中，引出全部社会生活、政治生活和精神生活内容和形式"[②]。马克思（主义）社会再生产理论具有普遍指导意义，是研究档案记忆再生产的思想与理论根基。

1. 对档案记忆再生产研究的总体性指导意义

再生产理论虽然缘起于西方重农学派的物质资料再生产研究，但随着马克思及后马克思思想家的发展，其研究对象和范围已得到极大的扩展，从经济领域或政治经济学领域走向更广阔的社会生活、政治生活、精神生活和文化生活领域。恩格斯也曾说：

> 根据唯物史观，历史过程中的决定性因素归根到底是现实生活的生产和再生产。无论马克思或我都从来没有肯定过比这更多的东西。如果有人在这里加以歪曲，说经济因素是唯一决定性的因素，那么他就是把这个命题变成毫无内容的、抽象的、荒诞无稽的空话。经济状况是基础，但是对历史斗争的进程发生影响并且在许多情况下主要是决定着这一斗争的形式的，还有上层建筑的各种因素：阶级斗争的政治形式及其成果……各种法的形式以及所有这些实际斗争在参加者头脑中的反映，政治的、法律的和哲学的理论，宗教的观点以及它们向

---

① 罗季荣：《马克思社会再生产理论》，人民出版社1982年版，第14页。
② 孙伯鍨、孙顺良：《〈资本论〉中的历史唯物主义》，转引自林密《意识形态、日常生活与空间——西方马克思主义社会再生产理论研究》，中国社会科学出版社2016年版，第341页。

教义体系的进一步发展。①

从恩格斯这段话可以发现,"社会再生产理论"中的"社会"应该具有更丰富、更普遍的意蕴、指向或对象。

档案记忆作为社会记忆的一种形态和表现形式,也存在着生产与再生产性质。其再生产性来源于两方面:一是档案的生产与再生产。档案作为人类活动的原始历史记录,记载和反映人类社会各方面的真实情形与历史经验,自从人类发明文字以后,就伴随着人类的活动过程不断地产生;不仅如此,人类社会在生产生活中,还需要反复地加工和利用前人活动产生的档案,让过去重新返回到当前的现实活动之中,表现出强烈的再生性、反复性和循环性。二是社会记忆的生产与再生产。一般意义上的人类记忆就是一个对人类活动信息反复编码、存储、提取、重现的过程。社会记忆作为人类记忆的统称或集体记忆的概称,是"人类主体能力和本质力量对象化结果的凝结、积淀和破译、复活的双向活动"②,这种双向活动的实质就是人类记忆的生产和再生产。

档案记忆再生产是社会记忆再生产的组成部分与特殊对象,它深度地融入社会生活、政治生活、精神生活领域,运用社会再生产理论加以分析,可以探索发现其中所蕴含的深刻意义。

2. 对档案记忆再生产基本问题分析的指导意义

马克思在《资本论》及其相关著作中对社会再生产的对象、范畴、要素、类型、过程等诸多基本问题进行了分析和探讨,涉及物质资料(产品、资本)再生产、劳动力再生产与生产关系再生产;单个产品(资本)再生产与社会总产品(资本)再生产;生产过程中的生产、分配、交换、消费以及积累;简单再生产与扩大再生产;内含扩大再生产与外延扩大再生产;等等,同时提出资本主义社会再生产的某些规律,如关于简单再生产物质补偿和价值补偿规律、货币回流规律、资本有机构成提高规律、资本主义人口规律、资本主义积累规律等。③ 马克思对社会再生产基本问题

---

① 《马克思恩格斯选集》第4卷,人民出版社1995年版,第695—696页。
② 孙德忠:《社会记忆论》,湖北人民出版社2006年版,第24页。
③ 罗季荣:《马克思社会再生产理论》,人民出版社1982年版,第71页。

的分析，为档案记忆再生产研究提供了基本的概念范畴、思维引导、思想积累和探索路径。

作为社会（记忆）再生产的特殊形态或特定领域，档案记忆再生产研究是在社会记忆理论和社会再生产理论双重视域下对档案、档案管理（工作）、档案利用现象的考察，是档案记忆形态论、功能论、资源论基础上的学术延伸和拓展。作为一个新的学术领域，档案记忆再生产自身涉及诸多基本问题，如档案记忆的再生产类型、结构、特点（特征），记忆再生产过程，记忆再生产系统各要素关系，记忆再生产运行机制及规律等。这些本体论意义上的问题在以往的学术研究中所涉不多，需要吸收借鉴马克思社会再生产理论加以解说。

马克思（主义）社会再生产理论在对档案记忆再生产内涵阐释上的意义具体体现在三方面：一是运用马克思对社会再生产类型的分析，探讨档案记忆再生产的基本类型与特点，如个体记忆事项再生产与社会记忆总体再生产，档案记忆简单再生产与档案记忆扩大再生产、档案记忆再生产的非消费性与累积性特点等；二是运用马克思对社会再生产过程的分析，探讨档案记忆再生产过程的环节划分及其相互关系。如可将其再生产过程分为生成、加工、传播和消费（利用）环节（后文分析），结合马克思生产环节之间辩证关系的论述，探视档案记忆再生产四个环节之间的相互作用关系；三是运用马克思关于社会再生产过程劳动力再生产的相关论述，探讨档案记忆再生产主体问题，或者说档案记忆再生产与记忆主体再生产之间的"互渗"关系。"马克思的'再生产'是人的再生产、生命的再生产"，西方学者阿伦特（Hannah Arendt）认为劳动者生命再生产是"马克思理论的起源"。[①] 记忆必然是人的记忆，记忆再生产对主体的身份意识、历史意识的形成与强化，对人类主体能力与本质力量的提升等都具有重要作用，需详加探察。

3. 对档案记忆再生产社会学分析的指导意义

马克思社会再生产理论不仅是物质资料再生产和劳动力再生产理论，

---

① 于佳：《马克思"再生产"理论及其社会意义》，中国社会科学网，[EB/OL] http://www.cssn.cn/zx/bwyc/201903/t20190319_4849691_1.shtml［2019-03-19］。

更重要的是资本主义生产关系、社会关系或社会结构的再生产理论。马克思指出:"生产本身的目的是在生产者的这些客观存在条件中并连同这些客观存在条件一起把生产者再生产出来。"在资本主义社会的剥削关系下,生产过程和价值增值过程的结果是"资本家和工人的关系本身的再生产和新生产。这种社会关系,生产关系,实际上是这个过程的比其物质结果更为重要的结果"。资本家和工人之间的社会关系呈现出辩证的"再生产"关系,即他们"每一方都由于再生产对方,再生产自己的否定而再生产自己本身"。① 在工人生产出资本家、资本家生产出工人的过程中,他们的社会关系、阶级关系就被"再生产"出来。

在后马克思时代,思想家们更多地将目光转向社会生活、政治生活、精神生活、文化生活等方面,探讨社会再生产中意识形态、阶级意识、劳动物化(异化)、文化霸权、消费控制等问题,带有社会学分析色彩,彰显出马克思主义社会批判的强大理论力量。

档案记忆再生产作为社会(记忆)再生产的一部分,既是一个独立的再生产领域或部门(档案领域、档案部门),同时也广泛地渗透于社会政治、经济、科技、文化、日常生活之中,并与社会各方面相互作用。将档案记忆再生产置于社会整体系统之中,分析思考其与社会意识、社会运行、社会结构之间的互动生成关系,可以为档案记忆再生产提供更为广阔的社会学分析空间。

运用马克思社会再生产理论对档案记忆再生产进行社会学分析,一是分析档案记忆再生产与集体意识、意识形态、社会观念、价值观念、社会关系的生成、同化、维护关系,探视档案记忆再生产的社会维模功能;二是分析当代档案记忆再生产的异化现象,或者说在经济全球化、市场经济发展过程中出现的档案记忆"资本化"现象,探视这种资本化现象对社会记忆建构和社会良性运行所带来的影响;三是分析档案记忆再生产过程中所涉及的伦理问题,探视社会记忆再生产的责任、公平、正义、理解与和解等伦理原则(规范),为推动建立自由、公平、开放、共享的"社会记忆共同体""人类命运共同体"贡献档案力量与智慧。

---

① 《马克思恩格斯全集》第30卷,人民出版社1995年版,第488—489、450页。

马克思主义社会再生产理论是"关于整个人类社会生产和再生产的'全面生产'理论"[①]，社会总体再生产中到底需要哪些要素、哪些环节和哪些社会过程介入，需要各学科眼光加以探视。社会既然发明、建立起档案记忆系统，档案记忆再生产就存在其合理性、合法性和必要性，有必要运用马克思主义社会再生产理论武器，将档案记忆再生产研究引向深入。

三 中外文化再生产理论的兴起

随着马克思主义者对社会再生产问题分析的深入，再生产研究也逐步走出政治经济学思考范畴，受到社会学、人类学、文化学、历史学等多学科重视，呈现出多学科、多主题、多取向的特点。人们不仅将讨论的问题拓展至文化、精神、权力、制度、知识、传统、家庭、教育等诸多题域，而且还重点阐释这些问题与生产关系再生产、阶级结构再生产及其与社会运行的深刻关系，在呼应/回应马克思主义社会再生产理论的同时，也在拓展和深化社会再生产思想。这里就中外文化再生产思想加以介绍，一方面因为文化再生产涵盖面较为宽泛，涉及权力、制度、精神、知识、传统、家庭、教育等，某种程度上可以视为与物质资料再生产相对应的"精神"领域；另一方面也是基于"文化"与"社会记忆"之间的密切关系，文化再生产蕴含着社会记忆再生产的某些内涵特征和运行机制。文化再生产题域宽泛，名家较多，本部分仅选取与社会记忆再生产关联性强、具有典型意义的三位名家作简要分析，并对我国文化再生产研究成果进行综合介绍，以体现马克思社会再生产理论应用的广泛性，也显示档案记忆再生产思想资源的丰富性、深厚性。

（一）萨林斯的文化再生产思想

萨林斯（Marshall Sahlins）是美国著名人类学家，在美国人类学乃至整个西方人类学界都占有重要地位。受列维-斯特劳斯结构主义影响，萨林斯对实践论与文化论关系问题进行了重新思考，强调文化（结构）决定

---

① 俞吾金：《作为全面生产理论的马克思哲学》，《哲学研究》2003年第8期。

论。《文化与实践理性》是其代表性作品,其中阐述了实践理性与文化理性的对立,提出实践理性活动植根于文化体系中,是理解萨林斯文化决定论的"窗口",也是考察萨林斯文化再生产思想的"门径"。

《文化与实践理性》的主旨是对"文化是从实践活动以及实践活动背后的实用利益中逐渐形成的"这一观念的人类学批评。萨林斯认为这种观念是一种"实践论"或"功利论",是实践理性亦即功利主义的反映。他将实践理性分为主观功利主义和客观功利主义两种类型,认为主观功利主义强调"文化是从个人追求他们自身最大利益的理性活动中积淀形成的"[①];而客观功利主义亦即自然主义实践理性或生态学实践理性,强调"在文化形式中被实体化了的决定性的物质智慧使人口数量或既定社会秩序得以延续"[②]。与所有这些形形色色的实践理性不同,萨林斯提出了另一种理性,即文化理性,或象征理性、意义理性。他认为:

> 人的独特本性在于,他必须生活在物质世界中,生活在他与所有有机体共享的环境中,但却是根据由他自己设定的意义图式来生活的——这是人类独一无二的能力。因此,这样看来,文化的决定性属性——赋予每种生活方式作为它的特征的某些属性——并不在于,这种文化要无条件地拜伏在物质制约力面前,它是根据一定的象征图式才服从于物质制约力的,这种象征图式从来不是唯一可能的。因而,是文化构造了功利。[③]

萨林斯的实践理性和文化理性(象征理性、意义理性)论,人类学、社会学等领域已有诸多评说,这里重点析取其中关于文化再生产的论述,为课题研究提供知识资源和思维引导。

[①] [美]马歇尔·萨林斯:《文化与实践理性》,赵丙祥译,上海人民出版社2002年版,"前言"第1页。
[②] [美]马歇尔·萨林斯:《文化与实践理性》,赵丙祥译,上海人民出版社2002年版,"前言"第1页。
[③] [美]马歇尔·萨林斯:《文化与实践理性》,赵丙祥译,上海人民出版社2002年版,"前言"第1—2页。

其一，生产实际上是对象系统中的文化再生产。这是萨林斯阐述其文化理性的一个基本立场和出发点。萨林斯认为历史唯物主义把实践利益看作一种本质的、不证自明的条件，它内含于生产之中，因此也是文化所无法逃避的。马克思主义学说中虽然看到了生产环节中自然规律与文化意图的相互作用，但象征逻辑却是服从于工具逻辑，处于生产之中，并贯穿整个社会，这种观点给人的印象是"观念唯有匍匐在物质世界的最高权威面前"①。萨林斯强调物质力量本身是没有生产能力的，在自然选择之前，文化选择就出现了，"选择绝不是一个简单的自然过程，它产生于文化结构之中，通过其自身的特性和最终原因，文化结构确定了为其自身所独有的环境背景"②。为了对生产做出文化的解释，萨林斯考察了美国人在满足基本食物和服饰"需要方面"究竟生产出了什么，如在家畜的食物选择和禁忌方面，他试图表明存在于美国人的饮食习惯中的文化理性，在马、狗、猪、牛这些动物中，在可食性类别区分方面所具有的某种意义联系，并由此得出结论说："如果说人生产的不仅仅是存在状态，而是'他们的一定的生活方式'，那么，必定可以得出结论说，这种整个自然界的再生产构成了整个文化的对象化。通过有系统地安排那些被赋予具体对立的意义差异，文化秩序也被实现为物品的秩序。"③

其二，物质生产是象征性生产的主要场域。萨林斯坚持象征对于人所生活的物质世界的意义，强调"人首先是生活在象征世界之中的"，没有象征的世界对人而言是没有意义的。在西方社会的规则中，生产关系构成了一种反复贯穿于整个文化图式中的分类方式，因为在生产中发展起来的人、时间、空间和场合的差异与亲属关系、政治以及其他领域保持着交流，尽管这些制度的性质彼此之间会迥然不同；同时，由于交换价值的积累一直通过使用价值的方式进行着，资本主义生产因此发展了一种象征法则，这种象征法则具体体现为不同产品的意义差别，它充当了社会分类的一般图式。萨林斯指出："对我们来说，物品的生产同时也是进行象征性

---

① 王铭铭主编：《西方人类学名著提要》，江西人民出版社2006年版，第503页。
② 王铭铭主编：《西方人类学名著提要》，江西人民出版社2006年版，第503页。
③ [美] 马歇尔·萨林斯：《文化与实践理性》，赵丙祥译，上海人民出版社2002年版，第230页。

生产和传播的首选方式。资产阶级社会的独特性并不在于经济系统规避了象征性决定作用之类的事实，而在于，经济象征机制是以结构的方式起着决定作用的"①；"经济，作为居于支配地位的制度场域，不仅为相应的主体生产出对象，而且也为相应的对象生产出主体。它把一种分类法投射到整个文化上层建筑中去，根据它自身的各种对立来构造其他领域中的各种差别"②。

从萨林斯的文化再生产理论可引申感知到，社会记忆既可以作为文化系统的一种独特成分贯穿于对象性再生产之中，也可以作为文化系统的"等同物"，在物质产品的再生产中表现出来。萨林斯所坚持的"文化都是关于人与事物的意义秩序"立场，在"意义秩序"或"文化图式"的形成、维持和运行中，必然隐含着社会记忆再生产的内在机制。

(二) 布迪厄的文化再生产思想

皮埃尔·布迪厄（Pierre Bourdieu）是当代法国最具国际性影响的思想大师之一，法兰西学院社会学院士，以批判各种唯智主义的社会理论，倡导实践理论著称，其代表性著作《再生产：一种教育系统理论的要点》是（社会）文化再生产理论的经典，也是其实践理论的体现与扩充。③

布迪厄的文化再生产理论是对 20 世纪中期法国高等教育由精英化教育向大众化教育转型的反思与探索，他试图从经济基础、权力条件、家庭环境、自身精神结构等因素出发，寻找高等教育成为社会再生产的途径与机制。《再生产：一种教育系统理论的要点》中，布迪厄与其合作者帕斯隆（Jean-Claude Passeron）围绕"教育是文化再生产与社会再生产的工具与手段"这一核心议题，将教育研究与权力、阶级、不平等、社会秩序、社会结构等联系起来，从两个方面——正规学校教育的自我再生产模型与社会

---

① [美] 马歇尔·萨林斯：《文化与实践理性》，赵丙祥译，上海人民出版社 2002 年版，第 272 页。
② [美] 马歇尔·萨林斯：《文化与实践理性》，赵丙祥译，上海人民出版社 2002 年版，第 279 页。
③ 朱国华：《文化再生产与社会再生产——图绘布迪厄教育社会学》，《华东师范大学学报》（哲学社会科学版）2015 年第 5 期。

再生产模型——来解释19世纪以来欧洲延续下来的社会群体之间社会和文化不平等结构与学校自我再生产活动之间的联系,以洞察今天发达资本主义社会教育系统的内在秘密。其核心思想概括起来就是:"以学校为发给社会'文凭'的机关,根据其平均主义的意识,利用它表面上不偏不倚的选择标准,通过它的教育活动无形之中再生产着机会上的不均等;人们以为这种机会不均无非是各自的阶级出身的标志,而社会等级制度中的等级差别便由此再生产出来,并且打上了合理合法的印记。"[1] 布迪厄认为教育是一种符号暴力行为,学校通过符号暴力进行支配阶级的文化再生产,而文化再生产最终导致社会再生产,并使社会不平等合法化。

教育行动使它灌输的文化专断得以再生产,从而有助于作为它专断强加权力的基础的权力关系的再生产(文化再生产的社会再生产功能)。[2]

(教育)系统便以无法替代的方式,促进着阶级关系结构的永续,并且由此通过它生产的学校等级再生产着社会等级一事,来促进阶级关系结构的合法化。[3]

布迪厄的文化再生产理论从整个社会运行机制这一视野来审视教育的社会功能,关注点在于教育制度对社会不平等的塑造和维系,但如有学者所指:"文化再生产的场域并不局限于教育,其主要结果也并非就是造成社会不平等,而是通过对文化产品的再加工,确立一整套价值体系,来为自身的文化行动提供参考。"[4] 文化再生产理论除了其教育社会学意义外,还具有更一般的社会理论意义,对档案记忆再生产来说则更是如此。

其一,文化再生产的隐秘目的在于进行社会再生产。从表面上看,教

---

[1] [法]让·克洛德·帕塞隆:《社会文化再生产的理论》,邓一琳、邓若华译,《国际社会科学杂志(中文版)》1987年第4期。
[2] [法]P.布尔迪约、帕斯隆:《再生产:一种教育系统理论的要点》(简称《再生产》),邢克超译,商务印书馆2002年版,第18页。
[3] [法]P.布尔迪约、帕斯隆:《再生产》,邢克超译,商务印书馆2002年版,第219页。
[4] 李沛:《文化再生产的社会学理论基础——对西方古典社会学理论的一项比较研究》,《理论界》2010年第10期。

育体制通过一系列的措施及手段，把判断学生学术能力与学业水平的取向标准牵引到学生主观因素方面，使社会认可并接纳这样的观念；但正如布迪厄所看到的那样，学校教育所施教的内容和灌输的观念都是为维护支配阶级的利益而服务的，教育系统把支配阶级的文化特权或文化资本转换为文化能力，使其在学业能力评估及选拔、考核中占据优势地位，将社会不平等转换为教育不平等或个人能力不平等，给人的印象是客观、中立和公平的，从而起到对社会不平等、社会权力再生产的合法化和美化作用。文化再生产对社会再生产的这种隐秘目的，在所有的文化再生产场域和意识形态领域都同样存在。

其二，教育体制乃是文化再生产和社会等级结构得以延续的制度性基础。布迪厄认为教育的功能从根本上说就是对资产阶级的文化进行再生产，这种再生产作为一种不断重复的社会机制，有助于保障资产阶级的地位，并使人们忽略权力的永久化。就如同货币与经济资本的关系一样，由教育制度正式认可的专业资格，自然能带来相应的文化资本，这样教育便能为资产阶级提供一种韦伯所说的"享有自身特权的神正论"，使社会等级结构得以再生产和世代延续。从文化再生产的场域及其制度看，其他文化系统与文化制度也是如此，联系到学术界对档案体制的各种论述，如雅克·勒高夫所言，"君王们为自己建立起了记忆制度，如档案、图书馆、博物馆等"[①]，是否也可以得出结论说，档案制度或档案记忆制度也是文化再生产、社会等级得以延续的制度性基础。

其三，文化资本具有执行阶级不平等的控制与再生产功能。文化资本、文化专断系统、文化符号和象征系统等，都是布迪厄在文化再生产理论中的核心概念。布迪厄将资本分成三种基本类型，即经济资本、社会资本和文化资本（后来还加上信息资本），而"文化资本"泛指任何与文化及文化活动有关的有形无形资本，包括三种形式：身体化的文化资本，如习惯、爱好、交往方式、操作技能、认知判断、趣味及感性等文化品行和能力；客观化的文化资本，如书籍、绘画、古董、道具、工具及器械等物

---

① [法]雅克·勒高夫：《历史与记忆》，方仁杰等译，中国人民大学出版社2010年版，第67页。

质性文化财富（产品）；体制化的文化资本，如文凭、资格证书等受国家保障并得到社会公认的能力证明。文化资本既是文化专断系统的具体构成部分，也是文化符号和象征系统的具体化表达（其中最典型的就是文凭）。布迪厄意在强调，在一个给定的社会构成中，"教育行动有助于再生产这一社会构成特有的文化专断系统，即主文化专断的统治，并由此促进把这一文化专断置于主导地位的权力关系的再生产"。① 从布迪厄的文化资本看，档案记忆既是客观化的文化资本，也是制度化的文化资本，对其占有、控制和使用，也是对文化符号和象征系统的再生产，具有促进权力关系再生产，维护社会既有结构和运行模式，是后文重点分析的内容。

布迪厄的文化再生产理论中暗含着社会个体对教育机制的认同与内化，贯穿着个体心智结构（"惯习""心性"）与社会结构、社会运行的生成和互构全过程，对思考档案（社会）记忆对个体/群体心智结构、文化意识、文化认同，乃至对社会结构、社会运行的影响都有着引导意义。

（三）诺尔-塞蒂纳的知识（文化）再生产思想

科学知识社会学是20世纪70年代末兴起的关于科学知识生产问题的研究，其主要代表人物有巴里·巴恩斯（Barry Barnes）、戴维·布鲁尔（David Brewer）、哈利·M. 柯林斯（Harry M. Collins）、迈克尔·马尔凯（Michael Mulkay）、布鲁诺·拉图尔（Bruno Latour）、卡林·诺尔-塞蒂纳（Karin Knorr-Cetina）等。这些学者的研究纲领虽然或温和或激进，但都以科学知识的社会建构主义或社会建构论为旨趣，把科学、知识与社会、文化关联起来，侧重从科学行为的过程和结果来解释和揭示社会因素如何影响科学知识的生产和再生产，其再生产理论也是文化再生产思想的重要构成。诺尔-塞蒂纳说："科学成果已终于被看作是文化实体而非由科学'发现'的、纯粹由自然所赋予人们的东西。如果从实验室中所观察的实践是文化性的，即它们不能简化为方法论规则的应用，那么，由这些实践而产生出来的'事实'，也必须被看作是已经由文化所形成的东西"。② 这

---

① ［法］P. 布尔迪约、帕斯隆：《再生产》，邢克超译，商务印书馆2002年版，第19页。
② ［奥］诺尔-塞蒂纳：《制造知识——建构主义与科学的与境性》（简称《制造知识》），王善博译，东方出版社2001年版，"中译本序言"第3页。

里以诺尔-塞蒂纳的《制造知识——建构主义与科学的与境性》为代表，简要阐述科学活动中的知识（文化）再生产思想及其对档案记忆再生产研究的意义。

诺尔-塞蒂纳的《制造知识》是挑战科学认识论的代表性著作。按照传统的观念，科学活动仅属于认知论或认知心理学领域，是科学家以个人或科学共同体的形式做出某种发现、形成某种成果的行为，完全是科学家发挥其创造性思维的天地，不存在任何社会的、经济的因素。随着对科学研究活动认识的深化，人们开始讨论科学评价问题，开始引入社会的因素，但这种引入是次要的、有限的，科学仍保持着一种认识的创造性与逻辑的理性形象，科学知识依然被看作人们对客观世界的真实的、理性的反映。

但诺尔-塞蒂纳认为，科学知识的生产过程是建构性的，而非描述性的，是由决定和商谈构成的链条。她认为科学知识的建构包括前后相继的两个过程：实验室中知识的建构和科学论文的建构。实验室中知识的建构即研究的生产与再生产过程，科学事实是由科学家在实验室中建构出来的，这种建构伴随着决定，体现出以下三个方面特征：第一，实验室中知识的建构具有很强的与境偶然性，具有当地的特质。科学家进行的实验室选择（包括对决定标准的选择与转换）随研究境况的不同而变化。第二，不确定性的影响不应视为具有纯粹的破坏性，科学之所以具有建构"新"信息的能力，就在于科学研究与境的不确定性。正因为存在着不确定性才有了多样性和复杂性的过程，才有了决定标准的转换与选择，才导致了创新。第三，在实验室知识的建构中，话语互动、商谈以及权力有十分重要的作用。利益融合与利益分裂支配着资源关系，通过资源关系维持了可变的超科学领域，形成了某种以权力游戏为核心的社会关系之网。实验室中知识的生产就是在这种社会关系之网中进行的。科学知识建构的另一方面即是科学论文从初稿到终稿的复杂建构过程。发表的论文即作为终稿的论文往往掩饰了文学意图，掩饰了作者与其他人之间进行的商谈，掩饰了权力的干预。[①] 诺尔-塞蒂纳的知识再生产思想对档案记忆再生产研究的启

---

① ［奥］诺尔-塞蒂纳：《制造知识》，王善博译，东方出版社2001年版，"中译本序言"第3页。

发意义在于：

1. 实验室是一种生产科学知识的特殊工厂

诺尔-塞蒂纳把实验室看作一个类似于现代工厂的特殊空间或行动场点，其中放置着一些积累起来的特殊工具、原料、桌子和椅子。正如一个工厂是一种生产设施，一个实验室也不是被设计来模拟自然的建制。实验室中不仅不包容自然，甚至尽可能地将自然排除掉了，科学家在实验室中所面对和处理的都是高度预构好的人造物。"科学家关于事物如何运行、为何运行和为何不运行、为使它们运行而采取步骤的词汇，并没有反映某种形式的朴素实证主义。而这种词汇事实上是一种话语，这种话语适合在被称为'实验室'的知识作坊里对知识进行的工具性制造。"① 科学家是"实践推理者"，他们在实验室中所做的工作就是设法降低环境的复杂性，从无序中制造出秩序，用实验室的"行话"说就是"产生工作结果"。"如果存在一种似乎可以控制实验室行动的原则，那么，它就是科学家对使事物'运行'的关切，这种关切表明一种成功的原则，而不是一种真理的原则。"②

2. 科学知识建构是一种知识再生产过程

诺尔-塞蒂纳对科学知识生产过程的建构性有很多论述，她说："科学家所处理的大部分实体，即使不是完全人工的，也是在很大程度上被预先建构起来"③；"科学知识是一种被渐进地重构起来的知识，并且以对早期成果的整合与消解为基础，这种重新建构是一种复杂化的过程。这里的复杂化是指系统能够以崭新的方式建构和重新建构它自身"④；等等。从诺尔-塞蒂纳对科学知识建构与创新视为"一种复杂的过程"看，科学知识建构也是一种知识的生产与再生产过程。"科学成果必须被看作是通过生产过程而高度内在地建构成的，并且独立于这一问题：科学成果是通过某种与实在性的匹配或不匹配而外在地建构的"⑤，对实验室研究就是对科学

---

① ［奥］诺尔-塞蒂纳：《制造知识》，王善博译，东方出版社2001年版，第7页。
② ［奥］诺尔-塞蒂纳：《制造知识》，王善博译，东方出版社2001年版，第7页。
③ ［奥］诺尔-塞蒂纳：《制造知识》，王善博译，东方出版社2001年版，第6页。
④ ［奥］诺尔-塞蒂纳：《制造知识》，王善博译，东方出版社2001年版，第20页。
⑤ ［奥］诺尔-塞蒂纳：《制造知识》，王善博译，东方出版社2001年版，第9页。

知识生产和再生产过程的观察、分析，发现科学知识的建构性。"在对这里所倡导的生产和再生产知识的方法进行的直接观察中，人们对这样的促进表示关注，因为人们恰恰把焦点放在那些所谓认知的科学活动上，并且这种方法的目标是尽可能严密和敏感地把握这些科学的认知活动。"① 我国学者赵万里教授认为，《制造知识》中涉及科学家的"索引性推理""类比推理""社会情景化推理""文学推理""符号推理"等实践，"这些论题都是围绕知识生产和再生产的性质组织起来的，其基本原则是她对实验室知识生产实践的人类学考察"。②

3. 科学研究是一种与境偶然性的制造知识

诺尔-塞蒂纳认为在实验室中进行的科学知识生产和再生产活动，是一种知识制造过程，这一过程是建构性的，同时也是与境偶然性的。"我们已经指明了作为科学程序中所固有的不确定性和与境的偶然性（而不是非当地的普遍性）。我们把这种与境的偶然性与一种机会主义的研究逻辑联系在一起，认为不确定性构成而非破坏了科学变化的观念。"③ "与境"（Context）是诺尔-塞蒂纳使用的一个重要概念，包含了"语义"和"生成"两个方面内涵：在语义构成上，它包括理论、方法、价值等成分；在生成方面，它包含了社会的、历史的、政治的、心理的因素等。④ 诺尔-塞蒂纳主要从选择的偶然性来说明这种与境的偶然性的，她指出"我们必须把这些选择看作一些因素共同发生和互动的产物，这些选择碰巧在特定的时间和空间中，即在科学家活动的环境内，构成了这些因素的影响与相关性"。⑤

诺尔-塞蒂纳将实验室视为知识制造或知识生产与再生产的场所（工厂），循此是否可以将档案馆（室）视为一种记忆的生产与再生产场所或记忆加工厂？她对科学知识生产的建构性和与境偶然性的论述，同档案记

---

① [奥]诺尔-塞蒂纳：《制造知识》，王善博译，东方出版社2001年版，第42页。
② 赵万里：《科学的社会建构——科学知识社会学的理论与实践》，天津人民出版社2002年版，第215页。
③ [奥]诺尔-塞蒂纳：《制造知识》，王善博译，东方出版社2001年版，第273页。
④ 我国学者王善博在翻译时认为，诺尔-塞蒂纳主要是在生成层面上使用Context一词，这是上下文、语境、脉络等概念所不具备的，因此将其译为"与境"。《制造知识》，"译者前言"第2页脚注。也有学者将其译为"情境"。
⑤ [奥]诺尔-塞蒂纳：《制造知识》，王善博译，东方出版社2001年版，第17页。

忆建构论的"情境性"论述是否有"异曲同工"之处？再进一步，诺尔-塞蒂纳对知识再生产的人类学考察，是否能为档案记忆再生产研究提供某种方法论上的启发与突破？

（四）我国近年来的文化再生产研究

受布迪厄、萨林斯等文化再生产理论影响，国内学者近年来对"文化再生产"概念的使用越来越频繁，涉及的题域也越来越广泛，诸如文化再生产与教育公平问题、文化再生产与身份认同、文化遗产保护与文化再生产、非遗保护与文化再生产、旅游表演与文化再生产、新媒体与文化再生产，以及民族民俗文化再生产、文化再生产模式、文化再生产资本化，等等。从研究立场和思路上看，大体可归纳为以下三方面。

一是立足教育场域，思考文化再生产与教育公平问题。即运用布迪厄的文化再生产理论，分析透视我国不同地区或不同群体所接受教育机会的不平等不均衡及其对个人、地区、职业、社会发展的影响，进而提出教育公平和社会制度完善的对策建议。如河南大学孙丽娜分析提出，经过多年发展，我国的教育给成千上万优秀的农村孩子提供了升迁性流动机会，取得了相应的经济和社会地位；但是，我国教育同时也再生产了原有的城乡社会关系，形成了两个封闭的循环圈，即城市优势文化圈和农村弱势文化圈，强化了我国的城乡二元结构，不利于社会公平正义，也不利于社会主义和谐社会的建构。为此，需要强化制度设计，正确发挥教育的再生产功能，促进城乡教育公平。[1] 中国人民大学朱斌在"当代中国教育分层研究"课题中，利用"首都大学生成长追踪调查数据"，详细考察了家庭阶层背景对大学生教育成就获得的影响。他认为精英阶层子女受益于文化资本，但文化资本的作用受到客观化的考核和评价体系的抑制，反而为工农阶层子女的社会流动提供了机会，由此说明"在社会结构不平等持续扩大的情况下，我国教育机会不平等却维持了相对稳定"[2]。

---

[1] 孙丽娜：《文化再生产视野下的城乡教育均衡发展研究》，《现代教育论坛》2008年第6期。

[2] 朱斌：《文化再生产还是文化流动？——中国大学生的教育成就获得不平等研究》，《社会学研究》2018年第1期。

二是立足传统文化场域,思考文化再生产与文化保护、文化开发利用的问题。即面对新的社会经济发展形势,探讨当前物质文化遗产、非物质文化遗产、少数民族文化遗产、地方特色文化遗产等各种形态文化遗存的历史价值和社会功能,及其对文化传承、文化建设的影响,从而提出加强传统文化保护、开发、利用、传承的对策建议。如北京大学高丙中教授分析了传统节日与文化自觉、社会文化再生产的意义关系,认为"传统节日以习俗的力量让民众自动在同一个时间经历相同的活动,在相同的仪式中体验相同的价值,一个共同的社会就这么让人们高兴地延续下来。这就是传统节日最经济、最有效的生活文化再生产功能"。"清明、端午、中秋、重阳作为假日,一方面更能够实现刺激消费的目的,另一方面还有利于中华民族的若干重要的价值有更好的机会在生活中自然地传习。"为此,他提出要"兼顾现代国家观念和历史文化的连续性,一方面重视国庆节,并设立专门的假日让国人有时间纪念为国牺牲的人;另一方面重视文化根源、文化认同和历史连续性,所以才(要)保持传统文化中纪念日的公共地位"①。中国社会科学院艾菊红以澜沧拉祜族的旅游业发展为例,探讨"发明的传统"作为一种文化再生产方法,在拉祜族文化变迁与族群认同中发挥的作用,她指出:云南省澜沧拉祜族自治县在发展文化旅游过程中,对拉祜族文化进行了再生产,通过与过去的传统相联系,形成新的文化传统(即"发明的传统"),通过不断地展演和强化,逐渐塑造成一个群体的典范文化,进而强化民族边界和自我的身份认同。② 再如李东晔在《从租界到风情区:一个中国近代殖民空间在历史现实中的转义》一书中,探讨了文化遗产保护工作中"文化再生产"的原则,指出"当下中国很多城市在对历史街区和建筑进行保护、整修和再利用的工作,正是一种文化再生产过程中的'创造'或'发明'"③。

三是立足本体论场域,思考文化再生产一些基本问题。即对文化再生产的内涵、性质、模式、过程及其当代特点、时代变迁等进行理论思考,

---

① 高丙中:《传统节日与社会文化再生产》,《学习时报》2006年2月20日第6版。
② 艾菊红:《文化再生产与身份认同:以澜沧拉祜族的旅游业发展为例》,《云南民族大学学报》(哲学社会科学版)2016年第3期。
③ 夜凉:《文化遗产保护中的文化再生产》,《天津日报》2019年7月8日。

从而提出文化再生产的时代意义及其发展路径。如高书生对"文化再生产"进行了专门探讨，认为"研究文化再生产的特征和规律，有利于解决我国长期存在的文化与经济发展'两层皮'现象，进而推动提高文化生产力和文化产业竞争力"；从与物质再生产比较中，提出文化再生产包括创作、生产、传播和消费四个环节；并指出"创作个性化与生产社会化之间的矛盾，是文化再生产的主要矛盾，它贯穿于文化与经济融合的整个过程"①。重庆大学岳翀玮对新媒体用户的文化再生产过程进行了分析，认为在狂欢化的网络环境中，文化再生产已不再只是由个人完成的编码/解码过程，必然受其他新媒体用户的影响。传播实际上内化成了文化再生产的一部分，它使文化再生产所生成的意义得以进入公共话语意义体系之中，并为主流文化所认可。②

文化涉及面宽泛，兼之与历史、社会、经济、媒体等关联性强，无论从哪个方面看，对文化生产的探讨都带有"再生产"的意思，与"社会记忆"有共同之处。中外文化再生产思想的兴起，为档案记忆再生产研究提供了思想资源、学术借鉴和方法导引。

四 社会记忆研究中的再生产意蕴

自莫里斯·哈布瓦赫提出并展开集体记忆研究以来，社会记忆③理论已成为多学科领域解释社会、文化、历史现象的一种理论范式或理论工具，具有本体论意义。社会记忆研究中虽然明确、直接地针对记忆"再生产"进行探讨的话题和成果不多，但通过对相关成果的解读、推演、反思，可以发现其中直接或间接地透露出异常丰富的再生产思想。或许记忆、社会记忆本身就牵涉不断的生成与延传，牵涉反复的再生与建构，因此本质上就是一个再生产的过程，可以说一切相关社会记忆的探讨都离不

---

① 高书生：《文化再生产——兼谈文化与经济融合》，《人民日报》2011年8月25日。
② 岳翀玮：《新媒体用户的文化再生产过程分析》，《今传媒》2018年第8期。
③ "社会记忆"既可作为广义概念，即包含集体记忆、历史记忆、文化记忆、媒介记忆、档案记忆等；也可作为与历史记忆、文化记忆相对应的狭义概念，一般意即社会学中的社会记忆，即集体记忆。本书一般作广义概念使用，在与历史记忆、文化记忆相对应时作狭义使用。

开"再生产"这一特质。对此,本节主要对社会记忆经典理论加以分析,并利用我国社会记忆研究成果加以印证。

(一)哈布瓦赫的集体记忆建构理论

20世纪二三十年代,哈布瓦赫扬弃当时流行于欧洲的个体记忆心理学解释,率先提出"集体记忆"概念,认为要了解一个人或一个群体对过去的记忆,不能不考虑记忆的社会脉络,社会交往和群体意识的需要是保证集体记忆传承的条件。在《记忆的社会框架》《福音书中圣地的传奇地形学》《论集体记忆》等著作中,哈布瓦赫不仅承认集体记忆的重要性,而且系统地关注和探讨了集体记忆是如何被社会所建构的,其理论的核心内涵包括:第一,"集体记忆不是一个既定的概念,而是一个社会建构的概念"①,人们头脑中的"过去"并不是客观实在的,而是一种社会性的建构,是一群人对于"过去的集体性的共同表象"。②第二,"每一个集体记忆都需要得到在时空被界定的群体的支持",群体就构成了集体记忆的社会框架,"在一个社会中有多少群体和机构,就有多少集体记忆"③,因此"我们所谓记忆的集体框架,就只不过成了同一社会中许多成员的个体记忆的结果、总和或某种组合"④。第三,"过去是一种社会建构,这种社会建构,如果不是全部,那么也是主要由现在的关注所形塑的"⑤。第四,"过去是由社会机制存储和解释的",保证集体记忆传承及其活力的条件是社会交往及群体提取该记忆的意识,"通过和现在一代的群体成员一起参加纪念性的集会,我们就能在想象中通过重演过去来再现集体思想,否

---

① [美]刘易斯·科瑟:《莫里斯·哈布瓦赫》,载[法]莫里斯·哈布瓦赫《论集体记忆》,毕然等译,上海人民出版社2002年版,第39页。
② [美]沃尔夫·坎斯特纳:《寻找记忆中的意义:对集体记忆研究一种方法论上的批评》,张智译,载李宏图选编《表象的叙述——新社会文化史》,上海三联书店2003年版,第139—166页。
③ [美]刘易斯·科瑟:《莫里斯·哈布瓦赫》,载[法]莫里斯·哈布瓦赫《论集体记忆》,毕然等译,上海人民出版社2002年版,第40页。
④ [法]莫里斯·哈布瓦赫:《论集体记忆》,毕然等译,上海人民出版社2002年版,第70页。
⑤ [美]刘易斯·科瑟:《莫里斯·哈布瓦赫》,载[法]莫里斯·哈布瓦赫《论集体记忆》,毕然等译,上海人民出版社2002年版,第45页。

则,过去就会在时间的迷雾中慢慢地飘散"①。

哈布瓦赫对社会记忆研究具有开创意义,同时也确立了社会记忆一种基本的解释性框架或建构论范式。尽管如此,透过其论述和相关学者的评价,可以反思性地推导出其记忆建构论与再生产的内在关联。

哈布瓦赫认为,集体记忆是由"现在的信仰、兴趣、愿望形塑的",这种"现在中心观"曾受到许多社会学家的批判。美国社会学家巴里·施瓦茨(Barry Schwartz)就提醒大家,如果把"现在中心观"推至极端,那么"历史就成了一组在不同时间拍摄的、表达着各种不同观点的快照"②,让人感到历史中完全没有连续性。他认为"历史总是一个持续与变迁、连续与更新的复合体";"历史不是由一组不连续的快照组成,而是一部连续的电影,在这部电影当中,即使常常会出现不同的影像,但镜头连贯一致,形成了持续不断的影像流";"一个社会当前所感知到的需要,可能会驱使它将过去翻新,但是,即使是处于当代的改造之中,通过一套共有的符码和一套共有的象征规则,各个前后相继的时代也会保持生命力"。③ 这里,无论如哈布瓦赫所说历史是"一组不同观点的快照",还是如施瓦茨所说历史是"一部连续的电影",都包含着记忆再生产的思想,只不过两者强调的侧重点不同而已:哈布瓦赫更多强调集体记忆建构受当下的社会因素的影响,不同社会环境下历史会形成不同"快照"(即记忆图像或记忆图景),但就某一历史事件"快照"的反复生成而言,它们是集体记忆反复建构的结果,也是对历史的重现或再生;而施瓦茨则更多强调了前后不同社会环境下,集体记忆建构所形成的历史事件"快照"之间的关联性,前一次建构对后一次建构的影响及其前后两次之间的连续性和累积性关系,更明确地体现出记忆再生产的特征。

美国社会学家刘易斯·科瑟在介绍和评价哈布瓦赫的记忆建构论、社

---

① [美]刘易斯·科瑟:《莫里斯·哈布瓦赫》,载[法]莫里斯·哈布瓦赫《论集体记忆》,毕然等译,上海人民出版社2002年版,第43页。

② [美]刘易斯·科瑟:《莫里斯·哈布瓦赫》,载[法]莫里斯·哈布瓦赫《论集体记忆》,毕然等译,上海人民出版社2002年版,第45页。

③ [美]刘易斯·科瑟:《莫里斯·哈布瓦赫》,载[法]莫里斯·哈布瓦赫《论集体记忆》,毕然等译,上海人民出版社2002年版,第46—47页。

会框架与社会互动说时也指出:"记忆需要来自集体源泉的养料持续不断地滋养,并且是由社会和道德的支柱来维持的","哈布瓦赫或许愿意付出忽略连续性的代价来强调变迁,但是稍作反思就可揭示出,尽管现在的一代人可以重写历史,但不可能是在一张白纸上来写的,尤其是在那些较之于这里所提及的事件具有更齐备的文献记录的历史时期,则更是如此。"[①]我们对科瑟所说的"白纸"可以做两方面理解:一方面涉及记忆建构的连续性问题,即一次记忆建构不会与此前建构没有任何联系,凭空而起;另一方面也涉及记忆建构的条件问题,即记忆建构不是凭空而来,而是有所依凭,如"齐备的文献记录"。文献记录既可以看作重构记忆、重写历史的条件,也可以看作重构记忆、重写历史的资源和结果,随着集体记忆建构行为的反复发生,文献记录也在反复、连续地利用、生成、累积,使抽象的记忆建构行为转变为具象的文献再生产行为。

"尽管我们确信自己的记忆是精确无误的,但社会却不时地要求人们只是在思想中再现他们生活中以前的事件,而且还要润饰它们,或者完善它们,乃至我们赋予了它们一种现实都不曾拥有的魅力。"[②] 从再生产的角度看,或许可以对哈布瓦赫的集体记忆建构论有新的认识和解读,触碰到其中"记忆再生产"的脉动。

(二) 保罗·康纳顿社会记忆操演理论

哈布瓦赫的开创性研究开始并未引起法国以外学者的太多注意,直到20世纪70年代,一些学者才试图超越对记忆的心理学研究,探讨社会如何建构和传承过去的记忆,其中最具影响力的就是美国文化人类学家保罗·康纳顿。

康纳顿首次以"社会记忆"取代"集体记忆",不仅承认社会记忆现象的存在,而且肯定研究这类问题"具有无可置疑的价值"。[③] 他认为我们

[①] [美] 刘易斯·科瑟:《莫里斯·哈布瓦赫》,载 [法] 莫里斯·哈布瓦赫《论集体记忆》,毕然等译,上海人民出版社2002年版,第60页。

[②] [法] 莫里斯·哈布瓦赫:《论集体记忆》,毕然等译,上海人民出版社2002年版,第91页。

[③] [美] 保罗·康纳顿:《社会如何记忆》,纳日碧力戈译,上海人民出版社2000年版,"导论"第1页。

是在一个与过去的事件和事物有因果联系的脉络中体验现在的世界,现在的因素可能会影响我们对过去的回忆,而且过去的因素也可能影响或者歪曲我们对现在的体验,"过去的形象一般会使现在的社会秩序合法化"①,这是"至关重要的政治问题"②。

至于社会记忆现象在哪里显得举足轻重且可供操作?康纳顿重点通过对仪式操演的社会文化分析乃至人类学微观考察,提出并论证有关过去的形象和有关过去的回忆性知识,是在(或多或少是仪式的)操演中传送和保持的。康纳顿区分出三种明显的记忆类型:个人记忆、认知记忆和习惯记忆,与以往人们对个人记忆、认知记忆的关注不同,他重点对习惯记忆(习惯—记忆)及其两种具体表现形式——纪念仪式和身体实践——进行了论述。他认为如果说习惯记忆在本质上属于操演,那么,社会习惯记忆就尤其属于社会操演了。在社会习惯性操演中,纪念仪式作为社会记忆传播手段,是受规则支配的象征性活动,它能够把价值和意义赋予那些操演者的全部生活,"如果说有什么社会记忆的话,那我就要争辩说,我们可能会在纪念仪式上找到它"③;而作为文化特有种类的身体实践,则是认知记忆和习惯记忆的结合,"在操演当中,明确的分类和行为规则,倾向于被视为自然,以致它们被记忆成习惯"④;"在习惯记忆里,过去似乎积淀在身体中"⑤。

康纳顿的社会记忆操演理论让人们认识到社会记忆的具体存在形态,使其具有了生动感,同时也引申出社会记忆与政治秩序、社会控制、身份认同等诸多话题;然而,透过其关于仪式操演或记忆操演的论述,也可以看到其再生产的意涵。

---

① [美]保罗·康纳顿:《社会如何记忆》,纳日碧力戈译,上海人民出版社2000年版,"导论"第3页。
② [美]保罗·康纳顿:《社会如何记忆》,纳日碧力戈译,上海人民出版社2000年版,"导论"第1页。
③ [美]保罗·康纳顿:《社会如何记忆》,纳日碧力戈译,上海人民出版社2000年版,"导论"第5页。
④ [美]保罗·康纳顿:《社会如何记忆》,纳日碧力戈译,上海人民出版社2000年版,第108页。
⑤ [美]保罗·康纳顿:《社会如何记忆》,纳日碧力戈译,上海人民出版社2000年版,第90页。

第一章 档案记忆再生产研究的思想土壤

首先，仪式操演具有周期性重演的特质。康纳顿说仪式是"形式化艺术，倾向于程式化、成规化和重复"，是一种形式化的操演语言。仪式操演，特别是纪念仪式的操演，不仅具有表现"重演先前原型行为之行为的倾向"①，明确指涉原型人物和事件，"不是作为回溯一件往事的象征，而是作为与那个事件同质的遗存"②；而且还具有周期性重复的倾向，具有"一种明显的返观和时序的性质"③。如周期性庆典是要按日历举行的周期节庆才成为可能的，在每年中的同一个时间，按照事件重复发生的周期准时庆祝这个节日至关重要，它使庆祝者发现自己好像处在同一个历史时间内，是对过去的精确复制。正是在这种周期性重复中，"时间差别被抹平，'真正的'、'真实的'同一个现实，每年都被揭示出来"④。

其次，仪式操演涉及对仪式语言的重新编码。仪式虽然被深思熟虑地程式化，"它们不会自发出现变化，或至多仅在有限范围内可能变化"⑤，但作为一种操演话语，其语言和形式都存在系统性编排。仪式语言一方面"并非出自操演者，而是已经在教规中编码，因而可加以准确重复"⑥；另一方面也被编码于一成不变的姿势、手势和动作中，"使得它们的操演之力及其作为记忆系统的效用，都成为可能"。⑦虽然康纳顿试图突破传统上对仪式的行为心理学、社会学和历史学的解释，认为它们都把仪式解释成符号表象的形式，但就这三个学科把仪式解释为语言的编码和翻译活动，及其寻求理解隐藏在仪式象征体系背后的意义而言，对理解仪式操演中记

---

① [美] 保罗·康纳顿：《社会如何记忆》，纳日碧力戈译，上海人民出版社 2000 年版，第 70 页。
② [美] 保罗·康纳顿：《社会如何记忆》，纳日碧力戈译，上海人民出版社 2000 年版，第 49 页。
③ [美] 保罗·康纳顿：《社会如何记忆》，纳日碧力戈译，上海人民出版社 2000 年版，第 50 页。
④ [美] 保罗·康纳顿：《社会如何记忆》，纳日碧力戈译，上海人民出版社 2000 年版，第 49 页。
⑤ [美] 保罗·康纳顿：《社会如何记忆》，纳日碧力戈译，上海人民出版社 2000 年版，第 50 页。
⑥ [美] 保罗·康纳顿：《社会如何记忆》，纳日碧力戈译，上海人民出版社 2000 年版，第 66 页。
⑦ [美] 保罗·康纳顿：《社会如何记忆》，纳日碧力戈译，上海人民出版社 2000 年版，第 68 页。

忆的再生产性也具有启发意义。

最后，仪式操演之外的社会记忆再生产行为。《社会如何记忆》中，康纳顿重点考察和论证了仪式操演对社会记忆的保持和传送行为，但他也一再指出，社会记忆保持和传送行为不只是仪式操演，还有其他行为。"我把纪念仪式和身体实践作为至关重要的传授行为，加以突出。正如我们所知，这些绝不是社群记忆的唯一构成成分；因为非正式口述史的生产，既是我们在日常生活中描述人类行为的基本活动，也是全部社会记忆的一个特征。"① 康纳顿区分出两类社会记忆的保存和传送行为：一类是刻写实践，一类是体化实践（即非刻写实践），指出在以往的研究中，人们更多地将回忆行为看作对一个文化传统的回忆活动，"容易被想象成是某种刻写的东西"；而自己所关注的更在于那种"既在传统中又作为传统的一种非刻写式的实践"是如何保持和传送社会记忆的。而刻写实践的连续性和反复性，正是档案记忆再生产需要考察的对象。

（三）阿斯曼夫妇文化记忆理论

在哈布瓦赫和康纳顿的社会记忆理论中，社会记忆更像是一种动态的形成过程（建构、形塑）或者是一种动态的存在形式（仪式操演），而记忆本身的对象和内容则被"虚置"起来，泛指"过去"或过去的"事件""事物"。这种情况在扬·阿斯曼和阿莱达·阿斯曼夫妇的文化记忆理论中得到一定改观，他们不仅注意到社会记忆的形成过程，也注意到其形成的结果；不仅注意到其动态的存在状态，也注意到其静态的存在状态。

近年来，国内译介阿斯曼夫妇的成果不少②，爬梳相关文献及其介绍，可以把阿斯曼夫妇的文化记忆思想大致概括为以下几点：第一，文化记忆是有别于交往记忆（沟通记忆）的社会记忆形态。扬·阿斯曼细化了"集体记忆"概念，把哈布瓦赫意义上的集体记忆称为"交往记忆"（互动记

---

① [美] 保罗·康纳顿：《社会如何记忆》，纳日碧力戈译，上海人民出版社2000年版，第40页。
② 如《文化记忆》（扬·阿斯曼）、《回忆空间》（阿莱达·阿斯曼）、《记忆中的历史》（阿莱达·阿斯曼），以及收录在哈拉尔德·韦尔策主编的《社会记忆：历史、回忆、传承》、冯亚琳等主编的《文化记忆理论读本》中两人的多篇文章。

忆），认为这种记忆生存于个体和群体回忆过去事物的互动实践之中；而相对应的是"文化记忆"，是通过"文化造型"（文字记载、礼仪仪式、文物）和机构化或制度化的沟通交往（朗诵、庆祝、观看），把过去保留在人们的记忆之中。第二，文化记忆具有认同具体性和重构性。在文化记忆中，过去不是表现为一个事件接着另一个事件的时间顺序，只有那些与整个集体的身份和命运相关的东西（知识）才构成该集体文化记忆的对象。因此，文化记忆是相关的人依据当下的需求对过去赋予新的意义的过程。[①] 第三，文化记忆涉及存储记忆和功能记忆两种模式。存储记忆是一种潜在的记忆形式，即以档案资料、图片和行为模式中储存的知识形式存在；而功能记忆则是一种在现实中发生作用的记忆，它"作为一种构建是与一个主体相联的。这个主体使自己成为功能记忆的载体或内含主体。主体的构建有赖于功能记忆，即通过对过去进行有选择、有意识的支配"[②]。上述三方面只是文化记忆理论的要义，后面还会多有引用。这里重点解析文化记忆理论中的记忆再生产思想。

首先，文化记忆的两种模式之间存在着相互作用和转化关系。阿莱达·阿斯曼说："取消历史书写的价值而把记忆神秘化，让记忆的两种模式相互排斥，只会给双方带来潜在的问题，而它们的交叉却是对双方都有益的校正措施……存储记忆可以匡正、支撑、修改功能记忆，功能记忆可以使存储记忆获得方向和动力。两者密不可分，属于一个兼收并蓄的文化，这种文化向内'接受自己内部的各种差异，向外敞开自己'。"[③] 交流记忆及其文化记忆两种模式，反映出对过去的特定表述可能会跨越整个波段，从交往记忆的领域经过功能（真实）文化记忆的领域，最终到存储（潜在）文化记忆的领域，反之亦然，在这种相互作用和转化中，体现出记忆的生产与再生产特质。

其次，文化记忆既涉及记忆活动的过程，也涉及记忆活动的结果。扬·阿斯曼曾将"文化记忆"定义为"每个社会和每个时代所特有的重新

[①] 参见金寿福《扬·阿斯曼的文化记忆理论》，《外国语文》2017年第2期。
[②] 冯亚琳、[德] 阿斯特莉特·埃尔主编：《文化记忆理论读本》，余传玲等译，北京大学出版社2012年版，第27页。
[③] [德] 阿莱达·阿斯曼：《回忆空间》，潘璐译，北京大学出版社2016年版，第156页。

使用的全部文字材料、图片和礼仪仪式［……］的总和。通过对它们的'呵护'，每个社会和每个时代巩固和传达着自己的自我形象"①。文化记忆活动的过程包括"文化造型"行为（文字文物运用、礼仪仪式等）和组织化、制度化的交往（朗读、庆祝、观看），也包括其内在的"选择、联结、意义建构"，"那些无组织的、无关联的因素进入功能记忆后，就成了整齐的、被建构的、有关联的因素。从这种建构行为中衍生出意义，即存储记忆所缺少的质量"②；而文化记忆的结果则既包括记忆所实现的认同力量，也包括各种"赋予储存的文化知识和符号以一定的结构"的文化产品（记忆媒介）。

最后，文化记忆对待历史的方式蕴含着社会记忆再生产的内在机制。扬·阿斯曼认为，文化记忆在对待和处理过去的时候，通常采取两种截然相反的手法，即"冷回忆"和"热回忆"。所谓冷回忆就是把以往的人和事视为循环往复的过程，从而排除或者说否认了社会变化。古埃及的王表就属于这个范畴。每一个国王的登基都被描写为创世的开始，王位的交替象征宇宙的正常运转，其中没有断裂，也没有例外。而热回忆则从过去汲取继续前进所需的经验和动力，通过回忆明确方向和增强信心。热回忆不仅从过去寻找和找到与当下相同的东西，更重要的是寻找并找到不同的东西，从而看到了差异和距离。③ 对历史"冷""热"回忆的差异，反映出记忆政治中的不同策略，也体现出记忆再生产的某种内在机制。

扬·阿斯曼明确提出文化记忆再生产的思想："因为文化记忆并非借助基因继承，它只好通过文化的手段一代一代地传承下去。这里涉及文化记忆术，即如何储存、激活和传达意义。"④ "（群体身份）连续性不仅基于一个往昔的想象性人物或事件，即回忆形象，而且在文化记忆过程中适时地形成。我们在此探究的对象因此就是文化再生产问题。"⑤

---

① ［德］哈拉尔德·韦尔策编：《社会记忆：历史、回忆、传承》，季斌等译，北京大学出版社2007年版，"社会记忆（代序）"第5—6页。
② 冯亚琳、［德］阿斯特莉特·埃尔主编：《文化记忆理论读本》，余传玲等译，北京大学出版社2012年版，第27页。
③ 参见金寿福《扬·阿斯曼的文化记忆理论》，《外国语文》2017年第2期。
④ ［德］扬·阿斯曼：《文化记忆》，金寿福等译，北京大学出版社2015年版，第87页。
⑤ ［德］扬·阿斯曼：《文化记忆》，金寿福等译，北京大学出版社2015年版，第87页。

(四) 皮埃尔·诺拉的"记忆场"理论

"集体记忆的研究应该从'场所'出发。"① 20 世纪 80 年代初,法国历史学家皮埃尔·诺拉动员 120 位作者,穷十年之功,编纂出版了由 135 篇论文组成的三部七卷、超过 5600 页的鸿篇巨制《记忆之场——法国国民意识的文化社会史》(第一部《共和国》一卷于 1984 年出版;第二部《民族》三卷于 1986 年出版;第三部《复数的法兰西》三卷于 1992 年出版)。"这部巨著乃是要在文化—社会史语境中回溯历史,探讨形塑法国'国民意识'的记忆之场"②,由此也开拓出社会记忆研究的新门径。

"记忆场"(Les Lieux de Mémoire,或译为记忆场所、记忆之场、记忆之所、记忆场域、记忆地点等)是诺拉创造的新概念。诺拉说记忆场是记忆沉淀的场域,它们首先是些残留物,历史之所以召唤记忆之场,是因为它遗忘了记忆之场,而记忆之场是尚存有纪念意识的一种极端形态,是"人们从历史中寻找记忆的切入点"。

> 这些场所是社会(不论是何种社会)、民族、家庭、种族、政党自愿寄放它们记忆内容的地方,是作为它们人格必要组成部分而可以找寻到它们记忆的地方,这些场所可以具有地名意义,如档案馆、图书馆和博物馆;也可以具有纪念性建筑的属性,如墓地或建筑物;也可以带有象征意义,如纪念性活动、朝圣活动、周年庆典或各种标志物;也具有功能属性,如教材、自传作品、协会等。这些场所都有它们的历史。③

这些多种多样、各具形态的记忆之场,属于两个王国,"既简单又含糊,既是自然的又是人为的,既是最易感知的直接经验,又是最为抽象的

---

① [法]皮埃尔·诺拉为《新史学》撰写的"集体记忆"词条。转引自沈坚《记忆与历史的博弈:法国记忆史的建构》,《中国社会科学》2010 年第 3 期。
② 孙江:《皮埃尔·诺拉及其"记忆之场"》,《学海》2015 年第 3 期。
③ [法]皮埃尔·诺拉为《新史学》撰写的"集体记忆"词条。转引自沈坚《记忆与历史的博弈:法国记忆史的建构》,《中国社会科学》2010 年第 3 期。

创作"①，它们是实在的、象征的和功能性的统一，"这三层含义同时存在，只是程度不同而已"②。

诺拉认为，记忆场既不是记忆本身，也不属于历史，它处在记忆与历史之间，是记忆与历史双重影响的结果。这些场所由记忆凝聚而成，记忆"寓身"其中；同时记忆场的形成也必须有历史、时间和变化的介入，历史通过对记忆的"歪曲、转变、塑造和固化"，造就了记忆的"场所"。正是历史和记忆的往复运动构建起了"记忆的堡垒"。

《记忆之场》集成汇聚了法国集体记忆史的研究成果，是法国20世纪90年代兴起的表征史、象征史的典范；同时，它也延续了哈布瓦赫的思路，只是把"哈布瓦赫视为时空上存在的结合体——集体，改为由超越时空的象征媒介来自我界定的抽象的共同体"③。更值得关注的是，《记忆之场》为我们提供了一个"关于记忆叙事的百货店"④，讲述了一个个记忆之场的形成演化史，也是记忆对象的生成、改造和成就史。

米歇尔·维诺克（Michel Winock）的《贞德》剖析了时空上漫长的和解旅程。贞德曾是时代的象征，在经历了被遗忘、被忽视的16世纪、17世纪和18世纪后，有关她的记忆在19—20世纪重新活跃起来。贞德曾是地域差异化的象征，15世纪有关她的记忆仅止于地域、家族。贞德曾是党派博弈的符号，在整个19世纪，有三种贞德记忆：天主教圣徒、爱国者和排他民族主义者。20世纪的政治家和各党派出于法国人的团结以及作为团结之对立面的党派目的在利用贞德。⑤《贞德》叙事就是对"少女贞德"记忆再生产的历史描画和接续。

埃菲尔铁塔是法国为举办1889年博览会而建的"通天高塔"，甫一落成，就被贴上了足以搅动舆论的所有标签：渎神、共和主义、金属材质、

---

① [法]皮埃尔·诺拉主编：《记忆之场：法国国民意识的文化社会史》（简称《记忆之场》），黄艳红等译，南京大学出版社2015年版，第20页。
② [法]皮埃尔·诺拉主编：《记忆之场》，黄艳红等译，南京大学出版社2015年版，第20页。
③ 孙江：《皮埃尔·诺拉及其"记忆之场"》，《学海》2015年第3期。
④ [法]皮埃尔·诺拉主编：《记忆之场》，黄艳红等译，南京大学出版社2015年版，"中文版序"第Ⅳ页。
⑤ [法]皮埃尔·诺拉主编：《记忆之场》，黄艳红等译，南京大学出版社2015年版，"中文版序"第Ⅹ页。

法国大革命的纪念以及工程师的赞歌。在此后的 100 多年中，它曾经作为钢铁时代的象征，"无比及时地降临在 20 世纪的前夜，象征着我们即将跨入的那个钢铁时代"；也曾被誉为共和之塔、世俗之塔和必然之塔，埃菲尔铁塔＝法兰西共和国＝进步的凯旋，它是庞然大物，显得笨拙无用，却又如守护神一样安抚人心，一次次唤起和表征着人们对巴黎的幻想；但埃菲尔铁塔有时也处境凄凉，批评声浪从未平息，甚至遭受被拆毁的危险，"仅仅因为实际但却有限的科学效用而勉强留存下来"。亨利·卢瓦雷特考证了埃菲尔铁塔一个多世纪荣辱沧桑，指出经过岁月的洗礼，"过去那个腐朽、挫败和地位不明的铁塔，现在已经变身为现代性的影像"，"它已经完全没有经常困扰一个象征物的死寂和僵硬感，而是具有自己的性格特征"。至于它是用来表现低劣品味的小玩意儿，还是用来表现战争和庆祝仪式，其实都无关紧要了。①

还有七月十四日、《马赛曲》、环法自行车赛、自由·平等·博爱、拉维斯的《法国史》、马塞尔·普鲁斯特的《追忆似水年华》、巴黎公社墙……这些记忆之场时时在进行着记忆的生产和再生产，并逐步演化为象征性力量。

（五）我国学者社会记忆研究中再生产思想

20 世纪 80 年代后，随着国外社会记忆研究成果的传入，社会记忆研究逐渐进入我国多学科视野，或阐释社会记忆内涵，或解释发生在历史时空与当下情境中的事件，形成了一批中国化的研究成果，虽然名称有些差异（有称"社会记忆"，也有称"集体记忆""历史记忆""民族记忆""国家记忆""文化记忆"等），但基本观念大体相同。这里选取几部主要成果，探讨其中蕴含的记忆再生产思想。

清华大学景军教授的《神堂记忆：一个中国乡村的历史、权力与道德》，是国内较早研究社会记忆的一部社会学著作，该书通过研究甘肃大川村孔氏家庭对孔庙大成殿的重建，分析孔庙大成殿重建过程中对社会记

---

① ［法］皮埃尔·诺拉主编：《记忆之场》，黄艳红等译，南京大学出版社 2015 年版，第 199—228 页。

忆的运用，以阐明本土文化或地方文化是"一系列为适应环境变迁而产生出处于进程之中又在不断转化的实践"。①从记忆再生产的语境看，大川村孔氏家庭对孔庙大成殿的重建过程，就是一种社会记忆再生产的实践过程，大成殿重建过程中孔家对祭圣祖仪式语言的排练和运用，对孔氏族谱的保存、编修与利用，以及孔家庙会将家族活动（祭祖）与公共活动（庙会）结合起来所体现出特有的双重仪式结构（支配性仪式结构与变动性仪式结构），等等，无一不是对社会记忆的挖掘、重组、改编、展演，既是孔氏家族记忆的再建过程，也是孔氏家族记忆的现代适应性过程。在孔庙大成殿重建、族谱编修与祭祖仪式中，渗透着大川孔氏族人对各种历史记忆资源（如1905年的《金城孔氏族谱》、1989年的《永靖孔氏族谱》，以及山东曲阜孔氏保存的仪式资料等）的发掘利用，也折射出大川孔氏族人的生存智慧。"孔家人不但一直努力地去理解庙宇或社区意味着什么，而且不断主动地记录历史。这一努力包括将口述历史代代相传、编写大量族谱、刻写大量庙宇对联、撰写醒目的纪念性匾额、精心制作祖先灵位、举办大型有历史意义的祭奠仪式等，用桑格瑞（Steven Sangren）的话说，这些活动有助于'历史意识的生产'"。②

南京大学陈蕴茜教授的《崇拜与记忆——孙中山符号的建构与传播》，系统考察和论述了民国时期国民党在执政后孙中山崇拜现象的形成与发展过程，描述和解析国民党通过时间（诞辰纪念日、逝世纪念日、纪念周、植树节）、空间（孙中山故居、总理塑像、中山陵、中山纪念碑、中山纪念堂、中山图书馆、中山路、中山广场）、仪式（公祭仪式、追悼仪式、奉安大典、谒陵仪式、纪念日仪式、就职仪式、公民宣誓仪式、集会仪式、日常生活仪式）等多重维度、多种形式和手段，兴起旷日持久、遍及全国的孙中山崇拜运动，将孙中山符号贯穿于人们的社会政治与日常生活，塑造并推展孙中山崇拜。作者指出在孙中山崇拜运动推广过程中，通过国家权力的主导和运作，官方精心打造了一整套关于孙中山的知识体

---

① 《桑格瑞关于〈神堂记忆〉的书评》，豆瓣读书，[EB/OL] https://book.douban.com/review/6244303/ [2013-08-24]。
② 景军：《神堂记忆：一个中国乡村的历史、权力与道德》，福建教育出版社2013年版，第181页。

系，包括生平、事迹、史略、纪念日、纪念仪式、三民主义概念、总理遗教等，将它们制作成官方的规范版本，再透过媒体的反复宣传和灌输，在全国迅速形成有关孙中山符号诠释的统一和流行的话语体系，人们按照国家强制性的主导，在社会生活的各个方面接受关于孙中山符号的记忆规训，形成普遍的孙中山符号记忆，从而对孙中山产生认同和崇拜心理，进而认同国民党、中华民国。[1] 陈蕴茜教授的研究涉及记忆再生产与政治象征、政权合法性、国家意识、国家认同等多方面的关系，虽然是一部史学著作，但也可以看作一部社会记忆再生产杰作，而且其自身也成为孙中山记忆的一种现代生产方式。

武汉理工大学孙德忠教授的《社会记忆论》（博士论文），是从哲学认识论视角对社会记忆进行探索和解释的一部力作。他将社会记忆定义为人们在生产实践和社会生活中所创造的一切物质与精神财富以信息的方式加以编码、储存和重新提取的过程的总称，是人类主体能力和本质力量对象化结果的凝结、积淀和破译、复活的双向运动。从作者对社会记忆内涵的认识和论述中可以发现，社会记忆存在着一个反复不断的生产与再生产的过程或机制，是编码、储存和重新提取的反复过程，也是人类主体能力和本质力量对象化结果凝结—积淀和破译—复活双向运动的反复过程。"社会记忆与历史进化紧密相连，它是人类社会的历史和传统的继承性、连续性及其发展的机制，是社会基因的遗传进化通道"，"离开社会记忆，将无法把握社会自我发展、自我完善的内在机制，无法真正理解历史必然性和规律性"。[2] 正是由于社会记忆的反复不断的生成、积累、复活，它才能成为社会延续发展的内在机制，也才能实现人类主体能力和本质力量提高的内在动力。

以上是以社会学、历史学、哲学三个领域代表性的著作为对象，对其中所包含的记忆再生产思想或性质所做的考察。结合国外社会记忆研究成果，是否可以说正是在这些研究成果积淀的基础上，我们才提出并探讨"记忆再生产"这一话题。阿根廷学者弗朗西斯科·德利奇（Fran-

---

[1] 陈蕴茜：《崇拜与记忆——孙中山符号的建构与传播》，南京大学出版社2009年版，第564—565页。

[2] 孙德忠：《社会记忆论》，湖北人民出版社2006年版，"序言"第2页。

ciso Delich）指出：社会记忆"是一种存在，更是一种介于社会互动之间的变量，但认识到'一种社会思潮通常就像我们呼吸的空气一样无形'就够了吗？当然不是"[①]。

五　社会记忆再生产的普遍存在

"社会记忆是一种极其广泛几乎触目皆是的社会现象"[②]，鉴于人类记忆自身的连续性、反复性和循环性特点，可以说凡是有社会记忆的地方，就必然存在社会记忆再生产，它广泛地存在于我们的社会之中。"凡涉及社会记忆延续、传承、建构、重塑、复活、再现、控制、利用等行为都可以视为社会记忆再生产活动。"[③] 档案记忆作为社会记忆形态，融汇在社会记忆再生产的普遍性之中，社会记忆再生产也因此成为档案记忆再生产研究的实践根基和思想前提。

根据人们对社会记忆表现与存在形式的理解，为充分展现社会记忆再生产的普遍性和多维性，可以从以下几个维度加以解析。

（一）社会记忆再生产普遍性的主体之维

"人就是人的世界，就是国家，社会"，而这种人的世界"决不是某种开天辟地以来就已存在的始终如一的东西，而是……历史的产物，是世世代代的结果"[④]。自哈布瓦赫提出"集体记忆"研究以来，群体主体就成为社会记忆的主要研究对象和切入点，"每一个集体记忆，都需要得到在时空被界定的群体的支持"，这种被时空界定的群体即是"记忆的社会框架"，社会记忆也等同于集体记忆。哈布瓦赫在《论集体记忆》中重点分析了家庭、宗教群体和社会阶级的集体记忆，认为"毋庸置疑，存在其他社会和其他形式的社会记忆。但既然必须对自己的研究有所限定，我就将

[①] ［阿根廷］弗朗西斯科·德利奇：《记忆与遗忘的社会建构》，陈源译，《第欧根尼》2006年第2期。
[②] 孙德忠：《社会记忆论》，湖北人民出版社2006年版，第158页。
[③] 丁华东：《档案与社会记忆研究》，人民出版社2016年版，第321页。
[④] 《马克思恩格斯全集》第3卷，人民出版社1960年版，第48页。

研究对象集中在了对我来说十分重要的社会群体"①。

"社会"是一个大我群体，根据记忆的不同社会框架，大我群体可以是国家、阶级、宗教、民族、贵族等"想象的共同体"，也可以是某种业缘、地缘、血缘群体，如政府机构（机关）及部门、企业、学校、研究机构、家庭、家族、城市、乡镇、村庄、社区，甚至还包括在特定历史时期或社会活动中形成的群体，如水库移民、知青、归侨、地主、农民等。每个大我群体都是一个大写的"I"，有自己的集体记忆，同时也在进行着记忆的生产与再生产。

从主体角度看社会记忆再生产，国家是记忆再生产最主要和核心的主体，在记忆再生产中往往发挥着主导性、控制性作用，被称为"掌握权力的政治主体主控记忆"或"官方记忆"的生产者和控制者。在传统社会中，国家往往通过编史修志、英雄故事、国家仪式、纪念节日、社会礼仪、行为规范、象征性空间（建筑、雕塑）、课本教材以及日常器物、用具、衣饰等，将国家记忆再生产渗透进人们的社会实践或日常生产生活之中，既有显在性特点，也有隐蔽性特点，人们自觉不自觉地融入国家记忆再生产活动中，是形成公民国家意识的主要社会机制、方式和手段。在当今社会，国家更自觉地运用和发挥影像、网络等媒体传播优势，重构和传承国家记忆，展示国家辉煌历史，巩固和强化国家记忆共同体。

每个群体记忆要维系、保持、延续其存在，就必须不断地生产和再生产，而且这种生产和再生产必然是与各种日常生产生活联系在一起。哈布瓦赫在谈到宗教记忆时，认为"信徒把宗教教导的那些主要事实保存在了记忆当中。通过宗教实践，他的注意力经常被引向这些事实。但是，因为他经常反思这些事实，其他人也与他一起反思这些事实，所以，这些事实的观念已变成了事物的观念。一整套有关今日社会及其成员的不同观念，成为了他所拥有的关于弥撒、圣礼和节日观念的一部分"②。在谈到社会阶级记忆时，他还特别指出，那种认为"最重要的集体记忆是在工作场合以外"的看法是值得反驳的，"如果我们将集体记忆称作适用于某种职能人员的整个传统，那

---

① ［法］莫里斯·哈布瓦赫：《论集体记忆》，毕然等译，上海人民出版社2002年版，第71页。
② ［法］莫里斯·哈布瓦赫：《论集体记忆》，毕然等译，上海人民出版社2002年版，第169页。

么，我们就会得出结论：有多少种职能，就至少会有多少种集体记忆，并且，每一种这样的记忆，都是在相应的某种职能群体里，通过专业活动的简单运作形塑而成的"①。将哈布瓦赫"职能群体"的观点推而广之，就其与群体记忆再生产的关系看，也是具有合理性的。今天，人们在讨论各种社会记忆（集体记忆）的建构：水利建设记忆、航天记忆、铁路记忆、高校记忆、村落记忆、家族记忆等，都是特定"职能"群体对过去记忆的回顾、重塑、传承，所以才有"百年学府，红色传承""航天记忆"等。

社会记忆再生产主体与社会记忆主体既可统一，也存在分离。一方面，记忆主体或记忆群体可自我担当再生产主体，对"我"群体的记忆进行再生产；另一方面，某一记忆群体的记忆也可作为"他"群体或他人记忆再生产的对象或内容，进行回溯和再生产，这也在一定程度上反映出社会记忆与社会记忆再生产之间的区别。因此，社会记忆再生产主体包括群体记忆的自我再生产和他群体对我群体记忆的再生产，当两者达到高度统一时，即是记忆身份的认同，也就成为自我记忆再生产。

（二）社会记忆再生产普遍性的时间之维

社会记忆再生产贯穿于人类发展和文明演化过程，从人类早期无文字的时代到当今文明高度发达的时代，人类总是在不断地发明、运用各种方式和手段保存与传承记忆，维续人类实践活动所创造的知识经验和文化成果，使过去世代活动的结果向当下传递和延伸，"它渗透在形形色色的社会记忆诸样态中，既是限定着特定时代人类活动的客观制约条件，又形成他们积极地从事创造性的实践活动的历史基点和可能性"②。

在无文字的原始社会中，人类主要通过口头、实物和仪式来保存和传承记忆，历史学家、人类学家为我们提供了许多案例。法国历史学家勒高夫参考应用《人类学》的材料指出：在没有文字的社会里，有专门的记忆专家和记忆人，他们便是"系谱学家、王室典制学者、宫廷历史学家、民俗学家"等。乔治·巴朗迪埃称他们是"社会的记忆"，用纳德尔的话来说，他们同

---

① ［法］莫里斯·哈布瓦赫：《论集体记忆》，毕然等译，上海人民出版社2002年版，第235页。
② 孙德忠：《社会记忆论》，湖北人民出版社2006年版，第106页。

第一章　档案记忆再生产研究的思想土壤

时也是"客观"历史和"意识形态"历史的保管人。① 英国剑桥大学圣·约翰学院社会人类学教授杰克·古迪（Jack Goody）在《口头传统中的记忆》中，介绍了刚果共和国东南部卢巴人的记忆方式：在卢巴人中，谱系被追溯到开国的祖先，虽然现代人认为这些谱系是神话，而卢巴人却视它们为真实；对他们来说，当下的事件通过与神圣的过去的联系而被合法化，就像被铭记在王室的特许状中一样。这些特许状是神圣的，由受过严格训练的"记忆人"守护和散发，他们能背诵谱系国王的名单以及王室特许状中的事件。在18世纪和19世纪期间，卢巴人创造了辅助记忆的仪式，也发明了辅助历史记诵的记忆手段。这些手段中最重要的是"卢萨卡"，一种手拿的、点缀着珠子和饰针或雕或刻的符号的木器。"仍然充当着记忆手段，通过它们的形式和图解引发历史的知识。通过口头叙述和仪式表演，这些标记既可以保存社会价值并且产生新的价值，也可以影响一般的和政治的需求。"② 在传统档案学中，辅助记忆被认为是档案的萌芽阶段，但从记忆再生产看，它们无疑是原始（社会）记忆再生产的基本样式。

扬·阿斯曼认为，无文字的社会得益于实物的、礼仪的和传统的帮助，大都比较稳定，"在记忆的不可见的保护下，无文字的社会保留下了更多的古代文化"③；"仪式的本质就在于，它能够原原本本地把曾经有过的秩序加以重现。正因为如此，每一次举行的仪式都与前一次相吻合，对于没有文化的社会来说，由此生成了时间循环往复的观念"④。仪式作为记忆，或者说通过仪式传承记忆，这种反复循环过程的实质就是社会记忆再生产的过程。

虽然人们对书写文化有诸多批判，但不可否认的是：文字的产生和使用标志着人类社会记忆的一次"飞跃"，从此记忆可以脱离口头传承和身体展演，而被刻写、记录下来，以文本、文献的形式固化起来，构成我们社会的

---

① ［法］雅克·勒高夫：《历史与记忆》，方仁杰等译，中国人民大学出版社2010年版，第62页。
② ［英］杰克·古迪：《口头传统中的记忆》，载［英］帕特里夏·法拉、卡拉琳·帕特森编《记忆》（剑桥年度主题报告），户晓辉译，华夏出版社2006年版，第73—74页。
③ ［德］扬·阿斯曼：《有文字的和无文字的社会——对记忆的记录及其发展》，王霄兵译，《中国海洋大学学报》（社会科学版）2004年第6期。
④ ［德］扬·阿斯曼：《文化记忆》，金寿福等译，北京大学出版社2015年版，第88页。

记忆资源，在其传播和传递中，人类的历史、知识、思想、经验以及社会结构得到延续、积累，人类主体能力和本质力量不断得到提升。马克思和恩格斯把人类文明史称为"有文字记载的历史"①，指出"从铁矿石的冶炼开始，并由于拼音文字的发明及其应用于文献记录而过渡到文明时代"②。进入文明社会以后，人类的记忆再生产方式如阿尔温·托夫勒（Alvin Toffle）所言，一路"奔涌向前"，特别是在信息化、数字化带来的"第三次浪潮"中。

社会记忆是在人类社会发展中不断绵延迈进的，与社会记忆时间性分类（如古代社会记忆、近代社会记忆、现代社会记忆、当下社会记忆）不同，社会记忆再生产更强调对不同时代中人们对过去记忆的保存、加工与传承，加工传承的对象既包括当下的记忆（可简为"生产"），也包括过去的记忆或诉说着历史的记忆，是一个连续性、反复性、循环性的生产和再生产过程。正是由于生产，我们才需要使用、重新生产过去的记忆；也正是由于不断地再生产，我们才能了解过去，记住历史。由此可见，社会记忆再生产是一个记忆反复加工和不断累积的过程。

（三）社会记忆再生产普遍性的空间之维

利科指出，从"社会空间结构"到行动主体的表象和行为间的来回运动是复杂但可以把握的。每一个"场域"都有其自身的逻辑，这一逻辑使产生了"被构建的产品"——它是行动主体的作品或行为——的"具有建构功能的结构"被迫接受"重译"……通过给予"被建构的产品"比合理性更多的东西……不仅可以把握"再生产出生产法则的一般法则，即具有建构功能的结构"，而且可以重建"实践的统一"。③ 利科的这段话折射出社会记忆再生产与空间之间的关系。

人类社会实践活动必然发生在一定的时空条件下，空间不仅可以作为记忆的隐喻——空间记忆，也是记忆再生产的场域或场所（"记忆之场"）。记忆再生产空间既有物理边界的空间，也有想象的空间或界定的空间，从

---

① 恩格斯：《家庭、私有制和国家起源》，人民出版社1970年版，第25页。
② 《马克思恩格斯选集》第4卷，人民出版社2012年版，第34页。
③ [法] 保罗·利科：《记忆，历史，遗忘》，李彦岑等译，华东师范大学出版社2018年版，第277页。

具体形态看，大体可分为三类：

一是人类活动的地域（地理）空间。地域（地理）空间，既包括由行政区划而形成的不同级别的地方区划——省、市、县、乡、村等；也包括因自然环境、民族构成、人类活动等不同特点形成的文化与自然区域——城市与乡村，农耕区与游牧区，闽南、巴蜀、齐鲁、湖湘、岭南、徽州，黄河流域、长江流域等，甚至还包括从全球范围上看的世界—地区—国家。不同地域有着不同的文化特色和历史记忆，也在不断地进行着社会记忆的再生产，其中最典型的有如国史、方志编修，地名沿革、地域/地方历史文化建设等。"地名"是地域空间的符号和记忆载体，每个地名的沿革中都包含着丰富的地域社会记忆及其再生产。古代"徽州"虽然已不存在，但人们仍然保留着一个"一生痴绝处，无梦到徽州"的想象中的徽州。20世纪末以来，在全球和我国各地相继开展的世界记忆工程、国家记忆工程、城市记忆工程、乡村记忆工程，可以称得上是地域社会记忆再生产的突出代表和典范行动。

二是人类活动的场域（领域）空间。人类活动按其内容和性质可以分为政治、经济、文化、科学技术等不同领域，各领域构成人类活动特殊内容的场域空间，每一空间都在自发进行着社会记忆的生产与再生产，各场域之间也彼此相互渗透、相互作用。王海洲将政治生活环境中的记忆称为"政治记忆"，"记忆的主体是具有一定政治社会权力的各种群体，它存在于一定的时空架构之内"，以"表达该群体所持有的政治价值理念"。① 在经济领域，社会记忆再生产可以通过提供传统产品和服务，通过采用和保留传统生产方式等进行，如开发地方特色美食服务乡村经济、建立工业遗产博物馆、保存保护农耕文明等，既是传统文化再生产，也是社会记忆再生产。在文化领域，社会记忆再生产在文学艺术创作、影视剧制作、历史书写、文化场馆建设（档案馆、纪念馆、陈列馆、博物馆、图书馆、文化馆）、节日庆典、仪式展演、艺术表现②等活动中都随处可见。在科学技术领域，"老科学家学术成长资料采集工程"可以说是科技记忆再生产的典

---

① 王海洲：《合法性的争夺——政治记忆的多重刻写》，江苏人民出版社2008年版，第21页。
② 20世纪60年代创作的大型音乐舞蹈史诗《东方红》及同名电影，选取中国革命各个历史阶段最有代表性的典型事件加以艺术再现，激情澎湃、壮丽恢宏，曾写下新中国文艺史上的辉煌一页。

型案例。社会的场域空间纷繁多样，记忆再生产也纷繁多样。

三是人类活动的场所（地点）空间。人类活动总是与特定场所相关，场所是活动的地点或具体空间。地点空间是记忆最主要的隐喻，古希腊发明的人类最早的记忆术就是与地点联系在一起的，被称为"位置记忆法"或"空间记忆法"。阿莱达·阿斯曼说，"从那时起，记忆与空间就建立了一个牢不可破的联系"，并从"作为记忆术的媒介"朝向"建筑物作为记忆的象征"转化，"功德祠、纪念剧院和图书馆等是建筑式的记忆隐喻"。[①] 皮埃尔·诺拉在《记忆之场》中，虽一再强调不能把"记忆之场"的"场"理解为空间、理解为处所，但仍不免被时常看作"记忆的空间场所"，说明记忆场与空间场所之间的关系已被人们不自觉地认识、接受并联想起来。反过来看，记忆场所如各种历史发生地、各种历史建筑、人造的纪念场馆等，承载记忆，在其空间区域内开展的参观、纪念、展演、陈列、建设等活动，都与该场所的纪念内容与纪念意义有关，都属于社会记忆再生产活动。到故宫，人们追寻的是明清帝王统治、皇家生活的记忆；到井冈山、延安，人们追寻的是革命先烈、革命斗争的记忆，每一次回忆便是一次再生产。

除了上述三类空间之外，还存在着新的空间，即网络空间或虚拟空间，在信息化、网络化飞速发展时代，网络空间中社会记忆再生产的影响力正在日益凸显。

（四）社会记忆再生产普遍性的行动之维

社会记忆再生产作为一种个体或群体的社会实践活动，必须通过人的动作或行为才能对记忆进行重新提取、加工、表达、表现、传送，实现对社会记忆的重构与传承。人类社会实践活动的每种动作、行为都或多或少与记忆相关联，根据社会记忆再生产的主要行为特征以及学者的分析，大体可以分出三种社会记忆再生产行为，反映记忆再生产的普遍性。

1. 口传行为

口传行为或者说口传实践，是通过口头传说、传唱、说唱、弹唱等方

[①] ［德］阿莱达·阿斯曼：《回忆空间：文化记忆的形式和变迁》，潘璐译，北京大学出版社2016年版，第174页。

式对社会记忆进行加工、传达、传送,其主要特点是口头语言表达或者说"口述",自人类发明语言之后即开始使用并在人类社会历史发展进程中一直存在。

社会记忆在口头传送之间即具有再生产的性质,一方面,传唱者会不时地对记忆对象(记忆故事)内容进行加工、改编,使记忆叙事更加生动,如扬·阿斯曼所言"口头说唱的诗匠以不断重复和循环更新的方式来工作。他总是在唱新歌,在'更新'着每一次的表演,但其内容却是传统的而且可能还是相当古老"①;另一方面,接听者也会对记忆故事有新的理解和认知,成为新的记忆共同体成员,记忆主体的扩大与延续,也是一种再生产的行为表现。

在人类活动的早期,口头传说的多为创世神话、传说,如嫦娥奔月、后羿射日、燧人氏钻木取火、炎黄大战等,随着人们对社会、对自然认识的提高,世俗性的民间故事和历史传说逐步增多。"中国民间有的故事,一代一代相传,可以流传很广,而且常常在古代的文献里面还能找到它的来源,像孟姜女、白蛇传、刘阮上天台、梁山伯与祝英台的故事"。②

民间说唱是口传行为的重要表达形式,说的有故事、有谚语,唱的有创世史诗(英雄史诗)、民歌民谣、京韵大鼓、河北梆子、山东快板、纳西民歌、"格萨尔王""二十四节气歌诀"……这些都是流淌/奔腾着的社会记忆。民间说唱中的交流绝大多数发生在面对面的情境中,有学者认为非文本的口述是身势、表情、语调、场景的"合谋",具有文本所不及的优势,它拒绝语言强势,并能生动地传达寓意。③

文字、声像技术发明后,虽然口传记忆被记录、录音、录像整理保存,但作为口传行为仍然存在,"听奶奶讲故事""听老人讲古"是民间最普遍的口传行为。

---

① [德]扬·阿斯曼:《有文字的和无文字的社会——对记忆的记录及其发展》,王霄兵译,《中国海洋大学学报》(社会科学版)2004年第6期。
② 葛兆光:《吃茶与饮酒》,[EB/OL] https://view.inews.qq.com/a/20220129A09Y1900 [2022-01-29]。
③ 纳日碧力戈:《作为操演的民间口述和作为行动的社会记忆》,《广西民族学院学报》(哲学社会科学版)2003年第3期。从此意义上,纳日碧力戈也将口述传承视为一种"操演"的记忆。

2. 刻写行为

刻写行为是通过刻画（划）、描绘（绘画）、书写（记录）、刻录、录音、摄录等方式，将记忆转化为文字、图形、图像、音频、视频、数字代码等信息符号，并固着在一定载体上。与口传行为不同，刻写行为是采用书面语言进行的记忆叙事表达，即利用信息符号或语言符号对记忆加以保存、表达和传送。

刻写行为是形成文献的过程，也是社会记忆文献化、文本化过程，其社会记忆再生产性表现在：一是在形成文献的过程中，自然存在的记忆（口传记忆或个人记忆）被记录、加工、固化在载体上，形成文献或文本，作为新的记忆体或记忆制品形态呈现出来；二是文献记忆可以被反复地广泛流传、反复阅读，使记忆共同体得到扩大，记忆得到跨时空的传达传承；三是文献作为记忆再生产的资料、依据、根源、资源等，被重新解读、加工、编排、印行，使社会记忆得到更广泛传播。

刻写行为最初是以文字为主要的记录符号和记录手段。随着社会的发展，文献的记录符号和记录手段得到了普遍提高，以文字、图形、图像、符号、声频、视频等技术手段记录人类知识的一切载体，在今天都被视作文献；而且在现代信息技术的影响下，文献正在向电子化、网络化、多媒体方向发展。

刻写行为作为形成记忆再生产行为，不只是对记忆信息进行记录、整理，更涉及对其进行深层加工、解读、研究、创作，是社会记忆建构和重构行为。"在从口语到书面语的过渡中，集体的记忆，尤其是'刻意的'记忆受到的影响最为深刻"，书面的"刻意的记忆"既是一种新知识的组织活动，也是权力的组织活动。①

3. 体化行为

体化行为或称体化实践，是通过身体动作与活动来表现、传达和延续社会记忆。与口传行为、刻写行为不同，体化行为的主要特点是利用身体动作来操演记忆，操演过程中虽伴有口语、刻写行为，但都为动作操演的需要而展开。

---

① ［法］雅克·勒高夫：《历史与记忆》，方仁杰等译，中国人民大学出版社2010年版，第69—70页。

体化行为因其自身对过去的操演性和重复性而具有记忆再生产的性质。康纳顿在分析纪念仪式和身体实践这两种体化行为时指出，纪念仪式是"通过描绘和展现过去的事件来使人记忆过去。它们重演过去，以具象的外观，常常包括重新体验和模拟当时的情景或境遇，重演过去之回归"；[①] 而身体实践则是通过习惯性的技能、举止、姿势重演着过去。纪念仪式与身体实践两者都具有"特殊记忆效果"，"每个群体都对身体自动化委以他们最急需保存的价值和范畴。他们将明白，沉淀在身体上的习惯记忆，可以多么好地保存过去"[②]。

在康纳顿记忆操演理论影响下，人们对表达、传承社会记忆的体化行为进行了延伸和拓展，从纪念仪式延伸到节庆仪式、民俗仪式，从身体习惯延伸到风俗习惯、传统手工艺、乡规民约（地方性习惯法），从自然形态的体化实践延伸到表演形态的体化实践，等等，大大丰富了体化实践的内涵。

作为记忆再生产行为，体化行为既表现在我们各种有意识的纪念行为、节庆活动、民俗表演之中，也深藏在我们的各类身体动作之中，举手投足之间，往往就能体现出"过去"的意蕴意象，体现出历史传统在当代的延续。

（五）社会记忆再生产普遍性的媒介之维

媒介或媒体包括两方面意涵：一是指容纳媒质所携带信息或内容的容器、载体、介质，如书（甲骨、竹简、帛书、纸张）、照片、胶片、录像带、磁带、磁盘、光盘等；二是用以传播信息的技术设备、组织形式或社会机制，包括通讯类（驿马、电报、电话、传真、电子邮件、可视电话、移动电话等），广播类（布告、报纸、杂志、无线电、电视等）、网络类（互联网、微信、微博、客户端等）。[③] 在当代社会，一般而言，人们将媒

---

① ［美］保罗·康纳顿：《社会如何记忆》，纳日碧力戈译，上海人民出版社2000年版，第90页。

② ［美］保罗·康纳顿：《社会如何记忆》，纳日碧力戈译，上海人民出版社2000年版，第125页。

③ 媒介与媒体概念并无严格区别，特别是在信息学、传播学等领域，传播媒介亦即传播媒体。在有些语境中，媒介侧重介质、载体，主要指第一种意涵；而媒体更侧重储存、呈现、处理、传递信息的平台或渠道，主要指第二种意涵。媒介/媒体有时包括信息的表现形式或传播形式，如文字、声音、图像、动画、数字代码等，不过因其更多指向信息的记录符号，隐含在上述两种意涵中。

介分为书籍、报刊、广播、影视、网络等,作为主要信息传播媒介或大众传媒(大众传播媒介/媒体)。

在社会记忆基本结构(主体—中介—客体)中,中介即指记忆的媒介,是社会记忆必不可少的结构性要素。台湾学者王明珂指出:"集体记忆赖某种媒介,如实质文物及图像、文献,或各种集体活动来保存、强化或重温"[①];并将社会记忆定义为"所有在一个社会中借各种媒体保存、流传的'记忆'"[②]。与大众传媒相比,承载社会记忆的媒介具有更广泛性,不仅书籍、报刊、广播、影视、网络等可以作为记忆媒介,口头语言、交往活动、文物器物、历史遗迹等也是重要的记忆媒介。

媒介是记忆的"栖息之所""所系之处"。记忆媒介不仅承载、存储、表达、表现、传送、传承社会记忆,是记忆的隐喻和表象,也是社会记忆再生产的手段、途径和方式。如果说口头语言、交往活动、历史遗迹等承载的记忆还带有自然记忆的性质(就其反复性而言也属于再生产,见再生产空间之维和行动之维),那么在大众传媒上储存、传达、传送、呈现,或者说"流淌"的记忆则必然是人工记忆,是社会记忆加工和传播的行为,也是社会记忆再生产最鲜活、最形象、最典型的体现。

陈新教授指出:"我们与其让集体记忆停留在一种不可琢磨的状态,不如将它视为某个范围内被普遍认可的主流历史记忆。它是主体间交往的产物。除了同时代主体的交往之外,不同时代的主体通过文字、器物等一切符号形式交往……作为符号的文字、器物、图像等等,成为主体间交往的媒介,虽然它们所传播的内容并没有固化在这些媒介之上,而需要在接受者的理解中呈现,但可以肯定的是,缺少了这些媒介,交往也就无法实现,新的集体记忆的产生也将成为泡影。"[③] 记忆媒介在传承社会记忆的过程中,让记忆"不断地卷入到非常不同的观念系统当中",并不断地改变其"曾经拥有的形式和外表"[④],反复呈现出来,这是社会记忆传承、建

---

① 王明珂:《华夏边缘:历史记忆与族群认同》,社会科学文献出版社2006年版,第27页。
② 王明珂:《历史事实、历史记忆与历史心性》,《历史研究》2001年第5期。
③ 陈新:《历史思维三论》,新浪"大地长河"博客,[EB/OL] http://blog.sina.com.cn/s/blog_62b889490100pwjx.html [2011-04-02]。
④ [法]莫里斯·哈布瓦赫:《论集体记忆》,毕然等译,上海人民出版社2002年版,第82页。

构、控制和保护的过程，也是社会记忆的再生产过程。

社会记忆再生产的媒介表现具有累积性和时代性。今天，我们一方面能看到一幅丰富多彩的记忆再生产画面：口述、仪式、神话、传说、故事、实物、遗迹、手稿、书籍、图片、摄影照片、电影、电视、动漫、绘画雕塑、报纸杂志、文学戏剧、建筑物、博物馆、档案馆、图书馆、纪念馆等；另一方面也能看到现代传媒发展对社会记忆再生产的深刻影响，互联网、多媒体技术、数字技术、数码产品、云平台、元宇宙等，不仅带来新的记忆形式，也带来新的传播方式和途径。"新媒体的出现，特别是现代电子传媒（电视、电影、网络、数码影像设备等）在创新记忆再生产方式时，也导致记忆再生产由传统的民间讲故事、说书、唱戏、地方性仪式等等向现代影视、互联网表达展示的急速转变。"皮埃尔·诺拉指出："当今时代的整个演化却是在'即刻历史'的压力下进行的，其中大部分是媒体推波助澜的产物，而且产量还在不断地增加，在集体记忆的压力下，所形成的历史要远超从前，甚至远超不久以前。"[1]

媒介不只是承载过去的中性载体，"那些看上去需要媒介编码的现实和过去、价值观和标准、同一性纲领，很多时候都是由媒介制造的"。德国法兰克福大学英美文学专业教授阿斯特莉特·埃尔（Astrid Erll）参照哈布瓦赫"记忆的社会框架"，提出"记忆（的）媒介框架"[2]，其他学者也提出"媒介记忆"概念，都反映出媒介作为社会记忆再生产分析视野和维度的意蕴。

社会记忆再生产五个维度的表现是其普遍性和"经脉纵横"的反映。档案记忆作为社会记忆形态，其再生产行为融汇在上述记忆再生产实践之中，既是社会记忆再生产的凝结物或物态化结晶，也是社会记忆再生产的资源条件。

对档案记忆再生产思想土壤的发掘、梳理和总结，看似无关，实则重要！一方面，它揭示出档案记忆再生产的生命之根、思想之根已深深地扎

---

[1] [法]雅克·勒高夫：《历史与记忆》，方仁杰等译，中国人民大学出版社2010年版，第108页。

[2] 冯亚琳、[德]阿斯特莉特·埃尔主编：《文化记忆理论读本》，余传玲等译，北京大学出版社2012年版，第234页。

进入类记忆再生产思想和实践的"历史土壤"之中；另一方面，本章分析也为后文提供学术语境的铺垫和探求新知的动力，否则后文内容难以充分展开。从中也可感知，有如此深厚的思想土壤提供"养分"，档案记忆再生产这棵"新苗"，必将茁壮成长，根深叶茂，风采卓然，"繁华如梦"！

第二章

档案记忆再生产的内涵阐释

美国学者杰弗瑞·奥利克等在谈到社会记忆研究时指出:"当代社会将记忆从社会再生产的连续性中分割出来,使得记忆成了一件明确标记的事物,而不是隐含的意思。"[①] 在(社会)记忆成为社会再生产独立现象(对象)的背景下,提出并探讨档案记忆再生产,既是时代发展的必然要求,也表明在经过历史孕育后,档案记忆再生产是时候"破土而出"、展露生机了。保罗·利科曾追问福柯(Michel Foucault)的知识考古学:考古学想做什么?它又能做什么呢?他借用福柯的话说,"它不是任何其他东西,它仅仅是一种重写,也就是说,一种外在性形式,一种对已经写下的东西的刻意转换"[②]。按照利科的意思,我们也需要反思和追问:档案记忆再生产是什么?它又能做什么?它是否也意味着对档案记忆问题的"一种重写"、一种"刻意转换"?只有对档案记忆再生产的内涵进行系统分析和阐释,才能洞察其内在的深刻意蕴,获致澄明。

一 档案记忆再生产的概念与性质解析

(一)档案记忆再生产概念及其科学性

1. "再生产"概念在档案学的滥觞

早在 20 世纪 80 年代中期,即有学者将"再生产"思维引入档案学,

[①] [美]杰弗瑞·奥利克等:《社会记忆研究:从"集体记忆"到记忆实践的历史社会学》,周云水译,《思想战线》2011 年第 3 期。
[②] [法]保罗·利科:《记忆,历史,遗忘》,李彦岑等译,华东师范大学出版社 2018 年版,第 265 页。

虽然成果有限，但也可以看到再生产研究在档案学中的滥觞。1985年，蔡福田发表《用再生产理论指导档案教育工作》一文，提出"按照马克思主义再生产理论，扩大再生产既包括物质资料的再生产，也包括劳动力的再生产。人们容易重视物质资料的再生产，却往往对现有劳动力的再生产，也就是说对劳动者本身的体力、智力水平的培养、提高，缺乏足够的重视"；"档案工作作为一项科学文化事业，要得到持续的发展，也取决于广大档案工作者不断地得到较高的训练"。[①] 1995年，苏万生更直接地探讨档案再生产问题，在《档案再生产论纲》中，不仅明确提出"档案再生产"概念，而且将档案文件的形成与档案工作看作档案运动，认为"档案是人类社会的精神文明财富。档案生产属于精神产品的生产。只要仔细地考察档案运动过程，人们就不难发现，精神产品的生产和物质产品的生产过程相似，都存在着再生产过程"[②]。但档案记忆再生产概念并非由档案再生产研究演化而来，而是从社会记忆、档案记忆研究中衍生出来，并逐步受到关注和重视。

2. "档案记忆再生产"概念的提出

20世纪90年代以后，在社会记忆理论、后现代思潮、世界记忆工程、电子文件管理等诸多学术和实践因素推动下，档案记忆问题受到中外档案学者的高度重视和积极探讨，形成了一系列学术成果。在此过程中，一些学者开始提出并探讨档案记忆再生产问题。

2012年，杨雪云等在《转型期档案记忆的资本化及其思考——以徽州历史档案为分析对象》一文中，对档案记忆资本化现象进行探视和分析，提出"档案记忆资本化也是一个社会记忆的再生产过程，其主要形式就是发掘、展演、活化记忆，使沉潜的记忆转化成显现的记忆，为大众所消费，实现经济价值"。文章还特别指出"档案记忆再生产的复杂过程及其与场域的关系等仍有待今后做进一步分析"[③]，这是档案学领域首次出现"档案记忆再生产"概念。

---

① 蔡福田：《用再生产理论指导档案教育工作》，《山西档案》1985年第2期。
② 苏万生：《档案再生产论纲》，《黑龙江档案》1995年第3期。
③ 杨雪云等：《转型期档案记忆的资本化及其思考——以徽州历史档案为分析对象》，《档案学通讯》2012年第2期。

2016 年，在丁华东出版的《档案与社会记忆研究》一书中，多处涉及档案记忆再生产的相关论述，如"网络媒体的发展为档案记忆再生产、释放档案记忆能量提供了重要途径和广阔空间"①；"传媒展演档案记忆所呈现的影像是对历史的重构和意义的解读……这种档案记忆再生产方式是一种制造意义和对话的理解活动"② 等。

近年来，档案记忆再生产相关研究成果逐步增多，如《论档案记忆再生产的实践特征与当代趋势》（《档案学通讯》2017 年第 4 期）、《论新媒体传播与档案记忆的意义再生产》（《档案学通讯》2018 年第 3 期）、《档案记忆再生产研究的学术价值与问题思考》（《档案学研究》2019 年第 3 期）、《档案记忆再生产的诱引机制探析》（《档案与建设》2019 年第 5 期）、《新媒体时代档案记忆再生产转型研究》（博士论文，2020 年）、《公民在档案记忆再生产中的角色定位与实现机制》（《档案与建设》2020 年第 8 期）等，"档案记忆再生产"概念使用与专门探讨更加凸显。

3. 档案记忆再生产概念的科学性

"档案记忆再生产"作为"档案记忆"与"再生产"的结合概念，其使用的科学性既源于记忆本身的特性，也源于社会再生产的广泛性。

一是"记忆"具有回忆、再生、反复循环的特质。从个体记忆角度看，"记忆"是对过去事物、活动的回忆，是对不在场事物的再次回想。记忆包括一个"记"的过程，也包括一个"忆"的过程，"记"是摄入、存入、记住等，是外界信息的编码、存储过程；而"忆"则是回想、回忆、记起，是对外界信息的提取、召回的过程。人的记忆不止一次、一瞬，而是反复发生的，因而，记忆具有"再生""重忆"的特性，这种特性即是一种个体记忆的"再生产"。利科指出："回忆起就其而言能够留有被回忆起、被再现、被再造的样式"③；"如果说在针对不同种类的智识工作的研究中，关于回忆的问题是占据首要地位的，这是因为，'从最简单

---

① 丁华东：《档案与社会记忆研究》，人民出版社 2016 年版，第 335 页。
② 丁华东：《档案与社会记忆研究》，人民出版社 2016 年版，第 340 页。
③ [法]保罗·利科：《记忆，历史，遗忘》，李彦岑等译，华东师范大学出版社 2018 年版，第 44 页。

的智识工作，即再生，到最艰难的智识工作，即生产或创造'"。① 记忆再生性是社会/档案记忆再生产的内在依据和根本原因。

二是"社会记忆再生产"概念的广泛使用。社会记忆研究中，"再生产"概念和思想的引入虽然在2000年以后才出现，但目前已有较为广泛的使用。如台湾学者蔡政良对都兰阿美人的社会记忆再生产的研究；王汉生、刘亚秋将知青记忆建构视为一个"生产过程"；陈蕴茜对孙中山记忆的生产与再生产分析；等等，以及国外学者的成果，表明"社会记忆再生产"已作为一个学术概念得到认可，其研究正逐步从幕后走向台前。档案记忆再生产作为社会记忆再生产的一种类型或组成部分，也具有其合理性和适用性。

三是社会再生产内涵的广泛性。社会再生产是马克思主义政治经济学的理论组成，20世纪七八十年代以来，已逐步从传统政治经济学领域走向更为广阔的人文社会科学领域，伸展到诸如文化再生产、符号再生产、仪式再生产、传统再生产、权力再生产、制度再生产、知识再生产、精神再生产、情感再生产、社会资本（社会关系）再生产等众多学术新题域，使"再生产"研究对象更丰富，理论思维更深刻。在此背景下，提出并探讨档案记忆再生产，将其作为社会再生产的一个特殊领域和对象，有助于对档案记忆现象，乃至更一般的社会记忆现象做出新的分析和思考。

（二）档案记忆再生产定义解析

"社会再生产"是不断反复进行的社会生产过程，或者说社会生产过程的不断重复和经常更新。传统意义上的社会再生产，主要指物质资料再生产和人口再生产，以及由此产生的生产关系再生产。随着"再生产"范围的扩大，人们也对所研究领域的再生产概念进行界定，② 为界定档案记

---

① ［法］保罗·利科：《记忆，历史，遗忘》，李彦岑等译，华东师范大学出版社2018年版，第36—37页。
② 如李沛认为文化再生产是"在人的社会实践中所产生的一整套文化产品——包括价值观、信仰、仪式、风俗传统及其物质载体，被再次利用、加工和改造的过程，文化的再生产和社会其他领域的再生产有着相互建构和相互作用的关系"。见李沛《文化再生产的社会学理论基础——对西方古典社会学理论的一项比较研究》，《理论界》2010年第10期。

忆再生产提供了一定的学术参照。

档案记忆是档案的一般属性，也是社会记忆的一种形态，其再生产与档案、（个体）记忆、社会记忆再生产密切相关。作为一种再生产行为或活动，档案记忆再生产一方面具有反复性、连续性，循环往复；另一方面又关涉人们对档案、个体记忆、社会记忆所施加的一切行为，包括档案的产生、整理、编研、利用，（个体）记忆的编码、存储、提取、回忆，社会记忆的改造、重塑、复活、再现、控制、消费等。有行为，也必然有过程、有结果，鉴于这些理解，我们将档案记忆再生产定义为：

> 人们对档案记忆或以档案化方式留存的社会记忆进行编码、存储、提取、加工，使其反复生成、再现、传播与利用，以实现社会记忆的建构、控制、传承和保护的行为、过程和结果，是社会记忆再生产的基本形式和重要组成。

这个定义并非严格性定义，只属于启发性定义，作为一种解释性概念，以引导我们对此问题作进一步探讨。为更深入揭示和把握"档案记忆再生产"定义内涵，我们对此做如下理解：

其一，记忆信息是档案记忆再生产的核心元素。《资本论》中，马克思通过"资本"来分析资本主义的简单再生产和扩大再生产，揭示剩余价值的来源，"资本"是分析社会再生产的核心要素。在记忆研究中，从20世纪50年代初，人们便开始利用信息加工理论的观点解释记忆现象，把记忆看成信息编码、储存和提取的过程，"信息"成为揭示记忆生成和加工方式的核心要素。"档案记忆"作为特定的社会再生产对象和领域，其再生产分析和阐释也需要某种操作性、解析性概念，以便深入其内部，深刻把握其结构要素和运行机理。以"主体—中介—客体"为基本结构的档案记忆，其再生产虽然也涉及主体再生产（主体培育、记忆共享/分享）和媒介（中介）再生产（媒体或媒介转化），但其核心仍是针对记忆对象（客体）信息，即档案中所记录和反映的记忆对象（事项）及其具体内容信息的生产与再生产，是通过对档案所记载/承载的记忆信息的生成、加工等活动，达到对社会记忆的反复再现、传播、消费（利用）。"记忆信息"寓于档案记忆文本、档案实体之中,是对记忆对象(事项)内容的反映和呈现,通过内容加工(信息加工)和内容叙事(记忆叙事)表达表现出来,因此可以将其作为档案记忆再生产中的核心元素。

值得说明的是,在档案记忆再生产中涉及档案、档案记忆、档案记忆信息三者的关系。三个概念虽然用法有别,但具有内在统一性。一方面,档案作为社会记忆的一种形态/形式,其中所蕴含的、记录的或承载的记忆就是"档案记忆",档案可视作一种"记忆体"或"记忆本体",通过记忆生产和再生产,生成新的记忆体(档案编研作品、档案记忆制品等)。另一方面,档案记忆又是以信息(主要是历史信息)为其内容构成或表达指向,档案记忆信息即档案中记录、记载的信息,是一种记忆信息。在社会记忆语境下,档案记忆信息与档案信息可作同一理解。将"记忆信息"或具体为"档案记忆信息"作为档案记忆再生产核心元素,便于对其生成、加工、传播、消费(利用)等加以阐述。

其二,档案记忆再生产是人类记忆实践的自觉行为。实践性是人类记忆的本质特征。人类记忆既在实践中产生,留存下来,作为人类活动的历史积淀与前提条件,也是一种人类自觉、能动的实践行为。"如果说生物有机体是在长期适应周围环境中通过自然选择所确认和固定的遗传基因来完成自身种的繁衍和延续,那么,人类社会有机体则是通过自觉的实践活动创造、保存、积累和传递自己的生存条件,即通过社会记忆实现……以文化积累和继承为核心的获得型遗传,从而形成人类社会自身所特有的存在方式和延续方式。"[①] 作为自觉的人类记忆行为,档案记忆再生产与其他社会记忆再生产一样,都会根据社会现实需要和情境条件对其所生成、存储的记忆进行选择、加工、传播和利用。在档案记忆再生产的"自觉行为"中,潜藏着两个值得我们深入追寻的问题:一是"自觉意识",即档案记忆再生产的目的、动机与欲求;二是"作用方式",即记忆再生产中主体对档案记忆信息施加的影响及其具体行为。对这两个问题及其相互作用关系的探讨,直接关系到对档案记忆再生产为什么要、怎么样或者说如何再生产等基本问题的回答,而要系统、全面、深刻地解答这些问题,必

---

① 孙德忠:《社会记忆论》,湖北人民出版社2006年版,第104页。

然需要我们把档案记忆再生产研究置于更为宏阔复杂的社会系统中加以考察，思考并探讨其运行机制、内在机理、行动逻辑、演化规律、伦理规则等，将档案记忆再生产问题引向深入。

其三，档案记忆再生产包含社会再生产的完整过程。在马克思社会再生产理论体系中，再生产是由生产、分配、交换、消费四个有机环节构成的相互作用、周而复始的运动过程。档案记忆再生产作为社会再生产的特殊形式，同样存在着连续不断、周而复始的完整生产过程，正是由于这种生产过程的连续性和反复性，使档案工作一直存在于国家管理和社会运行中，并随着社会发展而不断地进步，这已被历史和实践所证明。当然，在档案记忆再生产过程中，如何划分再生产环节，是一个值得探讨的问题，后文在分析档案记忆再生产行为及其产品形式、影响等基础上，将其生产过程分解为生成、加工、传播、消费（利用）四个环节。看到再生产过程的完整性与环节性，有利于更深入思考档案记忆再生产过程中各环节之间的相互作用、互存互生的复杂关系。正如马克思所言："生产为消费创造作为外在对象的材料；消费为生产创造作为内在对象，作为目的的需要。没有生产就没有消费，没有消费就没有生产。"[①] 透过档案记忆再生产环节的分析，能够让我们用一种新的思维方式看待档案生成、档案管理与档案利用现象。

（三）档案记忆再生产与相关现象的关系

为更深入理解和把握档案记忆再生产概念内涵，需要对以下几对关系作出分析，以便区分它与相关档案现象、社会记忆现象的关系。

1. 档案记忆再生产与档案再生产的关系

根据苏万生的理解，档案再生产包括两种并行的档案循环：一是档案文件循环，即文件……档案……文件……档案……文件；二是档案工作循环，即档案收集、整理、保管、鉴定、利用……档案再收集、再整理、再保管、再鉴定、再利用……档案文件循环是档案工作循环的表现形态；档

---

① 《马克思恩格斯选集》第2卷，人民出版社1995年版，第11页。

案工作循环是档案文件循环得以实现的条件。[1] 就此而论，档案记忆再生产要超出档案再生产的范畴，一方面，档案再生产是档案记忆再生产的主体或主要部分，档案记忆再生产寓于档案再生产之中，没有档案再生产，也就不可能有档案记忆再生产。档案再生产涉及的档案产生/生成、整理、加工以及向社会提供利用，都关涉档案记忆的再生产，是对档案记忆属性的生成、加工和利用。另一方面，档案记忆再生产不仅仅指档案再生产，它还包括以档案化方式进行社会记忆转化、加工、保护、传承的行为、过程和结果。与档案再生产相比，非档案类社会记忆形态档案化，也具有同样的性质，也是对人们社会实践活动的记忆转化，只不过所针对的"实践"内涵有所区别。档案记录是对人类"创始事件"或"创始行动"所进行的记忆再生产；而非档案类社会记忆转化则是针对社会特定记忆实践（口述、仪式、器物、空间等）的记忆"再生产"，其转化而成的档案化记忆也具有"原生记忆"的性质，两者共同构成档案记忆总体性再生产。

2. 档案记忆再生产与档案管理的关系

如果说档案记忆再生产与档案再生产是在对象范围上的区分，那么，档案记忆再生产与档案管理之间的关系则是在行为及其理解上的区分。档案记忆再生产与档案管理作为社会性活动，二者既有交叉重合，也有问题意识上差异。

一方面，档案记忆再生产寓于档案管理活动之中，档案管理活动可以看作档案记忆再生产行为，正是通过档案管理利用活动，档案记忆再生产才得到稳定的、制度化的展开。另一方面，从社会记忆看，档案记忆再生产也可以看作档案管理的核心功能，档案管理就是为了进行社会记忆再生产，延续人类记忆。因此，档案管理业务环节与记忆再生产环节彼此交融互通。这里的档案管理是宽泛意义上的档案管理活动，既包括档案机构的档案管理工作，也包括社会一般性（非专业）的档案管理工作。

但档案记忆再生产研究不是档案管理研究的简单重复，它还涉及档案记忆的生成行为（社会记忆档案化）、消费行为（档案记忆社会化），涉及

---

[1] 苏万生：《档案再生产论纲》，《黑龙江档案》1995年第3期。

档案记忆的内容叙事、意义阐释与社会记忆建构，许多问题都是传统档案实体管理和现代档案信息资源管理所未曾关注的，体现出学科范式转型的意蕴。如科学哲学所言，理论变了，我们看待世界（对象）的方式、问题意识甚至话语表达（使用的概念）都变了。

3. 档案记忆再生产与社会记忆传承、建构、控制、保护的关系

档案作为一种储存、刻写（录）、文本性社会记忆已得到充分论证和广泛认同，它既作为一种社会记忆形态存在，也作为社会记忆的一个组成部分，融汇在社会记忆之中。

档案记忆再生产与社会记忆再生产（包括传承、建构、控制和保护，社会记忆再生产是新提法，社会记忆传承、建构、控制、保护是以前提法）存在着多方面相互作用的关系：其一，档案记忆通过不断反复的生成、编码、储存等，实现自身作为社会记忆资源的累积，不断丰富和壮大"档案记忆家族财富"。其二，档案记忆也通过提取、激活、加工、传播等有意识、有目的的自觉行为，向社会系统输送社会记忆信息，从而实现对社会记忆的传承、建构、控制和保护，是社会记忆传承、建构、控制和保护的有效手段。因此，社会记忆传承、建构、控制和保护可以视为档案记忆再生产的目标功能，档案记忆再生产的最终结果和目的就是为了实现对社会记忆的传承、建构、控制和保护；当然，反过来看，档案记忆再生产也受到一定的社会记忆观念模式的制约和影响。其三，从档案记忆实践看，档案记忆再生产在实现社会记忆再生产功能（传承、建构、控制、保护）的同时，也将这些功能整合凝聚起来，形成档案记忆再生产统一体。其中，记忆的传承、建构、控制、保护不只是功能，同时也是再生产的行为和手段，被统合进档案记忆再生产行动之中，彼此交融，体现出档案记忆再生产研究的包容性。

因此，回到本章引言部分利科的话，可以看出档案记忆再生产既是对档案记忆问题的"一种重写"，但又不完全是"重复"，它确实带有"刻意转换"的性质，但其目的是使档案记忆研究进入新境界。

（四）档案记忆再生产的基本性质

马克思在分析人类管理活动时提出管理的"二重性"，即管理的自然

属性与社会属性,这种"二重性"在档案记忆再生产中也同样存在。一方面,档案记忆再生产是人类文明发展的自然结果,是"人类主体能力和本质力量对象化结果的凝结、积淀和破译、复活的双向运动",随着文明发展而发展,并对文明发展起着重要的推动作用,具有自然属性;另一方面,在不同的社会发展阶段和社会条件下,它也与特定的生产关系、社会制度、政治立场、意识形态相联系,存在着"为谁生产,为谁服务"的问题,具有社会属性。结合"二重性"思维,可以把档案记忆再生产基本性质概括为以下四方面。

1. 政治思想性

政治性和思想性彼此关联,都涉及政治权力的维护、身份认同的促进、意识形态的遵循等,这里合称为政治思想性(或思想政治性)。保罗·康纳顿最早提出:群体的记忆如何传播和保存,会导致对社会记忆作为政治权力的一个方面,或者作为社会记忆中无意识因素的一个方面加以关注,或者兼而有之。"控制一个社会的记忆,在很大程度上决定了权力等级",是"至关重要的政治问题"。[1] 档案记忆再生产一方面受政治权力的支配,决定着"哪些社会生活将传递给后代",决定着"什么被记忆什么被遗忘,谁能够声名远播,谁最后无声无迹"。[2] 从这层意义上看,档案记忆再生产与社会物质再生产一样,既是社会记忆再生产,也是生产关系再生产。即通过档案记忆再生产,维系社会权力等级,维系社会结构和社会运行。另一方面,也是一种思想资源的再生产,它对增强群体的身份认同,维护国家民族凝聚力等都具有重要意义。近年来,在档案记忆研究中,已充分注意到档案记忆的身份认同功能、社会秩序维模(维系)功能、国家主权捍卫功能等,而这些功能的实现与达成,都或多或少依靠档案记忆循环往复的生产与再生产。国家记忆的分享与争夺直接关系到公民的国家意识,是生死攸关的大事,不容忽视。

---

[1] [美]保罗·康纳顿:《社会如何记忆》,纳日碧力戈译,上海人民出版社2000年版,"导论"第1页。
[2] [加拿大] T. 库克:《铭记未来——档案在建构社会记忆中的作用》,李音译,《档案学通讯》2002年第2期。

2. 信息加工性

记忆史既是一部表象史,也是一部隐喻史。早期人们将记忆直观、形象地理解为印痕、印迹、痕迹、印象、图像、影像等。文字发明后,随着书写、记录技术的不断发明与发展,各种"人工记忆不仅能够辅助、解放乃至替代人类记忆,还影响着我们对记忆和遗忘的认识。长久以来,各种助记方法为我们反思人类记忆提供了术语和概念"。[①] "蜡板""仓库""储藏室""书籍""殿堂""数字""数码""档案馆""图书馆""全息影像"等,都曾成为记忆的隐喻性代称。记忆的表象与隐喻使记忆研究多停留于观念性表达,难以进入内在活动机制的分析。

20 世纪中后期以后,随着信息学产生及其影响日益广泛,人们将记忆或者记忆内容归结为"信息",从信息加工的视角开展记忆研究,形成了记忆研究的主导范式——信息(学)范式或信息加工范式。在今天的认知心理学、记忆心理学、记忆哲学等领域,都已普遍将记忆视为一种信息的输入、编码、存储、提取的过程和结果,并以此研究感觉记忆、短时记忆、长时记忆,记忆的内容、媒介、行为、过程、作用机理等,"信息"成为记忆研究的操作性核心概念,也是各种表象或隐喻的核心元素。

信息加工的观点已被运用到社会记忆研究中。孙德忠把社会记忆理解为人们将在生产实践和社会生活中所创造的一切物质财富、精神成果"以信息的方式加以编码、储存和重新提取的过程的总称"。档案记忆与档案信息有着内在的关联和统一,档案记录、记住、留存的信息就是档案记忆,档案记忆再生产实质上也是针对档案记录信息或记忆信息所开展的输入、编码、存储、提取、转化、输出等生成、加工、输出、消费(利用)行为。档案记忆再生产过程中,记忆信息加工是其内在过程与机制(信息组合机制),正是通过档案(记忆)信息反复循环的加工重组,档案记忆才能不断地生产和再生产出来。将记忆信息视为再生产的核心元素与其记忆再生产的信息加工性是内在一致的,档案记忆再生产与档案信息再生产彼此交融。

[①] [荷兰]杜威·德拉埃斯马:《记忆的隐喻——心灵的观念史》,乔修峰译,花城出版社 2009 年版,"绪论"第 3 页。

3. 文化（再）生产性

德国现代哲学家恩斯特·卡西尔（Ernst Cassirer）说："为了占有文化的世界，我们必须不断地靠历史的回忆来夺回它。但是回忆并不意味着单纯的重复活动，而是一种新的理智的综合——一种构造活动。在这种重建中，人的精神转到了原过程的相反方向。一切文化成果都来源于一种凝固化与稳定化的活动。"①

从文化和记忆的关系看，社会记忆现象属于文化现象，档案记忆再生产属于文化再生产的组成，具有文化再生性或再生产性：一方面档案具有文化的性质（文化是档案的基本属性之一），档案界乃至社会普遍将档案视为一种文化形式或文化资源；另一方面档案记忆具有文化记忆的性质，德国学者扬·阿斯曼和阿莱达·阿斯曼等都曾将档案记忆视为文化记忆的典型形式。档案记忆再生产是通过历史积累、回溯、传承、改造等方式，维护文化的内在统一性和连续性，同时也在创新创造文化。前文曾提到扬·阿斯曼论及文化记忆对特定群体身份连续性的作用时，就指出这是一个"文化再生产问题"（见第一章"阿斯曼夫妇文化记忆理论"）。看到文化（再）生产性，对于深入理解档案记忆再生产在群体身份认同、价值观维护中的作用，理解档案在社会文化再生产中的作用等都具有重要意义，这也是前文将文化再生产作为档案记忆再生产"思想"土壤的主要原因。

4. 历史再造性

保罗·利科说"历史"有双重用法："一方面，作为已经过去的、当下的和将来的事件（事实）之整体；另一方面，作为和这些事件（事实）有关的话语之整体，这些话语存在于历史学家对过去的见证、叙事、解释和表象中。我们创造历史，我们制造历史。"② 简言之，"创造历史"即是人们的历史（社会）实践、历史（社会）活动，而"制造历史"则是对历史的重新回忆、重新建构和重新书写。历史再造或历史再生产既包括"历史创造"，也包括"历史制造"。

历史和记忆关系极为复杂，人们总是试图把它们分割开来，但又难解

---

① [德] 恩斯特·卡西尔：《人论》，甘阳译，上海译文出版社1985年版，第317页。
② [法] 保罗·利科：《记忆，历史，遗忘》，李彦岑等译，华东师范大学出版社2018年版，第414页。

难分。保罗·康纳顿说"我们应当把社会记忆和最好称之为历史重构的活动区分开来";但又认为"尽管有此相对于社会记忆的独立性,历史重构的实践可以在主要方面从社会群体的记忆获得指导性动力,也可以显著地塑造他们的记忆"。① 在历史学家眼中,历史既是记忆之源,也是记忆之果,记忆依赖于本原的、根基的历史,又表现为文本的、构造的历史。

档案记忆再生产既是社会记忆实践,也是历史重构实践。传统上我们把档案看作历史研究的资料(史料),把档案编研成果看作历史研究提供资料的"比次之书",这只是一种表面的、静态的、功能性认识,深入一步看,档案、档案整理及其档案编研成果(记忆制品)也是一种历史记忆的重构行为或者历史再造行为,是对历史的讲述(叙事)和历史意义的阐释。保罗·利科说历史事实是在文献中抽取出来的,"事实是通过将事实从一系列文献中提取出来的程序建构而成的,而关于这些文献,我们又可以说,是这些文献建立了事实。构建(通过对于文献的复杂处理程序)和建立(以文献为基础)间的政治相互性显示了历史事实的特殊认识论地位"②。档案、档案整理和档案编研成果(记忆制品)通过专题化、主题化、系统化的叙述,让历史再次重构和再现,这就是历史制造或再造行为。

从历史连续性及档案对人类活动提供的经验、智慧支持而言,档案记忆再生产也在为"创造历史"提供条件和连续性保障,档案记忆社会化使档案中蕴含的社会记忆成为人们实践活动的思想资源和经验智慧,重新开始新的生命旅程,在创造历史中也重新创造档案。

二 档案记忆再生产的基本类型与特征

档案记忆再生产作为社会记忆再生产的一种形态,广泛地寓于档案现象和档案实践中,不只是在概念、性质的解析中体现出来,在现实和实践

---

① [美]保罗·康纳顿:《社会如何记忆》,纳日碧力戈译,上海人民出版社2000年版,第9—10页。
② [法]保罗·利科:《记忆,历史,遗忘》,李彦岑等译,华东师范大学出版社2018年版,第235页。

中也具有多元的体现和表征：如从记忆时空看，既有时间的绵延（文字发明以来，各时代均有档案记忆再生产），也有空间的扩展（分布广泛、传播范围广）；从记忆质量看，既有量的增加（档案记忆资源的积累），也有质的提升（通过加工提炼，档案记忆的价值和意义凝聚凸显）；从记忆形态看，既有单份的档案文件（记忆文本或记忆体），也有档案文本或信息的多元重组（档案整理和编研，形成新的记忆体、记忆产品或记忆集合体）；从记忆主体看，既有记忆共同体的扩大（共享档案记忆人群的增加、人群范围的扩大），也有记忆共同体的延传（代的传续、延续）；等等。这些表征构成或反映了档案记忆再生产现象的丰富性，对其进行分类和描画，有助于认识把握档案记忆再生产的总体构成和整体特征。

（一）档案记忆再生产的基本类型

根据档案记忆再生产的内涵范围，结合马克思对社会再生产类型划分的相关论述，可以将档案记忆再生产初步划分为以下类型。

1. 生成性再生产与加工性再生产

生产和再生产辩证统一的思想始终贯穿在马克思的社会再生产论述中，生产从其连续性看，就是再生产；再生产从其行为看，也是生产。如在生产资料再生产过程的论述中，马克思将生产作为再生产环节之一；在关于人口或劳动力再生产论述中，将人的繁殖和劳动力的教育培养视为统一体。"每日都在重新生产自己生命的人们开始生产另外一些人，即繁殖。"[1]

保罗·利科指出："记忆就是再现"，"再"有双重意义，即"在之后，重新"。[2] 根据"再"生产的双重性，档案记忆再生产可以分为生成性再生产和加工性再生产。

档案记忆生成性再生产是指档案在社会实践活动中连续反复地产生或生成。档案作为社会活动的产物，是社会活动的"副产品"和"伴生物"，它必然随着社会活动的持续开展（包括原有活动的继续和新的活动）而不

---

[1] 《马克思恩格斯选集》第1卷，人民出版社2012年版，第159页。
[2] [法] 保罗·利科：《记忆，历史，遗忘》，李彦岑等译，华东师范大学出版社2018年版，第49页。

断地生产/生成，与社会活动"如影随形"。只要人类社会的运行在持续进行，档案就会不断地产生和再产生，从社会运行的持续性和档案产生的历时性上看，档案的产生与再产生就具有"再"生产的特征，是社会记忆的持续档案化的过程和结果。

档案记忆生成性再生产根据其生成方式可以分为直接生成和间接生成：直接生成是以社会活动为初始或本源对象，在活动过程中直接产生的；而间接生成则是对已有社会记忆形态的再度转化，特别是文遗、非遗档案化保护过程中形成的档案记忆。

档案记忆加工性再生产是对档案生成之后的"再"生产或再加工，这里的"加工"是广义概念，包括再生产环节中的加工、传播和消费，是对档案记忆的收集、整理、鉴定、保管、保护、统计、开发与利用，使记忆信息得到不断地编码、提取、重组、传播、分享、利用和消费，促进档案记忆信息重新进入社会实践之中，成为人类改造世界和改造自身的知识资源与精神力量。加工性再生产是档案记忆社会化的过程，为档案记忆重新进入社会系统创造了条件和途径，如果没有加工再生产，档案记忆便成为沉埋的记忆，走向遗忘。

档案记忆的生成性再生产与加工性再生产前后相继，又互为条件、互相依存、交互循环，都具有鲜明的再生性、加工性、反复性、循环性，体现出档案记忆再生产作为一种人类记忆实践的自觉行为。

2. 单个记忆再生产与总体记忆再生产

马克思从局部和整体角度将再生产划分为单个产品（资本）再生产和社会总产品（资本）再生产两种类型，认为社会总产品（资本）的运动是许多个别产品（资本）运动的总和。"正如每一单个资本家只是资本家阶级的一个分子一样，每一单个资本只是社会总资本中一个独立的、可以说赋有个体生命的部分。社会资本的运动，由社会资本的各个独立部分的运动的总和，即各个单个资本的周转的总和构成。"① "单个资本的循环是互相交错的，是互为前提、互为条件的，而且正是在这种交错中形成社会总

---

① 马克思：《资本论》第 2 卷，人民出版社 2004 年版，第 390 页。

资本的运动。"① 马克思是从社会总产品（资本）出发来研究社会再生产的。循着马克思的这一思想，我们也可以从单个和总体两方面来看待和划分档案记忆再生产类型。

单个记忆再生产是指"个体""个别""单项""单体"的档案记忆再生产，其内涵从档案记忆本体看包括两方面：一是单份档案文件（或档案材料）的生成和加工。单份档案文件作为社会记忆的单体，记录、记载着某项社会活动或某项社会活动的某个方面，其生成、整理、加工、开发等，就是其再生产过程。二是某一活动事项或记忆对象的档案文件的生成与加工。单个活动事项或记忆对象形成的档案文件或许一份，或许多份，共同构成单个档案记忆事项，其档案文件的生成、整理、加工、开发等，就是其再生产过程。单个档案记忆事项具有很大弹性，可以是某一具体行动或细节，如一次会谈、一次见面、一次借贷、文件的一个事由等，也可以是一次社会性事件或历史性事件，如鸦片战争、洋务运动、五四运动、抗日战争、汶川地震等。

总体记忆再生产也可称为社会整体档案记忆再生产，是单个档案记忆再生产的总和。由于社会记忆不同于社会产品、社会资本的准量化性（只具有一定程度的量化性，如国家、地方、单位档案资源总量），因此总体记忆再生产更多的是一种面上的、概念的整体性再生产。

单个档案记忆再生产也融汇在总体档案记忆再生产乃至社会记忆再生产之中，彼此互为条件，相互交错交融。

3. 简单记忆再生产与扩大记忆再生产

简单再生产和扩大再生产是马克思对社会再生产的经典划分。马克思从生产规模变化将再生产划分为简单再生产和扩大再生产。他指出"如果这种收入只是充当资本家的消费基金，或者说，它周期地获得，也周期地消费掉，那末，在其他条件不变的情况下，这就是简单再生产"，它"只是生产过程在原来规模上的重复"②；如果生产规模扩大，或收入转化为资本，则为扩大再生产。马克思还对扩大再生产进行了进一步划分，如从是

---

① 马克思：《资本论》第2卷，人民出版社2004年版，第392页。
② 《马克思恩格斯全集》第23卷，人民出版社1972年版，第622页。

否提高劳动生产率和技术进步的角度将其划分为内含扩大再生产和外延扩大再生产（或称集约式再生产与粗放式再生产）；甚至还根据再生产中的具体要素，有针对性地划分出更加细致的再生产形式，如将集约式再生产划分为劳动集约、资金集约、技术集约、科学知识集约等多种形式。[1] 借鉴马克思对社会再生产规模变化的划分思想，可以将档案记忆再生产分为简单再生产和扩大再生产。

简单记忆再生产，或称简单再生产，是对档案记忆所进行的简要加工，主要表现为档案记忆文本形式的简要整理或编排转化，基本上保持档案记忆的原文原貌，没有太多附加信息、记忆重组或意义阐释。

扩大记忆再生产，或称扩大再生产，一方面表现为对档案记忆进行深度、复杂加工，主要表现为对档案记忆文本按专题或主题重新整理编排，或对档案记忆信息加以提取、整合、意义阐释，形成新的记忆体或记忆叙事，使档案记忆意义更加突出；另一方面表现为档案记忆资源量的不断累积、增加。

简单记忆再生产侧重形式转换，而扩大记忆再生产更侧重数量增长、信息增殖、叙事重构、意义阐释，体现出记忆再生产质量的提升。档案记忆再生产作为复杂的人类主体能力和本质力量对象化的生产过程，具有非消耗性，因此无论是从量还是从质上看，它都更具有扩大再生产的性质。对此划分，旨在认识到档案记忆生产加工的简单性与复杂性。

4. 专业系统内再生产与专业系统外再生产

系统内与系统外主要是针对档案管理专业系统而言，也可以说是档案管理体系内或体系外。吴宝康先生指出："社会上管理系统很多，档案工作也是管理系统，但它所管理的对象是档案，管理的目的是开发档案信息资源为社会实践服务。正是由于管理对象的不同，才构成了档案管理系统与其他管理系统的区别，形成了具有自己特殊功能的管理系统"；"档案管理系统是各项社会管理系统中不可缺少的组成部分，是具有自己独特管理对象、结构和功能的一个系统"。[2] 档案管理专业系统内与系统外的划分，

---

[1] 罗季荣：《马克思社会再生产理论》，人民出版社1982年版，第107—109页。
[2] 吴宝康主编：《档案学概论》，中国人民大学出版社1988年版，第122—123页。

不同于体制内与体制外的划分，前者更注重档案管理的专业属性与职能属性，而后者则更强调管理对象（档案）的制度属性和所有权性质。

专业系统内档案记忆再生产主要是指档案管理专业系统作为档案记忆再生产的主要场域，是档案记忆再生产的专业性、职能性主体，包括国家档案管理系统所涉及的各级各类档案专业主管机构（档案局）、档案馆、档案室、社会档案服务机构等各种专业主体，其开展的档案管理、利用工作构成档案记忆再生产的主要部分。

专业系统外档案记忆再生产主要是档案管理系统之外的一般社会场域或社会系统，包括各类机构、组织和个人，如文化保护、文化宣传、影视制作、历史研究、出版发行以及其他行业部门所开展的非专业性、非职能性档案管理利用工作。相对于系统内记忆再生产，系统外记忆再生产更侧重于档案记忆的传播和消费。

系统内与系统外档案记忆再生产的划分，便于了解档案记忆再生产的领域范围，把握其主体性（主要部门）和社会广泛性、关联性。档案记忆系统内与系统外的再生产也是彼此相互渗透、相互融通的，构成档案系统与社会系统的双向循环。

（二）档案记忆再生产的整体特征

档案记忆再生产作为社会再生产的一种独特形式或独特领域，具有社会再生产的一般特点，即反复性、循环性和连续性等，但与物质资料、人口（劳动力）、生产关系等再生产相比，又具有其自身的独特性。

1. 物质性与精神性统一

档案记忆再生产的物质性与精神性统一（或称为物质与精神的统一性）源于社会记忆的物质与精神统一性。哈布瓦赫指出："集体记忆具有双重性质，既是一种物质客体、物质现实，比如一尊塑像、一座纪念碑、空间中的一个地点，又是一种象征符号，或者某种具有精神涵义的东西、某种附着于并强加在这种物质现实之上的为群体共享的东西。"[①]

---

① [法]莫里斯·哈布瓦赫：《论集体记忆》，毕然等译，上海人民出版社2002年版，第335页。

自社会记忆（集体记忆）研究以来，其物质性和精神性都得到不同程度的强调。从物质性角度看，安德鲁·琼斯（Andrew Jones）在《记忆与物质文化》中指出，物质文化对于传统的维护和实行至关重要，因为它为个人记忆和集体记忆提供了交流的场所。我们不能将记忆看作一种孤立的行为，"'用物来进行回忆'总是嵌在一个相关的参照结构之中"[1]。正是因为借助于物质文化所提供的时间框架，记忆才得以产生并且变得明晰。[2] 从精神性角度看，有学者指出"记忆在本真的意义上是人的精神资源、精神财宝"[3]。社会记忆被视为思想资源、文化资源、情感资源，被视为历史意识、社会观念的表象等，都是对其精神性的确认。如果说个体记忆作为心理现象具有更明显的精神性，那么社会记忆显然具有突出的物质和精神统一性，否则将无法理解那么多社会记忆现象，也无法理解那么多关于其物质性与精神性的论述。

档案记忆再生产也是物质性与精神性的统一，一方面，它具有物质性，涉及档案文件（原件）、案卷、档案公布作品、编研作品，都是一种记忆体、记忆制品或记忆产品，即使以电子、数字/数码方式存在，也具有物质性；另一方面，它也具有精神性，是文化再生产、思想再生产、精神再生产、意识再生产、观念再生产的组成部分。正是这种物质与精神的统一性，所以对其生产结构可以从形式、内容和意义三个层次去分析。

2. 原生性与次生性的统一

"我们面对的是一汪原液，从中可以塑造身份认同，创造历史和建立共同体。"[4] 原生回忆与次生回忆是记忆现象学分析中使用的概念，保罗·利科称："胡塞尔在《内时间意识现象学讲座》中，在滞留或原生回忆和再造或次生回忆之间引入的区分，应该被给予一个独立而突出的地位。"[5] 他写道：

---

[1] Jones A., *Memory and Material Culture*, Cambridge: Cambridge University Press, 2007, p. 56.
[2] 参见祁和平《记忆活动、记忆史与记忆的物质性》，《人民论坛·学术前沿》2019年第17期。
[3] 徐川：《记忆即生命》，载夏中义主编《大学人文读本·人与国家》，广西师范大学出版社2002年版，第9页。
[4] [德] 阿莱达·阿斯曼：《回忆空间》，潘璐译，北京大学出版社2016年版，第86页。
[5] [法] 保罗·利科：《记忆，历史，遗忘》，李彦岑等译，华东师范大学出版社2018年版，第39页。

相对于对过去的这种排斥（然而其得到滞留），即相对于过去的这种源始非现在，在记忆的非现在内部，新的一种极性被提了出来：原生回忆和次生回忆、滞留和再造的极性。①

再造假定了一个像旋律这样的时间对象的原生回忆"已经消失"及其再现。滞留仍然紧紧依附在每一刻的知觉上。次生回忆不再完全是呈现；它是再现。②

保罗·利科将记忆对象的历史活动称为"创始事件"或"创始行动"，初次在记忆中所形成的印象滞留，即为"原生记忆"；而其后的回忆或再生产，即为"次生记忆"或再生记忆。"刚刚'亲身'听到的旋律现在被回忆起，被再现。回忆起就其而言能够留有刚刚被回忆起、被再现、被再造的样式"，是为滞留、为原生记忆；"在其他地方提出的自发浮现和努力浮现之间的区分，以及明见性的诸阶段之间的区分，可以应用于次生回忆的这种模式"。③

传统上，人们一直将档案的本质属性定位为"原始记录性"，或历史的"原始记录"。20世纪80年代后，随着信息论的引入，人们将档案信息视为"本源信息""原生信息"，是"本源性与回溯性的统一"。"本源性是档案信息最主要的特点。""本源性信息是加工信息的基础，任何信息资料都起源于原始信息。"④ 结合利科关于原生回忆与次生回忆的论述，从社会记忆角度看，可以再次确认档案记忆具有原生记忆和次生记忆的双重特性，是原始性与次生性的统一。

档案记忆再生产的原生性包括直接生成的档案记忆和间接转化形成的档案记忆，直接生成的档案记忆是社会活动（创始事件、创始行动）直接

---

① ［法］保罗·利科：《记忆，历史，遗忘》，李彦岑等译，华东师范大学出版社2018年版，第44页。
② ［法］保罗·利科：《记忆，历史，遗忘》，李彦岑等译，华东师范大学出版社2018年版，第44页。
③ ［法］保罗·利科：《记忆，历史，遗忘》，李彦岑等译，华东师范大学出版社2018年版，第44页。
④ 吴宝康主编：《档案学概论》，中国人民大学出版社1988年版，第47页。

进行档案化，生成档案、形成本源性或原始性社会记忆过程的反映；间接转化生成的档案记忆也是其他形态社会记忆的档案化转化，对档案记忆而言，也是原生性再生产或社会活动（这里的社会活动是指文化保护等活动）的原生记录，具有档案性。次生性则是与档案原生记忆加工性再生产相关联，通过对原生档案记忆的加工与再加工，形成"再造""再现"的档案记忆过程的反映。在档案记忆反复性、循环性和连续性再生产过程中，原生记忆与次生记忆之间在不断地产生和转化。

3. 非消耗性与累积性统一

在物质资料和人口（劳动力）再生产中，由于消费和人的衰老死亡，总会有一部分生产资料、资本、劳动力退出生产领域，体现出不同程度的消耗性或消费性。剩余产品（价值、资本）是否重新投入到生产过程中去，是划分简单再生产和扩大再生产的根本标准。

档案记忆再生产过程也存在对记忆的消费，即对档案记忆的消化、吸收、利用，但这种消费、利用却并非消耗性使用，并不是说某种或某部分档案记忆利用后，这部分记忆就退出再生产领域，被消耗掉了。档案记忆的消费、利用具有知识再生产、文化再生产、精神再生产或信息再生产的共同特征，即非消耗性，或非损耗性、共享性，在一次利用之后，其本体仍然存在，仍然可以投入再生产过程；在一（群）人享用之后，仍然可为其他人享用。正是由于对档案记忆的共享或分享，才形成记忆共同体，形成群体的身份认同和凝聚。

如果说档案记忆再生产过程中存在损耗性，那只是在档案记忆开发过程中曾经编研开发过的主题不宜或不需要再开发（再生产），或许可以说这方面的记忆主题被消费过了（这里不考虑档案的鉴定销毁）；但另一方面，某方面主题的反复开发与再生产，或许正是社会需要在不断重构和强化某种记忆，这也恰好是社会记忆建构性的一般特点，通过反复的重构、再现，使某种记忆能量得到再度释放。从此角度看，它仍然是非消耗性的。

与非消耗性相关联，是档案记忆再生产的累积性。其内在原因一方面是因为其非消耗性，既然记忆再生产在生产过程中并未消耗掉，那就为其累积提供了前提条件；另一方面也是因为档案记忆的存储性。人的个体记忆具有存储性，但一般随着个体的消亡而大多消亡（部分也转化为社会记忆）；人的群体记忆或社会记忆却具有存储性和累积性，特别是档案记忆，就是社会记忆存储、累积的一种机制或一种形态，是一种文本记忆、刻写记忆和存储记忆，通过刻写和文本的结合，实现社会记忆的留存和存储，达到"超生命、超个体、跨时空的累积（性）"①。因此，累积性既与非消耗性相统一，也与生产和存储相统一。档案记忆一边生产，也一边存储，虽有消费，却无损耗，其结果就是不断地聚集、累积记忆资源，在社会记忆流动中把握永恒。

4. 资源性与条件性统一

资源性是累积性的结果，档案记忆不断地生成、存储、累积，就构成档案记忆资源，也是社会记忆量与质的统一体。

在社会记忆中，虽然不同领域对社会记忆的形态、构成及其形成过程都有所关注，但各有侧重。其中，社会学领域多侧重在一定的社会框架下（社会群体或交往情境等），受"现在的信仰、兴趣、愿望"等影响，集体记忆被建构和重塑，强调记忆建构的社会机制；文化学领域则多强调文化记忆的构成、表现及其形成特点。扬·阿斯曼认为文化记忆是每个社会和每个时代所特有的重新使用的全部文字材料、图片和礼仪仪式等的总和，具有认同具体性、重构性、成型性、组织性和约束性。② 社会记忆研究中也注意到记忆的累积性建构（记忆建构图像的叠加）和文化记忆的存储性，但对于累积性、存储性的记忆结果作为一种社会存在，作为一种不断累积的记忆体、记忆资源的观念似乎并未形成，也未成为关注对象；而在档案记忆再生产中则不同，不但档案记忆量在不断生成累积，而且随着数量的增长，其整体质量也在不断提升，具有积聚放大效应和时间绵延效应，这些都表明档案记忆再生产具有突出的资源性，也是其突出特色。

档案记忆再生产的资源性是对档案记忆不断留存和累积的反映，意在表明档案具有量和质的统一体，是一种社会记忆资源构成形态——档案记忆资源。"档案是一种具有独特价值的信息资源，它所承载的国家、民族、

---

① 孙德忠：《社会记忆论》，湖北人民出版社2006年版，第153页。
② ［德］哈拉尔德·韦尔策编：《社会记忆：历史、回忆、传承》，季斌等译，北京大学出版社2007年版，"社会记忆（代序）"第5页。

社群、个体的过往历程正是集体记忆所要留存、追溯的对象。"①

档案记忆资源一方面是社会记忆档案化的结果,简称"档案记忆资源""档案资源";另一方面也是档案记忆再加工、再生产的结果。冯惠玲教授认为:"档案资源"的含义大于"档案馆藏",除了收藏进馆的一次文献外,也包括经加工获得的二次文献、三次文献等开发产品,因此,档案资源建设更加具有可扩展性和创造性。笔者同意这一观点,但只有在记忆资源观的视角下,才能更清晰地理解其内涵。

作为社会记忆资源,档案记忆既为其再生产创造条件,也为更广泛的社会记忆再生产提供条件,既是生成性资源,也是条件性资源。通过对资源性和条件性的把握,档案记忆再生产可以探察社会记忆研究所未曾注意的问题。如布劳因所言"档案正在成为理解、恢复和表达社会记忆这一挑战的中心问题"②。

5. 绵延性、断裂性与穿插性的统一

档案记忆再生产作为一种人类实践活动,自其源起即表现为绵延不绝、不断累积扩大的过程。这种绵延体现在时空中,累积或更新的档案记忆一再地卷入其中,周而复始。"重复性必然意味着延续过去"③,其间虽有人为或自然因素的干扰,但整体进程绵延不断。在此过程中,占据主流或主干的档案记忆进一步扩充延展,部分非档案记忆得以重新吸纳,部分边缘档案记忆流向中心或从记忆中消除。这种世代的绵延性使得各类记忆传统得以延续与流传,也使历史得以连续不断。如孙德忠所言:"对于社会运动和历史发展而言,社会记忆实施着社会信息、社会经验的保存和传递,从而(起到)维持社会历史连续性的功能。"④

历史发展并非一帆风顺,由于战争破坏、政权更迭、自然灾害等原因,特定时代的档案记忆也可能会遭受破坏消失或沉埋隐去,导致社会记

---

① 冯惠玲:《档案记忆观、资源观与"中国记忆"数字资源建设》,《档案学通讯》2012年第3期。

② [美] 弗朗西斯·布劳因:《档案工作者、中介和社会记忆的创建》,晓牧、李音译,《中国档案》2001年第9期。

③ [美] 保罗·康纳顿:《社会如何记忆》,纳日碧力戈译,上海人民出版社2000年版,第50页。

④ 孙德忠:《社会记忆论》,湖北人民出版社2006年版,第171—172页。

忆的断裂或"历史的缺口"。"在人类文明史中,'档案的空缺'酿就了许多抹不掉的遗憾,这种空缺可能缘自统治者和档案工作者的故意,也可能是由于档案管理者在狭隘资源观引导下的某种无意,不管怎样,档案空缺'可能使完全倚重文件的历史研究失去效力'。"① 但这种"断裂"也是档案记忆再生产绵延性的辩证反映,同时也凸显其再生产的重要性。"社会当然有记忆,但没有了对它的确认与补充——遗忘,它本身是无意义的。"②

在社会失忆的地方,人们又希望捡拾、找回、唤醒失落的记忆,弥补"历史的缺口"。一方面通过重新发掘、寻找、发现沉埋的档案记忆,追寻历史足迹,重现往昔辉煌,如甲骨档案、汉晋简牍、敦煌经卷文书、明清内阁大库档案、徽州历史档案等重大"发现";另一方面也通过其他记忆形态(仪式、器物、遗迹、口述等),"互证""旁证""释证"曾经的历史容貌,维续历史的连续性和统一性。"如果没有记忆的容颜……那么历史将没有故事可供讲述"。③

在讲述历史(历史叙事)的过程中,档案记忆再生产并非线性叙事,而是对不同主体、时间、空间、原生、次生,以及不同载体形态的记忆信息进行提取、整合、加工、重塑,交错叠加和重组,形成新的叙事和意义,既是"累积性建构"也是"穿插式建构"。

三 档案记忆再生产的系统要素与结构

档案记忆再生产作为一种社会现象或社会行为,它涉及主体、对象、目的、规则、过程、结果(产品)、环境等多方面要素,不仅这些要素之间相互作用,而且各要素内部也是多元组成的,共同构成复杂的档案记忆

---

① 冯惠玲:《档案记忆观、资源观与"中国记忆"数字资源建设》,《档案学通讯》2012年第3期。
② [阿根廷]弗朗西斯科·德利奇:《记忆与遗忘的社会建构》,陈源译,《第欧根尼》2006年第2期。
③ [法]雅克·勒高夫:《历史与记忆》,方仁杰等译,中国人民大学出版社2010年版,第113页。

再生产系统（行为/行动系统）。对档案记忆再生产系统要素和结构进行剖析，一方面可以深入到再生产系统内部，分析各系统要素的构成和相互关系，获得对档案记忆再生产整体性、系统性和关联性认识；另一方面也为其生产过程和生产结构分析提供操作性分析依据。

（一）档案记忆再生产的系统要素分析

经济学领域多从投入要素（劳动、土地、资本、信息、技术、经验等）对生产要素进行分析；社会学领域多从"单元行动"构成（行动者、目的、资源、规则、情境等）对行动结构进行分析。结合经济学和社会学的分析，可以将档案记忆再生产的系统要素分解为生产主体、生产对象、生产目的、生产规则、生产过程、生产产品、生产环境七个主要因素。

1. 生产主体

生产主体即生产者，是在再生产过程中，对档案记忆施加实际行动、产生实际影响的组织（国家机构和社会组织）和个人，它不只是记忆的生产者和加工者，也包括记忆的传播者和消费者，共同构成（再）生产主体。具体来说，包括档案形成者、加工者（管理者）、传播者、利用者。

档案形成者是产生或生成档案记忆的主体，包括社会活动中直接产生（生成）档案的组织和个人，也包括将其他社会记忆形态档案化的组织和个人。

档案加工和传播者是对生成后档案记忆进行管理、加工、传播的组织和个人，三者既有统一性，也有分散性，既包括档案机构，也涉及社会组织和个人，从宽泛的"加工"意义上说，都属于记忆加工者。

档案利用者，即档案记忆消费者。从消费是生产过程的构成看，他们也是记忆生产主体；从生产过程的反复循环看，他们也是档案记忆再加工、再传播的主体。消费者多表现为大众或历史研究者，具有分散性。

档案记忆主体与生产主体既是统一的，又存在差别。档案记忆主体往往是虚化后的"我们""大我"，而生产主体往往是对某部分/某种记忆持认同感的"我们"，或对某部分/某种记忆产生实际作用和影响的组织和个人。

2. 生产对象

档案记忆再生产的生产对象抽象地说就是"档案记忆",正是基于对档案记忆的生产与再生产的分析,才出现"档案记忆再生产"。但具体到理论或行为分析中,它又具有不同的具象形式和内涵,包括档案文本对象和记忆事项对象。

档案文本对象包括档案、档案制品、档案记忆资源。一是档案作为社会活动的伴生物,作为社会记忆形态或记忆体,既是再生产的结果(产品),也是记忆再生产加工的对象;在再生产过程中既是产品,也是原材料,是原初的记忆实体或原生记忆。二是档案记忆制品,或简称档案制品,是档案记忆再生产活动所生产的劳动成果或产物,即次生记忆。与物质资料再生产对中间产品(半成品)和最终产品(成品)的划分有所区别,档案记忆再生产过程中各环节的产品形态都既是中间产品,可以继续加工,也是最终产品,可以传播、消费,而且最终产品也可以再加工。三是档案记忆再生产作为一种累积性再生产,其不断累积的档案记忆资源也是再生产的对象,或者说是总体的对象,包括档案原生记忆,也包括次生记忆。

记忆事项对象,或事件对象,是围绕特定的社会活动事项(活动主题),通过整理档案原件或对档案记忆信息(档案信息)进行提取、转化、加工,形成专题记忆产品,是信息的主题。

档案记忆再生产的生产对象是文本对象和事件对象的统一体,文本对象往往侧重其外在形态(文本或产品对象),而事件对象则为其内容形态(内容对象),两者都通过"记忆信息"这一核心元素表达表现出来。

3. 生产目的

恩格斯说:"人离开动物越远,他们对自然界的影响就越带有经过事先思考的、有计划的、以事先知道的一定目标为取向的行为的特征。"[1] 就一般意义而言,满足人的物质和精神需要构成了人的劳动的目的性。社会生产过程无论是物质性的活动过程还是精神性的生产活动工程,都不是单纯的自然过程,而是渗透着人的目的、意图,宽泛一点还包括思想、情感、意识、知识、意志、价值观、审美等思维要素,是具有精神内涵的行

---

[1] 《马克思恩格斯选集》第3卷,人民出版社2012年版,第996页。

动过程。档案记忆再生产关乎过去、现在和未来,认识生产的目的对于理解其行为具有重要意义。

生产目的包含生产的原因、意图、目标等,原因是生产行为因何而起;意图是行为的动机,是由原因引发的行动意向;目标是行动所要达成的要求。不同于一般的物质再生产,档案记忆再生产目的带有更强烈和更复杂的社会性、意识性、精神性,是社会外在的动因、意图与档案记忆内在特点、功能、价值的耦合,它们反映在再生产过程和行为中,构成档案记忆意义再生产的动力(动因),最终通过档案记忆产品的价值或现实影响而达成。

强调生产的目的要素,一方面可以沟通档案记忆再生产行动与社会环境的关系,考察目的是如何形成或如何受社会影响的;另一方面可以沟通记忆的意义再生产,将目的、动机、意图等纳入再生产分析。

4. 生产规则

规则在单元社会行动中是一个重要因素,所有的行动都有一个规范尺度,"正如不会有位置不移动的运动一样,也没有不遵从规范的社会行动"[1]。规则既为行动赋予意义,也对行动具有导向和约束作用。

档案记忆再生产作为社会性行为,也必然要遵守一定的规则,按照一定的要求来开展。这些规则具体包括三方面:一是社会的法律法规、价值观念和伦理道德等,这些都是作为社会行动普遍应该遵循的规范要求,如帕森斯(Talcott Parsons)所言,"所有的具体行动都受共同价值和态度的制约"[2]。二是利益规则,或者说行动的利益要求,即行动的缘由、意图、目标等内化为行动的导向,成为行动的实用旨趣,从而引导约束行动。三是理论与方法规则,即作为一种专业性行为,档案记忆再生产所应遵循的档案管理的原则、知识与方法,只有遵循科学的原则和方法,才能合理合法、科学规范地生产档案记忆。

规则与社会环境相关,通过规则的分析和遵循,可以理解并确保每个社会的档案记忆再生产能够符合统治阶级的意志、社会意识形态、主流价

---

[1] 谢立中主编:《西方社会学名著提要》,江西人民出版社2001年版,第151页。
[2] 谢立中主编:《西方社会学名著提要》,江西人民出版社2001年版,第151页。

值观或共同体利益。本书在第八章侧重对伦理规则加以阐述,其他规则贯穿在相关叙述中。

5. 生产过程

生产过程是由生产(劳动)行为和生产环节构成的连续性、周期性活动,是社会再生产理论分析的重要内涵。马克思将社会再生产过程分为直接生产过程和流通过程:从重新添置设备、买进原材料、增加劳动力到产品的出卖,完成一个再生产周期,这样的周期构成一次社会再生产过程。而社会再生产总的过程,就是社会总产品(总资本)不断反复地循环和周转。

根据马克思关于社会再生产过程的理解,可以将档案记忆生产过程定位为从档案记忆生成到经过整理加工,再到重新被社会利用(消费)的过程,这一过程为一个生产周期,档案记忆再生产总过程则是其周期性的反复循环。

档案记忆是"受控性记忆",其再生产是一种知识密集型的创造性劳动,每一步骤都涉及对档案实体的重组,对档案记忆信息的选择、重组、加工、流通、利用等,因此人们对记忆、社会记忆、记忆信息施加的一切有影响的相关行为,都会在档案记忆再生产中加以运用或得到体现,如记忆的传承、建构、控制、保护;记忆的选择、加工、重组、编排、重塑;记忆的提取、提炼、增删、改易;记忆的分析、阐释、诠释、叙事、叙说、传播、消费等。这些行为离不开档案学话语,也离不开社会记忆话语,它们穿行于档案记忆再生产整个过程,既需要考虑其分析语境,灵活加以表达,更需要根据其活动的阶段性和性质,进行生产环节划分,以形成相对固定的过程结构和过程模式。

6. 生产产品

产品是生产行为的结果或劳动产品,也是生产目的的初步实现(其最终实现是利用后达到对消费主体的影响)。档案记忆再生产的生产产品也即"档案记忆产品",或称为"档案记忆制品""档案记忆作品",都是档案记忆再生产成果。作为一种物质和精神再生产的统一体,档案记忆产品一般是以档案记忆文本为其独特的表现形式,包括实体文本或数字化文本。

档案记忆产品与其生产对象彼此互渗互化,档案原件、档案再生产过程中的半成品或中间产品以及档案记忆资源等,既是生产对象,也是劳动产品，它们具体充任何种角色，需要在具体生产过程中表现出来。

7. 生产环境

档案记忆再生产的生产环境即生产条件，大致可分为两类：一类是外部环境，或称宏观环境、社会环境，是档案记忆再生产的外部条件，包括社会的政治环境（政策环境）、经济环境、文化环境、技术环境、媒体环境、行业环境等，是再生产过程中的不可控因素。外部环境一方面为档案记忆再生产提供社会生存空间；另一方面也为其提供社会需求和生产动力，影响生产目的、生产规则。另一类是内部环境，或称微观环境、单位环境，是档案记忆再生产的内部条件，包括某一档案记忆再生产行为主体（群体、组织）内部的资金条件、资源条件、技术条件、人才条件、管理条件、合作条件等，是再生产过程中的可控因素。内部环境与档案记忆再生产行动直接关联，具体影响到档案记忆再生产的有序运行、生产效果与产品水平。外部环境与内部环境之间的要素既存在重合转化，也存在引导驱动，促进档案记忆再生产适应新的环境条件。两者同时作用于档案记忆再生产对象和再生产过程，使档案记忆再生产朝着符合社会需要和主体内在需求的合目的性方向发展。

以上七个要素相互影响、相互作用，体现系统的整体构成性和要素关联性，如图 2-1 所示。其基本关系可以概括为以下四点：一是档案记忆再

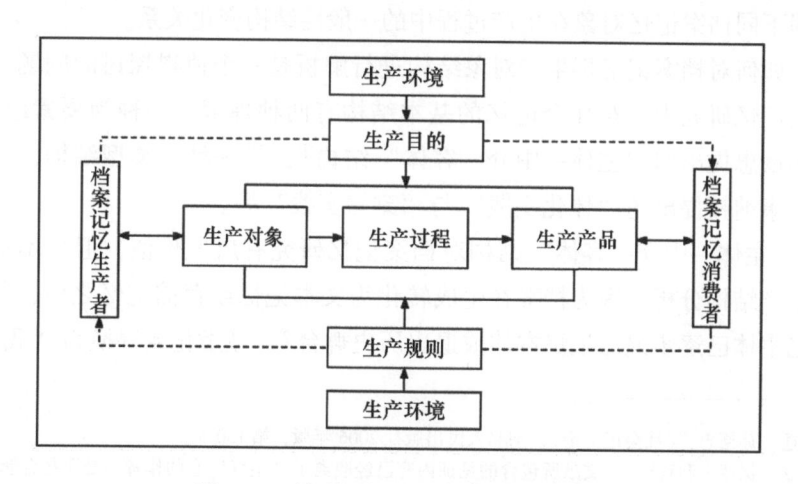

图 2-1 档案记忆再生产系统要素构成

生产必然要涉及生产主体、生产对象和生产目的，这是再生产的出发点和基础；二是档案记忆再生产必然是生产者按照一定规则，通过一定生产行为、生产过程去实现或完成，没有行为和过程就没有生产，也就不存在再生产的反复循环。档案记忆再生产强调"记忆实践"转向，就是要实现由"静态"向"动态"的转变，强化再生产行为和过程的分析；三是档案记忆再生产在完成一系列的生产行为后，必然产生一定的生产结果，即劳动产品、档案制品，以实现生产目的，满足社会需求；四是档案记忆再生产行为必然发生在一定的社会时空中，需要借助必要的条件和手段来完成，同时需要遵循社会要求，发挥社会功能，促进生产系统与社会环境系统的互动融合。

档案记忆再生产系统的要素及其相互关系，构成系统的整体结构，反映系统的整体状况。后文论述中虽然没有根据这些系统要素逐一分解探讨，但这些要素都不同程度地反映在再生产行为、过程和结果中。

（二）档案记忆再生产的对象结构（生产结构）

如前文所述，档案记忆再生产生产对象包括记忆文本和记忆事项，记忆文本包括档案（原件）、档案制品、档案记忆资源等；记忆事项是记忆内容所指涉的社会活动或涉及的主题，两者既相统一，也可分离。对象结构即是在记忆对象构成的基础上，对其进行综合和抽象的整体分析，以便把握不同档案记忆对象在生产过程中的一般性结构变化关系。

如何对档案记忆再生产对象结构进行解析是一个值得探讨的问题。在社会记忆研究中，对社会记忆的基本结构有两种理解：一种为要素结构，如孙德忠提出的"主体—中介—客体"结构[1]；另一种为类型结构，如保罗·康纳顿提出的"体化实践"与"刻写实践"等。

"主体—中介—客体"结构对档案记忆研究有启发价值，但并不适应再生产结构分析，因为档案在生成转化为文本记忆或存储记忆之后，其原记忆主体已逐步退出记忆本体或退出历史舞台[2]，被虚化或置换为"我们"

---

[1] 孙德忠：《社会记忆论》，湖北人民出版社2006年版，第130页。
[2] 保罗·利科说："文献所包含的见证内容已经脱离了'生育'它的作者，是那些有能力查考、保护和帮助它的人在照顾它。"参见［法］保罗·利科《记忆，历史，遗忘》，李彦岑等译，华东师范大学出版社2018年版，第221页。

"大我"记忆,在(再)生产过程中与(再)生产主体存在"互渗"现象,是再生产运行的一种机制。"体化实践"与"刻写实践"可以作为再生产方式或形式分析,还难以进入记忆对象的内在结构分析。因此,对于档案记忆再生产对象结构分析,须另辟蹊径。

保罗·利科说:"如果想要避免被囚禁在这个无所助益的疑难之中,那么我们就应该悬置将记得的行为归因于某个人(包括全部语法人称)的问题,并且以'什么'的问题起始。"[1]

马克思在分析社会再生产时,将社会产品的实现过程分为实物补偿和价值补偿,由此提出关于产品价值构成和实物构成的原理以及再生产图式[2];前文也曾谈到哈布瓦赫提出集体记忆具有双重性质(既是物质客体,也是象征符号),档案记忆再生产是物质性与精神性的统一;另外皮埃尔·诺拉也指出记忆之场(记忆场所)是"实在的、象征的和功能的场所","这三层含义同时存在,只是程度不同而已"。[3] 从这些观点论述中,可见在记忆的实体(媒介、中介)、内容之外,还有一个重要的、不可或缺的要素,即记忆的"意义",三者构成记忆对象的统一体,既是记忆文本的结构反映,也是记忆事项的结构反映,由此,记忆实体(形式)、内容和意义便构成记忆对象再生产分析的基本结构,也是考察档案记忆再生产"生产结构"的途径或切入点。

1. 形式再生产

形式是记忆的外在表现,形式的具体表现样态即为"形态"(作为社会记忆样态)、"形体"(自身各种具体媒介媒体表现)。社会记忆总是依赖一定的中介(媒介)来保存、强化或重温,如实体空间、身体姿态、文献、图片、图表、图像、实物和遗迹等。不同的媒介便表现出不同的形态来,如口传(口承)记忆、文本(文献)记忆、仪式记忆、器物记忆、空间记忆。社会记忆可以在不同媒介之间转化,形成不同形态的记忆,成为

---

[1] [法]保罗·利科:《记忆,历史,遗忘》,李彦岑等译,华东师范大学出版社2018年版,第3页。

[2] 参见马克思《资本论》第2卷,人民出版社1975年版,"第十九章"。

[3] [法]皮埃尔·诺拉主编:《记忆之场》,黄艳红等译,南京大学出版社2015年版,第20页。

记忆再生产的最直观、最具体的表现。如将口传记忆记录下来，形成文本；再如把照片中的人物形象雕塑出来，形成铜像、石像等，都是社会记忆的"再"生产。

档案作为社会记忆物态化、档案化的转化物，无论是传统以纸张为主的载体，还是现代胶片、胶卷等感光载体，或磁带、磁盘等电子载体，作为一种原始记录，与其他社会记忆形态相比，它们都是一种以文献/文本方式表现出来的记忆形态，并由于其各自的载体和记录符号的差别，形成不同的形体，是社会记忆的实体或实态，也是原生态的社会记忆。

档案记忆形式再生产即是档案记忆形态或形体的形成与转化，既可表现为一种媒介文本向另一种媒介文本的转化，也可表现为档案文本的重新组合或记忆信息的提取加工，形成新的档案记忆制品或作品。另外，还可表现为档案记忆文本形态与其他社会记忆形态的互化，是最具表现力的档案记忆再生产。根据档案记忆文本形态/形体转化的特点，本书用"文本再造"来表达和考察其形式再生产的不同方式。

2. 内容再生产

任何记忆都是有内容的，即"记住了什么"。奥古斯丁曾把记忆内容形象地称为记忆对象的影像、真身、情感、知识等。现代认知心理学更多用"信息"来指称记忆内容，从信息输入、编码、贮存和提取等环节来理解记忆的形成和回忆过程。

记忆内容也是记住的对象、记住的东西（人物、事物、活动、现象、知识、经验），虽然一般表达上可以说档案记忆内容就是记载在档案中的各种（各类）信息，但作为记忆信息，它同一般的信息还是有所区别的，即它不是泛泛的数据、知识、经验等记录，而是有主题的信息，是"主题+信息"，主题即记忆对象（事项），信息是对此对象（事项）的表述、描述，因而记忆内容也是通过记忆信息表达表现出来的记忆叙事。

档案记忆再生产从内容变化上看就是对档案内容信息的生成、加工、转化，通过对记忆信息的提取、选择、转移、改写、叙述、固化等一切施加影响的行为，使记忆对象的内容信息从一种状态转变为另一种状态，从一种表达或叙述（叙事）转化为另一种表达或叙述（叙事），在记忆信息的重新生成、选择、加工、重组中，实现记忆事项的重构重建，"事件是叙述的对象"①。根据档案记忆内容信息加工转化的特点，本书用"内容叙事"来表达和考察其内容再生产的不同方式。

3. 意义再生产

如同物质产品再生产存在价值一样，社会记忆再生产也存在意义。意义是记忆再生产的"内核"或"硬核"，是更深层次的记忆再生产。阿莱达·阿斯曼指出："记忆中被赋予意义的成分和意义中性的成分的区分在哈布瓦赫时就开始了。对他来说转化为意义是一个回忆进入集体记忆的前提条件"；"记忆制造意义，意义巩固记忆"。② 在叙事学中，意义往往与内容叙述合并在一起，即文本叙事包含着内容和意义；而在档案记忆再生产研究中，有必要将意义从内容叙事中"抽离"出来加以考察。

档案记忆意义再生产是根据记忆再生产目的，对档案记忆资源所具有的价值的发掘和利用，是档案记忆功能现实化的过程，也是档案记忆作用于社会实践的过程。因此，意义再生产是生产目的、资源价值和社会效果三方面相互作用、相互影响的过程和结果。缺乏对意义再生产的考察分析，我们就难以理解档案记忆再生产的社会功能。根据档案记忆意义生成和转化的特点，本书用"意义阐释"来表达和考察其意义再生产的不同方式。

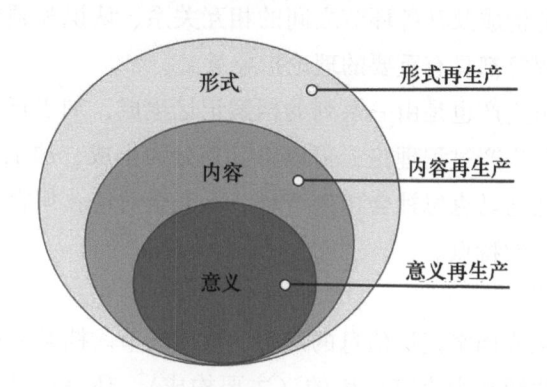

图 2-2 档案记忆再生产的对象结构（生产结构）

---

① [法]保罗·利科：《记忆，历史，遗忘》，李彦岑等译，华东师范大学出版社2018年版，第320页。

② [德]阿莱达·阿斯曼：《回忆空间》，潘璐译，北京大学出版社2016年版，第148—149页。

档案记忆再生产对象的三层结构是一种"嵌套结构",即内容包裹在形式之中,而意义又包裹在内容之中,如图2-2所示。其中,①意义再生产是核心与灵魂,既是出发点也是归宿;②内容再生产为说明、解释和揭示记忆意义提供表达和依据,选择说什么、怎么说,都是根据意义需要来确定的;③内容再生产为形式再生产提供了条件和基础,形式再生产伴随内容再生产而发生,也对内容再生产起着促进作用;④形式再生产作为记忆信息的"外壳",只是为更有效地传达展现记忆内容和意义而存在,尽管如此,它却表现出记忆再生产的生动活泼、丰富多彩的特征,并通过意义再生产使档案记忆实体具有象征的意义("文本经典化"或"文本崇拜")。

(三) 档案记忆再生产的过程结构(生产过程)

马克思社会再生产理论将社会再生产过程划分为生产、分配、交换、消费四个环节,认为四个环节有机统一、缺一不可,社会再生产要能顺利进行,必须完成其全过程。"生产表现为起点,消费表现为终点,分配和交换表现为中间环节。"[①] 社会再生产四大环节的划分,对于理解和把握社会再生产过程的构成及其各环节之间的相互关系、认识和领会档案记忆再生产的循环过程等都具有重要的理论指导意义。

档案记忆再生产也是由一系列的档案记忆生成、加工行为构成的,根据马克思社会再生产过程理论,可以将其划分为生成、加工、传播、消费四个环节,虽然与马克思社会再生产环节不完全对应,但在分析上更符合档案记忆再生产的特点。

1. 生成环节

即档案记忆或档案记忆信息的产生、形成环节。档案记忆(信息)无论是在社会实践活动中直接产生的(主要构成),还是通过社会活动将其他社会记忆形态间接转化的(辅助构成),都是对社会实践活动信息的记载和转化,经过一定的记录、整理和归档,转化为档案记忆资源,从社会实践系统进入档案保管系统,成为档案记忆再生产再加工的对象。社会实

---

① 《马克思恩格斯选集》第2卷,人民出版社1995年版,第7页。

践活动连续不断地进行，也必然导致档案记忆信息的连续生成，为档案记忆再生产提供条件和资源（生产资料和加工对象），没有档案记忆的生成，档案记忆再生产也就成为"无源之水"。

2. 加工环节

即对档案记忆信息进行整理加工和开发加工。整理加工是对档案记忆信息进行鉴定、组卷（组合）、著录、标引、编目和体系化过程，是从无序到有序的过程，也是从单份档案记忆信息到专题记忆、总体记忆的集合、有序化过程。档案整理的不同结果，构成档案记忆再生产的各种不同成果形态。档案记忆信息开发加工，是对档案记忆进行发掘、提取、重新整理和叙述的过程，是对档案记忆信息资源的再加工、再利用，形成更具有典型特征的档案记忆产品或新的档案记忆体，提供给社会消费的过程。

3. 传播环节

或称为分享环节，是对档案记忆信息进行传播扩散的过程，使档案记忆信息能够被更广泛的社会主体所接收、阅读、学习、掌握。传播环节与社会再生产的分配和交换大体对应，档案记忆产品虽然也在一定程度上具有商品的属性，但其主要内核还是精神文化，因此，记忆产品传播实质上还是一种记忆信息的分享，用传播而不是交换作为档案记忆再生产环节，更能体现其内涵和特殊性。记忆传播直接影响到档案记忆信息的分享范围或掌控范围，是社会记忆控制的内在机制。

4. 消费环节

也即"利用"环节或"消费利用"环节，即档案记忆信息接收者利用档案记忆信息作为思想武器、精神武器、文化武器或知识（经验）武器，进行自身思想更新改造或社会更新改造的行为与过程。消费环节是档案记忆信息直接或间接转化为生产力的过程，也是档案记忆信息重新开始生命旅程的过程，它直接产生出新的档案记忆信息，或通过推动社会实践发展，再次生成新的档案记忆信息。消费涉及受众对记忆的消化与内化，对形成记忆主体的思想意识、身份认同具有关键性作用，因此也是档案记忆意义再生产的重要途径，或档案记忆社会化的主要方式。

档案记忆再生产过程的生成、加工、传播、消费四个环节，统一于再生产全过程，它们环环相扣，体现为往复更新的开放循环过程；同时，在档案记忆生成、加工、传播与消费过程中，其形式、内容、意义再生产才得以不断展开和实现。

以上对档案记忆再生产系统要素及其对象结构、过程结构的分析，旨在为下文的生产结构、生产过程分析提供理论铺垫和分析依据，特此说明。

四 档案记忆再生产的运行模式与机制

档案记忆再生产系统是由多要素构成的动态循环生产系统，它将过去、现在、未来连为一体，通过触发、提取、再现、传递、共享等，将过去引入现在，又将现在指向未来，实现档案记忆连续、反复的生产和再生产，如涟漪般在特定的时空之境伸展开来，使不同层次和范围的记忆互相生成激荡，不断向社会输出新的记忆能量。作为一个动态循环的再生产系统，除了需要对其系统要素、结构和过程进行分析外，还需要进一步对系统运行模式与机制加以探寻，揭示和把握档案记忆再生产总体运行过程中的某些规律。

（一）档案记忆再生产运行的两种模式

在《社会记忆论》中，孙德忠提出社会记忆的深层内涵在于"它是人类主体能力和本质力量对象化的凝结、积淀和破译、复活的双向活动"[1]。根据这一理解，结合档案记忆再生产自身特点及其与社会记忆的关系，可以将档案记忆再生产的运行概括为"社会记忆档案化"与"档案记忆社会化"两种最基本的运动模式，即既是社会记忆不断向档案记忆转化的过程，也是档案记忆不断向社会记忆转化的过程，两者的交互转化与融合，构成档案记忆再生产的最基本运行的规律。[2]

---

[1] 孙德忠：《社会记忆论》，湖北人民出版社2006年版，第24页。
[2] 美国社会学家希尔斯在《论传统》中对记忆与传统之间运动关系的论述，与社会记忆档案化、档案记忆社会化互动交融之间也有异曲同工之处。他说"就是这种记忆链和吸收记忆的传统链使社会得以在变化中不断重复其自身"。参见［美］爱德华·希尔斯《论传统》，傅铿等译，上海人民出版社2009年版，第180页。

1. 社会记忆档案化运行模式

社会记忆档案化宽泛地说就是通过档案记录和存储的方式留存和传承社会记忆，是社会记忆的一种形式转化或运行模式，即"真实"记忆的文本化或有形化。其直接提出者是法国历史学家皮埃尔·诺拉和法国后现代思想的代表性人物雅克·德里达（Jacques Derrida）。诺拉在《记忆之场》中指出："我们今天所称的记忆，全都不是记忆"，而是"转变成历史的记忆"，它"首先是一种档案化的记忆。它完全依靠尽可能精确的痕迹、最为具体的遗物和记录、最为直观的形象"。① 德里达在《档案热病：弗洛伊德印象》中，针对弗洛伊德将仅仅存在于人们脑海中或心灵深处的记忆称为"档案"，视其为人们"终极的档案"的观点提出批判，他认为"档案是外在于人体而存在的，具有外部性"，或者说"通过'档案化'行为，进行着使记忆外部化的工作"。②

社会记忆档案化其思想源头可以追溯到自古希腊以来的记忆物质性或物（态）化隐喻，包括"书写隐喻"（如苏格拉底的蜡板印刻模式、弗洛伊德的"神秘的写字板"等）；"空间性隐喻"（如西蒙尼德斯开启的空间"记忆术"、场所记忆等）；"身体记忆隐喻"（如亚里士多德的"记忆的艺术"、普鲁斯特的感官记忆、亨利·柏格森的习惯记忆等）。"无论是铭印的物的隐喻还是空间性或身体记忆，物的痕迹始终贯穿在记忆之中。""记忆作为印刻、记忆的空间性和身体记忆，三者凸显出记忆的物质性。物质性不只是物的性质，更是一种关系的性质"；"记忆不仅仅存在于某个单独的主体或客体之中，它必定是社会性的，而且是物质的"。③

德里达说"档案化就是对人类活动的记录"，"是所有的在人体之外有形载体上得到记录的信息或人类记忆"。④ 从社会记忆档案化考察档案生成和转化，不仅可以深化对档案作为社会记忆形态和性质的认知，同时也能

---

① ［法］皮埃尔·诺拉主编：《记忆之场》，黄艳红等译，南京大学出版社 2015 年版，第 12 页。

② 何嘉苏、马小敏：《德里达档案化思想研究之二——档案外部性及其由来》，《档案学通讯》2017 年第 5 期。

③ 祁和平：《记忆活动、记忆史与记忆的物质性》，《人民论坛·学术前沿》2019 年第 17 期。

④ 何嘉苏、马小敏：《德里达档案化思想研究之二——档案外部性及其由来》，《档案学通讯》2017 年第 5 期。

增强对档案记忆再生产内在运行的思考。

2. 档案记忆社会化运行模式

档案记忆社会化是与社会记忆档案化相反的一种行为、过程和结果。在社会记忆研究中,多强调记忆建构的社会性,但就档案记忆再生产而言,如果深入考察其内部运动,就可发现其中蕴含的档案记忆社会化运动模式。

档案记忆作为存储和积聚的社会记忆资源,它必然需要重新回到社会之中,以实现档案记忆的社会功能,也即通过社会化,记忆被重新唤醒,档案记载的过去由此"重获光明和重新开始生命运动"[1]。档案记忆社会化作为社会记忆形态的再度转化,具有丰富深刻的内涵,它不仅是记忆形式的转变过程,更是社会记忆的提取编码、加工解释、利用消费的过程,蕴含着我们通常所说的社会记忆传承、建构、控制、保护的一切功能和内容。阿莱达·阿斯曼说:"保存资料的档案",必须"有人去读,去阐释……它们的内容应该被唤回到记忆之中";存储在文本里的信息"可以被积累、被改写、被批判,最重要的是可以被阐释。通过阐释,传统便具有历史性的发展能力"[2]。

与其他领域相比,档案记忆社会化中对记忆的重构具有更强的资源依据性、主题系统性与历史真实性,是在档案记忆资源的基础上对特定历史对象(记忆事项)的系统性回顾,是历史叙事与历史建构的统一,也是档案记忆再生产形式、内容、意义的统一。正是通过档案记忆社会化,人类活动的历史得到重新复现、档案记忆的能量得到释放、社会价值观念得以维护、社会发展获得前进动力。

3. 社会记忆档案化与档案记忆社会化的互化交融

社会记忆档案化与档案记忆社会化是档案记忆形态的转化行为、过程和结果,是社会记忆动与静、澄显与遮蔽、存储与激活(功能)之间的相互转化,通过两者的互化融合,实现社会记忆传承、建构、控制和保护,

---

[1] 波德莱尔语。转引自[法]雅克·德里达《多义的记忆——为保罗·德曼而作》,蒋梓骅译,中央编译出版社1999年版,第74页。

[2] 冯亚琳、[德]阿斯特莉特·埃尔主编:《文化记忆理论读本》,余传玲等译,北京大学出版社2012年版,第38页。

为两者的互化融合和内在统一提供了共同基础。

档案记忆再生产是社会记忆档案化与档案记忆社会化内在统一的"联结点"和"生命线"。一方面，社会记忆档案化通过对社会记忆的"冻结""固化"，实现对社会记忆的存储和积累，形成有形的社会记忆资源，为"保存和回顾跨越数千年的记忆提供新的形式"，是在"流动中把握永恒"，也为社会记忆再度复活和"重见光明"提供了条件；另一方面，档案记忆社会化则通过对社会记忆资源的开发、加工，让存储的记忆得到复活、再现，让社会记忆重新回到社会现实中。它不仅可以"拨开历史迷雾"，让记忆"重见天日"，而且可以为社会记忆提供更加丰富、充足的动能。

社会记忆档案化与档案记忆社会化的互化交融，构成了档案记忆再生产循环往复的完整过程和生产链，而且也让社会记忆得以长久保存、反复重现。在此双向运动中，一方面凝结着档案的生成、收集、鉴定、整理、保管、保护、开发、利用等各项工作，涵盖了档案管理与档案信息资源开发的全部内容；另一方面凝结着档案记忆再生产系统的各种要素、活动、过程和结果——档案记忆资源、生产、加工、传播、消费、记忆产品、社会要素等，涵盖了档案记忆再生产的全部内容，也是存在于一切档案记忆再生产的最基本规律。正是从这个意义上说，社会记忆档案化与档案记忆社会化的互化交融或双向运动构成了档案记忆再生产运行的基本机理。

（二）档案记忆再生产运行的内在机制

"机制"是系统运动变化过程中整体或构成要素之间的作用关系和作用方式，是学术分析的常见问题。人们总是试图探讨系统的各种机制以适应不同的研究目的：生成机制、发生机制、动力机制、互动机制、转化机制、激发机制、平衡机制、保障机制、激励机制、反馈机制、推进机制等。

个体记忆研究中多关注和分析影响个体回忆的"心理机制"，而在集体记忆研究中则多强调影响集体记忆建构外在的"社会机制"，心理机制是一种内在机制，而社会机制属于外在机制，两者结合起来，为我们探讨档案记忆再生产运行机制提供了双重视野。

档案记忆再生产运行的内在机制是对系统运行内部或内在于系统中，影响和促进系统整体功能实现的某种作用要素及其作用方式。与个体回忆的"心理机制"不同，根据档案记忆再生产系统结构要素及其运行特点，其内在机制可概括为主体互渗机制、信息组合机制、能量流动机制和价值转化机制。

1. 主体互渗机制

法国社会人类学家列维－布留尔（Lvy-Bruhl Lucien）在阐释原始思维时，强调"原始思维是非逻辑的，亦即（是）与任何思维的最基本定律背道而驰的，它不能象我们的思维所作的那样去认识、判断和推理"[1]；原始思维中存在着"互渗律"，"对原始思维来说，人尽管死了，也以某种方式活着。死人与活人的生命互渗，同时又是死人群中的一员。更确切地说，一个人是死是活，得看他是否存在这种那种互渗"[2]。

布留尔所强调的原始思维中"死人与活人的生命互渗"，在档案记忆再生产运行过程中同样存在，其表现在于：一是档案记忆主体与再生产主体之间的理解、转化与认同，使再生产主体（加工主体）成为"记忆主体"的一部分，并通过传播分享，也使消费主体成为"记忆主体"的一部分，从而达到记忆的共享和记忆共同体的扩大与延续。虽然在档案记忆再生产对象结构中，我们将主体再生产暂时悬置起来，但"他""他们"仍然存在，仍作用于档案记忆再生产的功能实现和意义阐释之中；二是档案记忆主体（历史主体）与再生产主体（现实主体）之间的生命延续与融通，通过档案记忆再生产使记忆历史主体成为现实主体的一部分，也使现实主体成为历史主体生命的延续，古人（前人、先辈）与后人（后代、后辈）形成生命的统一体。正是基于主体互渗，档案记忆再生产需要突出身份认同功能与"债责伦理"。

2. 信息组合机制

档案记忆是档案中记录的关于历史活动、历史事件的信息，档案记忆与档案信息具有统一性，其再生产具有信息加工的性质。

---

[1] ［法］列维－布留尔：《原始思维》，丁由译，商务印书馆1981年版，"作者给俄文版的序"第2页。

[2] ［法］列维－布留尔：《原始思维》，丁由译，商务印书馆1981年版，第298页。

与个体记忆信息加工过程（编码、存储、提取）相关联，档案记忆再生产的信息加工也是一个信息不断输入、输出的反复循环过程，现代档案学用档案信息的收集、整理、存储、服务，或档案信息收集、处理、服务、反馈等来描述和重构档案管理过程。档案记忆再生产融于这些档案信息管理环节之中，既是一个信息交流、流动的过程，也是一个信息不断重新组织的过程，抛开具体操作环节，贯穿其中的机制我们用"信息组合机制"或者说"信息交流组合机制"来表示。

在社会记忆档案化和档案记忆社会化的过程中，记忆信息组合贯穿于档案记忆信息输入和输出的流动性全过程，其表现在于：（1）社会记忆档案化使直接生成或间接生成的档案记忆汇入、组合、存储到档案记忆再生产系统，成为档案记忆的生产对象、资源和条件；（2）分散、零散、连续生成和汇入的档案记忆在档案记忆再生产系统中经过记忆信息的整理、整序和组织，形成系统化的记忆体或记忆库；（3）根据社会需要，对再生产系统中的记忆资源进行提取、重新组合，形成主题化记忆产品（记忆制品）或记忆体，向社会传输；（4）作为一个开放的系统，档案记忆再生产系统也必然和外界环境（社会）之间进行政策、需求、技术、人才、其他机构等方面的信息交流、沟通、消化、重组。档案记忆再生产运行中的信息组合既包括实体组合，也包括概念组合、主题组合，这种组合机制使档案记忆的生产与再生产始终处于系统化、体系化、可控性状态之中，也不断生产和再生产着档案记忆产品（形式、内容和意义的统一），使档案记忆再生产系统运行能更好地实现其社会记忆传承、建构、控制和保护功能。

档案记忆再生产的"信息加工性""信息组合机制""生产环节""内容叙事"等，都涉及对档案记忆内容信息的加工、组合、表达等，也再次表明将"记忆信息"视为档案记忆再生产"核心元素"的合理性和必要性。

3. 能量流动机制

自然生态系统中的能量是一种物理能，主要有动能和势能两种存在形态。动能是正在做功的能量，是生物与其环境之间以传导和对流形式相互传递的能量，包括热能和辐射能。势能又称为潜能，是蕴藏在有机分子键内，处于静态的能量，它包括做功的能力和做功的可能性。生态系统中的能量流动普遍遵守热力学第一定律（能量守恒原理）和第二定律（熵增加原理），能量的数量在不断地消耗和递减，但质量在逐步提高和凝聚，并逐步形成能量金字塔。①

能量观念已被普遍地引入社会文化系统中，人们不仅提出"记忆能量"概念，而且许多现象都与能量有关，如巴里·施瓦茨等对梅察达（Masada）之战的历史考察，表明梅察达之战在本世纪犹太人建国运动中，作为重要的精神资源和记忆能量，得到不断地诠释和释放，成为动员民族凝聚力的关键性象征。②

从动力学角度看，档案记忆再生产系统反复运行的动态过程即是档案记忆能量的流动过程。记忆能量流动是输入（积聚）与输出（释放）相互转化的双向过程，一方面，通过社会记忆档案化，不断地将社会记忆能量转化为档案记忆能量；另一方面，也为社会变迁、组织运行和个人发展源源不断输送精神再生产的资源与动能，在推动社会记忆，乃至整个社会再生产的同时，也促进了以个体素质提升、情感满足、价值实现等为旨归的人的再生产。与物理能量和生态能量相比，档案记忆能量流动具有不断生成、转化、积聚、释放等特点，但并不是消耗性流动，而是累积性、存储性流动，在流动、释放过程中，其记忆能量不是减少，而是不断地积累、保存和增加，使档案记忆再生产系统、档案记忆资源体系成为巨大的记忆（能量）库、记忆（能量）场。

档案记忆再生产系统运行中的能量流动既是其再生产的"累积性与非消耗性统一"的体现或根源，也是思考档案记忆场、记忆能级及其能级生态位提升的基础。

4. 价值转化机制

档案价值是档案客体属性与利用者主体需求共同作用而产生的，是档案对人们认识世界和改造世界所具有的有用性。近年来，随着人们对档案社会记忆属性的发现及探讨的深入，"档案记忆价值""档案的（社会）记忆价值"或"社会记忆视角下档案的价值"等都成为人们感兴趣的学术

---

① 参见戈峰主编《现代生态学》，科学出版社2002年版，第308—309页。
② 参见［美］刘易斯·科瑟《莫里斯·哈布瓦赫》，载［法］莫里斯·哈布瓦赫《论集体记忆》，毕然等译，上海人民出版社2002年版，第55—59页。

话题，尤其对青年学子有很强的吸引力。这些讨论都是以档案的社会记忆属性为基础，探讨档案满足社会主体的有用性表现，如个体记忆价值、集体记忆价值；政治价值、文化价值、经济价值（记忆资本化）、认同价值、情感价值等。马克思指出，"这种语言上的名称，只是作为概念反映出那种通过不断重复的活动变成经验的东西，也就是反映出，一定的外界物是为了满足已经生活在一定的社会联系中的人的需要服务的"①。

档案记忆再生产系统运行过程，由于档案、档案记忆时空属性、记忆主体及其需求的变化，档案记忆价值或社会记忆再生产系统中的档案价值也在不断转化，并实现不同的价值。从时间属性看，表现为由历史价值向现实价值的转化；从主体属性看，表现为个体记忆价值向集体记忆价值、社会记忆价值的转化；从空间属性看，表现为第一价值（生成者价值）向第二价值（社会价值），或地方记忆价值、组织记忆价值、家庭记忆价值向国家记忆价值，乃至人类记忆价值的转变。"世界记忆工程"充分体现出档案记忆再生产运行中价值转化的这一机制。联合国教科文组织认为："世界记忆即文献遗产。它是全人类以文献形式保存和收集的记忆，是世界文化遗产的重要构成，记载了人类社会的重大变革、人类的重大发现和重大成果，是历史赋予全世界、今人和后代的共同的文化财产。"②

档案记忆再生产运行过程中的价值转化与意义再生产相辅相成，价值转化促进价值赋予与意义再生产，意义再生产也为达成价值转化目标而服务。

（三）档案记忆再生产运行的外在机制

哈布瓦赫说"过去是由社会机制存储和解释的"③；王汉生教授也将"社会记忆的机制问题"视为社会记忆研究的三个基本问题之一。④ 在此我

---

① 《马克思恩格斯全集》第19卷，人民出版社1963年版，第405页。

② United Nations Educational Scientific and Cultural Organizations (UNESCO), *General Guidelines to Safeguard Documentary Heritage*, Paris: UNESCO, 2002, p. 1.

③ ［美］刘易斯·科瑟：《莫里斯·哈布瓦赫》，载［法］莫里斯·哈布瓦赫《论集体记忆》，毕然等译，上海人民出版社2002年版，第43页。

④ 王汉生教授提出的社会记忆研究三个基本问题包括：记忆事件本身的特点问题、社会记忆研究中的社会动力学问题、社会记忆的机制问题。参见王汉生等《社会记忆及其建构——一项关于知青集体记忆的研究》，《社会》2006年第3期。

· 131 ·

们用外在机制来表示系统外主要社会因素对档案记忆再生产系统运行功能实现的影响及其作用方式。根据影响档案记忆再生产系统的主要社会因素，其外在机制表现为：

1. 社会需求机制

人类行为都是一种目的性行为，既有行为主体自身的内在需求（目的、意图、动机、目标等），也有社会需求（目的、意图、动机、目标等），社会需求通过内化为主体自身需求，成为社会行动的重要作用机制，也是一种重要的动力机制。我国著名信息学家钟义信教授说过："社会需求是研究社会发展问题的最基本的出发点和最终归宿，是推动一切社会发展和进步的根本动力，而且是永不停歇永无止境的动力"；通过社会生产活动，"人们就可以创造相应的社会物质产品和精神产品，并按照一定的社会上层建筑的规则分配和享用这些物质和精神产品，完成由'产生社会需求'的出发点到'满足社会需求'的归宿点"。①

社会需求始终作用于档案记忆再生产运行全过程，一方面它作为"触发机制"，激起再生产主体通过激活、提取、重构某方面档案记忆，使其再度现实化，重新进入社会记忆系统。意大利史学家克罗齐（Benedetto Croce）说："一切历史都是当代史"，"只有现在生活中的兴趣方能使人去研究过去的事实。因此，这种过去的事实只要和现在生活的一种兴趣打成一片，它就不是针对一种过去的兴趣而是针对一种现在的兴趣的"②；另一方面也作为导向机制，通过引导再生产主体按照社会需求的样式，生产和再生产档案记忆产品，以满足社会。即使是档案记忆的原始生成，也是根据人类活动的经验和需求，在不断地生成和留存。

社会需求直接影响和推动档案记忆形式、内容和意义再生产，并使记忆再生产功能最终得到实现。

2. 群体框架机制

"记忆的社会框架"是哈布瓦赫讨论集体记忆的立论基础，他强调"每一个集体记忆，都需要得到在时空被界定的群体的支持"，科瑟曾评价

---

① 钟义信：《社会动力学与信息化理论》，《中国社会科学院院报》2007年9月27日。
② ［意大利］克罗齐：《历史学的理论和实际》，傅任敢译，商务印书馆1982年版，第2页。

指出：在其导师迪尔凯姆"提到以大写'S'开头的'Society'的几乎每一处地方，哈布瓦赫说的都是'Groups'"①。

虽然档案记忆研究是以中介切入方式进入社会记忆，其记忆主体往往虚化为"我们"或大写的"I"，有时泛称其为人类记忆或国家记忆，但在档案记忆再生产中，社会框架或群体框架依然存在，因为每一项记忆的再生产都有其特定时空中的对象范围，而这种对象范围是和再生产主体的位置、站位相关联的。哈布瓦赫的另一段话也颇有启发意义，他说："即使集体记忆从其以之为基础的人类整体中得到其力量和延续，不过仍然是个体作为群体之成员在记得。我们很乐意说，每个个体记忆都是集体记忆上的一个视角，这个视角根据我占据的位置而变化，而这个位置又根据我与其他社会环境保持的联系而变化。"②

分类有不同的标准，社会记忆群体或群体记忆划分也是如此。在"人类记忆"之名下，可以分成不同国家、不同民族、不同层次、不同性质、不同种类的记忆，社会有多少种群体，就有多少种记忆。档案记忆既是这些群体框架中社会记忆再生产的结果，也是在这些群体内运行的。每份档案放置于不同的群体框架中，有着不同的叙事内涵和记忆意义，注意到档案记忆再生产的"群体框架"，我们就能理解档案与世界记忆、国家记忆、组织记忆、行业记忆、家庭记忆再生产的关系，理解各种档案记忆再生产的对象范围和意义旨归。

档案记忆再生产归根结底仍是在"我们"中生产和再生产，也在"我们"中实现分享与共享。

3. 技术推动机制

技术或科学技术是社会生产力发展的重要表现，也是社会实践的推动机制或动力机制之一。人类记忆的形态、留存、表象（表现）等都与技术发展密切关联，德拉埃斯马在《记忆的隐喻——心灵的观念史》一书中说：为了保存和再现记忆，我们发明许多方法和技术：从远古时代人们在

---

① ［美］刘易斯·科瑟：《莫里斯·哈布瓦赫》，载［法］莫里斯·哈布瓦赫《论集体记忆》，毕然等译，上海人民出版社2002年版，第40页。

② 转引自［法］保罗·利科《记忆，历史，遗忘》，李彦岑等译，华东师范大学出版社2018年版，第157页。

泥板或蜡板上写字；到中世纪在羊皮纸、牛皮纸上写字，后来在纸张上写字；再到近代摄影、电视摄影、留声机的发明；"而今，保存声音和影像的手段更为多种多样，如卡式录音机、录像机、光盘、计算机存储器、全息摄影等"，"回顾记忆历史，就像在参观科技馆"。[1] 技术发展不仅为社会记忆档案化提供新的技术方式和新的记忆对象，如现代信息技术产生和运用过程中生成的电子文件/电子记忆、数字档案/数字记忆等，也为开展档案记忆再生产再加工提供了新的方法手段和媒体展演形式，如当下人们正在探讨的数字人文，就是计算机技术与人文研究的结合，在档案记忆再生产领域，它可以让档案记忆以新的可视化形态或产品呈现，使档案记忆再生产更具深度、活力和魅力。

技术推动影响和作用于档案记忆的生产、加工、传播和消费全过程，也影响和作用于档案记忆形式、内容和意义再生产，在运行的不同环节、不同方面具有不同表现，后文还将结合具体问题加以分析。

4. 权力控制机制

自哈布瓦赫以来，权力就被视为社会记忆传承、建构和控制的决定性要素和控制性动力，康纳顿直接指出对社会记忆的控制，取决于权力等级。

档案是权力控制下的产物，其再生产也自然受权力的控制和支配。吉姆·奥图尔（James O'Toole）说："形成一份文件的行为并不总是善意和有益的，它常常涉及到权力。例如科尔特斯和记载了那场战争与战利品的文件就是权力的产物。拥有权力的人利用创建文件来巩固权力，并为自己行为的动机和意图涂脂抹粉。"[2] 王明珂教授也指出："'历史'不只有一种声音；许多不同时代、不同社会的人群都争着述说自己的过去，争着将自己的过去一般化、普遍化，以成为当代的社会记忆，以抹杀他人的记忆。"[3]

---

[1] [荷] 杜威·德拉埃斯马：《记忆的隐喻——心灵的观念史》，乔修峰译，花城出版社 2009 年版，第 3—4 页。

[2] Cook T., Schwartz J. M., "Archives, Records and Power: From (Postmodern) Theory to (Archives) Performance", *Archival Science* 2 (September 2002), p.171.

[3] 王明珂：《历史事实、历史记忆与历史心性》，《历史研究》2001 年第 5 期。

档案记忆再生产与社会权力再生产或社会关系再生产互为机制，权力控制或者说权力意志（涉及意识形态、政治立场、权力结构、政策导向等）深刻影响着档案记忆再生产的内容选择、叙事和意义阐释，影响着记忆再生产为谁记忆、记忆谁、遗忘谁等根本问题，既是"至关重要的政治问题"，也是至关重要的伦理问题。人们在批判权力使档案馆的记忆产生"腐败"时，也在重申"档案馆的确是一个记忆的殿堂。通过档案馆，国家的公民根据保存的记录回想国家的记忆，为了确认作为一名国家的公民，他们的身份"①。权力控制是普遍存在，但权力与权力控制的性质需要正确分析和把握，档案记忆再生产必须坚持正确的政治方向，也必须维护社会的公平正义，造福人类，这是档案记忆再生产思想政治性的必然要求。

5. 教育引导机制

　　教育，特别是历史教育，对延续、传播、分享、重构和控制社会记忆具有重要意义。陆云球指出："教育的一个重要目的就是将正统的记忆嵌入成长中的生命个体，以保持整个社会记忆的连续性，促使形成一致性的记忆，避免发生认知的困难与社会的混乱。对于没有经历过具体历史事件的人们而言，他们对于事件的了解大多是基于正统的认知，因而他们的感触远不会像事件的直接经历者那样深刻，对于这一群体的记忆重构最为可能。"②

　　教育对社会记忆的传承与建构不是一个简单的历史回放，而是带有强烈的指向性，包含着民族的心性、自豪感和自尊心，关系到历史观念、民族意识和集体认同的塑就，因此每个国家和地区都通过自己的教科书来传达和形塑本民族的历史记忆。

　　档案记忆再生产具有输出记忆能量，服务学校和社会大众历史教育的功能，正是在此意义上，档案界将"爱国主义教育基地"列入档案馆"五位一体"功能之一，各地档案馆逐步建立起"爱国主义教育基地"；许多

---

① ［日］大滨彻也：《档案能再现我们社会的记忆吗？》，赵丛译，中国国家档案局门户网站，[EB/OL] http://www.saac.gov.cn/news/2012-01/05/content_13546.htm [2012-01-05]。
② 陆云球：《记忆的重构与社会粘性——评哈布瓦赫〈论集体的记忆〉》，青翼网，[EB/OL] http://www.sowosky.com/forum.php?mod=viewthread&tid=69495 [2009-06-06]。

专家学者也在呼吁、推进档案教育进课堂、进社区、进媒体；各种媒体平台或展示、播放档案与档案记忆制品（如各种档案展览或档案文献纪录片），或设置特色记忆栏目（如北京卫视"档案"栏目，中央电视台"中国记忆""国家记忆"栏目等），传播档案记忆。但反过来看，学校和社会大众的历史教育，也是推动档案记忆再生产的社会动力。历史教育可以培养教育者的历史知识和档案意识，有利于把握历史发展脉络，认清历史情境、历史真相和历史规律，培养人们正确的历史观和历史意识，为记忆再生产提供"历史思维框架"，便于把档案记忆置于历史（记忆）之中去理解、解读；另一方面，更重要的是为档案记忆再生产培育再生产者，包括生成者、加工者、传播者、消费者、认同者和支持者等，扩大档案记忆再生产共同体。保罗·利科指出："最值得注意的是共同体参观的诸场所的记忆。它们为在思想上重回这个或那个群体提供了良机"；而"学校的教室在这方面是记忆视角转变的一个优势场所"。[①] 这句话包含着对（历史）教育作为社会记忆再生产引导、推进机制的肯定。

教育引导机制可以形成"扩张的交流情境"，并通过促进再生产主体的互渗而影响整个记忆再生产过程，由此达到内外机制的相互作用和协同运行。

[①] ［法］保罗·利科：《记忆，历史，遗忘》，李彦岑等译，华东师范大学出版社2018年版，第153—154页。

第三章

档案记忆再生产的正当性分析

在国内语境中,"正当"通常是指人的行为的合理合法。"正当性"作为政治学重要概念,多指人的行为、要求、愿望等符合社会的政策和行为规范的要求,或者符合社会发展的需要和社会的广泛利益。在政治学领域,人们普遍认识到"任何权力一般都有为自己之正当性辩护的必要","国家作为一个自主行动者,具备意图塑造自身存续之正当理由的本质属性"[①];而在社会行动领域,"现实中任何支配的持续运作,都有透过其正当性原则的最强烈的自我辩护的必要"[②]。档案记忆再生产作为一种新的看待档案(实践)现象的视野和社会记忆再生产行为,阐明并确立其正当性,既是对档案记忆再生产行为认识的深化,也为其理论阐释提供事实根基和自身正当性依据。

正当性一般包括合理和合法两个维度,宽泛地说事物或行为合乎法律法规等一切规章制度,合乎自然规律,合乎人情、伦理、道德等法规外一切理由都可称为具有正当性。由于语境不同,正当性与合理性、合法性等概念多存在"互释""并列"或等同等关系[③],根据人们对正当性与合理

[①] 郭苏建、臧晓霞:《历史制度主义视角下经验主义合法性的理论反思一个"合法性建构"的制度分析框架》,《探索与争鸣》2019年第5期。

[②] 谢立中主编:《西方社会学名著提要》,江西人民出版社2001年版,第46页。

[③] 特别是在正当性和合法性之间,由于西方语境中 Legitimacy(legitimitaet 德文)既可译为正当性,也可译为合法性,所以许多学者将其等同使用;但也存在并列使用的情况,如德国学者卡尔·施米特的著作《合法性与正当性》。德国哲学家哈贝马斯则将"合法性"视为最一般、最普遍的概念,认为合法性来源于正当性。"一种统治规则的合法性乃是那些隶属于该统治的人对其合法性的相信来衡量的,这是一个相信结构、程序、行为、决定、政策的正当性和适宜性,相信官员或国家的政治领导人具有道德上的良好品质,并且借此而得到承认的问题。"[德]尤尔根·哈贝马斯:《交往与社会进化》,重庆出版社1989年版,第206页。

性、合法性，及其正当性与人类普遍的道德、利益的关联性等，本课题从社会根基性、历史真实性、行为合法性、现实合理性四个方面对档案记忆再生产的正当性进行分析和阐释，以确立其在社会实践中的"正当的""必不可少的""当然的"地位。

一 档案记忆再生产的社会根基性

档案是人类社会演化发展到一定阶段的历史产物，是人类进入文明社会的标志。文字发明及其应用于文献记录，产生了档案，也就产生了人类文明。作为社会记忆的外在物化形态，档案产生之后就深深地扎根于社会之中，成为社会进化发展的内在机制，在实现自身再生产的过程中，也推动着社会的进化发展。认识和理解档案记忆的历史生成性，洞悉档案记忆生成、累积与社会进化发展的相互关系，可以发现档案记忆再生产"深深地植根于必然性当中，并且与必然性紧紧地组织在一起"[①]，这是档案记忆再生产正当性的历史之根、社会之根。

（一）档案记忆再生产是自然界生命智能演化的结果

1. 从物质的记忆特性到社会自我记忆的演化发展

人类社会是由自然界（物质世界）演化而来，并且仍作为自然界的有机组成部分而存在。历史唯物主义认为，作为整个自然界最高级的存在形式和运动方式，人类社会是历史的、具体的，在"自然历史过程和人的自觉活动"相互作用下，其整体及其各构成要素（方面）都存在一个发生发展、由低级到高级的复杂历史过程。"社会记忆作为人类社会巨系统内部的一个要素、方面和环节也必然与其他的要素、方面和环节一样，有一个从物质世界的低级运动形式中孕育、萌芽、发生和发展的历史。"[②]

苏联学者巴兰金认为，自然界在漫长的地质年代中演化出各种各样的记忆形式，其中最简单的记忆形式是机械记忆或者说地质记忆，这种记忆

[①] [法]亨利·柏格森：《物质与记忆》，姚晶晶译，安徽人民出版社2013年版，第290页。
[②] 孙德忠：《社会记忆论》，湖北人民出版社2006年版，第95页。

形式与意识无关，如果没有这种记忆机制，地球上发生的地质事件所造成的积聚能量和信息就不能保存下来，由惰性物质向生命物质的演化就不可能发生；生命的产生形成了新的记忆形式，即在生物各代间存在的遗传记忆——DNA，如果没有遗传记忆机制，各种生物就会不断地出现退化并丧失自身存在的权力；生物的遗传记忆和环境之间的复杂的相互作用最终造成了个体的记忆机制，个体记忆随着神经系统的复杂化变得日益进步，而人类的形成和言语思维的产生，则实现了个体记忆和社会记忆的有机统一。①

孙德忠从发生学的角度，对社会记忆的生成进行了历史的和逻辑的分析，提出社会记忆历史生成主要经历的三个环节或三次逻辑演变：从一般物质的记忆特性到高等动物的"悟性"记忆；从高等动物的"悟性"记忆到社会人的个体记忆；从社会人的个体记忆到社会的自我记忆。② 他认为记忆形式从一般物质的记忆特性中生成并走向社会记忆的逻辑演化历程，既是自然物质运动的必然过程，又是社会历史运动的自创性过程。"属人的记忆形式和人类活动的发生，不仅有历史积累的自然史前提和生理基础，而且还有社会史前提和社会基础；不仅有自然规律起作用的机制，更有社会因素起作用的机制。"③

社会记忆作为自然和社会共同作用的结果，其形成使人类社会有机体通过自觉的实践活动创造、保存、积累和传递自己的生存条件，以文化积累和继承的方式实现自身的延续发展。

2. 作为社会记忆有意识外在物化结晶的档案记忆

伴随着人类社会的形成和发展，社会记忆也存在不同的形态。在远古的原始人群和原始公社前期的漫长时代里，人类还处于"不文"的历史阶段，没有也不可能创造记录和表达语言的书写符号，社会记忆主要以语言（口语）、原始工具、原始图画、传统仪式等表现出来，记忆信息储存于人脑之中，以口头传诵的方式传递给下一代。托夫勒在《第三次浪潮》中

---

① [苏联] P. K. 巴兰金:《时间·地球·大脑》，转引自夏甄陶主编《认识发生论》，人民出版社1991年版，第403—404页。

② 孙德忠:《社会记忆论》，湖北人民出版社2006年版，第94—104页。

③ 孙德忠:《社会记忆论》，湖北人民出版社2006年版，第100页。

说:"在原始社会,人类被迫把他们储存的共有记忆和个人记忆放在同一个地方,这就是储存在个人的头脑中。部落的长者、圣人及其他人,以历史、神话、口头传说、传奇等形式,把记忆保存下来,并且用语言、歌咏、颂歌等形式传给他们的子孙。"①

但人脑记忆对人类社会实践活动中产生的知识经验等信息的存储、积累、传递有其局限性,人的记忆不仅会出现淡忘甚至会出现错误,而且人脑记忆也会随着个体的死亡而不复存在;即使通过一定的表达手段传至他人,其完整性、准确性、累积性也会受到很大限制。

文字的发明是人类文明的重大飞跃,也是社会记忆的重大飞跃,它不仅开启了人类文明的进程,也开启了人类记忆脑外存储的进程。扬·阿斯曼指出:保存和交流是文字两个最根本的功能,它们一个是记忆的外化,帮助记忆记住那些如果没有文字的支持就会被遗忘掉的数据;另一个则是声音的外化,帮助把信息传达给在时空上相隔遥远的收信者。"一切都表明,文字是被作为储存的媒介物而非交流的媒介物发明出来的。如果我们追溯到各种记录系统的源头,就会发现它们最初都是为记忆(而不是为声音)服务的。"②

文字(语言符号)"作为社会记忆的一种重要形式,它以专门化、系统化的形式更加明显和直接地体现了人类保存、积累和复活、开掘自身主体能力和本质力量的自觉行动和意志努力"③,由此形成了各种记录系统,使人类对社会记忆的"控制力和总揽力能够到达一个以前从未有过的高度"④。

文字发明与档案产生、档案记忆再生产、档案记忆系统形成一脉相承。有了文字的发明和使用,就有了作为历史原始记录的档案的生产与再生产,也就有了作为外在物化形态的社会记忆独立存储系统——档案记

---

① [美]阿尔温·托夫勒:《第三次浪潮》,朱志焱等译,生活·读书·新知三联书店1983年版,第237—239页。
② [德]扬·阿斯曼:《有文字的和无文字的社会——对记忆的记录及其发展》,王霄兵译,《中国海洋大学学报》(社会科学版)2004年第6期。
③ 孙德忠:《社会记忆论》,湖北人民出版社2006年版,第113页。
④ [德]扬·阿斯曼:《有文字的和无文字的社会——对记忆的记录及其发展》,王霄兵译,《中国海洋大学学报》(社会科学版)2004年第6期。

录/记忆系统,这是人类理性思维发展的结果,也是人类实践经验的总结。它冲破了人脑记忆的局限,"把社会记忆扩展到人们大脑之外,找到了新的储存方法"①。

档案、档案记忆再生产、档案记忆系统的出现,也是自然界与人类社会相互作用、相互演化的结果,是一种历史与逻辑的必然,它表明人类社会不仅有记忆行为和记忆能力,而且还能够把自身记忆外在化,形成超个体、超时空的社会记忆物态(化)结晶和资源累积,推动人类文明的进步。

3. 档案记忆再生产是人类记忆再生产的高级形态

文字产生和使用标志着人类进入文明社会,开始有了"成文的历史",同时也标志着档案记忆再生产作为人类社会记忆再生产的高级形态正式登场。

在人类有意识地进行知识创造和知识生产之前,文字用于生产生活所形成的记录可以说皆为档案,因为此时的记录都是在社会实践过程中随着管理活动的需要而直接形成的原始记录。在古埃及,最早的文字记录涉及的范围是国王和头领们的名字、征税登记和物品产地等,是用来"保存那些因其偶然性和复杂性而无法在人类的头脑中占有一席之地的数据。这些数据产生于多元的经济和管理系统"②。在我国,"最初的文字,是书契"③,而书契是"临民治事之具"④。《周易》中载:"造立书契,所以决断万事"⑤,"百官以治,万民以察"⑥。直到春秋战国时期孔子编订"六经",进行第一次大规模知识整理和知识加工前,文字记录也主要为档案,清代方志学家章学诚就多次提出"六经皆史""六经皆先王之政典",这也

---

① [美]阿尔温·托夫勒:《第三次浪潮》,朱志焱等译,生活·读书·新知三联书店1983年版,第237—239页。
② [德]扬·阿斯曼:《有文字的和无文字的社会——对记忆的记录及其发展》,王霄兵译,《中国海洋大学学报》(社会科学版)2004年第6期。
③ 唐兰:《中国文字学》,上海古籍出版社1979年版,第63页。
④ 许同莘:《公牍学史》,商务印书馆1947年版,第1—2页。
⑤ (魏)王弼、(唐)孔颖达编著:《周易正义·周易注疏卷第十二》,中国致公出版社2009年版,第288页。
⑥ (魏)王弼、(唐)孔颖达编著:《周易正义·周易注疏卷第十二》,中国致公出版社2009年版,第288页。

恰恰说明孔子编"六经",是一次大规模的档案记忆再生产行为。

档案记忆再生产在人类记忆再生产中的突出地位和意义,一方面在于它与人类文明同步,相伴而生;另一方面也在于它比其他记忆再生产形式具有更强的生产能力和生产功能。与语言(口语)、原始图画、传统仪式、原始工具(器物)等相比,档案记忆再生产具有更强的记忆稳固性、传播性、累积性。扬·阿斯曼指出:"有了文字,就有可能把语言的表达逐字逐句地保存下来,并且不用死记硬背就可以在后来的某个时点重新回放,于是再也不用通过仪式的纽带来强制性地重复什么了";"只有当文字成为严格意义上的忠实的语言记录之后,交流的独立和完整的外部领域才有可能形成。这时候建立起来的记忆,才走出了只在一定历史时期内进行传承和交流的意义储备的界限,极大地超越了交流的领域"。①

档案记忆再生产是人类文明的产物,也是人类文明的反映和表现。作为一种高级形态社会记忆再生产,它在人类文明和社会进步中还发挥着重要的维系和推动作用。

(二) 档案记忆再生产是人类创造的特有进化机制

1. 社会记忆是人类创造形成的社会进化机制

记忆是生命(生物)的延传进化机制。生理学家塞蒙(Richard Semon)曾把"记忆基质"视为"一切有机事变的易变性中的保存原则",认为记忆是一个同时服务于遗传和日常生活的基本过程,记忆功能和遗传功能是统一有机体延续、保存和进化发展的两个基本方面②;但作为生命延传进化机制,记忆在动物和人类进化中却有着不同的作用表现。

动物的活动是纯粹适应周围环境的本能活动,动物的身体器官的结构与机能,是自然选择形成的,虽然也可以通过世代生殖遗传而历史地积累起来并得到局部的完善化,但这是一种单纯的生物遗传进化方式。"在生物的遗传记忆中,则表现为外部环境的恒长特征在遗传物质上留下了它们

---

① [德]扬·阿斯曼:《有文字的和无文字的社会——对记忆的记录及其发展》,王霄兵译,《中国海洋大学学报》(社会科学版)2004年第6期。
② 参见孙德忠《社会记忆论》,湖北人民出版社2006年版,第103—104页。

的印记，这种印记通过生物体转化为种属活动的逻辑。"① 因此，动物一代代地繁衍，在生存环境不发生颠覆性改变的时候，下一代的身体器官与功能、下一代的生存方式基本上是上一代的简单复制。

人类社会源于自然又超越自然。人类不仅能把个体的心理感受变成群体的社会记忆，而且能把记忆从生存本能的需要上升为社会进化的动力机制。法国生命哲学家柏格森将记忆视为绵延不断的生命之流的形式和保证，记忆存储在绵延中，即存储在生命本身和生活范围中，通过把过去活动的内容和结果积淀下来，形成生生不息的创造的生命力，成为生命得以存在的本质和人类创造性得以实现的基本条件。② 孙德忠将社会记忆视为人类主体能力和本质力量对象化结果的凝结、积淀和破译、复活的双向活动，认为人类的实践活动创造了人类特有的进化发展的社会记忆机制。

人类社会以特有的物化形式将社会记忆外在化，实现由体内向体外、由个体向群体、由过去向现在和将来的留存、传递和继承。一方面，社会记忆以人工工艺（工具、器物、仪式、动作等）的形式，使对象物发生形式和结构上合目的性和合规律性的变化，从而使人的目的、需要、经验、情感、意志等主体能力和本质力量物化、凝聚在不同的对象化存在形式中；另一方面，社会记忆以语言符号（文字、图像等）的形式，观念性地把握对象性活动，不断重复和重建流传下来的历史经验，记载、保存和延传从他们的生活世界中提炼出来的现实经验，实现人的主体能力和本质力量的社会遗传。正是通过社会记忆，人类获得了根本不同于动物纯粹生物性遗传进化的新型进化发展方式——社会遗传方式③，从而可以"站在前人的肩膀上"推动社会前行。

2. 档案记忆再生产作为人类进化机制的独特性

档案记忆是社会记忆的外在物化形态，自文字发明和档案产生起，档案记忆的生产和再生产就伴随着人类实践活动存在于社会之中，成为人类进化发展机制或社会遗传机制的一部分。但从档案记忆信息特征、作用方式和历史影响看，档案记忆再生产在人类遗产进化中具有更加独特的

---

① 夏甄陶主编：《认识发生论》，人民出版社1991年版，第404页。
② 参见白洁《记忆哲学》，中央编译出版社2014年版，第39页。
③ 参见孙德忠《社会记忆论》，湖北人民出版社2006年版，第110—113页。

地位。

首先，档案记忆再生产的记忆信息更具特殊性和珍贵性。档案记忆信息即档案记载的内容信息，也是档案记忆再生产的对象、内容、核心元素，是人们在实践活动中直接形成的数据、知识、经验、价值观念、活动情形等，从社会记忆本质看，也是人类主体能力和本质力量的对象化凝结。与其他形态的社会记忆相比，档案记忆信息的特殊性和珍贵性在于：一是其原始性，是人们社会实践活动中直接形成的原始记录，翔实地记载着人们社会实践活动中的事实、行为、数据、知识、经验、教训、成果和思想，客观反映人们社会实践活动的真实情况；二是其系统性，它不仅能够全面完整地反映某一社会活动、社会事件的全貌和细节，而且因其广泛存在于社会之中，因而也在整体上反映社会活动的全面和细节；三是其累积性，档案记忆再生产是人类理性思维发展的结果，是人类有意识对社会实践活动中产生的知识、经验等进行外化储存、保护、传承的行为，是对记忆信息的自觉保存、利用行为，因而随活动的开展而不断地积累和积聚；四是其易明性与传播性，档案记忆是建立在文字作为交流媒介所形成的"符号共识"基础之上，一方面"经过共同的语言、共同的知识和共同的回忆编码形成的'文化意义'，即共同的价值、经验、期望和理解形成了一种积累，继而制造出一个社会的'象征意义体系'和'世界观'"；①另一方面，它可以到处流传，"传到可以看懂它的人手里"，这是许多器物或仪式所无法达到的。

其次，档案记忆再生产保证了社会发展的连续性和联系性。档案记忆再生产具有社会基因信息传承功能，它把社会连续发展运动的基因信息细致全面地保存下来，形成物化形态的存储记忆，同时以超越个体、跨越时空的方式进行传播，实现社会基因信息的传承和再生，维护社会发展的连续性和联系性。档案记忆再生产所包含的社会基因信息就是人们在实践活动中产生形成的知识、经验、历史、价值观念等，它们包含在档案之中，随着档案的加工、利用，不仅对人们的社会活动起到历史借鉴的作用，而且对社会的运行起到模式维持的作用，帕森斯称之为"社会维模功能"。

---

① ［德］扬·阿斯曼：《文化记忆》，金寿福等译，北京大学出版社2015年版，第146页。

而"档案的出现就是为了强化社会和强化人的记忆功能,保证社会发展的连续性和联系性"。①

最后,档案记忆再生产为社会发展提供了持续的思想动能。档案记忆信息不仅是社会基因信息的重要"基石",也是社会发展的重要思想资源。吴宝康先生曾指出:"贮存和传播知识的档案财富,无愧为人类社会进行精神再生产和物质再生产的一种智力资源。"② 从孔子大力收集商周时期的"百二国宝书"创建儒家学说,到西汉时期司马迁"䌷史记石室金匮之书"撰著《史记》,再到今天人们将档案记忆信息视为文化资源/财富、精神资源/财富、知识资源/财富、信息资源/财富等,无不显示出档案记忆再生产对人类文明进步的贡献、显示出档案记忆再生产对社会政治、经济、文化发展的推动价值。通过档案记忆再生产,将人类实践活动的知识和经验记录、保存下来,可以为人类认识活动提供权威的凭证材料、可靠的参考依据和丰富的思想资源,"创业扩基,前轨可迹。古为今用,功同史册……察往知来,视兹故帙"③,增强社会记忆体系,提高人类认知能力,让人类创造出更辉煌灿烂的历史文化,这是档案记忆再生产的历史使命,也是现实目标。

3. 档案记忆再生产的发展以增强记忆功能为核心

档案记忆再生产作为一种社会现象,也是一个动态的、逐步进化的系统,随着社会政治、经济、文化、科技的发展而发展。在传统档案学中,人们归纳总结出多条档案工作的发展规律,比如说由非独立系统向独立系统发展、由简单管理向复杂管理发展、由经验管理向科学管理发展、由手工管理向计算机管理发展、由封闭系统向开放系统发展④;或者说档案工作发展的分化与整合规律、智能化发展规律、与环境的互动性规律、社会化发展规律等。在这些发展规律的背后都隐含着一个档案记忆再生产能力和水平提升问题,隐含着档案记忆再生产对人类记忆功能增强的问题。"从档案发展的历史过程来看,其每个发展阶段也是以增加人类的记忆功

---

① 陈智为:《档案社会学概论》,南开大学出版社1989年版,第13页。
② 吴宝康主编:《档案学概论》,中国人民大学出版社1988年版,第45页。
③ 董必武:《题赠档案工作》,《档案工作》1959年第8期。
④ 吴宝康主编:《档案学概论》,中国人民大学出版社1988年版,第117页。

能为核心的"。[①]

　　档案记忆再生产的发展演化，与国家制度、科技发展关联最为密切，也最为明显。国家制度，特别是国家的档案制度，不仅直接影响档案管理机构的设置与人员的配备，影响档案资源的控制与保管、档案的整理与保护、档案信息开放利用程度，还影响社会对档案工作的支持和重视。在档案产生和档案工作初期，国家制度极为简单，没有形成专门的档案机构和档案职官，档案记忆再生产融于国家的日常管理活动，并非作为一个独立的系统呈现出来；随着管理的需要，国家开始设置档案职官和档案保管机构（兰台、东观、甲库、架阁库、档案馆），开始制定和执行档案管理制度，也越来越有意识地利用档案服务政治统治、经济建设、文化发展和编史修志，档案再生产在社会系统中的独立性越来越高，不仅意味着国家对档案记忆的生成能力、掌控能力、传播能力、社会共享能力的提高，也意味着档案记忆再生产从自身具有一定封闭性的系统走向更加开放的系统，承载越来越重要的人类记忆功能。另一方面，从科技发展看，科学技术不仅直接影响档案载体的形式、档案记录符号与记忆方式，还影响档案工作的技术设备、技术手段与智能水平。档案载体材料从甲骨到金石、简牍、缣帛、纸张、胶片（卷）、磁盘（带）、光盘等的迭代演变，使档案记忆的记录能力、存储能力、传播能力获得质的飞跃，档案记忆更广泛地被社会生成和利用；现代缩微技术、影像技术、计算机技术、通信技术、数字技术等在档案管理领域的应用，也极大地提高了人们对档案记忆信息的加工能力、传送能力和分享能力，使档案记忆再生产与社会生产生活更紧密地结合在一起。

　　今天，国家记忆工程、城乡记忆工程、口述历史档案采集、非遗档案化保护，乃至数字人文的出现等等，作为一种新现象，更能凸显出档案记忆再生产的社会记忆功能，凸显出档案记忆再生产在社会记忆、社会进化发展中的生命力。

（三）档案记忆再生产广泛存在于社会运行之中

　　档案记忆再生产是对档案记忆的生成、加工、传播和消费等行为的集

[①] 陈智为：《档案社会学概论》，南开大学出版社 1989 年版，第 13 页。

合性概念，涉及档案自身作为一种社会现象的存在，也涉及对档案、档案信息的管理、加工、传播、利用等活动。档案记忆再生产广泛存在于社会运行中，这种广泛性寓于档案和档案工作的普遍性之中，可以说，哪里产生档案，哪里就有档案记忆再生产；哪里有档案管理，哪里就存在档案记忆再生产；哪里传播利用档案，哪里也就表现出档案记忆再生产。对档案、档案工作、档案信息社会普遍存在性是其社会根基性的外在表征。

1. 档案与社会活动"如影随形"

自人类发明并使用文字等符号记录事物、表达意图、交流思想、信息联系、办理事务开始，档案就作为社会活动的"副产品""衍生物"，同人类活动相始终。一定的历史条件和社会活动，必然产生相应来源、内容和形式的档案，档案界一般称之为档案的"自然形成规律"。

档案的"自然形成规律"反映出档案的形成并非人们有意识"制作"的，而是因活动需要而生成的，反映出档案与社会活动之间"如影随形"的紧密关系——社会活动延伸到哪里，哪里就会产生新的档案类型；社会活动出现什么样新的方式，就会产生什么样新的档案形态。行政管理、外交事务、立法司法、教育教学、建筑设计、医疗保健、交通卫生、水文气象、证券交易、农林水利、科学研究、航空航天、社区家庭等，人类的活动领域和空间在拓展，各种专业专门档案也在不断涌现。科学技术发展以后，人类的工作和生活方式逐渐向信息化和智能化方向发展，档案家族也随之增加了"电子文件（档案）""数字档案"等新的档案成员。档案的"自然形成规律"说明档案之"影"因社会活动之"行"而产生，社会活动之"行"结束后，档案之"影"却可留存下来，因此这种"影"正是社会留下的记忆，具有原始性、原生性；同时，承认档案的"自然形成规律"，并不否认"档案的形成、积累，又是人们有意识地挑选和留存的结果"，档案也是人们"自觉活动的产物"，这种"有意识挑选和留存"的行为也正是档案记忆再生产的行为表征。如果没有对档案记忆的自觉保留行为，档案记忆也只能在活动之后随活动自身一起消逝消散，"无迹可寻"。

档案形成之初，其形态主要是以文字和图片为记录符号的书面记录；在科学技术的影响下，今天，照片档案、录音档案、录像档案、数字档案已广泛存在于社会之中,体现出档案记忆形态的历史演化性与丰富多样性。

2. 档案工作是社会基础性管理工作

在中外档案学史上,都曾将档案学视为历史的辅助科目,将档案管理活动视为一项为历史研究服务的资料(史料)整理工作。20世纪80年代后,档案学开始由历史辅助学科向管理学科转变,人们对档案的认识也由资料性向资源性转变,越来越意识到档案管理是一项基础性的社会管理工作。

档案管理作为基础性社会管理工作既是社会分工的结果,也是对档案工作性质重新认识的结果。因为社会系统越来越繁富,因此分工也越来越细密,档案管理活动因之逐步作为一项独立的社会活动或管理领域而出现;同时,也因为人们对档案管理服务范围和服务性质的理解不同,档案管理活动因此超越传统史学范畴,服务于更广泛的社会领域。无论从资料(史料)整理工作还是从基础性社会管理工作看,档案管理活动对理解档案记忆再生产都具有学术思维价值。将档案管理视为资料(史料)性工作,鉴于历史研究也是一种社会记忆再生产行为,档案管理也自然具有社会记忆再生产性质;将档案管理视为社会基础性管理工作,体现出档案管理在社会管理中的深刻性、普遍性,反映出档案记忆再生产行为的社会根基性。德国档案学者赫尔曼·鲁姆叔特尔(Hermann Rumschöttel)说:"联系到迄今基本上保留下来的历史科学,人们可以用米歇尔·迪香那句既明智又博得认可的话来说:'档案科学再也不能够是独一无二的缪斯女神,但她一如既往地负有伴随与启发人们的责任'。"[1]

3. 档案记忆再生产的媒体泛在性

档案记忆再生产的社会根基性不仅表现在档案生成的普遍性(与社会活动"如影随形")、档案管理的普遍性(作为社会基础性管理活动),也表现在其传播、利用消费的普遍性上,或者说社会媒体的泛在性上。与前两者相比,它表现得最为活跃、最为明显,是档案记忆"再生产"突出

---

[1] [德]赫尔曼·鲁姆叔特尔:《档案学作为科学学科的发展》,载国家档案局编《第十四届国际档案大会文集》,中国档案出版社2002年版,第126页。

表象。

传统上，档案记忆往往通过汇编史料、编史修志、编修家谱，或通过报刊、图集等方式进行媒体转化，重新生成新的档案记忆产品，为社会所利用。我们有理由说档案是一种原生记忆，那么面对经过编纂、公布所形成的新的记忆体或记忆产品，我们同样也有理由说档案记忆是被"再生产"出来了。这是档案记忆从沉潜走向活跃、从静态走向动态、从原生记忆走向次生记忆的过程，也是档案记忆社会化的过程。我国档案史料编纂或档案文献编纂源远流长，历代相因，"其规模之巨、成果之繁复，是世界上任何其他国家所不能比拟的"①，充分说明档案记忆再生产的媒体泛在性。档案记忆再生产思想来源于社会记忆和社会再生产理论，但其萌芽则可能更多地得益于档案文献编纂学的实践思考。

近代以后，随着现代影像技术的发展，档案记忆越来越多地以照片、摄像的方式生成，其加工利用也越来越多地以相册、图片、图集、画册、电影、录像、电视文献纪录片（纪录片、文献片、档案文献纪录片）、展览等新媒体形式的档案记忆制品或档案记忆体，它们呈现出越来越丰富生动、意境日益深远的内涵。这些新的记忆制品让人们更深刻地感知到档案记忆再生产的实际存在。

20世纪八九十年代后，计算机技术、数字（码）技术、网络技术的出现，不仅使档案记忆更加活跃、"轻灵"，呈现出多样化、数字化、碎片化、多媒体化、流动性强等趋势，而且档案记忆以数字化形式呈现在各种媒体平台上，在电台、电视台、网站、社交媒体平台、智能手机等新一代媒体上，可以随时看（听）到各类文字、照片、录音、图像、影像资料、短视频等。这些新的记忆文本形态或记忆体，既承袭传统档案原生记忆的某些特点，但也是通过选择、加工、传播等所形成的新的历史叙事或记忆呈现，在丰富媒体空间的同时，也丰富了人类的记忆世界。

阿莱达·阿斯曼曾分析道："从纪录片到电视电影再到大型影院的视觉媒体的发展，通过紧凑的叙述、引人入胜的画面和夺人眼球的明星演绎，这些形式按照自己的偏好重温着尚存在记忆中的历史。离开博物馆的

---

① 曹喜琛主编：《档案文献编纂学》，中国人民大学出版社1990年版，第8页。

封闭空间以及荧光屏和电影荧屏，历史展演也同样延伸到地区、城市和景观，它们或是被看作历史事件发生的舞台或是被活动的人们倾力演绎。"[①] 各种档案记忆作品、记忆体在媒体上普遍、鲜活地呈现，是媒体对档案记忆的"倾力演绎"和广泛消费，其生产过程和生产结构正是引人入胜，"倾力待解"的课题。

二 档案记忆再生产的历史真实性

档案记忆再生产历史真实性问题，不是指档案记忆再生产现象或再生产行为的历史真实性，作为现象或行为的历史真实性已经在其社会根基性分析之中得到阐明；这里的历史真实性是指档案记忆再生产内容和结果（即记忆信息、档案记忆）的历史真实性（事实真实性或客观真实性），涉及档案记忆信息能否或在多大程度上真实记录和反映人类活动过程中的社会事实或历史事实，客观记录和反映社会活动的真实面貌。重新探讨档案记忆（信息）的历史真实性，一方面是因为对档案历史真实性问题有新的思考和认知；另一方面也为档案记忆再生产行为的正当性奠定历史根基和社会根基（与社会根基性密切相关，"社会根基性"部分也有所涉及）。

（一）对档案历史真实性的认识与批判

档案的历史真实性（或直接称为"真实性"）是档案区别于其他史料（资料）的根本特点，也是对档案价值和意义加以发掘、阐释的逻辑起点和立论根基，是档案学中一直关注的学术话题。

通过多年的研究，人们对档案的历史真实性形成一些基本的认知，大体上可以概括为以下五段论：其一，档案是历史活动的原始记录，具有历史真实性。吴宝康曾指出："从档案形成的过程及其结果来看，它是从当时当事直接使用的文件转化而来的，并非嗣后为使用而另行编制的，因此它客观地记录了以往的历史情况，是令人信服的历史证据"；"由于档案是

---

① [德] 阿莱达·阿斯曼：《记忆中的历史：从个人经历到公共演示》（简称《记忆中的历史》），袁斯乔译，南京大学出版社2017年版，第154页。

历史的凭证和原始的情报资料，所以人们把档案称作真实的历史记录。这是从大量的实践中得出的理性认知"。[1] 其二，档案的真实性可以分为档案文本的真实性和档案内容的真实性。档案文本的真实性表现为档案形制过程的真实性，即档案是在特定的历史活动过程中直接产生的，"文件形成时间与人们社会活动时间同步"，或者说是"直接形成的，而非间接形成的"，是档案"真迹"而非伪造档案；档案内容的真实性表现为档案记载的内容与该内容所针对的社会活动的客观实际相吻合。[2] 一般而言，档案文本真实性与内容真实性是统一的。其三，档案的真实性尤其是内容的真实性是相对的，而不是绝对的。档案内容上只是与其他信息相比较而言是最真实、可靠的，但这种真实可靠性不能将其与所记录的历史事实本身混为一谈，更不能将其与真理意义上的是非对错混为一谈。其四，由于多种原因，档案内容中也存在不准确、不客观、不真实、不正确之处。[3] 造成档案内容失实失真的原因很多，包括主观方面和客观方面。主观方面涉及一些单位和个人为迎合某种需要，或为了炫耀"政绩"及其他目的，有意识地在档案中记载一些背离客观实际的内容；客观方面涉及人们对客观事物认识不足，或由于社会实践和客观事物变化等因素所导致的内容不真实、不客观现象。[4] 但是，即使档案内容有虚假部分以致完全违背事实，它还是在某种程度上反映了档案形成者的认知水平、本来意图或欺骗活动。就此而言，档案仍不失其为形成者活动的真实历史记录。其五，为了确保提供利用档案的真实性、准确性，需要加强档案真伪的考订。档案（文献）真伪考订涉及档案文献本身（文本）的真伪和档案文献内容真伪两个方面，即"鉴订档案本身真伪，辨别档案内容正误"[5]，以保证档案在历史研究和现实利用中的可据性。维护历史面貌、确保历史真实是档案工作追求的目标。

---

[1] 吴宝康主编：《档案学概论》，中国人民大学出版社1988年版，第57—61页。
[2] 赵跃飞：《档案真伪性的语词梳理》，《中国档案》2000年第1期；《关于档案真伪性的逻辑辨析》，《档案学通讯》2001年第4期。
[3] 冯惠玲、张辑哲主编：《档案学概论》（第二版），中国人民大学出版社2006年版，第9页。
[4] 李财富：《如何看到档案的真实性——兼与赵跃飞先生商榷》，《湖南档案》2001年第6期。
[5] 刘耿生：《档案真伪论》，中国档案出版社2002年版，第7页。

档案界早期对档案历史真实性的认知和档案真伪考订的方法，其思想主要源于史学研究中的史料考据学或历史鉴辨学，是从在单份档案文献（或案卷）的角度，对档案是否是历史活动的真实记录，以及在多大程度上客观真实地记录了历史活动、历史事实、社会事实的思考和反映。因此，档案界对档案真实性的认识是与史学界的认识一脉相承的。在史学界，档案的真实性历来为史学家所肯定和颂扬，被视为最原始、最真实、最可靠、最重要的直接史料。清代方志学家章学诚就曾说："有荒陋无稽之志，无荒陋无稽之令史案牍。志有因人臧否、因人工诎之义例文辞，案牍无因人臧否、因人工诎之义例文辞"。[①] 明史专家郑天挺也说："历史档案在史料中不容忽视，应该把它放在研究历史的最高地位"，"离开了历史档案无法研究历史"。著名史学家翦伯赞认为："档案则是最原始的历史记录，因而具有更大的真实性"，"过去的历史是根据档案写的，而今后的历史还是要根据档案来写"；如此等等，不胜枚举。

以上的分析充分说明，在传统史学和档案学领域，对档案的历史真实性都给予了充分的肯定，将档案真实性放到比其他史料（资料）更崇高的地位。然后，20世纪90年代后，随着档案记忆研究的兴起，档案的历史真实性受到质疑，人们从社会记忆的立场上，在不停地追问：这是谁的记忆？我们记住了什么？我们又遗忘了什么？

加拿大档案学家特里·库克（T. Cook）指出：固有的观念认为，档案工作者记录过去而非未来，处理历史事件而非现实或未来事件，他们不构建历史和记忆，档案工作者更像是文件形成者和研究利用者之间看不见的桥梁或忠实的经纪人。这种抹去符号的做法使档案成为"幽灵"，在知识形成的过程中并进而在整个社会中处于隐形状态。这种隐形的幽灵般的档案活动也反映档案专业的一个传统观点，即档案是自然、客观、中立的。然而，我们是否想过这些档案是怎样得以留存并进入档案馆的呢？他认为主要的历史诠释行为并非发生在史学家打开档案盒之时，而是在档案工作者装盒之际，在于另外98%被销毁的未装进档案盒的文件潜在的影响。档

---

① （清）章学诚：《州县请立志科议》，《文史通义》外篇一，罗炳良译注，中华书局2012年版，第925页。

案工作者从事的工作纯粹"是在构建未来的文献遗产",他们决定"哪些社会生活将传递给后代",决定着什么被记忆,什么被忘却。①

美国学者弗朗西斯·布劳因(Francis M. Browne)也分析指出,权力的存在使档案工作者已成为"现实的政治结构和权力关系的共谋"。他引用卡罗琳·斯特德曼(Caroline Stedman)、吉姆·奥图尔等人的观点说,档案馆里保存的文件是人们有选择有意识地从过去的、已用过而无意留存的文件中挑拣出来的。拥有权力的人利用创建文件来巩固权力,并为自己行为的动机和意图涂脂抹粉。档案是有选择、有意识的记忆,因而也是有目的的记忆。权力对历史记录形成和构建的介入,动摇了档案馆和档案文本在重建过去的过程中所享有的特权和无可争议的地位;同时还使人们的注意力从作为研究场所的档案馆向作为研究对象的档案馆转变。②他还进一步指出:这些观点把档案界带到了托尼·加特(Judt T.)和其他人称之为"客观性的困境"的中心。在这种极端的情况下,产生出这样一种感觉,即"所有的事实都是'事实'依据,所有的历史书写都是一种主观的'表述',所有的过去都是'构造的',没有客观的'真实'。我有我的目的和价值,你有你的,我们各自选择我们自己的过去"③。从某种程度上说,档案与历史的特别叙述,与社会记忆的具体建构相抵触,这暴露出档案形成和处理过程中的缺陷,档案中的空白则强化了某些历史事实。④

这些带有后现代理论色彩的批判,不仅动摇了档案历史真实性的权威,同时也让人们对档案产生了思想困惑:一方面我们在为档案成为社会记忆"家族"成员而"鼓掌喝彩""信心倍增";另一方面我们又为其历史真实性遭到怀疑而"心怀不满""深感不安"。如布劳因所言,"当历史研究中只是对文件的有效性产生争论时,档案工作者还可以高枕无忧,但现在,社会记

---

① [加拿大] T. 库克:《铭记未来——档案在建构社会记忆中的作用》,李音译,《档案学通讯》2002 年第 2 期。

② [美] 弗朗西斯·布劳因:《档案工作者、中介和社会记忆的创建》,晓牧、李音译,《中国档案》2001 年第 9 期。

③ Judt T., "Writing History, Faets Optional", *The New York Times* (National Edition), April 13, 2000, p. A27.

④ [美] 弗朗西斯·布劳因:《档案工作者、中介和社会记忆的创建》,晓牧、李音译,《中国档案》2001 年第 9 期。

忆观已对档案工作的完整性和理论基础提出了质疑,它将导致对档案的重新认识和界定"。① 正因如此,我们需要进行理论转向,由静态质性分析转向动态过程与机制分析,运用再生产理论对档案记忆形成及其历史真实性加以重新阐释,以便为档案记忆再生产提供更充分的正当性理由。

(二) 对档案记忆历史真实性的认知态度

一位后现代主义者曾这样写道:"历史学家引用的资料不全是客观的证据,历史现象具有一定的独立性。档案记录活动本身就是一件历史事实,就是限制了档案承载信息的历史真实性。档案是历史的符号,历史学者又把它们还原为事实。档案依赖于机关或个人而形成,它有一定的符号化的形成背景。……这里的矛盾在于:历史已经过去,历史知识却被符号地流传下来。"特里·库克为此分析指出,这充分体现了后现代主义者对于文件或档案的矛盾看法。他们一方面把档案仅仅看作一种历史遗迹,认为档案是历史事实的歪曲记录,怀疑其真实性;另一方面,他们又常常引用、分析档案中记录的历史。②

后现代主义者对档案历史真实性的这种批判态度,也同样存在于更为宽泛的文字记忆或文献记忆领域,综合加以分析,我们可以看出人们对档案记忆、文字记忆、文献记忆的不同看法,从中也可以理解、寻觅档案记忆历史真实性的出路。

法国当代哲学家保罗·利科在《记忆,历史,遗忘》中说道:"在今天看来已经过时的一段历史研究时期中,档案工作被认为可以确立其历史学家认知的客观性,以避免其主观性。"③ 但从"所有记忆作为选择性记忆就已经是一种歪曲"④ 的角度看,"文字的发明以及所有与文字相似的药的

---

① [美] 弗朗西斯·布劳因:《档案工作者、中介和社会记忆的创建》,晓牧、李音译,《中国档案》2001 年第 9 期。

② [加拿大] 特里·库克:《电子文件与纸质文件观念:后保管及后现代社会里信息与档案管理中面临的一场革命》,刘越男编译,《山西档案》1997 年第 2 期。

③ [法] 保罗·利科:《记忆,历史,遗忘》,李彦岑等译,华东师范大学出版社 2018 年版,第 221 页。

④ [法] 保罗·利科:《记忆,历史,遗忘》,李彦岑等译,华东师范大学出版社 2018 年版,第 444 页。

发明都将真实可靠的记忆当作一种威胁而加以反对"①。利科指出：

> 搁置、集中、收集的举动成了一门与众不同的学科，即档案学的目标，就对使档案不同于口头见证的道听途说的那些特点的描述而言，历史活动的认识论在很多方面受惠于档案学。当然，如果文字材料是档案的主要组成部分，并且在文字材料当中，过去的人的见证是其核心，那么所有类似的痕迹都应该被做成档案。就此而言，档案概念恢复了书写行为在《斐德罗篇》的神话中被赋予的整个丰富性。与此同时，对于档案的所有辩护都将是存疑的，因为我们不知道，也许我们永远都不知道从口头见证到文字见证，到档案文献的转变对于活生生的记忆而言到底是有利还是不利，到底是毒药还是良药。②

在对档案化的记忆与历史的关系分析后，利科用反问的口气说："摆脱卑微渐显傲慢，档案化的文献之药是否已经不再是良药而成了毒药呢？"③

与利科将档案化记忆理解为活生生的记忆与历史之间的中介相似，皮埃尔·诺拉在《记忆之场》中也对社会记忆的档案化问题进行了分析和追问。他说我们今天所称的记忆，全都不是记忆，而已经成为历史。我们所称的记忆的火焰，全都已经消失在历史的炉灶中。在真实记忆向历史记忆转化的过程中，即第一种直接记忆向第二种间接记忆转化过程中，首先是一种档案化的记忆，它完全依靠尽可能精确的痕迹、最为具体的遗物和记录、最为直观的形象。"记忆已经完全转化为最细致入微的重构。这是一种被记录的记忆，它让档案去为它铭记，并删减承载着记忆符号的数量，就像蛇蜕去死皮一样。"然而，"归根结底，这些资料见证的是谁的记忆意向呢？""它不再是经验过的记忆的多少带有目的性的残留，而是失落的记

---

① [法] 保罗·利科：《记忆，历史，遗忘》，李彦岑等译，华东师范大学出版社2018年版，第222页。
② [法] 保罗·利科：《记忆，历史，遗忘》，李彦岑等译，华东师范大学出版社2018年版，第220页。
③ [法] 保罗·利科：《记忆，历史，遗忘》，李彦岑等译，华东师范大学出版社2018年版，第222页。

忆的有意向、有组织的分泌物";"漫无边际的档案制作受一种新意识的刺激,这种新意识最为清楚地反映了历史化记忆的恐怖主义"。①

然而,与利科、诺拉等对档案记忆真实性提出批判、怀疑,甚至否定不同,法国哲学家(社会思想家、"思想系统的历史学家")福柯对文献记忆历史真实性问题提出更具启发性的思考。他说:人们查询文献资料,也依据它们自问,人们不仅想了解它们所要叙述的事情,也想了解它们讲述的事情是否真实,了解它们凭什么可以这样说,了解这些文献是说真话还在打诳语,是材料丰富,还是毫无价值;是确凿无误,还是已被篡改。然而,这些问题中的每个问题,以及这种对考证强烈的批判性的担忧都指向同一个目标:在这些文献所叙述的事情的基础上重建这曾经是文献的来源,而今天却远远地消失在文献背后的过去。文献过去一直被看作一种无声的语言,它的印迹虽已微乎其微,但还是有幸可以辨认出来的。福柯认为历史的首要任务已不是解释文献、确定它的真伪及其表述的价值,而是研究文献的内涵和制订文献:历史对文献进行组织、分割、分配、安排、划分层次、建立序列、从不合理的因素中提炼出合理的因素、测定各种成分、确定各种单位、描述各种关系。②

> 对历史来说,文献不再是这样一种无生气的材料,即历史试图通过它重建前人的所作所言,重建过去所发生而如今仅留下印迹的事情;历史力图在文献自身的构成中确定某些单位、某些整体、某些序列和某些关联。③

应当使历史脱离它那种长期自鸣得意的形象,历史正以此证明自己是一门人类学:历史是上千年的和集体的记忆的明证,这种记忆依赖于物质的文献以重新获得对自己的过去事情的新鲜感。历史乃是对文献的

---

① [法]皮埃尔·诺拉主编:《记忆之场》,黄艳红等译,南京大学出版社 2015 年版,第 12—13 页。
② [法]米歇尔·福柯:《知识考古学》,谢强等译,生活·读书·新知三联书店 2003 年版,第 5—6 页。
③ [法]米歇尔·福柯:《知识考古学》,谢强等译,生活·读书·新知三联书店 2003 年版,第 6 页。

物质性的研究和使用（书籍、文本、叙述、记载、条例、建筑、机构、规则、技术、物品、习俗等等），这些物质性无时无地不在整个社会中以某些自发的形式或是由记忆暂留构成的形式表现出来。①

形成文献的过去已然远去，历史从哪里来寻找，只能依靠文献留下的踪迹。对福柯来说，文献记忆的历史真实性不是来源于历史本体，相反地，历史的真实性来源于文献记忆，文献记忆的历史真实性获得了优先的地位。②

福柯对文献与历史之间关系的认识，不仅涉及档案记忆历史真实性问题，还向我们提出了社会记忆（历史记忆）再生产问题。他将历史的首要任务定位为研究文献的内涵和制订文献，包括对文献进行组织、分割、分配、安排、划分层次、建立序列、从不合理的因素中提炼出合理的因素、测定各种成分、确定各种单位、描述各种关系，等等，都带有记忆再生产真实性分析的性质，促使人们去思考现存的历史是如何形成的，特别是如何在档案文献利用中形成的。

透过福柯的思想洞见，我们似乎能够感知到，对档案历史真实性的分析不能仅停留在历史考据学层面，而应转向档案/文献记忆的社会学，分析档案记忆形成的社会历史过程，在档案记忆的形成和留存中，反映和揭示历史的真实性。琼·M. 施瓦茨（Joan M. Schwartz）、特里·库克曾说："档案就是我们的记忆，但在档案馆中发生的事情仍不被所知，档案用户（历史学家或其他人）以及档案的塑造者（档案创造者、文件管理者和档案工作者）为档案增加了多层含义，而这个过程却是自然而然的、内在的又不被质疑的"。③ 现在，我们需要对这个"自然而然的、内在的又不被质

---

① ［法］米歇尔·福柯：《知识考古学》，谢强等译，生活·读书·新知三联书店2003年版，第6页。

② 利科也曾说："自柏拉图和亚里士多德的时代以来，记忆现象学已经提供了一把解释记忆现象的钥匙，即记忆是一种表现曾经存在而现在已不存在的事物的能力。在场、不在场、在先性、表现于是便构成为记忆话语的一系列初始概念。这样看来，记忆的忠实性追求就是先于历史的真实性追求的，而有关它们的理论仍有待被建构。"参见［法］保罗·利科《记忆，历史，遗忘》，李彦岑等译，华东师范大学出版社2018年版，第307页。

③ ［美］琼·M. 施瓦茨、特里·库克：《档案馆、档案、权利：现代记忆的构建》，闫静编译，《外国档案》2012年第4期。

疑的"过程加以解释和揭示,为档案记忆历史真实性奠定根基。

(三) 档案记忆再生产历史真实性的再度确认

利科说:"档案(馆)不仅仅是一个空间的有形场所,它也是一个社会场所。"① 这句话我们可以将其理解为档案的历史真实性受到社会各种因素的皴染,无法真实地记录过去;但反过来,我们是否也可将其理解为它包含着社会运行要素,正是来源于社会,所以才能真实地反映社会。档案记忆再生产是社会再生产的一个特定场域,对档案记忆(信息)历史真实性的分析,不仅要从考据学意义对其再生产的结果加以分析,更需要在历史/社会运行中对其加以分析,多方面把握其潜含的历史真实性。

1. 历史印迹的真实性

人类对记忆的最初认识就是从蜡板开始的,蜡板是人类记忆的"经典隐喻"。早在苏格拉底、柏拉图、亚里士多德的古希腊时代,人们就用蜡印比喻记忆。柏拉图、亚里士多德以后,可供书写或印记的蜡板渐渐成为讨论记忆相关文献中的传统主题,直到19世纪末,听觉记忆理论还将蜡层视为接受表层,将声音比作留声机的唱针在蜡筒上留下的刻痕。今天,记忆理论虽然远远超越蜡板印象理论,但对记忆作为"印记"和"痕迹"的观念仍然存在,并且将档案(文献)等与历史的印迹关联起来。保罗·利科对档案文献的态度其实是有些复杂矛盾的(利科对档案记忆历史真实性及其历史见证的认知多出于历史批判或历史认识论分析的需要),既强调档案文献记录对真实记忆是一种"摧残""毒药",但也承认档案作为历史印迹的意义。他指出:"在我们称为纪实历史的层面上,这个顺序是这样的:档案—文献—痕迹;档案指向文献,文献又指向痕迹。所以一切最终都指向痕迹,以致布洛赫(Ernst Bloch)才能把历史学定义为'诉诸痕迹的科学';文献是痕迹,档案是被分类后立卷归档的各种痕迹的汇总。这痕迹如果不是古希腊人理解的印记在现代的对应物,它又是什么呢?"② 他还说,文献痕迹就是"被捕捉到的话语"。历史学家并不强迫古人说话,而是任他们说话。由此,文献

---

① [法] 保罗·利科:《记忆,历史,遗忘》,李彦岑等译,华东师范大学出版社2018年版,第218页。
② [法] 保罗·利科等:《过去之谜》,綦甲福等译,山东大学出版社2009年版,第16页。

· 158 ·

将我们带回到痕迹，而痕迹将我们带回到事件。① 从蜡板印记到文献痕迹，隐喻的对象变了，但"痕迹"毕竟是实实在在的历史存在。

档案作为人类历史活动的留存物，不论其载体如何、记载的内容真实程度如何，作为人类历史活动的真实"足迹""足印"，这一事实是无可置疑的。"先王之陈迹"表达的就是这个意思。面对殷商时期的甲骨档案，我们能否定说，殷商王朝不存在吗？没有活动/事件的痕迹或活动/事件的书写痕迹，人类又如何能够找寻到记忆呢？

"辽宁记忆展""前言"道："这是一片具有丰富文化底蕴的热土，它以文字、图形、声像元素留下了自己成长的记忆。寻着这份记忆，我们可以感受它坚实厚重的脚步，清晰认知它一路走来的砥砺沧桑，尽情领略它古老迷人的风韵，仔细品读它渐近现代的独特魅力。"② 毛福民在《中国档案文献遗产名录》中也指出："历史的脚步，在一页页的档案上留下了深深的印记，虽历经风雨，依然清晰可辨。"③ 不管档案记忆能否真实地反映历史，其作为历史的印记、脚印，总是实实在在、无可置疑的。

2. 历史脉络的真实性

档案记忆具有强化个人和社会的记忆功能，从而保证社会发展的连续性和联系性，或者说保持历史发展连续性（历史连续性）。这种历史连续性强调的是社会生存智慧、价值观念、社会规范、运行模式等的一致性和继承性，强调的是档案记忆信息中所包含的经验、知识、智慧、规则对社会良性运作的维护和健康发展的影响。

社会发展的历史连续性与档案记忆信息之间的历史关联性，是档案记忆信息所反映、所体现出的历史脉络真实性的两个不同面向。一方面，社会要达到良性运行和健康发展，社会结构中必然需要具备帕森斯意义上的社会维模功能，而档案记忆信息就是实现社会维模功能的组成要素，通过向社会系统输送档案记忆，传承人类活动的基因和经验信息，从而维护社

---

① ［法］保罗·利科：《记忆，历史，遗忘》，李彦岑等译，华东师范大学出版社 2018 年版，第 239 页。
② "辽宁记忆展"，辽宁省档案局（馆）2013 年举办，宣传册"前言"。
③ 国家档案局、中央档案馆：《中国档案文献遗产名录》第一辑，荣宝斋出版社 2016 年版，"序"。

会运行的历史连续性，它潜含在社会运行之中，是客观的、真实的，也是不以人的意志为转移的历史真实。另一方面，在档案记忆信息之间也存在历史关联性，即档案或档案记忆信息之间所潜含的某种历史的、逻辑的、内在的关联性。这种档案记忆信息之间内在的关联性就是历史脉络的体现，也是历史连续性的体现。

在文书立卷、档案整理、档案文献编纂等档案工作理论与实践中，人们都强调档案（或文件、档案文献）之间的历史联系。档案之间的历史联系，就是文件在产生和处理事务过程中所形成的内部相互关系，涉及文件之间的"纵向联系"和"横向联系"。纵向联系是指文件之间在时间或因果等方面的联系，反映事物发生、发展、结局、影响的历史过程和历史关联；横向联系是文件反映出的问题、作者、地区、通讯者、文种等方面的联系，反映出社会历史活动的彼此关联性。如果说，一份份档案记忆是人类社会活动的一个个"足迹"、一个个"印迹"，那么档案记忆信息之间的关联性就是这些印迹之间的关联性，就是历史活动或社会行动的历史脉络。郭沫若先生在《题档案馆》诗中说"国步何由探轨迹"，这个"国步""轨迹"就是从档案中折射出来的历史脉络或历史规律。

如果说社会发展的历史连续性是深层的、价值的、经验上的社会历史脉络，那么档案记忆的历史关联性就是社会事件、社会活动间浅层的、表象的、行动上的社会历史脉络，它们像社会历史脉络的两条线，或长或短，或抽象或具体，彼此交织，相互作用，内在地统一于档案记忆（档案文献）之中，并通过档案记忆信息真实地反映出来。否认档案记忆信息所反映的历史脉络真实性，不仅不符合马克思主义历史辩证法，也将否认人类对历史规律的把握。

3. 社会结构的真实性

皮埃尔·诺拉说："关于权力的档案体现了权力的历史，而国家档案则预示了国家的历史。"[1] 档案记忆研究以来，人们围绕权力对档案历史真实性的"侵害"提出了许多批判。但是，权力无处不在，是形成社会结构

---

[1] [法]皮埃尔·诺拉主编：《记忆之场》，黄艳红等译，南京大学出版社 2015 年版，第 412 页。

的核心要素，也是划分社会结构的一种标准——社会权力结构。吉登斯的结构化理论中，权力是最基本的概念之一，它并不外在于行动，而是体现在"社会实践的例示之中"①，所有社会实践皆涉及权力因素。权力运作不只是压制和制裁，它还具有一种生产性力量，使得社会生活的再生产得以维系和延续，是社会行动者身上的一种转化性能力，并借助社会系统中的各种媒介，使社会在时间与空间中的互动得以实现。②

"权力对历史记录形成和构建的介入，动摇了文件记载的权威和特权地位"，但也意味着"档案确实反映了既定的权力关系"。③ 这也是我们从新的视角审视档案记忆历史真实性的一个重要方面。

法国后现代思想家雅克·德里达认为，档案从根本上说是政治性的范畴，"这个问题绝不可以作为诸多政治问题中的一个提出。它掌控着整个领域，并且决定着公共事务的大大小小所有方面。没有一种政治势力不对档案加以控制，不对记忆加以控制"④。档案不仅是权力运作的产物，也是权力运作的场域。"通过档案馆，过去被加以控制，某些故事被凸显出来而另一些则被边缘化……因此，档案馆就不是旧资料的被动存储场所，而是社会权力得以协商、抗争、确立的积极场所。"⑤

"档案涉及权力，这就意味着权力借助档案而留存于史。"正如南非种族隔离时期，留下种族隔离的档案。社会权力结构下的档案记忆必然反映社会权力结构的运行，这是历史的真实，否则，反倒是历史或档案记忆的不真实，这就是档案记忆历史真实性的时代特征。

4. 社会运行的真实性

如果说档案记忆对社会结构真实性的反映是一种静态的、内在的反映，

---

① See Anthony Giddens, "Domination, Power and Exploitation: An Analiysis"，转引自赵旭东《结构与再生产——吉登斯的社会理论》，中国人民大学出版社2017年版，第79页。
② 参见赵旭东《结构与再生产——吉登斯的社会理论》，中国人民大学出版社2017年版，第79—93页。
③ [美] 弗朗西斯·布劳因：《档案工作者、中介和社会记忆的创建》，晓牧、李音译，《中国档案》2001年第9期。
④ [德] 雅克·德里达：《档案热：一个弗洛伊德式的现象》，转引自[德] 阿莱达·阿斯曼《回忆空间》，潘璐译，北京大学出版社2016年版，第398页。
⑤ [美] 琼·M. 施瓦茨、特里·库克：《档案馆、档案、权利：现代记忆的构建》，闫静编译，《外国档案》2012年第4期。

那么对社会运行真实性的反映则是一种动态的、外在的反映。档案工作是维护历史真实面貌的一项事业,其中就表达出对档案具有反映和体现社会运行真实性作用的肯定。档案记忆从三个方面反映出社会运行的真实性:

首先是克服人类遗忘的真实性。人类有记忆,也有遗忘,克服遗忘,留下记忆,是反映社会运行真实性的前提,否则历史、记忆便"流入忘川"。面对遗忘,利科指出:"我们能够怀疑一切吗？难道我们不是因为相信了这个见证所以才能去怀疑另一个见证的吗？见证的普遍危机是可以忍受,甚至是可以想象的吗？历史能切断同所有宣告记忆的联系吗？历史学家可能会回答说,总之,历史是通过对于见证的批判来加强见证的,也就是说通过比较不同的见证来建立最可能,也最可信的叙述。"① 档案记忆作为历史的足迹、足印、证据、见证,留存下来就在某种程度上意味着克服了历史的遗忘。

其次是历史建构的真实性。历史建构、历史想象、历史制造等,其实质都是对历史的书写和表达,历史的书写与表达虽有建构性,但并非全然虚构,而是在档案记忆等条件下,力求最大限度地反映社会运行的真实面貌。"当读者翻开一本历史书,他在各种档案的引领下期待回到一个各种真实事件在其中已然发生的世界";"历史的意向性包含这样一层意思,即无论遇到什么困难,历史学家的建构活动的目的就在于使他的重构活动或多或少地接近曾经'真实'发生的事"。② 即使是在"虚构"的历史层面(小说、影视等),也存在反映历史(社会)真实的一面。所以,陈寅恪先生提出"文史互证"的历史研究法。

最后是社会状态反映的真实性。档案是各种社会活动的产物,举凡人类社会活动的一切的事项(件)、要素都在档案中可以得到凝结和反映,大到一个国家、民族的文化传统、政治事件、权力结构、治理经验、意识形态、信仰仪式、技术发展等,小到村落、社区、群体的地方性知识、日常劳作、家庭生活、个人情感等,无不反映出历史与现实社会运行的真实

---

① [法]保罗·利科:《记忆,历史,遗忘》,李彦岑等译,华东师范大学出版社2018年版,第238—239页。
② [法]保罗·利科:《记忆,历史,遗忘》,李彦岑等译,华东师范大学出版社2018年版,第354—355页。

状况。美国历史学家查尔斯·安德鲁斯（Charles Andrews）认为，"构成一个国家和一个民族真实历史的，并不是那些偶然的插曲和浮在表面的事件，而是国家机构和社会组织的本质面貌，对于这一点认识得越清楚，档案就越会得到重视和妥善保管"①。档案记忆反映社会运行或社会活动的"实态"，已得到历史学家、社会学家、人类学家的高度肯定或认同，郭沫若先生那句"民情从以识端倪"就是对此评价。尽管许多学者不时地抱怨、批判档案记忆的不完善、不客观，但是他们无不对档案深怀感情，极力寻求档案作为第一手资料。

以上四个方面点（印记）—线（脉络）结合、静（结构）—动（运行）结合，反映出档案记忆（信息）的历史真实性，它不是考据学意义上"鉴辨"的真实性或权力社会学上"遗忘"的真实性，而是社会记忆"留存"的真实性，是对历史或社会总体真实性的整体反映，从另一层面体现档案记忆再生产的正当性。

三 档案记忆再生产的行为合法性

特里·库克曾指出，随着后保管时代的来临，档案存在的合法性和公众对档案的认可已从一种"司法—行政"的有机联系转变为"文化—社会"的有机联系，但全世界档案人员尚未能解答这种合法性的转变应该通过何种方式或手段来加以证明。② 由特里·库克的话我们可以引出两个问题：一是档案记忆再生产是否存在合法性问题，其合法性基础是什么，如何得以证明？二是档案记忆再生产合法性与档案存在的合法性之间是否存在某种关联，能否从记忆再生产合法性证明"档案存在"的合法性转变？本部分试图对档案记忆再生产行为合法性进行探讨，希望能为档案记忆再生产行为的正当性提供一种解释和说明，或许也能为档案存在的"文化—社会"的有机联系的合法性基础提供某种证明方式。

---

① 豪侠辑录：《外国档案学者论档案》，《档案》1989 年第 1 期。
② 国家档案局、中央档案馆编：《第十三届国际档案大会文件报告集》，中国档案出版社 1997 年版，第 161 页。

(一) 档案记忆再生产合法性问题的提出

"合法性"是政治学、社会学的核心概念,主要用于探讨政治秩序(政府、政权、规范、政策、行为/行动、程序等)是否、为何、怎样获得其成员的认可、支持和忠诚,其权力运行是否有效以及这种有效性的范围、基础和来源等问题。将合法性概念引入档案记忆再生产分析,虽然有些"冒险",但也有其合理之处。

在社会记忆研究领域,合法性多用于表达或论证社会记忆作为政权合法性的来源、依据和基础。杰弗瑞·奥利克等指出:"哈布瓦赫的主要贡献之一,是指出了19世纪中后期国家领导力量发明了有用的传统去支撑他们那些已经衰落的合法性。尤其是在1870年之后,随着大众政治的崛起,政治领导人'重新发现了维持社会结构和秩序的不合理要素的重要性'。"① 虽然未点明社会记忆,但"有用的传统"和"维持社会结构和秩序的不合理要素"都与社会记忆相关联。钱力成等在《社会记忆研究:西方脉络、中国图景与方法实践》一文的开篇即指出:20世纪80年代以来,受社会政治变迁、后现代思潮影响,特别是在民族国家转向过去寻找合法性的历史背景下,西方社会迸发出了对"记忆"超乎寻常的热情和兴趣。不仅表现在大众对于记忆话题的好奇,也体现为西方学术界对记忆研究领域的热忱。可以说,在20世纪20年代哈布瓦赫的奠基性著作之后,记忆和记忆研究在80年代重新焕发青春,西方学界把这个时期的记忆研究热情称为"记忆潮"。"18世纪末的政治和社会革命以及民族国家的建立都需要从记忆中寻找认同和合法性的依据。"② 其他学者如王海洲等也提出,"合法性的规则、法律和民意基础,都高度依赖于共同体和民众的社会记忆。从某种意义上而言,社会记忆是规则的真正主人,是法律的最大幕僚,是民意的潜在前护者"③。

---

① [美] 杰弗瑞·奥利克等:《社会记忆研究:从"集体记忆"到记忆实践的历史社会学》,周云水译,《思想战线》2011年第3期。
② 钱力成等:《社会记忆研究:西方脉络、中国图景与方法实践》,《社会学研究》2015年第6期。
③ 王海洲:《合法性的争夺——政治记忆的多重刻写》,江苏人民出版社2008年版,第19—20页。

社会记忆研究中虽然也涉及对社会记忆本体合法性分析,如孙德忠提出并论证"社会记忆的合法性根据"①,但其意图是想强调和说明从哲学认识论层面上提出并探讨社会记忆的合法性,并非指向社会记忆存在的合法性。

自马克斯·韦伯(Max Weber)以来,"合法性问题,虽然是政治中的核心问题,但却并非为某一学科的排他特性。哲学,政治学,法学,社会学,政治人类学,也同样将合法性作为其优先研究对象"②,将合法性引入档案记忆再生产行为分析,一方面是因为记忆再生产行为涉及政治和权力等级,如康纳顿所说"借助信息处理技术来组织集体记忆,不仅仅是个技术问题,而是直接影响到合法性,是控制和拥有信息的问题";③ 海登·怀特(Hayden White)也曾言,"一般叙事,从民间传说到小说,从年代记到充分实现了的'历史',都与法律、法律性、合法性问题,甚至更一般地,与权威的问题有关"④。另一方面也因为"正当性主要通过合法性来体现"⑤,"一种统治规则的合法性乃是那些隶属于该统治的人对其合法性的相信来衡量的,这是一个相信结构、程序、行为、决定、政策的正当性和适宜性,相信官员或国家的政治领导人具有道德上的良好品质,并且借此而得到承认的问题"⑥。

"人类历史上的任何一种政治统治和大规模的社会管理形式,都在谋求合法性上作出了努力"。⑦ 如果说政治合法性"其实就是一个政治权力得以自我辩护并可以获得认同的问题"⑧,那么,档案记忆再生产合法性也是一种自我辩护和反思性证明,以寻找、发掘、发现其存在的正当性根基,既确认其存在的合理性和必然性,也旨在提高再生产行为的自觉性、导向

---

① 孙德忠:《社会记忆论》,湖北人民出版社2006年版,第25页。
② [法]让-马克·夸克:《合法性与政治》,佟心平译,中央编译出版社2002年版,第12页。
③ [美]保罗·康纳顿:《社会如何记忆》,纳日碧力戈译,上海人民出版社2000年版,"导论"第1页。
④ [美]海登·怀特:《形式的内容:叙事话语与历史再现》,董立河译,文津出版社2005年版,第18页。
⑤ 邵蓉蓉、蔡普民:《正当性与合法性概念辨析》,《东方教育》2017年第1期。
⑥ [德]尤尔根·哈贝马斯:《交往与社会进化》,张博树译,重庆出版社1989年版,第206页。
⑦ 张康之:《合法性的思维历程:从韦伯到哈贝马斯》,《教学与研究》2002年第3期。
⑧ 任剑涛:《道德与中国传统政治的合法性》,《华中师范大学学报》2005年第1期。

性和现实成效。

合法性既是自变量也是因变量。让-马克·夸克（Jean-Marc Coicaud）指出："合法性不是一致的，也不是静止的，（它）存在多种范式。"① 学者对合法性的分析立场、取向和依据有不同的理解，"对于不同的人来说，由于其所坚持的立场和取向不同，从而在这些合法性理论之间可能会作出不同的取舍"。② 哈贝马斯（Jürgen Habermas）认为在现代国家，合法性的证明主要来自五个方面：世俗化的价值观、理性的法则、抽象权利的观念、主权思想和民族意识。③ 我国学者马宝成认为政治权力的合法性基础一般包括三个方面：意识形态基础（政治权力从人们的认知、价值观、信仰等理念方面获得支持）；制度基础（政治权力的获得和运作必须遵循宪政制度）；有效性基础（政治权力必须取得实际成就）。④ 根据学者的理解，结合档案记忆再生产的实际，我们尝试着从认知合法性、价值合法性和制度合法性三个角度对档案记忆再生产行为合法性基础加以说明。

（二）认知合法性——符合人类历史认知的本性需求

保罗·利科说："我们以创始事件之名大肆庆祝的，本质上是不稳定的权利状态事后赋予其合法地位的暴力行为，就最大限度而言，这些事件的世远年陈赋予其合法性地位。"⑤ 创始事件的"世远年陈"获得合法性的根源即在于人类对历史认知的本性需求。

尼采（Friedrich Wilhelm Nietzsche）认为人与动物（牲口）之间的区别就在于历史性。牲口不知道昨天或是今天的意义；它们吃草，再反刍，或走或停，从早到晚，日复一日，忙于它们那点小小的爱憎，和此刻的恩

---

① 转引自郭苏建、臧晓霞《历史制度主义视角下经验主义合法性的理论反思——一个"合法性建构"的制度分析框架》，《探索与争鸣》2019年第5期。

② 郝宇青：《论合法性理论之流变》，《华东师范大学学报》（哲学社会科学版）2007年第5期。

③ 参见陈炳辉《试析哈贝马斯的重建性的合法性理论》，载《政治学研究》1998年第2期。

④ 马宝成：《有效性与传统政治权力的合法性》，《理论探索》2002年第5期。参见王海洲《合法性的争夺——政治记忆的多重刻写》，江苏人民出版社2008年版，第7页注释。

⑤ [法]保罗·利科：《记忆，历史，遗忘》，李彦岑等译，华东师范大学出版社2018年版，第103页。

惠，既不感到忧郁，也不感到厌烦。而人类则不同，"每个人和每个国家都需要对过去有一定的了解，不管这种了解根据他的目标、力量和需求，是通过纪念的、怀古的，还是批评的历史而取得的。这种需要不是那些只旁观生活的单纯的思考者的需要，也不是少数渴望知识且只对知识感到满足的人的需要，它总是生活目标的一个参考，并处于其绝对的统治和指导之下。这是一个时代、一种文化和一个满足与历史之间的天然联系"①。"的确，人所以成为人，就在于他首先在其思考、比较、区分和结论之中压抑了非历史的因素，并以凭借古为今用的能力让一种清晰而突出的光亮射穿这些迷雾。"② 卡西尔在《人论》中也指出："一旦我们学会了使自己摆脱了唯智主义时，我们也就意识到了一种摆脱自然主义的解放。'人根本没有本性，他所有的是……历史'。"③ 面对各种历史怀疑主义的挑战，我国学者严建强教授也指出，"历史学家开始认识到，要战胜历史怀疑主义的挑战，必须将历史学的实践功能与人类最基本的生存状态联系起来，而这种联系，正是通过社会记忆得以体现。历史是人类的集体记忆，离开了这种记忆，人类的现实生存就如同刀刃上无限小的一点，在这个不断游移、稍纵即逝的瞬间，人类既无法认识自己，也无从理解他与环境的关系，因而失去了清醒地从事现实行动的可能性。正是历史这种人类的集体记忆将无限狭窄的现实与广阔的过去岁月结合起来，为我们的现实行动提供了解自己、观察形势的坚实基础，使我们得以在过去的基础上创造现实和未来。从这个意义上讲，它是将过去、现实乃至未来各维联结成生动的时间之流的纽结。"④ 正是出于对历史认知的需要，人类才发明了档案记录，发明了档案馆、图书馆、博物馆，也才出现了历史学和历史研究。

档案作为人类活动的原始历史记录，作为人类活动的"记忆痕迹"，档案记忆再生产既从人类"记忆"中获得合法性根据和原动能，也从人类历史认知本性需求中获得合法性根据和原动能，两者相辅相成、互为一体。

---

① [德] 尼采：《历史的用途与滥用》，陈涛等译，上海人民出版社2000年版，第25页。
② [德] 尼采：《历史的用途与滥用》，陈涛等译，上海人民出版社2000年版，第5页。
③ [德] 恩斯特·卡西尔：《人论》，甘阳译，上海译文出版社1985年版，第294页。
④ 严建强：《关于社会记忆与人类文明的断想》，《浙江档案》1999年第3期。

作为人类活动的记录,档案是社会记忆档案化或物(态)化的结果,也是人类记忆活动发展的必然结果。奥利克说"如果不强调记忆传递物质手段的历史发展,就不可能讨论集体记忆","当代对记忆的社会基础感兴趣,至少可以部分追溯到记忆从大脑到外部地点的转变;若没有记忆在'人工'地点的外显化,记忆的社会位置就不可能清楚"。① 作为社会记忆的外化,档案记忆是对历史活动的保存和固化,"尤其在重构和刻写的行动中凸显出社会的特殊力量和意旨"②。在古希腊神话中,记忆女神谟涅摩辛涅,是地神盖亚与天神乌拉诺斯所生十二泰坦神之一,是缪斯九女神之母,她的女儿们掌握着历史、天文、文学和艺术,是人类灵魂的指引和古代人类知识的主体。从此意义而言,记忆本身就具有某种不容置疑的合法性,它由灵魂和神提供了权威、神圣的基础。③

作为人类活动的记忆物,档案记忆及其再生产为人类历史认知提供了资源和条件。孔子说:"夏礼吾能言之,杞不足征也;殷礼吾能言之,宋不足征也。文献不足故也。足,则吾能征之矣。"④ 近代国学大师梁启超先生曾感叹"不治史学,不知文献之可贵"。凡"炯眼之史家,得此(档案)则新发明出焉"。所以"善为史者,于此等资料,断不肯轻易放过"。⑤ 当代明史专家吴晗在《题赠档案工作》中也强调"总结前人经验,原始史料是求"⑥。因此,从人类对历史认知的本性需求,以及对人类本性需求的满足看,档案记忆再生产获得了充分的合法性和根基性,同时也为政权来源、政治秩序提供了合法性动力。

"当我们确认人是在实践基础上的社会存在物和历史存在物时,也同样确认了人是记忆存在物。"⑦ 离开档案记忆,人类就不可能认识、了解过

---

① [美]杰弗瑞·奥利克等:《社会记忆研究:从"集体记忆"到记忆实践的历史社会学》,周云水译,《思想战线》2011年第3期。
② 王海洲:《合法性的争夺——政治记忆的多重刻写》,江苏人民出版社2008年版,第20页。
③ 参见[古希腊]柏拉图《柏拉图全集》第1卷,王晓明译,人民出版社2002年版,第507页。
④ 北京四海经典文化传播中心编:《论语·八佾第三》,中华书局2005年版,第12—13页。
⑤ 梁启超:《中国历史研究法》,东方出版社1996年版,第45、58页。
⑥ 吴晗:《题赠档案工作》,《档案工作》1960年第6期。
⑦ 孙德忠:《社会记忆论》,湖北人民出版社2006年版,第26页。

去，也就无法彻底地认识和理解历史。

（三）价值合法性——与主流价值观念相契合

"合法性意味着某种政治秩序被认可的价值"①。哈贝马斯认为，合法性不应被单纯地理解为民众对政治系统的忠诚和信仰，它不是也不可能直接来源于政治系统为自身的统治所作的论证，而是"对于某种要求作为正确的和公正的存在物而被认可的政治秩序来说，有着一些好的根据"②，"即去表明现存（或被推荐的）制度如何以及为什么适合于通过这样一种方式去运用政治力量——在这种方式中，对于该社会的同一性具有构成意义的各种价值将能够实现"③。有学者认为，哈贝马斯对合法性的价值追问，是对马克斯·韦伯以来合法性理论的"重建"，"构成了一座重要的理论界碑"；虽然并不意味着"其他的合法性理论丧失了存在的价值和意义"，但确是"一种比较完善的、具有较强解释力的理论"。④

价值合法性强调政治秩序等合法性根基来源于某种既定的价值标准、价值准则、价值理念或价值观，如美德、理念、正义、公意等。施特劳斯说"我们能够提出我们社会的理想的价值问题……而且我们可以、也必须寻找一种标准，使我们能够以此来对我们自己的以及任何其他社会的理想进行判断"⑤。

档案记忆再生产行为的价值合法性根基或依据不是源于档案学自身对档案价值的阐释，那些是价值表象或作用体现。从合法性角度看，其根源是社会主流价值观、主流价值意识或主流思想意识，因为档案记忆再生产乃至社会记忆再生产总是与社会主流价值观念相契合，是对社会主流价值

---

① [德]尤尔根·哈贝马斯：《交往与社会进化》，张博树译，重庆出版社1989年版，第184页。
② [德]尤尔根·哈贝马斯：《交往与社会进化》，张博树译，重庆出版社1989年版，第184页。
③ [德]尤尔根·哈贝马斯：《交往与社会进化》，张博树译，重庆出版社1989年版，第188—189页。
④ 郝宇青：《论合法性理论之流变》，《华东师范大学学报》（哲学社会科学版）2007年第5期。
⑤ 唐士其：《西方政治思想史》，北京大学出版社2002年版，第535页。

观的认同、维护与强化。从一般意义上说，如果承认社会主流价值观念的合法性，那么档案记忆再生产行为也就具有合法性。

哈布瓦赫认为"集体记忆可用以重建关于过去的意象，在每一个时代，这个意象都是与社会的主导思想相一致的"①。掌控社会主流思想意识的现实政治权力总是试图有选择性地利用历史与传统中的记忆资源，不断唤醒和强化某些记忆，并进行新的阐释和传播，从而引导大众对过去的认知，塑造大众的历史意识、信仰、情感和价值观念，为统治阶级的经济基础和上层建筑提供意识形态的掌控力。社会记忆"由社会、经济、政治环境以及信仰、对立、抵抗所决定，其中也包括文化基准、真正性、认同以及权力的问题"②。

档案作为权力控制下的记忆资源，它的政治性以及对社会主流价值意识的认同、维护和强化已受到广泛的论述和肯定。特里·库克指出："传统的档案观必与档案馆和档案工作者业已形成的顽固偏见相呼应，那就是为主流文化和当权者服务。"③"社会记忆控制总是要突出主流记忆或中心记忆，以达到记忆掌控的效果。就档案来说，一方面会围绕主流社会记忆，在政治或群体的支持下，形成具有支配性话语的档案记忆库——档案馆，形成占主导地位的强势记忆和记忆中心，储存并强化主流社会记忆；另一方面，也会围绕社会的中心记忆，不断激活记忆，传扬记忆。"④

档案记忆再生产与社会主流价值观之间的认同、维护和强化关系，既赢得赞同，也受到批判，但不论赞同还是批判，恰从正反两面证明其合法性。

从正面看，档案记忆再生产引导、维护和强化社会主流价值观，为国家意识、社会认同和凝聚提供了精神动能，是任何统治阶级、权力集团、国家治理者所乐意看到和积极采取的手段，也成为国际社会的普遍共识。联合国教科文组织曾指出："今天，人们普遍认识到，档案对于发展国家

---

① [法] 莫里斯·哈布瓦赫：《论集体记忆》，毕然等译，上海人民出版社2002年版，第71页。
② 转引自孙江主编《事件·记忆·叙述》，浙江人民出版社2004年版，第188页。
③ [加拿大] T. 库克：《铭记未来——档案在建构社会记忆中的作用》，李音译，《档案学通讯》2002年第2期。
④ 丁华东：《档案与社会记忆研究》，人民出版社2016年版，第235页。

意识和特征是必不可少的。档案构成了国家文化财产的一个重要部分。"[①]国际档案理事会前主席让-皮埃尔·瓦洛（Jean-Pierre Warlow）说："档案这种金子就是人类记忆、文化和文明的金子。它也是民主、法制和公共行政的金子。它归根到底是显示各个集体、民族同一性的金子。"[②] 档案馆被广泛誉为"记忆宫殿"，包含了国家和人民"集体记忆的关键"，是证明政权合法性和提供国族认同感的"记忆场"。

从反面看，档案记忆再生产与社会政治结构、权力关系、主流价值观的"共谋"，让人们质疑档案的合法性。如卡罗琳·斯特德曼说，权力是腐败的，"这种权力已使作为人类记忆储存所的档案馆产生腐败"；"如果我们想要掌握人类记忆的多个层面和构成人类记忆的一个个过去，我们就不能完全信任档案和档案工作者"。[③] 档案工作者在其各环节中不可避免地会掺进自己的价值，因此"有必要非常审慎地检讨自己在档案生成和记忆形成过程中所做的选择"[④]。面对后现代思潮的怀疑和批判，档案记忆再生产的合法性或档案存在的合法性从何而来，是否可以说正是因为它与社会主流价值观、主流社会思想意识的一致、互构与共生，而获取其合法性依据、支撑和基础；而主流价值观的合法性则需要接受道德、良善、正义的评判。或许，这正是档案从"司法—行政"话语向"社会—文化"话语发生集体转变后，对档案存在、档案记忆再生产合法性的证明方向。

档案记忆再生产价值合法性也是其意义再生产的基础。档案记忆意义再生产必然与其存在合法性的主流价值观念和社会意识相一致，在为社会主流价值观念、国家意识提供合法性动力的同时，自身也获得合法性。

---

① 中国档案学会外国档案学术委员会编：《〈文件与档案管理规划〉报告选编》，档案出版社1990年版，第3页。

② 国家档案局、中央档案馆编：《第十三届国际档案大会文件报告集》，中国档案出版社1997年版，第10页。

③ [美]弗朗西斯·布劳因：《档案工作者、中介和社会记忆的创建》，晓牧、李音译，《中国档案》2001年第9期。

④ [加拿大] T. 库克：《铭记未来——档案在建构社会记忆中的作用》，李音译，《档案学通讯》2002年第2期。

(四) 制度合法性——自身成为一种社会建制

为维持统治合法性，国家需要塑造、传播和社会化主流价值观，并使之在政治和社会制度中得以实现，如果既有制度的功能难以满足公众需求，合法性基础就需要转变，进而创制新制度。促进公共利益、实现政治正义，是国家统治的理想目标。社会记忆为政权（政治）合法性提供支持和精神动力，政权反过来也通过建立档案制度来支持档案记忆再生产，为其提供合法性根基和依据。

单纯从字面意思看，合法性常被理解为"合法律性"，即"对某一个'法'的符合程度"。这种狭义的、基本的理解，往往出现在法律语境中，用于判断某种行为、政策或组织等是否符合现有法律条文的相关规定及其程度。而广义上合法性涉及更为宽泛的社会领域，如道德、宗教、习俗、惯例、规章、标准、原则、典范以及价值观、逻辑等，当然也包括法律。郭苏建等从历史制度主义视角对经验主义合法性理论进行反思，认为"合法性尽管在本质上是一种价值共识，但可以操作转化为国家治理中不同层次的'制度'，进言之，'合法性'与'制度'可以视为一种衍生与被衍生的关系"，"合法性与制度以及制度变迁之间存在密切关联，为'合法性建构'提供了理论分析的单元和经验考察的对象"。[1]

在社会有机整体中，档案管理系统作为满足某种社会基本需要而形成的有关社会活动的组织系统，它是一种社会化的专门领域、一种社会设置或社会建制，是一种社会的制度性安排。作为社会制度的组成部分，它长期存在于社会运行系统中，有着悠久的历史，同时也不断地推动着社会和自身的发展。

档案记忆再生产缘起于文字发明和档案产生。最早的文字记录与国家产生、国家管理的日趋复杂性等国家制度有着密切的关联。扬·阿斯曼指出："随着早期国家的出现而出现，文字在国家的意义上起着已经不能单凭记忆来完成的'簿记'的作用"，"它们服务的对象显然是组织、控制和

---

[1] 郭苏建、臧晓霞：《历史制度主义视角下经验主义合法性的理论反思一个"合法性建构"的制度分析框架》，《探索与争鸣》2019年第5期。

计划大范围且多元化的经济行为的宫廷经济。"① 勒高夫也提到，从口语记忆向书面的"刻意的记忆"转变，"人们甚至还把这种转变和君主制的建立联系到了一起，利用清单和等级化名录来进行记忆不仅是一种新知识的组织行动，而且也是权力组织的一个侧面"。②

"中国的文字并不是在基层上发生"，"最早的文字就是庙堂性的"③，因此，我们一般将档案产生与国家出现一并加以考察。随着国家的形成和发展，管理制度日渐细密，档案记忆再生产的制度化也逐渐凸显出来，如西周时期政治制度和国家机构较商代更加完备和严密，出现设官分职，形成了独特的史官记注制度，"动则左史书之，言则右史书之"④，开创后世记录帝王记录、整理、编纂《实录》《圣训》的先河。再如周代有"采诗"之制（采风制度），每年在固定时间，派专人到各地采集歌谣，集中上报到周王朝中央，以"观民风，知得失，自考正"。⑤ 采风是口语记忆向书面记忆转化的典型形式，因而是一种具有代表性的早期社会（档案）记忆再生产制度，并伴随着历史的发展而发展。

在承袭既有传统的基础上，无论社会性质如何变迁，统治政权如何更迭，档案管理作为国家或社会管理的一项建制，都始终存在，而且不断强化。在我国，历代帝王、革命领袖和政治精英对档案管理都极为重视，不仅设置国家档案行政管理机构、档案收藏保管机构，配备档案管理职官，而且制定有关档案文件的归档、移交，档案管理的收集、鉴定、整理、保管、保护、利用制度，如唐代的甲库制度、诸司档案报送史馆制度，宋代的架阁（库）管理制度、编敕制度，元代的照刷磨勘文卷制度，明代的黄册制度，清代的收缴朱批制度、编目登记制度、誊录副本制度，等等。在古埃及、古希腊和古罗马时期，石碑被赋予了各种永久性纪念的功能，"在神庙和墓地里，在城市大道旁和广场上，沿着公路一直到'山脉的最深、最僻静处'，

---

① ［德］扬·阿斯曼：《有文字的和无文字的社会——对记忆的记录及其发展》，王霄兵译，《中国海洋大学学报》（社会科学版）2004 年第 6 期。
② ［法］雅克·勒高夫：《历史与记忆》，方仁杰等译，中国人民大学出版社 2010 年版，第 70 页。
③ 费孝通：《乡土中国·生育制度》，北京大学出版社 1998 年版，第 22—23 页。
④ 《礼记（全本上）·玉藻》，陈成国校注，岳麓书社 2019 年版，第 200 页。
⑤ 《诗经》，刘毓庆、李蹊译注，中华书局 2011 年版，"前言"第 2 页。

遍布着纪念性的铭文，目的是使希腊—罗马世界在记忆中实现永恒"，这些"石头档案""表现出来的记忆，炫耀且长久"。① 随着城邦、国家的发展，君主们为自己建立起了记忆制度。勒高夫说："制度，也就是记忆的制度，它'让人察觉到记忆的社会功能法令化时代的到来'。"②

1789年的法国大革命在推翻封建专制的同时，也开启了世界档案事业法制化的进程。1794年法国"穑月七日档案法令"的制订、颁布，为近代各国档案立法提供了范例。欧美国家纷纷效法法国开始档案立法建设，先后制订、颁布了荷兰"档案工作改革法令"（1814年）、英国"公共档案法"（1838年）、意大利"国家档案馆体系和管理办法法令"（1875年）、瑞典"国家档案馆条例"（1877年）、比利时"全国档案馆网法规"（1880年）、丹麦"档案法"（1889年）、加拿大"公共档案法"（1912年）、巴拿马"档案法"（1912年）等，推动档案管理进入法制时代。③

今天，档案管理已被普遍地纳入世界各国法制体系，并不断强化，为档案记忆再生产提供了最基本的"合法律性"。"我们知道，档案是世界记忆的组成部分，然而档案必须存在并永久留存，才能发挥其世界记忆的作用"。④ 从历史看，我国的档案管理制度充分发挥了其记忆留存或"存史"功能，不仅保存了大量珍贵的档案记忆，而且能够把前人的社会活动信息融入历史和文化中，构成我国文化传统的重要内涵和根脉。我们今天能够知道前人活动的情形，继承前人的经验和智慧，不能不说有赖于我们的档案记忆制度。在四大文明古国中，唯有中国文化绵延不绝，脉络清晰，也不能不说有赖于我们的档案记忆制度及其传承下来的档案财富，使我们的文明得以传续。在我们的骨子里流淌着祖先的血液，在我们的思想中也流淌着祖先的记忆。

---

① ［法］雅克·勒高夫：《历史与记忆》，方仁杰等译，中国人民大学出版社2010年版，第66页。
② ［法］雅克·勒高夫：《历史与记忆》，方仁杰等译，中国人民大学出版社2010年版，第71页。
③ 王德俊：《档案立法、档案机构和档案基础建设的连续性与变化》，载国家档案局、中央档案馆编《第十三届国际档案大会文件报告集》，中国档案出版社1997年版，第98页。
④ 国际档案理事会：《档案共同宣言》。参见《国际档案大会通过〈档案共同宣言〉》，《中国档案报》2010年11月18日。

以上对档案记忆再生产三个方面合法性依据进行了具体分析，其中，认知合法性是基础，价值合法性是核心，制度合法性是表象和保障，三者呈现递进展开关系。或许还有其他分析视野和维度，有待进一步思考和探讨。

四 档案记忆再生产的现实合理性

"每一领域的活动都有证明其自身合理性的要求。"① 合理性是行为正当性的普遍化要求，哈贝马斯把合理性定义为"一种出于好的理由和根据的行为模式"，"它总是体现在有根据的行动中"。② 人是记忆的存在物，虽生活在当下现时的时空中，但难以割断与历史的联系，他也"现实地存在于过去的生活中"③。正是通过社会记忆再生产，人类保持了与过去的内在关联和历史延续。档案记忆再生产作为社会记忆再生产的独特领域和特定方式，不仅具有人类行为的合法性，同时也具有人类行为的合理性特质，是一种合乎历史逻辑、合乎生存目的、合乎社会规律、体现出人类理智本质的自觉行为。欧阳康教授指出"合理性问题的提出，是对于人的理性的作用与功能的一种要求与规范"，"正是在对于人的思想、行为及其结果的合理性评价中，我们可以找到理性的恰当位置和应有功能"④。循此，本部分从社会功能视角对档案记忆再生产合理性加以阐释和说明。功能分析既是实践经验的总结，也是实践行为的"预先设定"，在一定程度上更是行为合理性直接的、现实的体现。"人们蓄意从事某种行为，此行为可能产生各种功能，这种观念使我们脱离糊涂，获致清明"。⑤ 功能分析是多角度、多维度的，档案记忆再生产的功能不仅包含对社会记忆的传承、建构、控制和保护等内在的记忆再生产功能，更表现出对社会运行、维系和发展等方面积极的社会功能或正功能，为其合理性提供了强有力的现实支

---

① 朱葆伟：《理性与合理性论纲》，《湖北大学学报》（哲学社会科学版）2011年第6期。
② [德] 尤尔根·哈贝马斯：《交往行动理论》第1卷，洪佩郁等译，重庆出版社1993年版，第40页。
③ 孙德忠：《社会记忆论》，湖北人民出版社2006年版，"序言"第1页。
④ 欧阳康：《合理性与当代人文社会科学》，《中国社会科学》2001年第4期。
⑤ [美] 罗伯特·金·默顿：《论理论社会学》，何凡兴等译，华夏出版社1990年版，第105—106页。

撑，也成为其正当性的现实基础。

(一) 身份认同实现功能

身份认同是心理现象，也是社会现象，既是个体一种"自然增长的信心"、一种"相信自己保持内在一致性和连续性的能力"[①]，也是社会建构的过程和结果。人是社会关系的总和，寻求身份认同既是人的本性本能的需求，也是社会团结凝聚的需要。自社会记忆研究以来，学者越来越意识到个人（"小我"）与社会（群体或"大我"）的相互依存关系，也越来越意识到社会记忆在群体身份认同中的作用与价值。康纳顿指出："任何社会秩序下的参与者必须具有一个共同的记忆。对于过去社会的记忆在何种程度上有分歧，其成员就在何种程度上不能共享经验或者设想。"[②] 扬·阿斯曼也强调："身份认同归根结底涉及记忆或回忆。正如每个人依靠自己的记忆确立身份并且经年累月保持它，任何一个群体也只能借助记忆培养出群体的身份。"[③]

档案记忆的身份认同功能在档案学界已得到较为充分的论述。特里·库克指出，"在普通公民看来，档案不仅涉及政府的职责和保护公民的个人利益，而且更多的还要为他们提供根源感、身份感、地方感和集体记忆。"[④] 冯惠玲教授也强调，"集体记忆是连接档案和身份认同的纽带，档案通过参与建构与强化集体记忆来实现身份认同"；"作为集体记忆的建构元素，档案能够以原始的、可信的、经固化沉淀的，并以合规方式传承下来的信息，为身份认同提供至关重要的合法性依据，深化和凝固认同的厚重感"，"成为身份认同中结构性方法和历史性方法的有力支点"。[⑤] 尽管人们普遍认识到档案记忆的身份认同功能，但档案如何进入集体记忆建构行为中，继而达成身份认

---

① [德] 埃里克森：《同一性与同一性扩散》，转引自赵静蓉《文化记忆与身份认同》，生活·读书·新知三联书店2015年版，第20页。

② [美] 保罗·康纳顿：《社会如何记忆》，纳日碧力戈译，上海人民出版社2000年版，"导论"第3页。

③ [德] 扬·阿斯曼：《文化记忆》，金寿福等译，北京大学出版社2015年版，第87页。

④ 国家档案局、中央档案馆编：《第十三届国际档案大会文件报告集》，中国档案出版社1997年版，第152页。

⑤ 冯惠玲：《当代身份认同中的档案价值》，《中国人民大学学报》2015年第1期。

同，仍是一个值得思考的问题。扬·阿斯曼就曾问道："一个共同体，或者说，一个集体的、社会文化性的认同是如何被建构出来的？"①

扬·阿斯曼说，在没有文字的社会里，仪式可以促使一个群体记住能够强化他们身份的知识，重复这个仪式实际上就是传承相关知识的过程；而在有文字的社会，仪式一致性转向文本一致性，但"文本本身还不是传承的形式，只有当人们传播文本的时候，意义才具有现时性"②。意即文本记忆只有通过不断地重复、再现，才能像仪式一样传承或强化相关群体身份的知识，实现群体身份的建构与认同。"文本一旦停止使用，它便不再是意义的承载体，而是其坟墓。"③ 前文提到的发生在公元73年犹太守卫者与罗马征服者之间的"梅察达"之战，只在犹太史学家约瑟夫的编年史《犹太战争》中有所记载，除了基督教会中一些小圈子外，大约两千年的时间中，这次战役都被认为不值得过多关注，也几乎不为人所知。直到20世纪初，随着犹太复活主义的兴起，乌克兰籍犹太移民伊扎克·拉姆丹（Yizhak Lamdan）出版了英雄史诗《梅察达》，才使梅察达故事广为流传，"自那以后，梅察达就变成了犹太抵抗运动和对伟大复兴的普遍热忱的重要象征，甚至转变成为对英勇无畏的抵抗战士的崇拜，受到国家的支持"。④ 这个故事说明社会记忆只有不断地生产与再生产，才能成为社会动员或者说转化为身份认同的力量。

档案记忆对群体身份的建构，并非"自为"行为，而是社会行为，是社会（主要为档案部门）对档案记忆信息的反复生成、转化、传播、共享，促使档案记忆信息被群体所接受、"互渗""互认""互通"，推进群体形成共同的思想意识、历史意识、价值意识、情感意识，从而达到身份认同。这是一个档案记忆信息生产与再生产的行为、过程与结果，也是社会对档案记忆信息自觉选择、接受、吸收（消费）、内化的行为、过程与结果。正是在档案记忆反复不断的生产与再生产中，档案记忆（资源）转

---

① ［德］扬·阿斯曼：《文化记忆》，金寿福等译，北京大学出版社2015年版，第134页。
② ［德］扬·阿斯曼：《文化记忆》，金寿福等译，北京大学出版社2015年版，第88—89页。
③ ［德］扬·阿斯曼：《文化记忆》，金寿福等译，北京大学出版社2015年版，第90页。
④ ［美］刘易斯·科瑟：《莫里斯·哈布瓦赫》，载［法］莫里斯·哈布瓦赫《论集体记忆》，毕然等译，上海人民出版社2002年版，第57—58页。

化为思想资源,促进和深化群体的记忆分享/共享,形成"记忆共同体",使档案记忆成为思想凝聚的维系力量。如王明珂所言:"一个社会群体——无论是家庭、某种社会阶层、职业群体,或是民族国家——如何选择、组织、重述'过去',以创造一个群体的共同传统,来诠释该群体的本质及维系群体的凝聚。"①

(二) 历史文化传承功能

社会记忆和历史文化存在多层次、多方面交错融合的统一关系。一方面,从两者的属性关系看,人们既可以把社会记忆看成文化现象本身。"人的文化必然包含着人类性,因而不是孤立的,而具有超越历史和地域的普遍意义。一种文化的传统,其文化方面,正是这种人类性而为某一特定文化所独有的因素。记忆(回忆),在历史的意义上,是对这种正在丧失或业已丧失的独特人类性的追忆或缅怀"②。另一方面,也可以把各种文化现象视为社会记忆的表现。"无论何种意义、何种层次、何种样态的文化,都首先和直接是人们关于社会生活、关于人的活动方式和生存样式的记载、记录、记忆"③。从各自的传承机制看,社会记忆是历史文化的传承机制,历史文化也是社会记忆的传承机制,看看那些历史文化遗址、遗迹、遗物,历史文化表演活动,我们能够感知其中蕴含着历史记忆、文化记忆,正因如此,人们将历史文化遗产称为"文化记忆""仪式记忆""器物记忆""空间记忆"等。

档案记忆再生产既是社会记忆再生产的特定方式,也是文化再生产的特定方式,两者兼而有之、互相融通,实现历史文化的传承。阿斯曼夫妇说,文化再生产有两项任务,一项是协调性,即"要求建立一个象征的符号体系并在技术和概念的层面上备置一个共同的生活视野,文化的参与者能在这个视野里相遇并进行交流";另一项是实现持续性,即"从共时维度转移到了历时维度",而"记忆是实现历史性和时间延续的器官"。"记

---

① 王明珂:《华夏边缘:历史记忆与族群认同》,社会科学文献出版社2006年版,第28页。
② 李军、祝力东、王鲁湘:《文化·记忆·工具与人——一种文化哲学的思考》,《河北大学学报》1986年第3期。
③ 孙德忠:《社会记忆论》,湖北人民出版社2006年版,第125页。

忆是一种以编程和繁殖原则为基础的再生产，该原则使文化模式得以延续。这种（深层结构的）形式储存保证了（明显的）行为的可重复性，并由此赋予了文化再生产的能力"①。

　　档案记忆再生产对历史文化传承的意义具体表现在：一是对历史文化的储存，使档案作为历史文化的实存形态得以保存流传。今天，人们充分认识到历史上流传下来的档案文化遗产的社会文化意义，充分认识到"没有人类文化，就不会有档案；同样，没有档案的存在，人类文化也就会断裂或者一片空白"。二是对历史文化的重建，使中断的、断裂的文化脉络得以继承延续。郭红解曾对贵州省黔南州、荔波县、锦屏县等档案部门多年来抢救古老的濒临失传的水族文字（"水书"）事迹评价道：从这些普通档案人的"文化行为"上，我们看到了这种"文化自觉"。他们矢志不渝地在寻找着久远的历史，竭尽全力地在抢救消逝的文化。这种寻找和抢救一方面是"回归"自身文化的源头，同时又以此作为文化"发现"的起点，"发现"在新的社会环境中这些文化遗产存在和传承的意义。② 三是对历史文化的整合与缔构，以形成独特的文化体系。整合与缔构都是文化再生产行为，档案记忆再生产是实现历史文化整合与缔构的基本行为和形式，从孔子编订"六经"缔构中华文化体系，到当代各种地方特色文化体系建设，无不活跃着档案的"身影"。文化价值体系或文化模式是文化再生产及其历史连续性的关键和核心，档案记忆再生产在其中一直充当着根基性资源和力量。就此而言，档案记忆再生产对历史文化传承及其对社会运行模式维护等密切相关、彼此统一。"档案馆是这种社会智力框架的关键要素，通过档案做历史研究以记住或重建过去并非简单地'检索存储的信息，而是将关于过去的论断通过一个共享的文化框架聚集在一起'。档案就是这些论断的一部分，因此塑造了这种文化框架。"③

　　今天，除了日常的档案管理活动之外，档案部门和社会正在采取更加积

---

　　① ［德］阿莱达·阿斯曼、扬·阿斯曼：《昨日重现》，载冯亚琳、［德］阿斯特莉特·埃尔主编《文化记忆理论读本》，余传玲等译，北京大学出版社2012年版，第20—21页。
　　② 郭红解：《档案人的"文化自觉"》，《中国档案》2007年第1期。
　　③ ［美］琼·M. 施瓦茨、特里·库克：《档案馆、档案、权利：现代记忆的构建》，闫静编译，《外国档案》2012年第4期。

极的措施保护与传承历史文化,其中城乡档案记忆工程就是档案部门保护传承历史文化的自觉行动。在各地开展的"记忆工程"宣传中,或称传承乡村记忆、传承乡村历史、传承乡村文脉,或称"守护历史、传承文化"等,虽然表述和用语不一,但宗旨和指向都是一致的。像所有的社会记忆再生产行为一样,城乡档案记忆工程中对乡村记忆的传承,不是简单的单纯传递行为,其中蕴含着社会记忆的建构、控制和保护,也蕴含着社会记忆的(再)生产和消费,蕴含着乡村传统历史文化的传承保护,相互交织在一起,意蕴深远,是档案记忆再生产实现历史文化传承功能的典范实践。在诸如此类的历史文化传承中,档案记忆再生产获得了现实的合理性。

(三) 记忆资源资本化功能

根据法国社会学家布迪厄的理解,资本可以分为经济资本、文化资本、社会资本(即社会权力资本或社会关系资本,为区别马克思社会再生产理论所指的社会资本,后面称其为"社会关系资本")、象征资本(信息或符号资本),社会记忆作为一种社会历史文化资源,通过有目的有意识的再生产行为,可以转化为各种资本。台湾清华大学人类学研究所蔡政良研究员以都兰阿美人的社会记忆再生产为案例,对记忆作为一种社会(关系)资本进行了研究,认为都兰阿美人的社会记忆再生产是架构在都兰阿美部落内部原有的政治阶序框架内,以具有"年龄层序原则下的平权竞争特色"和象征部落整体与对外交涉的年龄阶层组织为主体,使再生产的社会记忆有机会成为一种协调外部力量的资本,来争取部落对于传统领域在政治上与经济上的主体性。[①] 梁音则提出社会记忆的文化资本化,她以洛带客家社会记忆资源的旅游开发为案例,对社会记忆转化为经济资本的过程进行了描述,指出"社会记忆载体作为历时性与共时性表述的统一体,通过改写能指与所指建构新的符号。符号在政治选择和市场选择下可以赢取'社会(关系)资本''经济资本',成为融资工具。由此,社会记忆经过'记忆→记忆资源→文化资本→经济资本、社会资本'的转化过程实

---

① 蔡政良:《记忆作为一种资本:都兰阿美人的社会记忆再生产案例》,[EB] d929802@oz.nthu.edu.tw。

现了资本化"①。

群体利用过去为现在的目的服务，过去也成为群体表达利益的有用资源或资本。席勒（Friedrich Schiller）认为现代社会已经成为由效用原则和理性自足原则支配的社会，"效用是我们时代最伟大的偶像，所有的力量都臣服于它，所有的才能都要向它致敬"②。在此社会背景下，社会记忆资源通过再生产向资本的转化已成为一般的、普遍的社会现象，不仅表现在社会记忆转化为文化资本、象征资本、社会关系资本、经济资本上，而且也表现在它们之间的相互关联、相互转化上。

改革开放以来，在"以经济建设为中心"的时代背景下，开发档案信息资源、服务经济建设成为时代强音，人们对档案在经济社会活动中发挥/产生作用力、影响力、贡献力的意愿越来越强烈，通过各种方式不断地推动和加速档案记忆资源向经济资本、文化资本、象征资本、社会关系资本的转化。比如，通过挖掘或重新编修家族，再建家族的社会关系网络，以扩大招商引资途径，促进家族或地方经济发展；再如配合地方经济、文化发展，通过挖掘、开发地方特色档案资源，生产具有地方特色和历史风味的"土特"产品，提高地方文化知名度和美誉度，推动地方旅游业发展和文化影响力提升，等等。

杨雪云曾以徽州历史档案为分析对象，探讨档案记忆从思想资源向经济资源的转向、档案记忆资本化趋势及其理论问题。③ 这里再以苏州丝绸样本档案为例，补充说明档案记忆再生产的记忆资源资本化功能。作为苏州丝绸（业）记忆的苏州丝绸样本档案，是19世纪到20世纪末苏州众多丝绸企业、组织形成的纸质文字、图案、图表和丝绸样本实物等原始记录，包括晚清时期苏州织造署使用过的丝绸花本、民国时期的风景古香缎、真丝交织织锦缎、细纹云林锦等；列入中国非遗名录的宋锦、列入江

---

① 梁音：《社会记忆的文化资本化——以洛带客家社会记忆资源的旅游开发为例》，《成都大学学报》（社会科学版）2008年第4期。

② 转引自［英］哈维·弗格森《现象学社会学》，刘聪慧等译，北京大学出版社2010年版，第150页。

③ 杨雪云等：《转型期档案记忆的资本化及其思考——以徽州历史档案为分析对象》，《档案学通讯》2012年第2期。

· 181 ·

苏省非遗名录的纱罗、四经绞罗、漳缎及其祖本；20世纪五六十年代苏州织制的以园林为题材的风景像锦织物，以反映现实政治的领袖人物、南京长江大桥、南湖、向日葵等革命内容为题材的像锦织物，以及在国际舞台上大放异彩、为英国王室所钟爱的真丝塔夫绸等诸多样本档案。2017年，计28650卷302841件的"近现代苏州丝绸样本档案"入选"世界记忆名录"，也开启了"后申遗时代"的开发。苏州市工商档案管理中心成立"中国丝绸档案馆"，通过加强"档企合作""档校合作"、组建专家智库等方式，深度挖掘特色文化资本内涵：先后举办"锦瑟万里，虹贯东西——丝绸之路历史档案文献展""锦瑟江南，古韵今辉——近现代中国苏州丝绸档案展"；开发具有宋锦特色的男女手提包、钱包、领带等产品；借助宋锦、纱罗系列产品形成"上久楷""苏罗"等品牌产品；与平江历史街区保护整治有限责任公司联合开发"平江路苏州民族工商业史料陈列展览馆"旅游项目等，"活化"资源内涵，讲述"苏州故事""江苏故事"，为苏州市档案局馆、苏州市工商档案管理中心等赢得了赞誉，成为地方文化、地方经济发展的靓丽"名片"。苏州丝绸样本档案凭借其特色资源优势，本身就成为文化资本和信息资本，随着其内涵的再生产，其经济资本和社会关系资本的价值优势也越来越明显。

档案记忆资本化包含着对档案记忆资源的发掘、组织、展演、活化、消费等一系列行为，是档案记忆再生产过程、目的和现实结果的体现，随着社会发展其势头将日渐强劲。

（四）群体行为导引功能

2003年，时任浙江省委书记的习近平同志在浙江省档案馆考察时指出："档案工作是一项非常重要的工作，经验得以总结，规律得以认识，历史得以延续，各项事业得以发展，都离不开档案。"[1] 将档案工作视为档案记忆再生产行为，档案工作或档案记忆再生产对群体行为的引导/指导功能显得尤为突出。无论是个体还是群体，总是能从社会记忆中汲取他们

---

[1] 杨冬权：《在学习习近平同志考察浙江省档案局（馆）时讲话座谈会上的发言》，《中国档案》2014年第10期。

所需要的东西。巴里·施瓦茨曾说："当他们失去目标的时候，过去给予他们方向；当他们在外漂泊之时，过去给予他们归属；当他们绝望的时候，过去给予他们力量之源。换言之，记忆是一种文化规划，它导引着我们的意向，设定着我们的心境，指导着我们的行为。"[1] 从群体行为引导角度看，档案记忆及其再生产的功能具体表现在以下几个方面。

一是在意识形态上强化群体的共同意识。档案记忆再生产不仅是对过去事件的回顾和描述，而且也是对过去的"重构"，它形塑起我们对过去的历史意象，在精神、意识层面上影响我们的行为，并最后达到对群体及个体行为的规约。哈布瓦赫强调集体记忆是"一个由观念构成的框架，这些观念是我们可以利用的标志，并且只指向过去"[2]。孙德忠也明确指出："现实的、具体的社会记忆总是具有意识形态的性质，这种对社会整体而言具有意识形态性质的社会记忆的规范功能主要通过社会启蒙效应和社会控制效应表现出来。"[3] 正是在群体意识和行动的引导上，档案记忆再生产反过来也受到社会意识形态或群体观念（社会观念体系）的制约与控制。

二是在行为规则上强化群体的规范准则。美国社会学家帕森斯指出社会系统之所以能够发挥功能，关键在于社会拥有将其成员整合在一起的共同价值体系，即拥有公众认同的规范体系。这些规范作为行为导向、依据和标准，不仅能够约束行动者行为的边界，而且能够进一步成为人们的社会共识。在社会活动中，人们的行动总是遵循一定的行为规则。规则对于行动者有着非同寻常的意义，一方面行动者要通过规则去了解特定处境下行动中各个环节的要求和意义；另一方面规则也具有导向作用，除了赋予行动以意义，同时也指示行动者在特定的处境内，怎样的行动才是恰当的或适宜的。而无论是对行动意义的确定还是对自身行动是否适宜的判断，均取决于人们对过往生活的记忆与解读，人们总是凭借对过去的记忆来确

---

[1] Barry S., "Memory as a Cultural System: Abraham Lincoln in World War II", *American Sociological Review*, Vol. 61, No. 5 (October 1999), pp. 908 – 927.

[2] ［法］莫里斯·哈布瓦赫：《论集体记忆》，毕然等译，上海人民出版社2002年版，第304页。

[3] 孙德忠：《社会记忆论》，湖北人民出版社2006年版，第168页。

定自己当下的行为。康纳顿认为人们"要求助于某些'不言而喻'的规范和信念，一种他们视为理所当然的暗示性背景叙述，会指导他们的行动"①。社会记忆就是这种"暗示性背景叙述"。在传统社会中，宗族以编纂族谱的形式来确立其价值取向，谱牒可以"集昭穆、老幼、尊卑、生死、婚嫁、贤能、贞孝、德行、文章、迁徙、坟墓悉登于书"，配合其他地方社会规则，形成一套相对固定而且特色鲜明的文化标识和规范体系，对人们的行为产生强有力的约束和引导作用。

三是在社会秩序上强化群体的社会关系。社会秩序是众多行动者行动的综合作用的结果，更是对群体行动引导和群体关系调适的结果。社会行动从来不会是单一向度的，它总是涉及不同行动者的行动选择及由此生发的或和谐或冲突等各种社会关系运行状态。在一个个具体行动中，行动者各有自己的目标指向，互动过程中的矛盾冲突无可避免，如何调适关系、化解矛盾，对于社会秩序的建构至关重要。档案记忆再生产通过对集体意识、行为规范、知识体系、行为方式等强化、控制和引导，使人有效地适应社会环境和人际关系，尽量避免思想分歧和利益冲突，保证社会秩序的协调和社会生活的正常运行。福柯说谁控制了人们的记忆，谁就控制了人们行为的脉络和行为的原动力，放在群体关系调适、社会秩序建立与维系上同样具有启发意义。

四是在实践智慧上强化群体的经验共享。与作为人类进化机制、认知合法性等密切关联，档案记忆再生产既促进了人类活动经验的物化、凝聚、留存，也强化了经验的分享。康纳顿说我们是在一个与过去的事件和事物有因果联系的脉络中"体验"现在的世界，② 这里的"体验"我们也可以理解为实践经验或实践智慧的感知，档案记忆再生产可以将人类活动的历史经验提取提炼出来，加以传播分享，让人们"察往知来"，实现档案记忆的知识价值或知识功能。用利科的话说就是"整合多种时间性，朝向未来，或者更确切地说是，开辟一个全新的未来，并由此重新解释了历

---

① [美]保罗·康纳顿：《社会如何记忆》，纳日碧力戈译，上海人民出版社2000年版，第15页。

② [美]保罗·康纳顿：《社会如何记忆》，纳日碧力戈译，上海人民出版社2000年版，"导论"第2页。

史是生活的老师这一古老说法"[1]。

　　档案记忆再生产作为一种社会现象或社会实在，千百年来，在人类历史长河中始终存在，足以证明其作用或功能的强大，足以证明其存在的合理性，是社会维系、运行、发展的基本条件和重要机制。

---

[1] [法]保罗·利科：《记忆，历史，遗忘》，李彦岑等译，华东师范大学出版社2018年版，第413页。

第四章

档案记忆再生产的生产过程

生产过程分析是马克思（主义）社会再生产研究的重要内容，也是社会再生产运动的基本形式表现。马克思将生产过程分为生产、分配、交换、消费四个环节，指出社会再生产要能够顺利进行，必须完成从生产、分配、交换到消费的全过程。社会再生产是往复循环的过程，连续性是其最重要特征，重复、复归、更新、循环、周转等是连续性的表现。根据马克思社会再生产理论中对生产过程及其生产环节的划分，结合档案记忆再生产的特点，本书第二章在过程结构部分将档案记忆再生产的生产过程划分为生成、加工、传播和消费（利用）四个紧密关联、连续不断的环节，本章对此做具体分析。

一 档案记忆再生产的生成环节

马克思主义社会再生产理论认为"一个生产过程，总是要从生产重新开始"[①]。生产是"产品实现的起点"，也是社会再生产实现的条件和基础，没有生产就没有分配、交换和消费，没有再生产过程的循环往复。"档案是决策、行动和记忆的记录。档案是代代相传的独特且不可替代的遗产。档案的管理需从其形成时开始，以维护其价值和意义。"[②] 档案记忆再生产作为社会（记忆）再生产的特定领域和特殊样态，也需要从其生产环节探讨档案记忆是如何生成的，以便深刻认识和把握档案记忆生成作为社会记

[①] 罗季荣：《马克思社会再生产理论》，人民出版社1982年版，第101页。
[②] 国际档案理事会：《档案共同宣言》，参见《国际档案大会通过〈档案共同宣言〉》，《中国档案报》2010年11月18日。

忆再生产的性质、功能，深刻透视和洞悉档案记忆生成的内在机理与社会机制，这不只是档案产生的问题，更关涉社会记忆档案化等深层问题。

（一）档案记忆生成的内涵与方式

与物质资料再生产过程中生产环节的内涵（包括必需的原材料储备/准备、劳动者使用生产工具对劳动对象加工改造、自然力对劳动对象独立发挥作用等过程）不同，档案记忆再生产的生产环节可以抽象概括为档案记忆的"生成"，具体而言就是档案记录的产生或形成过程。一方面，档案作为社会记忆形态，档案的产生或形成意即档案记忆的生成；另一方面，从记忆与遗忘的关系看，档案产生或形成，留存了社会记忆，是对遗忘的一种抗拒，使社会记忆能够以新的方式保存起来，因而体现出社会记忆生成或再生的特质。

从记忆生成角度看待档案记录的产生或形成，不是溯源意义上的档案产生或形成（档案起源），而是实践活动意义上的产生或形成。档案学中，人们一般将档案视为社会活动的记录，而这种"记录"的实质意义就在于档案记忆生成主体将社会活动记忆刻写（录）、凝聚、存储于档案文本之中，形成"文本化""档案化"记忆的过程，以记载、见证和反映纷繁复杂的社会实践活动。扬·阿斯曼曾指出，文字的发明是为记忆而不是为声音服务的，是在人类管理越来越复杂之后，人类无法用脑记住活动的情况下，才出现的记忆"外在存储"。[①] 档案记录的社会记忆质性已得到过多方面的论证，因此社会实践中档案记录的产生或形成过程亦即为档案记忆的生成过程，其结果或实存形态表现为"档案（化）文本""档案记忆文本"的产生。

结合档案学的既有研究成果，档案记忆的生成方式可以从以下三个角度加以分析：

一是无意识与有意识的互渗。现代档案学认为档案是在社会实践活动中自然形成的，从档案的制作目的和动机看，档案的形成大致分为两类：

---

① ［德］扬·阿斯曼：《有文字的和无文字的社会——对记忆的记录及其发展》，王霄兵译，《中国海洋大学学报》（社会科学版）2004 年第 6 期。

一类是在其制作时，其形成者就具有明确的档案意识，制作目的是为让其在时间上传递，为了日后的查证参考，或为了给后人留下明确的原始记录；另一类则是在制作时并不是有意作为档案，而是为了解决、处理现实生活中的具体问题，是根据办理事务、交流信息、记录活动的需要随机形成的，其制作目的和动机并不是为了时间上的传递。但不论哪种方式，其留存、积累又是人们有意识挑选和保留的结果，是人类自觉活动的产物，档案记忆生成中渗透着形成者的主体意识。档案记忆生成的意识性反映出其生成的某些规律或机制，一方面它们是在社会实践活动中"自然而然"地产生的，是活动的记录、"伴生物"或"副本"，体现出活动过程中社会记忆（活动记忆、创始事件记忆）向档案记忆的转化、现实记忆向存储记忆的转化；另一方面也反映出档案记忆的生成是人类理性思维的结果，体现出作为人类主体能力与本质力量的社会记忆在档案中的凝聚、积淀。

二是文本生成与非文本转化的互补。从一般意义上说，档案记忆是社会活动中直接形成的各种原始记录，以不同媒介文本形态呈现出来，包括传统文书的各种文稿文本，如草稿、定稿、签发稿、正本、副本、修改稿、讨论稿等；也包括具有原始记录性质的现代文本，如书稿、图纸、照片、影片、录音、录像、观测记录、实验数据、证照、电子文件等，这些都是传统档案概念范畴内的档案记忆。与传统意义上档案有所不同的是，档案记忆不仅包括这些社会活动中直接形成的文本化记忆，还包括那些非文本形态社会记忆转化而成的档案记忆文本，如文化遗产、"非遗"档案化管理与保护过程中形成的文化遗产档案、"非遗"档案，口述历史采集过程中的口述历史档案，以及在各类记忆工程等社会行动中对传统仪式、动作、人物、器物、空间的拍摄建档，等等。非文本形态社会记忆包括口述记忆、仪式记忆、器物记忆、空间记忆等，都属于文化记忆或历史记忆，其档案化、文本化转化形成的文本记忆，是档案记忆的重要来源和必要补充。文本生成和非文本转化既反映出档案记忆的不同来源和不同构成，也反映出档案记忆形式再生产的不同方式和不同特征。

三是体制内与体制外的互动。档案记忆从其生产主体看，包括国家机构、社会组织和个人，从管理体制上可以将其生成的档案记忆划分为体制内与体制外两个不同领域。一般而言，体制内档案记忆包括国家行政体制下的党政群团及直属机构形成的档案，以及垂直管理体制下的国有企业事业单位等形成的档案；而体制外档案记忆则主要包括所有非国家性质的机关、团体、组织、企业以及家庭（家族）和个人在社会实践活动中形成的档案。体制内与体制外档案记忆生成方式的划分体现出国家档案记忆资源（作为整体的档案记忆再生产）不同来源渠道的性质作用和分布状态。作为档案记忆生产的主要方式，体制内档案记忆生成以国家组织体系和制度体系为保证，体现为"建制化、组织化、规模化的系统性生产"和有序化、定向性归档流向，存入相对稳定的档案机构，常被视为"官方记忆"。"它确保了档案记忆生产与社会发展的紧密关联，保障了档案记忆再生产从古代、近代、现代到当代的绵延不绝。"[1] 而体制外档案记忆生成则处于国家管理体制管控之外，体现出分散性、自发性和民间性，往往被称作"民间记忆"。官方记忆与民间记忆并非截然对立，而是相互转化、彼此互涉。

档案记忆生成从有形的角度看是其文本的产生和形成，但其内在地包含着记忆的内容和意义，是"文本形式、记忆内容和意义的复合体"。美国人类学家克利福德·格尔兹（Clifford Geertz）说"人是悬挂在由他们自己编织的意义之网上的动物"[2]，档案记忆生成也是人类"编织意义之网"的行为，将"社会"囊括其中。

（二）档案记忆生成的记忆再生产特点

不论以何种方式产生或形成，档案记忆生成都具有社会记忆再生产性质，是记忆再生产行为、过程和结果的统一。在行为上，它是对社会记忆的记载、记录（包括采录、摄录等）行为，将社会记忆凝聚、积淀、存储于档案、档案馆之中；在过程上，它是对社会记忆的档案化、文本化转化过程，涉及档案制作、挑选、归档保存等工作环节和细节；在结果上，它是以档案文本（实体）或档案资源（总体）表现出社会记忆的留存和累

---

[1] 张燕：《新媒体时代档案记忆再生产转型研究》，上海大学，博士学位论文，2020年，第115页。

[2] [美] 克利福德·格尔兹：《文化的解释》，纳日碧力戈等译，上海人民出版社1999年版，第103页。

积。档案文本与档案资源也可称为"档案记忆体",属于"社会记忆体"的特殊形态。

档案记忆生成在社会实践活动或社会记忆运行中具有社会(记忆)再生产的一般特征,如反复性、循环性、连续性等;作为档案记忆再生产过程的首要环节,它也具有自身的独特性,即记忆的原生性、生成性和累积性。

1. 档案记忆生成是一种原生性再生产

信息学中,人们普遍认识到信息是认知主体对物质运动的本质特征、运动方式、运动状态以及运动的有序反映和揭示,"在本质上,信息是客观事物运动和变化的反映,是客观事物之间相互联系和作用的表现形式"①。信息根据其有无加工,可以划分为原始(原生)信息和派生(次生)信息,原始信息是指没有经过加工的信息,而派生信息则是指按一定的目的和要求加工,有一定用途或带有一定指向性的信息。

档案记忆是以信息方式呈现出来的对客观物质世界和人类社会实践存在方式、运动状态的记录和反映,是客观存在现象的"表象"和"描摹"。档案记忆与档案信息既可互称互指,从记忆的信息内涵看,也可称为"档案记忆信息"。在信息学中,档案记忆信息被视为"零次信息",是直接获取并形成原始记录的信息,即一种原生信息或原生记忆。档案学中称档案为社会活动的"原始历史记录",也意在表明其原生信息或原生记忆的特点。无论是社会活动中"直接形成"的文本形态的原始记录,还是在社会活动中由非文本形态转化为文本的原始记录,档案记忆生成都具有原生记忆再生产的性质,是自然记忆向人工记忆转化的最初、最直接成果,或者说人类活动的原始"记忆痕迹"。在档案记忆再生产过程中,档案记忆生成也为后续再加工、再生产提供了资源条件和原料准备。档案记忆的这种原生性决定了其最初生成的文本形态为"原生文本"。是档案记忆的初级产品或记忆体。

2. 档案记忆生成是一种生成性再生产

"生成性"是对实践行为的一种认知思维方式和本质表达,"是从预想性思维方式或既成性思维方式转向生成性思维方式"。中央党校一级教

---

① 刘红军:《信息管理基础》,高等教育出版社2004年版,第2页。

授韩庆祥指出,"生成性"是马克思哲学的本质,马克思在继承唯物主义的前提下,把实践、历史和辩证法引入哲学,认为一切事物都处在实践的、历史的、辩证的生成过程之中,并在实践、历史、现实展开的运动发展过程中生成自身。"实践的本质,就是人类在改造世界中不断推进创新,其实质就是一种'生成性';历史的本质,就在于它是一个个连续的'生成'而构成,其实质也是一种'生成性'。"[1] 如马克思所言:"历史的全部运动,既是它的现实的产生活动——它的经验存在的诞生活动,——同时,对它的思维着的意识来说,又是它的被理解和被认识到的生成运动。"[2]

用"生成"来表达档案记忆的产生和形成,意即档案记忆的产生或形成其本质特点就是一种"生成性再生产",它不仅表现为档案记忆产生或形成是一个连续反复的运动过程、产生过程,更在于强调这种"生成"行为、过程和结果的主体性、目的性、建构性。档案记忆生成不是简单地将档案记忆视为社会活动的影像放进"储藏室",而是有目的、有意识的选择性、建构性和创造性行为、过程和结果。认识档案记忆生成的"生成性"性质,可以为我们理解档案记忆的建构性和意义再生产提供思想基础。

3. 档案记忆生成是一种累积性再生产

"人类是以社会遗传的方式,即以社会文化的超个体的体外遗传来积累自己的社会进步。"[3] 文化的运行与传承,体现在群体生活的社会性和连续性之中,"文化的传递,必然是一种历史过程,所有文化都必须是积累的,没有积累,没有超越死亡、时空的这种积累,文化就不可能存在"[4]。"文化作为传统一定蕴含着各个民族特有的思维方式、价值原则、风俗习惯和行为模式,只有在历史的连续性中才能真实地把握文化的本质与功

---

[1] 韩庆祥:《论马克思哲学的生成性本质》,《学术界》2019年第2期。
[2] 《马克思恩格斯全集》第3卷,人民出版社2002年版,第297页。
[3] 夏甄陶主编:《认识发生论》,人民出版社1991年版,第599页。
[4] 费孝通:《试谈扩展社会学的传统界限》,载《中国社会学统计年鉴(1999—2002)》,社会科学文献出版社2004年版,第5—20页。

能"。① 社会记忆与文化互涵,连续性和累积性作为社会文化的社会遗传特性,也是社会记忆的社会遗传特性。记忆本身就具有延续、传承的性质,没有传承便失去记忆,在传承中必然具有连续性和累积性,两者彼此关联、相互推进,呈现连续的累积性。

作为记忆再生产的一种方式、一个环节,档案记忆生成不是一次性行为,而是循环往复、反复发生的人类的自觉主体行为,在历史长河中呈现出沿革发展、连绵不绝的生成过程或历史过程,社会实践活动没有停歇,档案记忆生成也不会终止。从宏观层面看,随着社会活动的连续性展开,档案记忆也在不断地生成和积累,它伴随着社会活动的延续而延续,并将形成的档案有序地保管和积累下来。所以,我们今天可以看到古代各个时期的档案,虽因各种社会原因,只是一部分"残存",但它们毕竟是连续地生成和累积而来的。正是由于档案记忆生成的累积性,留存下来的档案记忆被保存进档案馆(库、室),使档案馆成为人类的"记忆宫殿""记忆之场",成为社会文明程度的反映,成为国家遗产或文化资源的一部分。

(三) 档案记忆生成的记忆再生产功能

档案记忆生成作为社会记忆文本化、档案化的过程和结果,用保罗·利科的话说就是"记忆自己被归档了"。利科指出"一个被归档的回忆就不再是原本意义上的回忆了,这是被纳入与意识的现在具有连续性关系以及对其具有归属性关系之中的某种东西",它"具有了某种公众性"。② 这种被纳入现实意义连续性关系或归属关系之中的档案记忆,从社会记忆再生产的角度看,具有独特的作用和功能。

1. 记忆延传功能

奥古斯丁在描绘记忆时说,记忆府库(记忆殿廷)中储备、皮藏着各种事物的影像,以备随时、随意取用。③ 记忆府库中未曾储备,便无法调取、无法传承,即意味着遗忘。

---

① 刘少杰:《扩展中国社会学新境界》,《社会》2006年第2期。
② [法] 保罗·利科等:《过去之谜》,綦甲福等译,山东大学出版社2009年版,第56页。
③ [古罗马] 奥古斯丁:《忏悔录》,周士良译,商务印书馆1963年版,第192—193页。

档案记忆生成首先是对社会记忆的文本化、档案化存储，是社会实践活动对象化的凝聚、积淀、归档，它构成阿莱达·阿斯曼所意指的"储存记忆"，以便为记忆再生产的加工、传播、消费等环节提供生产原料或生产条件，以供"需要时取用"。档案记忆生成是人类文明进步的体现，在"不文"的社会中虽然也存在通过仪式或器物传承社会记忆，但传递的内容信息和人群范围都极为有限。文字发明并用于记录社会活动后，产生了档案记忆，可以打破时空的隔阂，通过文本化记录的形成和留存，人类逐步形成自身独立的"记忆储存系统"，将人类生存经验和智慧以档案记忆体方式一代代加以传承传递。通过不同类型、层次、功能的档案记忆生成，实现对国家、民族、社群等社会记忆的刻写、积聚、存储，从形式、内容、意义层面贯通与人类历史发展之间的关联。缺乏档案记忆生成，社会记忆再生产将面临"失根"之危。

2. 记忆建构功能

档案记忆生成的记忆建构功能与其生成性直接关联，是其生成性的必然结果。档案记忆生成性作为一种自主性、目的性的生产活动，必然深受主体能力、生成条件、社会环境等影响，与情感、认知、价值理念、社会关系等息息相关。虽然档案记忆生成也属于原生性再生产，但在新的档案记忆体（文本形式、内容与意义）生成过程中，档案记忆生成主体可以决定哪些记忆要被清除或屏蔽，哪些记忆得以筛选、加工、过滤、归档，转化为档案形态的记忆。

"选择性"是社会记忆建构的重要特点和作用机制，"建构作用与过程是显而易见地需要以某些选择作用为前提的，选择运作为建构运作提供了必需的'材料'和'构件'前提"[①]。社会实践活动纷繁复杂，人类没有能力也没有必要把实践活动的每一个方面、每一个细节都转化为文本化、档案化记忆留存下来，因而记住什么、遗忘哪些，都取决于主体的判断和选择。现代心理学将人类记忆功能选择性称为"记忆选择定律"，这种定律在社会记忆领域也同样存在，社会记忆常被称为"有选择的"记忆。档案记忆生成不是人类实践活动的"全程全方位录像"，只可能是有选择性

---

① 李伯聪：《选择与建构》，科学出版社2008年版，第21页。

地"记录""录像",通过选择性记录和留存,建构形成社会实践活动新的记忆体,因此,档案记忆生成行为也同时是一种社会记忆建构性行为。但不能因为其建构性就否定其"历史真实性",在档案记忆生成、建构过程中,潜含着社会权力、利益、观念、规则等各种因素,是打开社会运行和社会结构再生产真实性之门的一把"钥匙"。

3. 记忆能量积聚功能

保罗·利科说:"历史从头到尾就是文字书写。就此而言,档案就是历史在以文字的书面形式的书写完成自身之前所要面对的第一种文字书写。解释/理解就夹在两种文字书写……之间,它将第一种文字书写中的能量收集起来并为下一环节文字书写的能量做着准备。"[1] 利科这段话虽然只是指向历史解释/理解的能量转化功能,但也涉及档案作为文字书写的能量问题——"第一种文字书写的能量"。记忆能量是人们的记忆或记忆承载体在再现历史、延传过去,形成社会记忆过程中的意义、能力与效果,是对记忆功能、记忆力量的一种隐喻。

记忆能量来源于记忆的生成与积聚,就像自然界的矿藏一样,记忆能量大小一方面形成于记忆资源的品质,另一方面也形成于记忆资源的数量。陈寅恪先生曾在《陈垣敦煌劫余录序》中指出:"取质量二者相与互较而平均通计之,则吾国有之八千余轴,比于异国及私家之所藏,又何多让焉!"[2] 这句话就是对劫后余生的敦煌经卷文书记忆能量的评判与肯定。

记忆能量蕴含在档案记忆体之中,档案记忆生成也就伴随着记忆能量的转化、存储与积聚,是其能量流动机制的体现。阿莱达·阿斯曼说:"存储记忆可以看作是未来的功能记忆的保留地。它不仅仅是我们称之为'复兴'的文化现象的前提条件,而是文化知识更新的基本资源,并为文化转变的可能性提供条件。"[3] 通过档案记忆生成及其存储而形成的档案馆,其实质也是社会记忆再生产的资源宝库和能量宝库。

---

[1] [法]保罗·利科:《记忆,历史,遗忘》,李彦岑等译,华东师范大学出版社2018年版,第178页。

[2] 陈寅恪:《陈垣敦煌劫余录序》,载《金明馆丛稿二编》,生活·读书·新知三联书店2001年版,第267页。

[3] [德]阿莱达·阿斯曼:《回忆空间》,潘璐译,北京大学出版社2016年版,第140页。

(四) 档案记忆生成的内在机理

1. 档案自然形成规律

档案在社会实践活动中形成的规律，我国档案学界将其称为"档案自然形成规律"，认为档案是在社会实践活动中基于业务活动的需要自然而然产生的，并非人们有意制造或制作的结果，即使某些档案是人们有意识形成的，那也是基于业务活动或实践活动的现实需要而产生的。

"档案自然形成规律"对阐明档案记忆生成的内在机理有一定理论意义，它揭示出档案记忆形成与社会实践活动之间的直接生成关系，反映出档案记忆生成的随机性和丰富性，档案记忆与社会实践活动之间是"如影随形"的关系，有什么性质的社会实践活动，就会形成什么样的档案记忆；同样，社会实践活动延伸到哪里，档案记忆就在哪里产生。

但"档案自然形成规律"在解释和揭示档案记忆生成机理方面也存在一定局限性，其表现一方面是档案的形成虽然是无意识的、随机的，但档案的前身"文件"则是有意识制造或制作的，作为社会实践活动的"工具"，人们使用文件处理事务、加强管理、促进交流的意图是明确的；另一方面，人们利用文字记录活动、利用文件处理事务，形成并保留档案，是基于人们逐步认识到文字记录（文件）作为知识、作为信息、作为文化的价值和作用，这种认知与行动是人类生产生活经验累积和主体能力提升的结果。文字的发明并用于记录，开创了人类"有文的历史"，也标志着记录行为和结果渗透了人类的理性思维，由此档案记忆生成也不纯然是"自然"的，而是有意识的生成性行为。

2. 厄普沃德的文件连续体理论

20世纪80年代，澳大利亚档案学者佛兰克·厄普沃德（Frank Upward）等在吸收借鉴英国社会学家安东尼·吉登斯（Anthony Giddens）结构化理论的基础上，融合传统档案学理论而提出一种新型文件管理理论——文件连续体理论。

文件连续体理论通过构建一个多维坐标体系来描述文件的运动过程，最新版本文件连续体理论模型共由4个轴、16个坐标及4个维构成（如图4-1所示）。

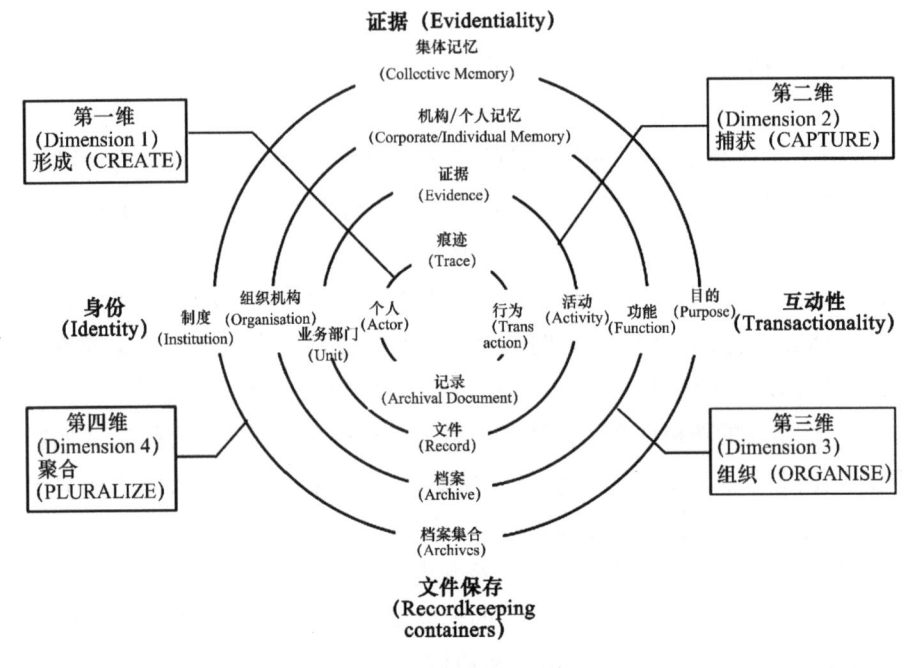

图 4-1 文件连续体理论模型①

其中4个轴分别表示文件保管中的4个重要主题：身份、互动性、文件保存和证据。每个轴上都有4个坐标。其中，身份轴包括文件保管中的行为主体，包括个人（行动者）、业务部门、组织机构、制度；文件保存轴包括记录、文件、档案、档案集合；互动轴包括行为（业务、事务）、活动、功能及目的；证据轴包括痕迹、证据、机构/个人记忆及集体记忆。与每个轴上的4个坐标相互关联，形成4个维：形成维、捕获维、组织维及聚合维。②

文件连续体理论将"记忆"引入模型之中，而且建立起机构记忆、集体记忆与形成主体（行为主体轴）、文件实体（文件保存轴）、业务活动（互动轴）之间的关联，因而对解释和揭示档案记忆生成内在机理有一定的参考价值，"比较直观地呈现了档案记忆如何与社会记忆行动者及行动

---

① 本图由中国人民大学信息资源管理学院连志英教授提供。
② 连志英：《一种新范式：文件连续体理论的发展及应用》，《档案学研究》2018年第1期。

的中介、结果联结起来,既有结构性因素,也有功能性因素"①。

首先,文件连续体描绘出从行为痕迹到集体记忆转化的内在轨迹。具体通过"四维"反映出来:其中(1)形成维描述个人层面的文件形成及保存行为,即行动者在从事业务或事务过程中形成了记录,而这些记录是其行为的痕迹。(2)捕获维对业务部门而言,将其部门每个行动者在业务活动中所形成的记录进行捕获,形成本业务部门业务活动的证据;而对个人而言,将其在社会活动中所形成的记录进行捕获,形成行动者个人从事社会活动的证据。(3)组织维对组织机构而言,将其各业务部门的文件加以组织(档案整理、编目、保存等工作),形成组织机构记忆;对个人而言,则成就其个人记忆。(4)聚合维是指各个组织机构或行动者的档案聚合在一起形成社会记忆,反映某一社会制度的概况、目的及功能等。

其次,文件连续体理论模型体现了文件运动的时空延伸性。"自内向外看,文件连续体模型如涟漪般向外扩张",其中,第一维是文件形成直接背景延伸的开始,行为被实施,基于行为产生了"记录",但记录尚未被关联起来;第二维中有关记录及其相关联信息被添加,形成"文件",从其形成直接背景中脱离出来,实现其形成时间和空间的延伸;第三维展开更充分的时空延伸,即文件可与同一组织机构或个人的处于任何时空的其他文件一起组织成为机构的或个人的记忆;当文件与其他机构的文件跨越更广阔的时空相连构成集体记忆时,这种延伸就进入更深远的维度即聚合维。文件运动的时空延伸性也是档案记忆生成及向社会记忆转化的逻辑轨迹。②

最后,文件连续体理论模型揭示出档案记忆生成要素构成及其关联性。从模型中可以看出,在行动痕迹向集体记忆转变的运动过程中,涉及行动者、业务部门、组织机构、制度,业务(事务)、活动、功能及目的,记录、文件、档案、档案集合等不同要素的紧密关联和有序展开,反映出档案记忆的生成性和建构性。"强调文件不是自然形成的中立物,而是人为建构的结果。文件的形成与保存是高度社会性的选择行为,但同时文件

---

① 张燕:《新媒体时代档案记忆再生产转型研究》,上海大学,博士学位论文,2020年,第80页。
② 连志英:《一种新范式:文件连续体理论的发展及应用》,《档案学研究》2018年第1期。

又是形塑社会关系、规范行动及生产意义的重要能动者。"①

文件连续体理论模型与其说是从后现代理论视角"指导社会记忆的建构",不如说是从社会记忆再生产角度来解释和揭示档案记忆的生成逻辑,"痕迹""建构性""文档(化)""'穿插式'建构""记忆组合体""意义再生产"等,都有所体现,也关乎档案记忆在整个社会运行中的连续生成和运行过程,是档案记忆生成机理的一种可资借鉴的解释,由此也可证明档案记忆再生产分析的科学性和必要性。

保罗·利科在《记忆,历史,遗忘》中,对社会活动痕迹、见证、被做成档案的记忆、文献证据、理解/解释、历史表象(历史书写)的转化过程进行了历史哲学的透视,来解析历史编纂活动。他指出:

> 如果历史编纂学首先是将记忆做成档案,如果历史知识的认识论所包含的在档案化之后的所有认识活动都源于档案化这第一步的工作,那么历史学家对记忆进行的时空上的变动就可以被看作是使档案化行为可能的形式条件。②

保罗·利科在历史编纂学和历史认识论中思考档案记忆生成及其与历史解释、历史诠释、历史书写的关系,对探讨档案记忆生成内在机理(以及后文涉及的档案记忆叙事、档案记忆意义阐释、档案记忆伦理等问题)提供了新的思想资源,有待进一步学习引鉴。

二 档案记忆再生产的加工环节

不同语境中,人们对生产、生成、加工等概念及其相互关系的理解各有用意。在马克思的社会再生产四个环节中,"生产"环节是人们利用生产工具改造自然,创造适合人类需要的物质资料的过程,或者简单说是人们通过劳动创造产品的过程,它包含原材料准备和加工(劳动操作)等。

---

① 连志英:《一种新范式:文件连续体理论的发展及应用》,《档案学研究》2018年第1期。
② [法]保罗·利科:《记忆,历史,遗忘》,李彦岑等译,华东师范大学出版社2018年版,第189页。

而在认知心理学领域，20世纪50年代以来，信息加工理论成为记忆研究的主流范式，人们普遍从信息编码、储存、提取过程来考察和解释人类记忆现象，认为记忆是一个由结构和过程构成的统一体，记忆结构是"记忆在机能上相互独立的加工系统，各个系统在其内容、特征和组织上有明显的差异"，如初级记忆与次级记忆，感觉记忆、短时记忆与长时记忆等；记忆过程则是"在记忆结构基础上，各加工系统间信息流动和变化的认知操作"[1]，如信息的编码、组织、提取、复述等。记忆的信息加工既是记忆生成过程，也是储存、复活过程。结合社会再生产理论和记忆信息加工理论，我们将马克思社会再生产中的"生产"环节分为两个彼此独立而又相互关联的环节，即"生成"环节和"加工"环节，这样更适合档案记忆再生产过程的自身特点，也便于运用档案学、信息学相关理论，更好地解释和揭示档案记忆再生产的运行过程和内在规律。

（一）档案记忆加工概念与内涵解析

"加工"是人们生产生活中使用范围极为广泛的概念，其含义总是在特定的对象性活动中才能得到确认和界定，如档案文献编纂学中的"加工"、档案管理学中的"加工"、信息管理学中的"加工"等，都具有不同意涵。根据一般意义上对"加工"的理解，我们可以将档案记忆加工定义为档案记忆生成之后至档案记忆信息传播利用之前，记忆加工者通过一定的工序和方式对原生档案记忆信息及其转化而成的次生档案记忆信息所开展的一系列施加影响的行为、过程和结果。对其内涵可做如下解析：

1. 档案记忆加工对象

档案记忆加工对象包含物质对象和目标对象。

物质对象是档案记忆加工的物质客体，是档案记忆文本及其记载的记忆信息，它们是记忆加工的原料、资料。档案记忆加工物质客体包括档案记忆生成环节中所产生的原生档案记忆信息，也包括对原生记忆信息转化而成的次生记忆信息的再次加工。档案记忆信息加工不是一次性可以完成或必须完成的，而是可以反复进行加工与再加工，其中包括累积性加工，

---

[1] 张淑华等：《认知科学基础》，科学出版社2007年版，第62页。

也包括穿插式加工。

目标对象是档案记忆加工的目标事物或目标客体，即档案记忆事项，它们是档案记忆加工的主题或目标指向。档案记忆加工目标客体包括或体现为各种历史事件、历史人物、组织机构、文化事项、客观事物等，凡是记忆所指的对象皆可成为档案记忆加工的对象，而且加工目标对象还具有层次性，可大可小。

2. 档案记忆加工主体和加工场所

加工作为一个生产劳动及其过程，必有其加工主体和加工场所。档案记忆加工主体既有群体主体也有个体主体，既可作为机构履行其职责也可作为私人表现其爱好，而且主体行为与场所紧密关联。

档案记忆加工主体及其场所具有广泛性和多样性，既包括档案馆、档案室档案工作者对档案的整理和编研工作，也包括社会文化机构（图书馆、博物馆、文化馆、纪念馆）、科学研究机构（历史研究、方志研究、地方风俗研究等单位）、媒体传播部门（电台、电视台、社交媒体平台等），乃至社会一般民众对档案记忆所做的加工工作，比如编辑转发短视频等。近年来随着数字化发展，人们在讨论档案馆档案加工的"众包"模式，反映加工主体和加工场所的社会化趋势，但就其主要人员和场所，仍是档案人员和档案部门。

3. 档案记忆加工行为与过程

档案记忆加工包含了一系列的行为、操作和细节：如提取、鉴定、编码、整序、组卷、编目、著录、标引、编排、存放、编研、重组、重构、分析、理解、解释、描述、复述等，这些行为、操作或细节大致可分为整理保管和编研开发两大部分，在传统档案管理学中涉及档案收集、整理、鉴定、保管、检索、编研、利用（提供利用）、统计等八大环节，是档案记忆加工行为的具体体现，也体现出档案记忆加工与档案管理活动的交互融合，体现出范式思维的一般性特点，即各种不同范式各自做出自己的解释。

从记忆的信息加工理论看，档案记忆加工行为也属于一种记忆信息加工行为，只不过它不同于认知心理学中的个体认知或心理记忆信息加工，而是属于一种外在于个体的社会历史文化信息加工。信息管理学对档案记忆加工行为和过程分析具有很强的应用价值和借鉴意义,比如信息组织中关于信息选择、信息分析、信息描述与揭示、信息存储①的相关知识,可以弥补档案记忆信息加工行为论述的不足;再如信息组织法中关于语法信息、语义信息、语用信息三个层次的组织方式,也与档案记忆再生产结构(形式、内容和意义)有很高的契合度。根据研究分析需要,适当借用信息组织、信息加工的理论知识,可以深化对档案记忆加工相关行为的阐述。

随着现代信息技术的发展、人工智能的应用,信息加工行为逐步向自动化、智能化方向发展,数字人文的出现也标志着档案记忆加工行为的数字化转型,数字记忆再生产的加工过程有待今后关注和探讨。

4. 档案记忆加工结果(产品)

档案记忆加工结果是加工行为、过程的最直接最明显的表现,因为有那么多的加工成果存在,它们不是"自然"形成的,而是人为或有意形成的。

档案记忆加工的结果可称为档案记忆加工产品、档案记忆产品、档案记忆制品。宽泛一点说,档案原件也是一种记忆产品,是由社会记忆转化而成的人工记忆产品,即档案记忆产品;不过,为区分档案原生记忆与其他次生档案记忆形态之间差异,也为区分档案记忆生成与加工环节结果之间差异,我们还是将档案记忆产品定位在由档案原生记忆经过加工以后所形成的档案记忆人工制品。将档案视为"记忆原料""记忆原件",将有原料加工生产出来的制品称为"记忆产品",这样更符合我们的传统思维和分析思路。

档案记忆产品不仅包括我们传统意义上的档案编研成果——一次档案文献、二次档案文献、三次档案文献,也包括由档案原件重新组合加工而成的档案组合成果——案卷、全宗、检索系统、数据库等,虽然形态有所不同,但它们都是经由提取、选择、重组等加工而成的新的档案记忆体,都涉及记忆信息存在形式的改变(形式转换、文本再造)、内容信息的重组(内容叙事)和记忆意义的重构(意义阐释),这是档案记忆再生产结

---

① 马费成、宋恩梅:《信息管理学基础》(第3版),武汉大学出版社2018年版,第150页。

构所要考察和分析的重点内容。

（二）档案记忆加工的记忆再生产特点

社会再生产过程（物质资料生产过程）在某种程度上说就是人们按照自己设想的目的，运用劳动资料去加工劳动对象，改变劳动对象的形状、性质或空间位置，使被加工的产品能够满足人们生产和生活需要的活动过程，"加工"或者"制造"是再生产的基本形式或行为，往往与"生产"同义。没有加工，劳动对象就无法按照人们理想的方式发生转化，就难以实现交换和消费的需要。在档案记忆再生产过程中，"加工"具有典型的记忆再生产性质。如果说由社会实践活动直接生成的档案记忆是原生（原初）记忆，是档案记忆的"初级产品"或加工原料，那么"其后的延续、传承、建构等则是对原初（生）记忆的加工行为或复活过程，具有'再'生产特点"[1]。与其他社会再生产或档案记忆再生产其他环节相比，档案记忆加工的记忆"再生产"特点表现更为突出，可概括为以下几个方面。

1. 原生性与次生性的统一

原生性与次生性是从档案记忆加工对象及其结果角度看待档案记忆加工特点的，原生性记忆是指档案记忆生成环节所产生的原初记忆，次生性记忆是由原生性记忆经过提取、选择、重组、重构而形成的档案记忆形态。档案记忆加工不同于其他社会再生产，加工过程中原生记忆并未彻底转化为次生记忆，而是实现二者的融合与统一，形成多种形式的档案记忆体。

档案记忆加工可分为整理性加工和编研性加工两大类：整理性加工也可称为整序性加工，是对档案原生记忆进行序化、重组的行为，包括组卷、组成全宗、建立检索工具和数据库、资源库等，其中案卷、全宗、资源库等既是档案原生记忆的组合体，保存了档案原件，但它们又属于不同的档案记忆体或记忆产品，将单份档案记忆纳入不同的"记忆框架"，如哈布瓦赫所言，"在我们生活的不同时期，这些记忆依次不断地卷入到非常不同的观念系统当中，所以记忆失去了曾经拥有的形式和外表"[2]，由此

---

[1] 丁华东：《档案与社会记忆研究》，人民出版社2016年版，第320页。
[2] [法] 莫里斯·哈布瓦赫：《论集体记忆》，毕然等译，上海人民出版社2002年版，第82页。

也使它们具备了不同程度次生记忆体或记忆产品的性质；而检索工具、数据库等作为档案原生记忆信息提取组合的结果，其次生记忆的特征表现更为明显。编研性加工包括对档案的抄纂、编述和著述，其中抄纂涉及对档案原生记忆的收集、筛选、转录、校勘、标点、标目、编排和评介，产生的档案记忆作品既是原生记忆的转化物，也是一种次生记忆；而编述和著述则是对原生记忆的提取、选择、提炼、编史、修志等，更属于次生记忆，但也包含一定的原生记忆的性质。可以说，在档案记忆加工过程中形成的记忆产品，都在一定程度上具有原生记忆和次生记忆的双重属性，二者构成统一的档案记忆体或记忆库——档案组合、档案编研成果、档案馆、档案室、档案资源库等，其中涉及记忆形式的转化、内容的重组和意义的重构等后文将分别进行讨论。

2. 系统化与专题化的统一

系统化与专题化是从档案记忆存在状态角度看档案记忆加工的特点的。在档案记忆加工行为和过程中，档案记忆信息同时存在系统化和专题化，是二者的统一；只是在不同阶段，二者的表现程度不同。

在整理性加工阶段，系统化处于主导地位，档案整理加工也称为"整序"或"序化"行为，其目的就是要根据档案记忆（文件）之间的有机联系，将"杂乱无章的原始信息变成一个有序、可用的信息系统，一个'粗放型'的信息集合转化为一个'集约型'的信息集合"[①]，以此建立不同层次、有序化的档案记忆体。档案文件是在社会实践活动中一份份生成的，为了保持文件之间的历史联系，真实客观反映社会活动原貌，人们需要对档案进行整理立卷，组成案卷，并在此基础上形成全宗、类别、档案馆藏（实体或数字的档案资源库）、国家档案全宗（国家总体档案），这些都是序化的结果。从另一角度看，序化过程也是某种专题化体现，一个案卷可以说是一个专题活动（机构、事由）的结果，一个分类体系也可以说是由大小不同专题构成的有机整体。而在编研性加工阶段，专题化处于主导地位，编研工作总是根据一定专题需要，将相关档案记忆材料选择、提取出来，加以重新组合，形成新的档案记忆产品或记忆体。在专题化编研

---

① 马费成、宋恩梅：《信息管理学基础》（第3版），武汉大学出版社2018年版，第150页。

与整理中，也贯穿着材料的系统性要求，也是一种序化的工作。如档案文献的编排要求就是要能"最大限度地体现档案文献之间的最主要的或最基本的联系"①，可以说，在档案记忆加工过程中，系统化与专题化彼此互赖，统一于各种档案记忆体。

3. 穿插性与叠加性的统一

穿插性与叠加性是从加工材料运用、加工结果与原生记忆之间关系角度看待档案记忆加工特点的，这也是构成档案记忆再生产的特征之一。

穿插性是相对于时间上的连续性而言的。穿插性取自施瓦茨社会记忆建构的"穿插式建构"，原义是指各个时代社会记忆（同一记忆对象或事项）的建构结果并非一组互不相关的图像，而是交错叠加的，后期的建构受前期建构的交互影响，因此社会记忆建构既是累积性建构，也是穿插式建构。这里的"穿插性"既指不同时代的档案记忆材料在加工过程中的穿插使用，也指加工成果的前后关联性和叠加性。档案记忆生成是随时间推移展开的一个连续性过程，但档案记忆加工却是对不同时代/时期材料的提取与交叉采用，甚至还包括对原生记忆材料与次生（衍生）记忆材料的综合运用。"零次信息经过收集、初加工和存储生成一次信息，一次信息经过描述和揭示生成了二次信息，一次信息和二次信息并结合零次信息经过分析生成三次信息，一次信息、二次信息和三次信息经过存储得以保留，为信息传播提供了信息产品和信息服务的技术方法和保证。"②

记忆加工不仅在材料穿插使用上形成叠加性，同时也直接形成了与原生记忆相对应的次生（衍生）记忆产品，如检索工具、数据库、编研成果等，这些加工成果或产品的产出，与原生记忆之间形成了记忆的叠加关系或累积关系，使档案记忆之间呈现出"互文性"，同时也为后续穿插式再生产提供了条件。这些现象和特点是其他学科所不太关注的。

（三）档案记忆加工的记忆再生产功能

认知心理学认为记忆是"一个以存储和提取信息为功能的系统"③，记

---

① 曹喜琛主编：《档案文献编纂学》，中国人民大学出版社1990年版，第364页。
② 党跃武、谭祥金主编：《信息管理导论》（第二版），高等教育出版社2010年版，第222页。
③ 李伯聪：《选择与建构》，科学出版社2008年版，第83页。

忆加工是"由编码、存储、提取三个环节构成的"存储和提取过去经验的动态过程或机制。[①] 虽然社会记忆研究中对"记忆加工"概念使用较少,但在其建构行为的相关论述中,改造、润饰、修饰、删减、重组、歪曲、阻断、重构、重塑、再造等,无不体现出人为"加工"的意味。档案记忆加工作为社会记忆加工的特殊方面,潜含着社会记忆再生产的诸多功能:存储功能、激活功能(活化功能)、转化功能、延传功能、重组功能(整合功能)、重构功能、控制功能、保护功能等,是一个"多功能汇聚的场域"。与其他再生产环节相比,其记忆再生产功能主要表现为以下方面。

1. 记忆存储功能

记忆存储功能不仅是档案记忆生成环节的功能——记忆能量积聚功能,在加工环节也有明显体现。档案记忆再生产不同于一般的物质资料再生产,而是一种非消耗性再生产,加工过程中档案原生记忆并非全部转化到新的档案记忆体——加工产品中去,而是原生记忆得到重组并保存,次生记忆得到重新生成,并叠加到档案记忆体中去,共同构成综合性档案记忆体,形成记忆存储系统或档案记忆资源总体。

加工环节的记忆存储功能在个体记忆中多有表述,如奥古斯丁在《忏悔录》中曾经写道:在记忆的领域、记忆的殿廷里,那里是官觉对一切事物所感受而进献的无数影像的府库,凡官觉所感受的,经过思想的增、损、润饰后,未被遗忘所吸收掩埋的,都庋藏其间作为储备。[②] "增、损、润饰"就是加工行为的体现,其结果是"庋藏""储备"。在认知记忆中,也多将存储视为记忆"编码"的结果。从信息加工理论看,档案记忆信息整理性加工过程和结果,也是记忆信息系统化存储过程和结果,"信息组织成果是众多信息记录的有序化组合",以建立有序的信息结构和信息空间,"信息存储是对信息及其他信息组织的成果的空间组织"。[③]

加工的记忆存储功能也反映出档案记忆生成与加工环节之间的紧密关联。生成环节中对档案记忆的捕获、编目、归档等也是记忆初次加工;而

---

① 参见彭聃龄、张必隐《认知心理学》,浙江教育出版社2004年版,第91页。
② [古罗马] 奥古斯丁:《忏悔录》,周士良译,商务印书馆1963年版,第192页。
③ 党跃武、谭祥金主编:《信息管理导论》(第二版),高等教育出版社2010年版,第197—211页。

在某种程度上加工所产生的次生档案记忆信息也是对档案记忆的再生成。这种交错互叠正反映出档案记忆再生产过程的复杂性、连续性和绵延性，其共同结果就是档案记忆的有序留存或存储。

2. 记忆转化功能

档案记忆加工既是档案记忆系统性整理存储的过程，也是专题性活化取用的过程，其中都涉及档案记忆存在状态的改变，体现出人类档案行为的目的性要求和主体能力的提升。

一方面，档案记忆整理性加工是对档案的系统化整理、存储，建立有序的信息结构和记忆资源体系，在此过程中，档案记忆的存在状态由分散到集中、由零散到系统，由粗放到集约，所形成的档案记忆产品或档案记忆体（案卷、全宗、分类、馆藏）使单份档案文件处于不同的内容体系和意义脉络中，实现凭证价值向情报价值转化、第一价值向第二价值转变、现实价值向长远价值转变，也使档案记忆由机关、组织、个人的记忆财富转变为国家、社会共同的记忆财富，是档案记忆生成的延续。

另一方面，档案记忆编研加工是对档案的专题化整理、开发，是对存储记忆的激活、选择、再社会化的行为和过程，按照扬·阿斯曼的观点，即是由存储记忆向功能记忆转化的过程，是由沉睡记忆向现实记忆转化的过程。通过档案记忆加工，凝结、隐含于档案记忆资源中的社会记忆被重新提取、组织，形成新的档案记忆产品，为社会所利用，让社会记忆得以再现。因此，记忆加工的转化功能也包含着对记忆的激活、活化功能，是档案记忆社会化转化。

3. 记忆重构功能

建构或重构是记忆的一般性特点，也是其基本功能。乐国安说："回忆在本质上是一种重构活动。这就是说，记忆并不只是简单地把信息存储起来，尔后又照样回忆出来。在记忆中存储的是一定的关键事件或事件的一些特点，在回忆它们的时候，把它们和来自这些事件及有关事件的语义的一般性知识放在一起，形成了回忆时的重构活动。"[1] 在档案记忆加工活动中，不仅编研性加工（专题化提取、开发）具有记忆重构功能，整理性

---

[1] 乐国安：《论现代认知心理学》，黑龙江人民出版社1986年版，第267页。

加工（系统化整理、存储）也同样具有重构功能。

档案整理性加工涉及对档案的鉴定、归档（收集）、整理（整序）、保管等工作，它们一方面决定着档案的留存与销毁，另一方面也决定着档案文件之间历史联系的建立，其中都渗透着档案工作者的历史观、政治意识和价值选择，潜含着对社会记忆的建构。各种档案组合或档案记忆体，既是加工的结果，也是社会记忆重构的结果和体现。档案编研加工是对档案记忆进行专题选择、提取和重新组织的过程，其重构功能也是非常明显的。"提取出（即回忆出）的信息——特别是对于内容复杂的信息——不是'恢复'出来的，而是在'输出'时根据一定的'主题'和线索组织起来、建构起来的。"①

档案记忆加工对社会记忆的建构/重构是一个反复循环的过程，档案记忆再生产之所以突出"再"字，就在于通过加工，实现对"社会记忆不同层次、内容的多元化重构，生成以新内容、新结构、新形态为具体表现形式的'新'记忆"②。

4. 记忆控制功能

米歇尔·福柯曾说："记忆是斗争的重要因素之一……谁控制了人们的记忆，谁就控制了人们行为的脉络……因此，占有记忆，控制它，管理它，是生死攸关的。"③ 档案记忆加工无论在实体上，还是内容或意义上都发挥着社会记忆的控制功能。

一方面，通过档案记忆整理性加工，实现对档案记忆资源的实体管控，避免记忆流失或社会遗忘。保罗·康纳顿说"可怕的不仅在于侵犯人的尊严，而且还在于这样的恐惧：可能再也不会有人真实地见证过去"④，这句话既可用于极权统治对被征服者记忆的剥夺，也可用于社会记忆的流失，流失便意味着没有人能真正见证过去。因此，在社会转型的今天，对

---

① 李伯聪：《选择与建构》，科学出版社2008年版，第89页。
② 张燕：《新媒体时代档案记忆再生产转型研究》，上海大学，博士学位论文，2020年，第142页。
③ 转引自陈蕴茜《崇拜与记忆——孙中山符号的建构与传播》，南京大学出版社2009年版，第559页。
④ ［美］保罗·康纳顿：《社会如何记忆》，纳日碧力戈译，上海人民出版社2000年版，第11页。

濒危记忆资源的抢救和保护显得尤为重要。另一方面，建立在记忆资源基础上的对档案记忆内容和意义的控制，无论是正向控制还是反向控制，也无论是内隐控制还是外显控制，都需要通过记忆加工来实现。存与不存、用与不用、如何使用、作何使用等，都是在对社会记忆进行控制。

（四）档案记忆加工的内在机制

社会记忆研究中人们多关注记忆建构的社会机制，相关论述已足够充分，这里重点对档案记忆加工的内在机制作一探讨，以反映档案记忆加工行为、过程、结果中各种因素的相互作用。

1. 选择、理解与组合的有机统一

"当我们将档案建构社会记忆视为一种过程或行动时，可以发现其中包含着复杂且相互关联、相互交织的'动作'，如存储、提取、选择、排列、组合、解释（诠释）、改造、叙述、表达、传播等等，它们构成了社会记忆建构的内在机制。"[①] 从档案记忆加工行为看，其核心可以概括为选择、理解和组合三种机制的内在统一。

选择是主体行为的重要机制之一，它既内化在档案记忆生成环节中，关系到哪些记忆被档案化、哪些记忆被选择下来留存归档，也内化在档案记忆加工过程中，关系到档案记忆信息的提取、鉴定、评价、确认、保存等，是一个连续性的判定和择取行为，以确保存储下来的档案或加工而成的档案记忆产品符合主体的现实与长远需要。

理解是选择的基础，选择是理解的目的。理解作为主体的行为机制，在档案记忆加工中涉及主体对档案记忆加工行为的理解（为什么做这件事），也涉及对档案记忆材料价值的理解（为什么留存这些档案或选编某一专题），更涉及对档案记忆材料之间关系的理解（档案记忆材料之间的历史联系是什么，为组合提供思想准备）。对档案记忆行为、记忆内容无法理解，就不可能产生有意识的加工行为。

组合是对选择、理解结果的实施行为机制，只有选择、理解，还难以达到加工目的，也难以体现加工结果。通过组合，把选择、理解的结果固

---

① 丁华东：《档案与社会记忆研究》，人民出版社2016年版，第188页。

化下来，才能形成有序的档案记忆体，表达和表现加工成效。

选择、理解、组合机制也体现在对记忆对象（事项）的内容加工或叙事中，记忆信息加工与记忆对象叙事彼此互涵，只是分析角度不同而已。

2. 主体能力与客体对象的有机统一

"社会记忆正是人作为实践主体对历史地形成和发展的主体能力和本质力量进行确证、保存、占有和延续的内在机制。"[1] 从另一视角看，主体能力也是社会记忆或记忆加工的内在机制。档案记忆加工作为主体的一种能动行为，其主客体作用关系及其有机统一主要表现为客体主体化和主体客体化双向运行的行为、过程和结果。

在档案记忆加工行为中，主体（包括个体和群体）处于主导地位，主体能力（包括认知水平、知识背景、技术手段、价值观念、历史意识、思想情感、意识自觉等）决定着人们对社会实践活动中生成的档案记忆的捕获范围、捕获力度、加工方式、加工思维，使档案记忆按照主体理想的，符合主体目的、目标、价值、思想和情感需求等方式加以存储和开发，使客体打上主体的"烙印"。"从历史活动的主体的角度来看，一切物质财富和精神财富都是人的创造性活动的产物，是人的主体能力的外化、对象化、物化的外在表现和现实确证。"[2] 客体对象既是记忆加工的物质基础（原料），也是加工的目标条件（能够加工出什么产品）。在档案记忆加工中，档案记忆资源的数量、质量、属性一方面对主体能力提出必然性要求，如面对甲骨档案、简牍档案，档案记忆加工主体需要怎样的素养，人们可以想象；另一方面也决定着主体实施的加工行为，如在新媒体环境下，"档案记忆加工主体转向社会化、多元化、协同化；档案记忆加工形态趋向视觉化，并以空间记忆、影像记忆为代表；档案记忆加工方式更加强调数字化、叙事化、创意化、融合化"[3]。在加工活动中，主体逐步融入客体之中，实现主体客体化，成为某方面专家，才能充分感知档案记忆的历史温度和历史情感。

---

[1] 孙德忠：《社会记忆论》，湖北人民出版社2006年版，第24页。
[2] 孙德忠：《社会记忆论》，湖北人民出版社2006年版，第24页。
[3] 张燕：《新媒体时代档案记忆再生产转型研究》，上海大学，博士学位论文，2020年，第158页。

主客体之间的相互作用关系及有机统一，是一切社会实践活动的内在机制，但不同具体实际中有不同体现和表述。

3. 形式转化、内容叙事与意义阐释的有机统一

生产结构（对象结构）与生产过程在档案记忆再生产中彼此交织，在生产全过程的各环节中都会产生记忆再生产对象结构（形式—内容—意义）的转换和变化，但相比较而言，加工过程是由档案记忆原料（原生档案记忆）转变为记忆加工产品的过程，因此，记忆事项形式、内容、意义的转变在加工环节表现得更加突出和明显。

在档案记忆整理性加工和编研性加工过程中，相继形成案卷、全宗、分类、检索工具、馆藏、数据库、资源库、汇编、历史著述等不同的记忆加工产品，是原生记忆及其转化而成的次生记忆的不同档案记忆综合体，其中，尽管单份档案记忆形式或许未发生变化，但档案记忆组合形式变化是显著的，并产生多样的次生记忆或衍生记忆产品（检索工具、数据库、汇编、史志著述等）。在不同的记忆体内，档案记忆讲述着不同的"历史故事"：在案卷中，讲述的是一次活动的故事；在全宗中，讲述的是一个机构的故事；在汇编中，讲述的是某一专题的故事，等等。在每个不同层次的档案记忆体或记忆组合中，档案记忆被放入不同的"记忆框架"，赋予不同的意义。"档案记忆提取后，需结合外界的理解与社会框架变化，加以必要的重组与诠释，并使之具有不同以往的内容结构与影响力。诠释即是对档案记忆加工的内容进行解读，并赋予其意义的过程。"[①]

"记忆框架"既可指主体框架（社会群体），也可指"媒介框架"（档案资源或档案组合），不同的"媒介框架"中，档案记忆材料讲述着不同的故事，发挥着不同的价值和意义。档案记忆结构的变化是后文所要重点探讨和论述的内容。

三 档案记忆再生产的传播环节

"传播即存在，记忆即历史。"记忆总是与传播（传承、传送、传递）

[①] 张燕：《新媒体时代档案记忆再生产转型研究》，上海大学，博士学位论文，2020年，第140页。

相关联，阿莱达·阿斯曼指出："过去并非能够直接记起的，而是取决于意识行为、想象重构和媒介展现。因此记忆的中心问题就是再现。"① 记忆传播不仅直接涉及记忆的分享与重构，更涉及记忆的断裂与遗忘，传播就意味着分享、重构、传承，不传播就意味着控制、断裂、遗忘。马克思社会再生产理论中，在生产与消费之间有两个中介环节，即"分配"和"交换"，在档案记忆再生产中，可将其合并为"传播"，既有"分配"的意义（分享），也有"交换"的意思（沟通、交流），是档案记忆再生产过程中一个不可或缺的重要一环，也是档案记忆社会化的重要"关口"。没有传播，记忆再生产就会缺乏连续性而中断，社会记忆就会存在"流动性缺口"，乃至流入"忘川"。在当今媒体"宰制"日趋强烈的时代，从传播角度思考和探视档案记忆再生产及其过程，其理论价值和现实意义都极为重大。

（一）档案记忆传播及其内涵解析

"记忆"与"传播"的组配，在早期记忆研究中并不多见。在传统的认知心理学领域中，一般认为记忆是个体认知的最基本过程之一，是一种心理活动，只强调感知、存储、提取、识记和回忆，很少讨论传播传递。在社会（集体）记忆研究中，人们往往将记忆与传递、传承、传送、交流、沟通等关联在一起，强调记忆的沟通（沟通记忆）、交流（交流记忆）、传送、分享等，也很少使用"记忆传播"。

记忆与传播的关联，或者说记忆研究的传播学取向是20世纪末随着媒介记忆研究兴起出现的新景观。"作为传递信息、塑造规范、延续文明的载体，媒介对集体记忆的塑造和传播起到了关键作用，随着新媒体的涌现和蓬勃发展，媒介对集体记忆的影响从内容和形式上发生了巨大的变化"，一方面"大众媒介在集体记忆建构的过程中越来越占据核心地位。媒介和相关的技术正不断被认为是创造当下'记忆潮'的关键因素"；另一方面"随着以互联网为代表的新媒体的快速发展，记忆叙事的权力也逐渐从精

---

① 冯亚琳、[德] 阿斯特莉特·埃尔主编：《文化记忆理论读本》，余传玲等译，北京大学出版社2012年版，第117页。

英和主流媒体过渡到与普通民众的合力之中"。① 因此，社会记忆研究不只是涉及记忆传承问题，还涉及记忆的传递与传送、媒介生产与消费、记忆受众接受与反馈等问题。美国学者沃尔夫·坎斯特纳指出："集体记忆研究应该采用传播研究和媒体研究的方法，在研究关于媒体接受的问题时，尤应如此。"②

档案记忆作为一种刻写记忆、文本记忆、存储记忆，也是一种媒介记忆，将"传播"作为档案记忆再生产过程的一个独立环节加以分析，一方面因为"传"有"递、送、交、运、给、表达"等意思，"播"有广泛散布、扩散等意思，"传播"兼及信息传递、传送、扩散、传达行为，可以将记忆的传承、传递、传送统一起来加以考察，既分析思考记忆的时代性（代际）传承，也可以分析思考记忆的空间性传送/传递（分享）；另一方面可以将记忆传播与媒体（媒介）研究相结合，分析思考档案记忆与媒体传送关系，记忆再生产与媒介叙事、建构关系，以及媒介与记忆受众分享分配等关系，探测档案记忆再生产的连续性与记忆信息社会传播之间的内在联系。

传播是信息流动与接受的过程，邵培仁教授曾将传播定义为"人类通过符号和媒介交流信息以期发生相应变化的活动"③。根据这一定义，可以简单地将档案记忆传播理解为借助文字、语言、图像、影音、实物等不同符号表达，依据特定时空的社会框架，达成对档案记忆信息的传送、传递、扩散、活化与分享，并经由主体的选择性认同，实现受众记忆的再度建构或重构的行为与过程。

与一般信息传播的基本构成要素相同，档案记忆传播也是由传播主体、传播对象、传播媒介（途径）、传播方式等要素构成，其中：（1）传播主体既包括记忆的传播者，也包括记忆的接受者。记忆的传播者主要是作为档案记忆保存者、加工者的档案部门和档案人员，也包括其他社会活动的参与者（档案记忆生成者）或记忆传播过程中的中间参与者。档案记

---

① 陈振华：《集体记忆研究的传播学取向》，《国际新闻界》2016 年第 4 期。
② [美] 沃尔夫·坎斯特纳：《寻找记忆中的意义：对集体记忆研究一种方法论上的批评》，张智译，载李宏图选编《表象的叙述——新社会文化史》，上海三联书店 2003 年版，第 140 页。
③ 邵培仁：《传播学》，高等教育出版社 2000 年版，第 30 页。

忆的接受者主要是社会大众和社会机构，是记忆的消费者与再传者，与记忆利用者有内在统一性。（2）传播对象既包括原生记忆，也包括次生记忆。档案原生记忆经过提取可以直接进入传播环节（如档案公布），但多数情况下须依托记忆加工产品进行传播。档案记忆加工产品的发行、公布、刊布、播放等都属于档案记忆传播行为。（3）传播媒介既是记忆媒介，也是社会传媒。一般而言，传播媒介包括语言、书刊、报纸、广播、电视、电影、网络、智能手机等形式，是社会记忆赖以存在的条件或中介，也是"用以扩大并延伸信息传送的工具"。[1] 随着以影视、互联网、智能手机为代表的大众传媒的发达，媒介的记忆传播与形塑功能日益凸显，"媒介记忆"或记忆的媒介再生产成为时代性学术关注点。扬·阿斯曼指出，某种程度上正是电子媒介技术驱动下的剧烈时代变革，"使得记忆这个课题受到空前的重视"[2]。（4）传播方式既涉及主动传播与被动传播，也涉及传送对象的点面关系等。主动传播与被动传播是站在记忆存储者、拥有者、加工者角度看档案记忆的发出与传送，档案部门主动向社会公布、刊布或加工发行档案记忆产品可理解为主动传播，社会大众到档案馆查阅利用相关记忆，可理解为被动传播。档案记忆传播既可以是一对一的传送/传递，也可能是一对多或多对一的传送/传递。这四个方面是对档案记忆传播内涵所做的简要解析，在具体的记忆事项传播行为和过程中，可结合具体案例分析。

记忆传播作为档案记忆再生产环节之一，一方面，它充当了记忆生成、加工与记忆消费之间的中介桥梁；另一方面，在传播行为和过程中，在许多地方也与记忆生成、加工、消费等互化融合，传播过程也涉及记忆的生成、加工，某种程度上它也是消费行为；反之亦然，只是出于分析的需要，才单独加以考察。

阿莱达·阿斯曼在谈到"记忆中的历史"时曾追问"历史图像"是"如何在展览中被展出的，如何在大众媒介中被表现的"，并指出回答这一问题需要"我们从被表现的历史跨越到以物质形式传播再到以媒体形式传

---

[1] ［美］威尔伯·施拉姆、［美］威廉·波特：《传播学概论》，陈亮等译，新华出版社1984年版，第144页。

[2] ［德］扬·阿斯曼：《文化记忆》，金寿福等译，北京大学出版社2015年版，"前言"第1页。

播的历史"。① 档案记忆再生产也需要走进"传播"的记忆，以便揭示其再生产的特点和规律。

（二）档案记忆传播的记忆再生产特点

虽然人们以再生产思维对记忆传播加以阐释不多，但因其直接关涉记忆再造、传递性、连续性，涉及不同人群对记忆信息的分享、承继和意义理解等基本问题，因而内在地具有再生产的特质。从记忆再生产的角度看，作为档案记忆再生产过程的中介环节，档案记忆传播有以下突出特点。

1. 记忆对象的时空延展性

"传承"往往被视为社会记忆的本质所在，没有传承，记忆就会断裂甚至失忆。但在我们的思维中，传承大多是指时间的连续性或绵延性，即记忆在时间上的"过去—现在—未来"。档案界普遍认为，档案是"保护过去、记录现在和联系未来"的桥梁和纽带，档案工作的重要目的和宗旨就是保护前人和今人留存下来珍贵的档案记忆，为未来留下宝贵的历史文化和精神财富，"让历史告诉未来"。传承是档案记忆时间延展性的一种体现，也是档案记忆传播的特点之一。正是在前人的档案记忆再生产和历史传承中，我们才能够接受和留存丰富的档案文化遗产，富集而成雄厚的档案记忆资源。

档案记忆传播不只是档案记忆的历时性传承，还包括共时性（当下性）的传递和传送，即将档案记忆传送、传达至不同性质、不同地域的人群，扩大记忆共同体范围和人群数量，形成更广泛的"集体记忆的社会框架"。共时性传递传送是信息传播或大众传播所强调的传播思维取向，可以将其称为记忆传播的"空间性扩散"或空间延展性。

因此，档案记忆传播既体现出记忆的历时性传承特点，也体现出记忆的共时性传递扩散特点，使不同时空中的记忆主体（接受者）获得和分享记忆信息，正是在记忆人群时空延展的基础上，档案记忆及其记忆主体被生产和再生产出来。

---

① ［德］阿莱达·阿斯曼：《记忆中的历史》，袁斯乔译，南京大学出版社2017年版，第4页。

2. 记忆主体的互动交流性

传播并非单向度的信息传播者对信息接受者的影响行为和过程,而是一个相互影响、相互作用的行为和过程。坚持"目的、影响、反应说"的美国心理学家霍夫兰(Carl I. Hovlan)认为,传播是某个人(传播者)传递刺激(通常是语言的)以影响另一些人(接受者)行为的过程,而要达成对他人的影响,必须接受者做出积极的反应或反馈。在社会记忆研究中,记忆主体的沟通交流一直被视为社会记忆建构的社会机制,面对社会记忆接受主体的缺失,坎斯特纳提出"在潜在记忆变为真实的集体记忆而产生接受的时刻",需要将注意力集中于记忆制造者、记忆使用者和记忆的视觉表象上,思考"在一大堆有关过去的标准的叙述和意象中的选择(是如何)得以产生并被采用",并在此基础上建构意义的。①

档案记忆再生产传播中既涉及记忆传播主体(传播者),也涉及接受主体(接受者),两者之间虽然交流互动不够明显,但也潜在地存在着。在档案管理信息系统创建过程中,强调"信息反馈";在档案材料编研出版中,强调社会需求、用户需求和用户反应等;在档案陈列展览中,强调讲解者与参观者的互动交流,等等,都体现出档案记忆传播中的主体互动交流特点,在主体的互动交流中,建立"共同的意识",实现记忆主体"互渗"和意义再生产。当代新媒体的发展也带来主体的交互性转化,记忆接受者可以成为记忆传播者,参与到记忆传播过程中,如马克·波斯特(Mark Poster)所言,"这种新型互动性在根本上改造着主体"。②

3. 记忆意义的再度重构性

英国学者霍尔(Stuart Hall)认为,"传播是意义生产和流转的过程,意义透过媒介的语言符号得以呈现"③;美国实用主义创始人皮尔士(C. S. Peirce)也将传播理解为"观念或意义(精神内容)的传递过程"。

档案记忆传播中记忆对象(事项)的形式、内容和意义都在同时发生变化和再生产,其中形式的变化和再生产表现为记忆媒介的改变和记忆信

---

① [美]沃尔夫·坎斯特纳:《寻找记忆中的意义:对集体记忆研究一种方法论上的批评》,张智译,载李宏图选编《表象的叙述——新社会文化史》,上海三联书店2003年版。
② [美]马克·波斯特:《第二媒介时代》,范静哗译,南京大学出版社2000年版,第47页。
③ 章辉:《伯明翰学派与媒介文化研究》,河南大学出版社2016年版,第70页。

息的迁移（"文本再造"），使得记忆在不同媒介之间加以流动。内容的变化和再生产表现为各种媒介叙事的选择性呈现，提供特定的历史叙事，成为人们认识历史的工具，一方面通过对重大事件的报道，使人们通过媒体了解到无法亲身经历但可以"目击"的媒体事件，获取相关的记忆信息；另一方面通过多种形式，媒体将历史进行再现，选择性地进行报道，扮演着"公共历史学家"的角色。① 与形式、内容相比，档案记忆传播更核心和更关键的是指向内容背后的意义变化与再生产。"媒体记忆蕴含了人与社会的关系，其所表征、传递的意义反映并作用于社会的深层结构。由此，档案记忆的意义再生产问题因媒体传播与记忆建构对意义的共同关注得以凸显。"② 记忆传播的形式变化与叙事选择围绕着意义的再度重构而展开，而意义的再度重构则又往往与现实的意识形态和主流价值观念相一致。"传播实际上内化成了文化再生产的一部分，它使文化再生产所生成的意义得以进入公共话语意义体系之中，并为主流文化所认可。"③ 正是由于记忆意义的重构，记忆传播影响并引导着人们的世界观、历史意识、精神活动和行为方向。

（三）档案记忆传播的记忆再生产功能

与个体深藏于心灵的记忆不同，社会记忆栖身于媒介之中，通过媒体表达、呈现出来。"我们的社会，没有传播媒体的现实的与符号的媒介作用，国家与社会（及其关系）是不可理解的。矛盾的是，媒体转瞬即逝，没有记忆和反记忆，因为，如它们所见，它们是惟一的记忆。"④ 档案记忆传播与其记忆再生产特点相关联，也具备多方面再生产功能。

1. 记忆活化功能

阿莱达·阿斯曼在谈到存储记忆与功能记忆时说："一个和存储记忆

---

① 陈振华：《集体记忆研究的传播学取向》，《国际新闻界》2016年第4期。
② 张燕：《新媒体时代档案记忆再生产转型研究》，上海大学，博士学位论文，2020年，第145页。
③ 岳翀玮：《新媒体用户的文化再生产过程分析》，《今传媒》2018年第8期。
④ [阿根廷] 弗朗西斯科·德利奇：《记忆与遗忘的社会建构》，陈源译，《第欧根尼》2006年第2期。

脱节的功能记忆会沦落为幻象，和功能记忆脱节的存储记忆会沦落成一堆没有意义的信息。"① 记忆传播是档案记忆从存储记忆走向功能记忆的方式和手段，也是档案记忆获得生命力和现实性的重要保证。

根据档案记忆形成规律，随着社会记忆档案化产生档案记忆文本之后，档案记忆就拥有了相对独立于其生成者的物态（物质）属性，成为一种存储记忆或文本记忆的档案记忆体，脱离开原有生成背景和生成关系，没有开发、加工、传播，或者即使开发、加工后没有传播，档案记忆就成为沉埋、封闭的信息或记忆资源，被称为"死档案"。"当记忆无法恢复与产生它们的现实之间的联系，从而无法获得更新时，记忆也就变得贫乏而凝滞了。"② 要将"死档案"变成"活信息""活记忆"，必须加工、传播，使其复活、再现，重新开启生命的运动，再现其现实价值和意义。

传播是档案记忆社会化、记忆生命力和能量释放的体现，传播范围越广、传播速度越快、传播力度越大，档案记忆社会化力度才越强，能量才能得以充分释放，记忆生命力才会尽显其强盛。

2. 记忆展演功能

"展演"与"活化"是同一事物的两个方面：展演既是活化的行为表现，也是活化的显示结果；同样，活化既可理解为展演的本质表现，也可理解为展演的结果表现。但"展演"更具有动感性和直观性，也更符合传播学语境下档案记忆再生产的外形化、媒介化、可视化表达，因而将其作为档案记忆传播的记忆再生产功能表现之一。

展演"既是一种文化的象征形式，也是一个记忆系统"③。展演具有展出、展示、展览、演示、演出、演播、操演等意思，作为传播的表现、结果和功能表现，展演能够让档案记忆获得"形象的感知"与历史再现。

档案记忆传播行为一般地均具有记忆展演的性质和功能，无论是档案原生文本，抑或经过复制、仿真、拍摄、编辑、制作等加工转化形成的纸

---

① [德] 阿莱达·阿斯曼：《回忆空间》，潘璐译，北京大学出版社2016年版，第156页。
② [法] 莫里斯·哈布瓦赫：《论集体记忆》，毕然等译，上海人民出版社2002年版，第178页。
③ [美] 保罗·康纳顿：《社会如何记忆》，纳日碧力戈译，上海人民出版社2000年版，第108页。

本、图籍、图册、声音、影像视频等，其公布、出版、刊载、展览、播放、上网，都是档案记忆传播行为，也是其展演行为，在让受众阅读、观看、听闻中，实现档案记忆的传送、传达、传承，实现档案记忆的再生产。

3. 记忆分享功能

如果说集体记忆是一个特定社会群体的成员共享往事的过程和结果，那么记忆分享（或共享）则是记忆传播、交流的目的，也是形成集体记忆的基础条件。没有传播，记忆信息交流、分享的中介或条件被阻断，个体记忆无法转化为集体记忆，记忆共同体就难以形成，由此群体认同、社会凝聚、人类主体能力与本质力量的提升等都缺少内在动力。上升到人类生命发展的源头看，没有记忆的交流分享，人类社会就不会存在。

在社会记忆研究中，人们都十分强调记忆共享与身份认同、群体归属、社会凝聚之间的密切关联，将记忆共享视为身份认同、群体归属、社会凝聚的一个内在变量和必要条件。扬·阿斯曼认为集体的认同建立在成员分享"共同的知识系统和共同记忆的基础之上"[1]；美籍犹太人哲学家阿维夏伊·玛格利特（Avishai Margalit）也指出，集体通过操作共享记忆的符号而形成记忆共同体，由此强化群体的身份认同而使集体处于团结的关系网络中，其中"共享记忆"发挥了核心作用。[2]

传播的本质是分享或共享，"是变独有为共有的过程"（戈德语）。档案记忆传播借助媒介，变为"具有可感知性的感性形式"，具有"可传递性、可继承性"，通过传播分享，形成共同的认知、理解、价值和意义，并构成一种历史的循环、积累和"共识"，从而实现记忆共同体的身份认同，增强社会凝聚，并推动人类主体能力和本质力量的提升。

4. 记忆控制功能

传播学认为人的传播活动既然极具个性，自然存在着个人意志的控制。传播如果发生在与他人、团体的联系方面，传播主体的社会性、组织系统以及基于互动关系之中的利益关涉，会使传播的控制犹如传播活动一

---

[1] ［德］扬·阿斯曼：《文化记忆》，金寿福等译，北京大学出版社2015年版，第144页。
[2] ［以］阿维夏伊·玛格利特：《记忆的伦理》，贺海仁译，清华大学出版社2015年版，第63—87页。

样无处不在。

档案记忆传播既是社会政治控制的一部分,也是对社会历史文化、政治意识形态控制的方式之一,始终扮演着"把关人"的角色。作为权力掌控下的社会(记忆)控制工具,可以随时告诉传播接受者想让他们知道的历史事实,同时阻断不想让他们知道的历史事实。档案记忆传播也同时存在社会记忆控制的双重模式:正向控制与反向控制。正向控制即引导性控制或宣导式控制,以某一社会中主流的社会历史意识和社会需求为导向,通过提供、展示档案记忆信息,形成符合社会主流意识形态的、占主导地位的强势记忆和记忆中心,从而起到对社会政治思维和社会历史意识的控制,巩固或强化既存的社会秩序;而反向控制则是通过遮蔽历史、割断记忆,或改造记忆传播内容,使大众无法接触与历史真相相关的信息,从而达到对民众社会历史意识的强制性控制,以巩固或强化既存的社会秩序。[1]档案记忆传播的控制功能与记忆活化、记忆展演、记忆分享、记忆的意义重构等都具有内在的关联性,它们相互配合,统一于档案记忆传播行为和过程之中。

(四) 档案记忆传播的内在机制

传媒作为建构社会记忆的重要渠道和必不可少条件,在不同的社会框架下进行着历史叙事和意义生产,形成了社会记忆传承、建构、控制的独特模式和绚烂风景。法国学者皮埃尔·索尔兰曾描绘道:"过去的一些素材在日常生活中漂浮,我们每每与它们相遇,但是,尽管它们十分丰富,这些过去的遗留没有形成一种共识的基础。集体记忆这些现成概念的使用伴随以下的信念:这个匿名的巨大贮藏库、这个所有人的或没有人的'精神'对四面八方开放,电影、电视、报纸、广告和宣传在其中堆积它们的画面,为过去发生之事创造一种标准的景观。"[2]

记忆传播及其传媒不只是承载着过去的、与记忆信息相关的中性载体,而是一个可让人处处感知却又难以捕捉、描述的"记忆之场",既是

---

[1] 丁华东:《档案与社会记忆研究》,人民出版社 2016 年版,第 233—236 页。
[2] [法] 皮埃尔·索尔兰:《一种没有回忆的记忆》,刘云舟译,《东南学术》2005 年第 6 期。

个体记忆转化为群体记忆、共享记忆的沟通交流之场,更是社会记忆分享、争夺、控制、屏蔽的权力博弈之场。或许正是因为媒介的强大"记忆形成力",人们才越来越将媒介记忆作为社会记忆的一个专属领域或独特取向加以探讨。媒介记忆场的复杂性使档案记忆传播中潜藏着几乎所有管控、促进、制约社会记忆再生产的要素和机制,其内在机制的分析显得尤为困难,这里仅从三方面对其作一探视。

1. 资源导入机制

传播作为一种信息交流的行为和过程,其核心是"信息"或"讯息"。美国学者哈罗德·拉斯韦尔(Harold Lasswell)就曾以一句话震撼学术界并确立其在传播学中的创始人地位——谁?说些什么?通过什么渠道?对谁说、有什么效果?[1] 档案记忆传播即是档案记忆生产者(生成者或加工者等)将档案记忆(传播信息或内容)在经过整理加工后通过传媒向社会输出输送,并通过传媒这一中介传送传达到记忆接受者的行为和过程,在此过程中,如何将档案记忆资源导入或输送给传媒,是传播的前端环节,也是影响档案记忆传播的内在机制。

档案记忆一般地也可以看作社会记忆媒介,同时它作为一种社会记忆形态,更重要的则是记忆传播的内容或资源,在传播学中被称为过去信息。"过去信息是一种回顾性、历史性、昔时性的社会信息,是对早已发生的自然现象和社会现象的记录、描述和反映。"[2] 档案记忆传播中如何向传媒导入或输入档案记忆资源,导入或输入什么样的记忆信息,既关涉档案记忆生产者的目的、意图、利益需求和价值导向,也关涉社会的权力结构、社会情境、个体与社会情感等。因此,资源导入机制可以简单说就是加记忆生产者(个体或群体)选择符合自身价值取向和利益诉求的档案记忆资源进行推介传播,而控制不利于自身利益的记忆资源外传,它直接影响到档案记忆的内容叙事和意义再生。

2. 媒体审查机制

守门人和守门理论是传播学中富有特色的理论之一,其核心要义是指

---

[1] 邵培仁:《传播学》,高等教育出版社2000年版,第14页。
[2] 邵培仁:《传播学》,高等教育出版社2000年版,第112页。

社会各类媒介组织（报纸、杂志、广播、电视、互联网等机构）在大众传播过程中对信息（特别是新闻）的把关作用，是对"一个由信源到受众这样复杂的新闻运转过程中的写作、修改、删节、合并、舍弃、过滤、扩充、编辑等守门现象的描述和分析"①。媒介组织对传播信息的把关作用可以称为媒体审查机制，它内在于各类信息传播行为中，决定着媒体的社会控制和导向功能，在大众传播时代尤为显要。

档案记忆传播一方面是记忆生产者的选择输入过程，另一方面也受媒介组织的把关审查。在档案记忆传播行为中，媒介部门同样充当信息守门人的角色，决定着哪些档案记忆信息可以传输给社会，哪些档案记忆信息传播必须予以"限制""遏制"。沃尔夫·坎斯特纳说："所有的记忆媒介，尤其是电子媒介，既不是单纯地反映集体记忆，也不是单纯地决定集体记忆，但是，它们却不可摆脱地被卷入集体记忆的建构和演变之中，注意到这些是至关重要的。"② 媒介/媒体"卷入社会记忆建构和演变之中"包含着多层含义，既是承载和表现记忆，也是作为一种作用机制对记忆传播内容加以审查把控。

传播学者盖尔顿（Johan Galtung）和鲁奇（Mary H. Ruge）认为，守门人在决定选择或拒绝新闻内容时是有一定的标准的，传播媒介对档案记忆的审查把关标准即是社会记忆建构所表现出的各种原则和宗旨——主流意识形态、社会观念、权力意志等，通过审查机制，直接实现与社会记忆建构机制的对接，使档案记忆再生产符合社会主流意识形态和权力意志的需要。

3. 受众接受机制

受众是信息传播的"目的地"，也是传播效果的"显示器"。作为构成传播过程两级的一方，受众在传播中占有十分突出的地位，他们既是信息产品的消费者，也是传播符号的"译码者"和传播效果的反馈者：传播者—编码—信息—媒介—讯息—译码—受众—反馈，形成一个完整的、闭环式的信息传播链条，其中传播者将采集到的信息编制成符号，使其成为

---

① 邵培仁：《传播学》，高等教育出版社2000年版，第91页。
② [美]沃尔夫·坎斯特纳：《寻找记忆中的意义：对集体记忆研究一种方法论上的批评》，张智译，载李宏图选编《表象的叙述——新社会文化史》，上海三联书店2003年版，第163页。

传播的讯息（信息）；然后讯息进入传播媒介为受众所接收，受众对符号进行还原或"翻译"，赋予意义并接受和反馈。

受众对信息的接受过程是一个认知、选择、加工、认同和内化的过程，首先，受众必须对信息具有一定的认知和共同的经验，能够识别和理解信息，并在此基础上将信息进行"翻译""还原"为一定的意义，才能变成"现实的"信息，成为社会意识和个人意识不可分割的一部分[1]；其次，受众的信息接收也是一个选择性的行为，是受多种因素影响的复杂心理现象。"受众的心理现象既包括接受需要、动机和心理效应、心理倾向，还包括受众信息接受的内在操作机制，其中最引人瞩目的是内在选择或选择性心理，它包括选择性注意、选择性理解和选择性记忆"[2]；"受众记忆的结果，常常是只记忆那些有意义的、符合需要的、对己有利的和自己愿意记住的信息，同时忽略或抑制那些无意义的、附加的、不利的和不愿意记住的信息"[3]。

受众在信息接受过程中对记忆信息的认知、选择、加工、认同和内化，构成档案记忆传播的受众接受机制，其结果一方面是选择性认同和接受媒介传播的档案记忆信息，从而保持与主流社会意识的一致性，使个体或群体意识得到强化；另一方面，也可以通过选择性的漠视、回避、拒绝等，保持对档案记忆的沉默，或者通过自己的重新理解、加工、制造，生产与主流记忆相抗争、对抗的"反记忆"。主流记忆与支流记忆、记忆与反记忆的"斗争"由此展开。

四 档案记忆再生产的消费环节

在马克思社会再生产理论中，消费处于一个非常重要和突出的地位，既是社会生产的目的，也是社会生产的归宿。"没有生产，就没有消费；但是，没有消费，也就没有生产，因为如果没有消费，生产就没有目的。"[4] 档案记忆再生产作为社会（记忆）再生产的特定领域，它由人类行

---

[1] 邵培仁：《传播学》，高等教育出版社2000年版，第197页。
[2] 邵培仁：《传播学》，高等教育出版社2000年版，第217页。
[3] 邵培仁：《传播学》，高等教育出版社2000年版，第220页。
[4] 《马克思恩格斯选集》第2卷，人民出版社2012年版，第691页。

为目的、动机和需求所引发，指向记忆消费或利用，"反过来作用于起点并重新引起整个过程"①。在不断地累积、复活、内化和自我改造中，实现人类主体能力与本质力量的提升，也推动档案记忆再生产的往复循环。"档案记忆再生产可视为一种记忆消费者主动参与的社会记忆建构机制。这将真正将（使）档案记忆深入至人类精神世界，并转化为现实的关切、认知与行动。"②

（一）档案记忆消费及其内涵解析

20世纪，随着工业社会发展，消费问题在社会再生产过程中日益凸显，记忆消费成为一种广受关注和批判的文化现象或文化景观。阿莱达·阿斯曼指出："历史的中心由此从大学转移到了市场的文化企业中。这同时也意味着，历史演变成为一个非常重要的经济因素。在学术、休闲和体验社会中，文化，特别是历史，成为市场的组成部分。"③ 勒高夫在批判当代社会对历史记忆的颠覆时也写道："研究、搜救和颂扬集体记忆不再是在事件中，而且在经年累月中，寻找这种记忆也不再是在文本中，而是在话语、图像、手势、仪式和节日中，这是历史视角的一种转换。广大公众也参与了这种转换，这是害怕集体记忆缺失情况下的一种转换。'怀旧'是害怕失去记忆、害怕集体记忆缺失的一种拙劣的表现，且被记忆商贩无耻地加以利用，记忆变成了消费社会的消费品之一，而且销售势头良好。"④ 有学者说："我们生活在一个马克思所说的金钱成为世俗上帝的时代，就连记忆也难逃出商品的逻辑，无论是个体记忆还是有关民族历史的集体记忆，都会与生产和消费这两个貌似无关的商业环节结合在一起。"⑤

---

① 《马克思恩格斯选集》第2卷，人民出版社2012年版，第689页。
② 张燕：《新媒体时代档案记忆再生产转型研究》，上海大学，博士学位论文，2020年，第170页。
③ ［德］阿莱达·阿斯曼：《记忆中的历史》，袁斯乔译，南京大学出版社2017年版，第154页。
④ ［法］雅克·勒高夫：《历史与记忆》，方仁杰等译，中国人民大学出版社2010年版，第108页。
⑤ 王炎：《奥斯威辛之后——犹太大屠杀记忆的影像生产》，生活·读书·新知三联书店2007年版，第15页。

记忆消费现象批判虽以经济现象学或文化现象学视野展开，但也促发我们对档案记忆生产与消费问题的思考，将消费（者）纳入档案记忆再生产分析框架，探讨揭示档案记忆消费的一些基本问题和内在机制。

传统档案学虽然将"利用"作为档案管理的一个环节，但更多是从"利用服务"或"提供利用"角度探讨档案馆内部的管理或服务工作。档案记忆消费虽然也属于档案的利用行为，但赋予档案利用更多的利用者主体意涵，是一种分析理解用户行为、用户心理、利用效果的新视角。结合人们对文化消费、精神消费等概念的理解，可以初步将档案记忆消费定义为人们对档案记忆、档案记忆产品或档案记忆性服务的接受、占有、理解、享用、使用行为的过程和结果的总称。

（1）消费者（利用者）。既包括传统档案用户，也包括接触接受档案记忆产品的读者或观众；既有作为群体消费者的机构，也有作为个体消费者的普通公民个人。从对档案记忆的接受和使用看，档案记忆加工者和传播者也是记忆的消费者。

（2）消费对象（利用对象）。档案记忆消费对象是指档案记忆消费所涉及的产品对象，与档案利用对象直接指向档案原件不同，档案记忆消费对象包括作为原生记忆的档案和经过加工而形成的各种次生档案记忆产品。

（3）消费意图（利用意图）。消费意图是指消费者出于何种目的动机或利用需求去占有、享有、使用档案记忆。在古代社会，档案记忆消费意图常常涉及资政、治史（编史）、教化；在当代社会，档案记忆消费意图更多地涉及凭证/证据使用、历史借鉴、政治斗争、资政参考、科学研究、文化传播、知识学习、娱乐休闲、情感满足、经济建设、社会管理等。消费意图导引消费行为方向，直接指涉档案记忆意义再生产。

（4）消费过程（利用过程）。消费过程是由消费者对档案记忆消费利用所开展的一系列行为活动，包括接受、占有、理解、享受和使用等。与传统意义上对档案利用行为与过程理解不同，档案记忆消费的"接受"与记忆传播相衔接，通过接受使档案记忆真正被消费者"据为自有"（占有）；通过对记忆的占有和理解，实现记忆的"为我"转化，或者说对记忆的消化吸收、内在转化，成为一种享受性、生产性或创造性资源，最终为用户享受和使用。因此，档案记忆消费过程是一个记忆内容与意义被主体理解并内在转化的过程，也是一个档案记忆价值实现的过程。

(5) 消费结果（利用结果）。消费结果是档案记忆享受、使用的影响效果，也是档案记忆价值与意义的最终体现。档案记忆消费结果既涉及对个体自身行为、心理、情感、意识等的内在影响，也涉及对群体（包括组织、国家、人类共同体）的历史意识、身份认同、团体凝聚、社会结构、社会运行等的影响；既是群体团结的"凝固剂"，也是群体冲突的"催化剂"。

档案记忆消费与档案记忆再生产其他环节（生成、加工、传播）之间存在复杂的相互作用关系，一方面，档案记忆生成、加工和传播为记忆消费提供了基础和条件，记忆消费是记忆生成、加工、传播环节的延伸，也是档案记忆价值和意义的最终实现；另一方面，"消费为生产创造作为内在对象，作为目的的需要"，"为生产提供想象的对象"。[①] 马克思把这种"目的的需要"看作"生产的前提"，正是在这个前提下，人们才开始生产，并通过生产，使消费在观念上创造或提供的想象的内在对象（观念的目的），转化为外部实现的对象（现实的结果），从而使消费的需要得到现实的满足。[②]

(二) 档案记忆消费的记忆再生产特点

档案记忆消费遵循社会（记忆）再生产整体的运行逻辑，既处于记忆再生产过程的终点，也处于下一个记忆再生产过程的起点；从消费过程内部看，档案记忆消费作为档案记忆理解内化或主体内在转化的过程，也是真正实现档案记忆唤醒、回忆、重现的再生过程，具有记忆再生产的特质。从记忆再生产角度看，档案记忆消费不同于其他物质与文化消费，其特点主要表现在以下几个方面。

1. 精神性消费与物质性消费的统一

记忆就其内容与本质而言是与心理、情感、认知、历史意识、集体思维、文化观念、意识形态等相关联，总体上呈现出精神性的特性，属于非

---

① 《马克思恩格斯选集》第2卷，人民出版社2012年版，第693页。
② 参见夏甄陶《认识论引论》，人民出版社1986年版，第128—129页。

物质范畴,因此,档案记忆消费也表现出精神性消费的整体特征。与一般物质性消费不同,"它更多与消费者的认同、心理文化需求相联系,积淀在消费者的心理图式和行为方式中,衍生为一种包括消费者先验的知识、情感、个体体验、经历等共同形成的惯习,或者说参与形塑共享记忆框架"①。

但档案记忆的消费也并非纯然是一种精神性活动,一方面由于档案记忆是社会记忆物态化成果,它凭借一定的媒介而存在,因而档案记忆消费总是依托于一定的物质性实体(各种报刊资料、画册影集、文献汇编、影像制品等)才能展开,具有文化产品消费的物质性特点。法国历史学者亨利·卢瓦雷特在谈到埃菲尔铁塔的记忆消费现象时曾指出:"自1939年起,罗密清点了世人在这场铁塔谵妄中的处境,他罗列出打上铁塔烙印的各种物件:盘盘碟碟、卡芒贝尔干酪包装盒、葡萄酒瓶、小蜡烛盘、丝巾、胸针、字谜游戏、镘刀、灯具、彩色墙纸和明信片";"它无所不在,但一直在演变,它能够紧跟一个世纪的记忆,无论事件的大小,无论是作为一曲歌谣,还是一个绘画题材"。② 在档案记忆消费上,也可以罗列出许许多多的档案记忆产品或制品:《巨人之声》盒式录音带、《周恩来外交风云》电视文献纪录片、《档案文献光盘库》等。今天,随着文化市场的发展,人们也在研究档案记忆的文创开发,满足档案记忆消费的多元化需求。

精神性与物质性统一,使档案记忆消费既作为国家文化建设的重要组成部分,也使其被经济活动所利用,使档案记忆市场化、(经济)资本化成为可能。

2. 被动性消费与主动性消费的统一

从一般意义上说档案记忆属于受控记忆和受控信息,传统上主要由官方主导的档案机构所掌控,对于何种档案记忆可以进入消费渠道和消费环节,以何种方式和何种深度使消费主体得以占有与使用,显示出一种阶级

---

① 张燕:《新媒体时代档案记忆再生产转型研究》,上海大学,博士学位论文,2020年,第172页。
② [法]亨利·卢瓦雷特:《埃菲尔铁塔》,载[法]皮埃尔·诺拉主编《记忆之场》,黄艳红等译,南京大学出版社2015年版,第219—228页。

意识与政治意志。随着民主社会的推进和公共服务理念的深化，档案开放利用程度虽大为改观，但档案记忆消费中潜在的、预设的各条边界仍然存在。不仅在国家层面，即使社会组织、民间层面，档案记忆的开放利用和加工输出方式也是受到控制的。档案记忆消费者在何种程度，以何种方式，能够接受、获得和使用哪些档案记忆及其产品，存在很大的被动性。

但档案记忆消费中，消费者也并非全然是被动的，也有其内在主动性一面。消费者可以有选择性地接受符合自身需要的档案记忆，对某些不符合自身需求的记忆予以拒绝、回避、无视；同时，记忆消费作为主体理解内化的行为和过程，消费者可以对记忆的内容和意义重新加工、建构、创造，获得主体的精神满足和生成新的记忆叙事、记忆意义，反馈社会，消费者成为加工者、建构者或传播者，使记忆消费成为记忆再生产的积极行为。

档案记忆消费主体被动性与主动性的统一，既有利于形成共同的记忆框架，但也可能导致共同的记忆框架破碎，产生非主流记忆、多元记忆，甚至"反记忆"。坎斯特纳说："自从历史消费在时空上变得越来越不连续和越来越破碎，记忆共同体也许很难在对特定事件的共同解释的基础上形成。消费者通过个人的，有选择性地获取媒体来互相联系，这种情况逐步增加。因此，媒体、它们的结构以及它们所保障的消费惯例，也许体现出个人历史意识中最重要的共同部分，尽管这种非对抗的、半意识的、无法参考的和分散的过程极度难以在事实之后重构。"[①] 记忆现象的复杂性，正在于消费主体的能动性。

3. 享受性消费与使用性消费的统一

在马克思的社会再生产理论中，消费包括生产消费和生活消费：生产消费是劳动力和生产资料在生产过程中的使用和消耗；而生活消费则是产品脱离社会的运动，直接变成个人需要的对象，供人们享用，满足人们的生活需要。"生产消费属于生产问题"，再生产中的消费通常是指生活消费。[②]

---

① ［美］沃尔夫·坎斯特纳：《寻找记忆中的意义：对集体记忆研究一种方法论上的批评》，张智译，载李宏图选编《表象的叙述——新社会文化史》，上海三联书店2003年版，第163页。
② 刘国光：《马克思的社会再生产理论》，中国社会科学出版社1981年版，第132页。

根据马克思社会再生产理论，可以将档案记忆消费分为享受性消费和使用性消费，其中，享受性消费相当于生活消费，直接用于个人的需求，供人们享用，没有再生产新的记忆；而使用性消费则相当于生产消费，消费者成为记忆的加工者，利用接受到的记忆再度生成新的记忆。

享受性消费是消费主体对接受、获取的档案记忆进行理解、消化，使其转化成为自己精神生活的一部分，丰富自身的内部精神世界，使个体精神得到陶冶、教育、感悟；另一方面也通过对过去的缅怀、追思、留念，满足"怀旧""乡愁"等情感需求。皮埃尔·诺拉说："这种记忆外在于我们，我们试图使之成为内化记忆，就像某种个人强制一样，因为这种外来的记忆已不再具有社会实践性质。"[1]

生产性消费是消费主体对接受、获取的档案记忆理解、加工，不只内化和丰富自身精神世界，同时还通过再加工，形成新的记忆形式、内容叙事或意义阐释，将其反馈给社会，重新输送、投入社会记忆体系中，体现出档案记忆的社会化，比如通过查阅档案进行编纂出版、历史书写、记忆展览、文化创意、文旅服务、历史教育等。不同于物质资料消费，档案记忆消费是非损耗性消费，这样的生产性消费可以反复进行。

享受性消费与生产性消费都具有记忆再生产性质，既表现为记忆对象的再造，也表现为记忆主体的再生，体现出记忆再生产功能。

（三）档案记忆消费的记忆再生产功能

马克思认为消费创造生产，"消费创造出生产的动力；它也创造出在生产中作为决定目的的东西而发生作用的对象。如果说，生产在外部提供消费的对象是显而易见的，那么，同样显而易见的是，消费在观念上提出生产的对象，把它作为内心的图像、作为需要、作为动力和目的提出来"[2]。档案记忆消费是档案记忆价值实现的过程，不仅具有社会功能或社会效果，同时也具有（社会）记忆的再生产功能。

1. 记忆能量释放功能

记忆能量的存储与释放是档案记忆再生产的内在动能。如果说档案记

---

[1] ［法］皮埃尔·诺拉主编：《记忆之场》，黄艳红等译，南京大学出版社2015年版，第15页。
[2] 《马克思恩格斯选集》第2卷，人民出版社2012年版，第691页。

忆生成是一个记忆能量产生、输入、积聚、存储的过程，那么档案记忆加工、传播和消费则是能量的输出、开发、扩散、释放的过程，特别是在消费环节，档案记忆通过消费主体的接受、理解、占有和使用，使记忆能量最终释放出来，实现记忆的价值和意义。

档案记忆消费与档案记忆能量的关联，可以透过档案记忆对消费主体所起到的影响得以体现。透过消费行为，档案记忆进入消费主体的内在精神世界，满足主体的情感需求，丰富提高其内在精神生活和精神境界；也通过群体的共享交流，使记忆能量进一步"发挥""发酵"，成为促进群体内部团结或作为外部斗争的重要力量与动能。

档案记忆资源就如同地球内部的"岩浆"，积聚/存储越多，能量越大；而档案记忆消费则更像岩浆喷发的"火山口"，不时喷发和释放出能量。档案记忆消费程度越高，记忆能量的释放就越大，对消费主体的影响效果就越显著。这种记忆消费与能量释放的关联我们在档案馆利用活动，在党史学习教育、爱国主义学习教育等活动中都可以经常看到。人们经常说档案馆要"持续发力"，就是推进档案记忆能量的释放与消费。

2. 记忆再度加工功能

任何消费都是一个能动的过程，消费不仅激发生产需求和动力，也是消费主体选择加工的行为和过程，特别是在记忆、文化等精神消费行为中。

档案记忆消费是一个消费者对档案记忆接受、理解、占有和使用的过程。无论是个体还是群体对档案记忆的消费，都是消费者对档案记忆的选择、加工、理解、交流与内化，使主体受到客体的影响，打上客体的烙印，体现出主体客体化倾向。记忆消费主体在选择、加工、理解、交流过程中，都会涉及主体性的内容理解与意义建构，并以新的外在形式以及对内容的重新叙事、对意义的再度阐释，将其自身加工、建构结果有意识地向其他主体扩散。美国学者坎斯特纳提出要"寻找记忆中的意义"[1]，就需要进行"对象、制造者和消费者之间公开的对话"，其中就隐含着消费者

---

[1] [美]沃尔夫·坎斯特纳：《寻找记忆中的意义：对集体记忆研究一种方法论上的批评》，张智译，载李宏图选编《表象的叙述——新社会文化史》，上海三联书店2003年版。

对意义重构的强调。

档案记忆再生产的加工，不只是在加工环节的加工，在生成、传播、消费环节同样存在加工，反映档案记忆再生产行为和过程的连续性、反复性、循环性，是一个彼此交错渗透的复杂过程。透过消费主体对消费对象的加工或重构，可以解释为什么不同消费主体对同一档案记忆文本、对特定记忆对象理解与认知的差异，也可以理解不同时代人们对档案记忆历史认知、意义阐释的差异。

3. 记忆主体重塑功能

社会记忆总是与"人"相关联，是属人的记忆。从一般意义上说，社会记忆是人类长期进化的结果，也是人类主体能力和本质力量的体现，"在人的意识中，过去的经验不再是一团漆黑，而是被记忆之光照亮，并且借记忆之力将彼时彼地的经验移入现在的生存活动中，甚至延伸到对未来的期盼与设计（中）"。① 在历史演化和人类发展进程中，人类作为记忆主体的每一个进步，都与社会记忆再生产或者说人类对社会记忆的消费分不开，而档案记忆作为实践活动的经验结晶，也必然参与其中，发挥重要作用。

档案记忆的社会功能、价值、意义是消费主体对档案记忆消费（利用）后所产生的结果，而其核心和关键就是主体内在思想观念和精神世界的变化与重塑。通过对档案记忆的接受、占有、理解、享受、使用，消费主体获得思想的、精神的或情感的动能，在历史认知、情感意志、政治立场、道德规范、身份意识、价值观念等各方面，或进一步增长、强固、丰富，或发生转变、转移，甚至产生对抗、抗争情绪，是主体精神世界和行动能力得到改变、重塑，进而影响到其行为及其社会影响。"只有当人们迈进记忆的殿堂和它的文件唤醒他们脑海里的记忆时，他们可以确认他们的身份并意识到他们是社会的成员。档案馆是社会成员重新发现和认识他们身份的殿堂。"② 今天对红色档案记忆资源开发的倡导和强调，其实质就在于深化革命传统教育，以红色基因塑造人们的精神世界。

---

① 孙德忠：《社会记忆论》，湖北人民出版社2006年版，第100页。
② ［日］大滨彻也：《档案能再现我们社会的记忆吗？》［EB/OL］http://www.saac.gov.cn/news/2012-01/05/content_13546.htm［2012-01-05］。

4. 记忆主体再造功能

马克思说"生产创造了消费者",反过来也可以说消费创造着生产者。通过消费,个体"重新成为一个生产的个体和一个自我生产着的个体","也发展着一定的相互关系",感化、培育、发展自身的"同道者"和"接班人"。如果说主体重塑功能是对利用者的改造,那么主体再造功能,则是对下一代记忆生产者、传承人的培育。

档案记忆消费既是个体精神世界的重塑,使个体"重新成为一个生产的个体";同时它更多体现的是记忆分享或共享,通过与同时代人的共享,形成扩大的记忆共同体。人们利用档案"记载和保存从他们的生活世界中提炼出来的现实经验,并在实践活动和社会生活中不断交流、融汇,把以信息、知识、经验、价值观念等为内容的记忆从个体扩大为群体和类,从而整合成为一定时间一定区域范围内为大多数人所共同保持共同享有并自觉遵循的社会记忆"[①]。

档案记忆消费中,消费者也在通过自身对记忆内容和意义的重新创造,将记忆再度加工后传递给下一代,与不同时代人的共享,感化培育承接自身思想观念的记忆传承人和接班人,使记忆和记忆共同体得以延续。

正是在培育记忆"同道者"和"接班人"的意义上,档案记忆消费为新一轮记忆再生产培育或再造生产者,同时它也在生成一定的社会关系或社会结构,是既存社会关系或社会结构的维护者(正功能)。在此意义上说,档案记忆再生产也是一种社会关系或社会结构再生产,具有维护社会常态化运行的维模功能。如马克思所言:"产品的消费再生产出一定存在方式的个人自身,再生产出不仅具有直接生命力的个人,而且是处于一定的社会关系的个人……即处在他们对于生产过程的原有关系和他们彼此之间的原有关系中的个人;再生产出处在他们的社会存在中的个人,因而再生产出他们的社会存在,即社会,而社会既是这一巨大的总过程的主体,也是这一总过程的结果。"[②] 马克思的这段话非常精辟,也非常具有思想指导意义。

---

① 孙德忠:《社会记忆论》,湖北人民出版社2006年版,第103页。
② 《马克思恩格斯全集》第31卷,人民出版社1998年版,第112—113页。

(四) 档案记忆消费的内在影响机制

档案记忆消费是外化记忆与内化记忆的联通转化，也是消费主体对记忆接受、加工、输出的联通转化。记忆消费行为既受社会外在因素的影响和制约，也受消费主体内在因素的影响和制约。"在档案记忆的消费过程中，个体运用档案记忆的物质材料（如文本、空间等），与相应的观念材料（如认同、规范、制度、文化等）相结合，实现群体或集体的整合与凝聚，并形成不同于简单个体记忆相加的集体记忆，形成特定的社会记忆框架。这些记忆框架一旦形成就必然对个体产生影响，通过影响其思维方式、行动方式等发挥作用，形成一定的社会结果或社会事实，进而改变和影响世界。"[1] 档案记忆消费外在影响因素（权力干预、社会制度、阶级意志、价值观念等）已多有论述，这里重点对影响档案记忆消费行为和成效的内在因素及其作用机制加以探讨。

1. 心理需求机制

马克思指出人的"行动的一切动力，都一定要通过他的头脑，一定要转变为他的愿望的动机，才能使他行动起来"[2]。主体（包括个体主体与群体主体）心理需求是档案记忆消费的内在动力机制。社会需求与心理需求构成表里关系，互相影响。

人的需求受信仰、兴趣、愿望、利益，乃至意志、理想、情感等复杂因素的支配，它们都在不同程度上影响着消费主体的价值意识和价值关怀，也影响人们对消费对象的选择和目标追求。比如为满足宗族或家族的信仰需求，人们会尊祖敬宗，对家中收存的家谱、祖上遗留的文稿、信函、契约、记录，祖先的遗像、赞像等家庭档案，珍视之、瞻观之、追思之，以此缅怀家庭的延绵变迁和祖先的奋斗足迹；为满足"怀旧"和纪念过去的情感需求，人们会去观赏"摄影界的'黑白艺术'、音乐界的老歌翻唱、建筑界的'老房子'系列、文学界的'怀旧系列丛书'"，也会观赏电视片《舌尖上的中国》《记住乡愁》《国家记忆》《新中国记忆》以及《某某地方记忆》《某

---

[1] 张燕：《新媒体时代档案记忆再生产转型研究》，上海大学，博士学位论文，2020年，第173页。

[2] 《马克思恩格斯全集》第21卷，人民出版社1965年版，第345页。

某影像志》等，以达到对过去的追忆、缅怀，并汲取精神动力。需求引发动机，动机导向行为，进而导引或激起人们对档案记忆消费的意图、行为和效果。如洛克所言，"在记忆时，人心亦往往是有自动能力的"，"人心常常来搜索一些隐藏了的观念并且把灵魂之眼转向那些观念"，"因为我们底（的）感情常常把那些蛰伏而不为人所注意的各种观念唤到记忆中"。①

2. 感官触动机制

大卫·休谟指出："记忆和想象这两种功能都可以摹仿或摹拟感官的知觉。关于实在事务或实在存在一切信念都只是由呈现于记忆或感官的一个物象和别的物象的恒常会合而来。"② 感受到的物象与记忆之中印象的重合，人们才有了物品之间相似性、接近性、亲和性感知。法国作家马塞尔·普鲁斯特（Marcel Proust）在《追忆似水年华》中对玛德琳蛋糕味道的痴迷，是一种将个体的感官触动与记忆、情感相互刺激、交缠、融合的过程，编织出一张属于个人的嗅觉味觉地图。

感官触动分为"触"和"动"两个阶段，先有"触"，然后才有"动"。"触"是指人受到某种外在感官刺激，刺激"走心"以至引起了人内心的情感共鸣；"动"则是指人由于内心的情感共鸣，产生了某种感动情绪，在感动程度达到足够量且在社会机缘比较成熟的情况下，人可能会做出某些与外在刺激内容相关的行为（图4-2）。

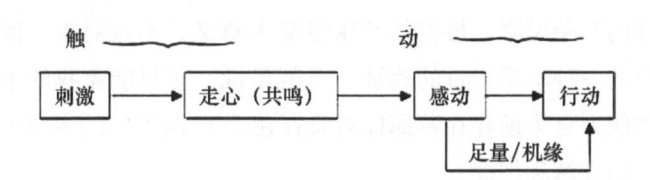

图4-2 社会触动过程示意③

感官触动作为一种内在机制，影响着人们对记忆的获取、接受、占有和享受。阿莱达·阿斯曼在谈到音效装置和记忆感受时指出，借助一个

---

① [英] 洛克：《人类理解论》，关文运译，商务印书馆1959年版，第118—119页。
② [英] 休谟：《人类理解研究》，关文运译，商务印书馆1957年版，第19页。
③ 参见朱振亚《社会触动的过程及其特征解析》，《老区建设》2017年第2期。

MP3 设备，人们听到的是各种各样的声音：既有引导性的评论，也有来自与时间见证者、受害者、凶手和居民的对话片段，"视线所及的并非可见的事物，而是通过感知穿越到的不可见的过去"，"它截断时间的横面，召唤那些被压制和保持沉默的曾经回到意识当中"，"通过由片段、事件、感受、回忆和观点交织在一起的网络，人们被引向一段深深遗忘的历史"。① 正是从强化或刺激人们记忆消费的感官触动出发，需要人们在档案记忆资源开发中注重多感官体验，将视觉、听觉、嗅觉、味觉、触觉的多维感受感知共同构成一个声情并茂的感官系统，催生、诱发记忆的复活、流动、享有，开启记忆消费的闸门。②

3. 主体理解机制

阿莱达·阿斯曼说："如何面对历史，每个人都有各自的方式。"③ 档案记忆消费作为一种主体能动性行为，消费主体对消费对象的占有、享受和使用，不仅与心理需求（主观愿望、期待、诉求）密切相关，与感官触动密切相关，同时也与消费主体对消费对象的理解把握密切相关。主体的理解既是消费行为，也是对消费对象必不可少的消化吸收机制。马克思指出："对象如何对他说来成为他的对象，这取决于对象的性质以及与之相适应的本质力量的性质；因为正是这种关系的规定性形成一种特殊的、现实的肯定方式……从主体方面来看：只有音乐才能激起人的音乐感；对于没有音乐感的耳朵说来，最美的音乐也毫无意义，不是对象。因为我的对象只能是我的一种本质力量的确证，也就是说，它只能象我的本质力量作为一种主体能力自为地存在着那样对我存在。"④ 而主体的本质力量就在于对消费对象的理解和把握。

消费主体对档案记忆对象的理解涉及主体认知能力、精神投入和价值取向三个主要方面：主体认知能力是把握消费对象的基础，在消费过程

---

① [德] 阿莱达·阿斯曼：《记忆中的历史》，袁斯乔译，南京大学出版社 2017 年版，第 149 页。
② 参见周子晴等《多感官体验与档案记忆资源开发》，《档案管理》2021 年第 6 期。
③ [德] 阿莱达·阿斯曼：《记忆中的历史》，袁斯乔译，南京大学出版社 2017 年版，第 149 页。
④ 《马克思恩格斯全集》第 42 卷，人民出版社 1979 年版，第 125—126 页。

中，档案记忆能否满足消费者需求，实现其价值，不仅要理解和发现档案记忆属性，还要能够实际地掌握对它的使用方式，"这一切都取决于主体的本质力量，即取决于主体的现实的实践能力和认识能力"①。没有认知能力，消费主体对档案记忆可能就像是"没有音乐感的耳朵"。精神投入作为一种理解过程中的情感态度和力量体现，也是影响消费行为和消费效果的重要条件。巴特莱特（Frederic Charles Bartlett）曾指出，"回忆很大程度上是建立在态度基础上的建构，它的总体效果就是态度的确证"②。主体投入的情感、精力越大，对档案记忆的把握就越深刻，其使用或创造的价值程度越高。价值取向作为主体理解的价值判断和价值预期，影响档案记忆消费的目标方向，也是联通消费主体与社会价值观念的纽带，关系到档案记忆的意义再生产，心理需求、感官触动、主体理解三位一体，贯通档案记忆消费的接受、占有、理解、享受、使用全过程，构成影响档案记忆消费行为和效果的内在机制。

  生产环节是对档案记忆再生产过程的纵向剖析，以此反映档案记忆再生产的连续性、反复性、循环性，反映其再生产与社会实践、社会结构的复杂关系；至于生产内容、生产对象或记忆事项的变化，则需要在档案记忆再生产的对象结构剖析中加以考察。

---

① 夏甄陶：《认识论引论》，人民出版社1986年版，第91页。
② 转引自［美］罗伯特·L. 索尔索《认知心理学》，何华译，江苏教育出版社2006年版，第14页。

第五章

文本再造：档案记忆形式再生产[*]

　　社会再生产首先表现为物质资料再生产，资本再生产和生产关系再生产都寓于物质资料再生产之中，通过物质资料再生产反映出来。在档案记忆再生产中，形式再生产是最直观、最具表现力的再生产，一份档案文献的产生，一个案卷或全宗的组成，或一个专题档案文献的陈列、展览、编研、出版等，不论其内容和意义如何，就其外在表象看，人们就可以真切地感知到档案记忆被生产和再生产出来。如果将档案记忆形式抽象概括为"文本"形态/形体，那么档案记忆形式再生产就是形体转化或文本再造的行为、过程与结果，它贯穿于社会记忆档案化与档案记忆社会化的反复循环运动过程之中，不仅表现为档案原生记忆的生成、次生记忆的转化，同时意味着档案记忆资源的存储与累积。档案记忆形式再生产看似外在、简单，但正是在形式再生产中包裹着、蕴含着内容叙事和意义阐释，也是在这种形体的外在变化中，体现出档案记忆体、记忆制品、记忆资源的丰富多彩，生动活泼。利科强调："历史中的一切开始于保留、收集以其他方式分配的对象，并将之转变成'文献'的举动"；"由档案组成的这些社会单位的多层建筑要求对做成档案的行为，即档案化做出分析"。①

---

　　[*] 本章标题中"再造"一词，取自2002年国家实施的重点文化工程"中华再造善本工程"，意即对档案记忆文本形式的再度生成和加工，具体分析中将其分为"原生文本生成"和"次生文本转化"两方面。原考虑使用"形式转化""形体转化""文本转化""文本转换"等，但考虑到"转化""转换"更多指向由原生文本向次生文本转变，反复斟酌后，使用"文本再造"来表达档案记忆形式再生产。

　　① [法]保罗·利科：《记忆，历史，遗忘》，李彦岑等译，华东师范大学出版社2018年版，第2019页。

一 档案记忆形式再生产及其文本再造性

辩证唯物主义认为，任何事物既有其内容，也有其形式，内容是事物一切内在要素的总和，但必须通过某种形式加以表现。社会记忆研究以来，人们不仅关注记忆的内容（即谁的记忆、记住了什么、如何形塑的等），同时也十分注重记忆的形式（即通过什么方式记住或运用什么手段记住等），越来越认识到社会记忆如个体记忆一样，也存在着各种形式（形态、形体、样态），是"多重记忆的共同存在"。有学者甚至认为，记忆"以形式为枢机"[1]，形式既是记忆的质料、实体、实态，也是记忆的能量储存体，通过形式，记忆的内容及其意义才得以表现、表达、展演与呈现，形式是分析观察记忆实践的切入点和有效手段，其中保罗·康纳顿就是从"外在的形式化的层面上寻找社会记忆得以传播和保持的手段"[2]。档案记忆是记忆内容（记载内容）与记忆形式（形态、形体、样态）的统一体，作为社会记忆再生产实践的外在表现，其再生产首先表现为形式再生产，阐明档案记忆外在形式及其再生产的根本特征，是剖析形式再生产具体方式的理论基础。

（一）档案记忆外在形式（形体）及其文本性

事物的形式包括外在（外部）形式和内在（内部）形式，外在形式是事物外在的形状或事物的直观表现；内在形式是事物内在要素的结构和组织方式或内容的表现形式。档案记忆形式再生产分析中，我们对档案形式的定位侧重于其外在形式，即"形体"，其内在形式所涉及的内容组织、结构与表现，将在内容再生产中加以阐述。档案记忆作为社会记忆一种形式（形态），须置于社会记忆形态整体框架中把握其根本特征，为其再生产形式分析提供立足点。

1. 档案记忆：社会记忆的一种形态

在社会记忆的基本结构（主体—中介—客体）中，中介或者说媒介是

---

[1] 唐晓渡：《记忆和形式的辩证》，《诗刊》2019年11月（下半月刊）。
[2] 孙德忠：《重视开展社会记忆问题研究》，《哲学动态》2003年第3期。

必不可少的条件，记忆栖居于各种媒介之中，是社会记忆最直接、最易感知的表现。孙德忠说："在社会记忆的主客体结构中，中介（则）除了是必不可少的过渡外，在对人类主体能力和本质力量的储存和复活上，它与特定的主体和客体具有同样的，甚至更加显著的效果，即它是社会记忆的最直接、最典型的形式。"① 德国学者阿斯特莉特·埃尔也认为记忆具有天然的媒介性，"文化记忆不可能脱离媒介而存在，若无媒介在个体和集体这两个层面所扮演的角色，文化记忆根本无从想象"②。正是基于媒介与记忆之间承载、表现、显现的关系，人们往往多从记忆媒介（物）来考察和解释各种社会记忆的形态。如德国学者哈拉尔德·韦尔策就提出"属于回忆社会史范畴的，有口头流传实践、常规历史文献（如回忆录、日记等等）、绘制或摄制图片、集体纪念礼仪仪式以及地理和社会空间"③。

记忆媒介多种多样，包括各种实质文物、文献记录、集体活动、建筑物、历史发生地等，甚至还包括人脑。正是由于人脑作为一种记忆媒介，才会有一代代通过口头来传承的历史传说和民间故事，口头表达是人脑记忆的外化。结合学者观点和记忆媒介的功能特点，可以把社会记忆形态大体归结为口承记忆、体化记忆、文献记忆、器物记忆、空间记忆五大类型。笔者在《档案与社会记忆研究》中已对各种记忆形态作过解释④，这里只是将"器物遗迹"分为"器物记忆"与"空间记忆"，器物记忆侧重实体文物/器物，而空间记忆则侧重历史发生地、活动场地（景）或建筑物等记忆承载与表现形式。近年来记忆研究领域对空间记忆格外关注，如阿莱达·阿斯曼的《回忆空间》、皮埃尔·诺拉的《记忆之场》等都涉及空间记忆的经典论述，这种五分法也是对记忆形态认识的一种再思考。

档案作为一种社会记忆形态，现已成为档案学术共同体的共识。档案的产生其最初功能就是"备忘"，是为预防遗忘而记录和留存的结果，是对历史活动/社会活动的原始记录行为。档案产生之后，人类就形成了一

---

① 孙德忠：《社会记忆论》，湖北人民出版社2006年版，第113页。
② Erll A., *Memory in Culture*, New York: Palgrave Macmillan, 2011, p. 113.
③ [德]哈拉尔德·韦尔策编：《社会记忆：历史、回忆、传承》，季斌等译，北京大学出版社2007年版，"社会记忆（代序）"第6页。
④ 丁华东：《档案与社会记忆研究》，人民出版社2016年版，第120—129页。

个独立的"记忆存储系统",作为人的"外脑",使社会活动得以记住或者说使人类的"过去"得以留存。正是基于对档案作为社会记忆内在质性的认识,人们才从社会记忆的视角将档案称为"档案记忆",就如同从信息视角将档案称为"档案信息"一样。

在社会记忆诸形态中,档案记忆是一种独特的记忆形态,既可以看作社会记忆的内容形态,即通过档案记录下来的记忆,强调其记录的特定内容;也可以看作社会记忆的外在形态,即以档案表现出来的记忆,强调档案记忆的外在直观形式。当然,这两者是内在统一的:内容使形式变得可以理解,而形式使内容更真实。看到那些年深日久的古老档案,人们就能深切地感知和领悟档案作为记忆形态的意义。

2. 档案记忆的多种形体

将档案(记忆)视为社会记忆一种形态,是在社会记忆整体框架中对档案记忆的类型学表达。就档案记忆本身而言,它也是由多种多样形式构成的,其外在形态可以称为"形体"。

档案作为社会活动的历史记录,是社会记忆的承载体和媒介形式,从记录技术和媒介表现角度看,它都是由物质载体、记录符号、刻写方式(记录方式或记录工具)三种要素构成,简称"记录三要素"。如习之所言:"人脑记忆的延伸,要达到辅助记忆的目的,就必须具备一定的物质基础,而人们也就有意识地创造这种物质基础。这就是,记事必需的语言符号、物质载体和刻写在载体上的工具";"尽管语言符号——文字有所不同,载体也有泥板、纸草、羊皮、兽骨等等的不同,书刻在载体上的工具也有不同,而必须有这三者是相同的。发展到后来,世界各个国家和民族都采用纸。在现代社会里,最先进的记忆载体和记录工具,也必须具备这三者,才能达到人们预期的目的,并且也是在三者发展起来的"。[①] 三者要素的不同结合,便形成了档案记忆的不同"形体"或记忆体。

在人类历史发展的过程中,构成档案记录的三种要素都是不断发展演化的:从物质载体看,从龟甲兽骨、竹木板片、青铜钟鼎、金册铁券、

---

① 习之:《关于"记忆工具"——记忆、语言符号、记忆工具及其他》,《中国档案报》1999年8月5日。

缣帛、石碑、银片、贝叶，到纸张、胶片、磁带、磁盘、磁鼓、光盘等；从记录符号看，从符号、文字、图形、图画，到图像、声音、影像、数字代码等；从刻写方式（记录方式）看，从契刻（刀刻）、书写（手写）、雕版刻印、活字印刷、铅字排印，到激光照排、电脑输入、录音、摄影（拍摄）、录像、摄像、扫描等。三者的不同组合，使档案记忆形体丰富多样；如果再考虑到每一种要素还有很多具体的样式，如文字有中文和外文，中文还有不同时期的文字字体（篆、隶、楷、行、草）、各少数民族文字、各种不同手写风格，等等（"中国记忆"网站上"我们的文字"有充分展示）；再如纸张，也有各不同时期、不同地方、不同材质、制作方式生产的纸品，如麻纸、白棉纸、黄纸、宣纸、马兰纸、雪连纸（办公纸）、描图纸、打字纸……由此构成的档案记忆形体可谓千姿百态。从档案馆中抽出一份"老档案"来，我们都可感觉到其中浓浓的"记忆气息"。

3. 档案记忆的文本性

但不管档案记忆的记录载体、符号和记录方式如何变化，档案记忆呈现出什么样的样态，在社会记忆形态中，档案记忆始终都属于文献记忆，具有"刻写性"和"文本性"。"刻写性"说明档案记忆是经由刻写（记录、刻录、摄录）而形成的"记忆痕迹"或"痕迹记忆"，是与康纳顿所说的"体化实践"（非刻写实践）相对应的记忆行为①；"文本性"则是由刻写（记录）、载体和符号构成的"记忆痕迹"的整体呈现和表现。可以说，"文本性"是档案记忆形体的集中体现，或者说档案记忆就是一种"文本记忆"。

"文本"概念今天在多学科领域中扮演着十分活跃的角色。在文学领域，表示由语言文字组成的文学实体，常用来代指"作品"；在文书学、秘书学领域，表示同一文件在撰稿、印制过程中形成的不同稿本或版本，如正本、副本、草稿、定稿、底图、蓝图等；在文献学领域，"文本"通常与纸本文

---

① 保罗·康纳顿将社会记忆保持和传送方式分为刻写实践和非刻写实践，认为非刻写实践即是通过仪式操演的记忆；而刻写实践则是通过线条、造型、文字符号等方式固定下来的记忆。"用刻写传递的任何记述，被不可改变地固定下来"。参见［美］保罗·康纳顿《社会如何记忆》，纳日碧力戈译，上海人民出版社2000年版，第94页。

献交替使用。随着人们对文献理解以及文本外延的扩展,"文本"不仅指纸本文献,也指向声像文献、影像文献、数字文献及其他记录文献。美国伊利诺斯大学传播学资深学者诺曼·K. 邓金(Norman K. Denzin)曾指出:

> 文本是话语体系的组成部分之一,它包括人们可能读到、看到、听到的所有形式的印刷、影像、口头或视听资料(比如音乐)。文本通常会注明作者,它的作者既可能是交往中的普通个体,也可能是专业的学者或其他职业人员。[①]

法国哲学家保罗·利科也认为文本"可以超越本文的存在而延伸到所有的社会现象,因为它不是限制在它的对语言符号的应用上,而是应用于各种各样的符号上,包括类似于语言符号的符号"[②]。"文本是档案的主要组成部分。"[③] 现代信息学中将文献定义为记载信息的一切载体,也具有同样的意义。

基于上述理解,可以认为"文本性"是档案记忆的根本属性之一,是区别于其他社会记忆形态(口承、体化、器物、空间等记忆)的基本特点,也是"刻写记忆"或文献记忆的一般性特点。将档案记忆外在形式(形体)定位为"文本",可以为档案记忆形式再生产分析提供操作性概念和具象对象。

(二)文本再造:档案记忆形式再生产的根本特征

1. 档案记忆形式再生产的基本内涵

档案记忆形式再生产是指档案记忆外在表现形式的生产与再生产,从档案记忆形体的各种媒介表现看,其外在形式再生产就是通过一定的手段和方式,将承载档案记忆信息的各种媒介反复、不断地生产(生成)和再

---

① [美]诺曼·K. 邓金:《解释性交往行动主义》,重庆大学出版社2004年版,第154—155页。
② [法]保罗·利科尔(利科):《解释学与人文科学》,陶远华译,河北人民出版社1987年版,第229页。
③ [法]保罗·利科:《记忆,历史,遗忘》,李彦岑等译,华东师范大学出版社2018年版,第220页。

生产出来，形成新的档案记忆实体（记忆体、记忆产品）的行为、过程和结果。

档案记忆再生产是形式、内容和意义再生产三者结构性的统一，"形式"不是空洞的物体，而是负载、表达着"内容""意义"的实体。形式再生产必然伴随着、包裹着内容的转移、重组、重构、重叙；必然伴随着、表现着意义的重新阐释或价值扩散、扩张，没有形式再生产，档案记忆就是静止的，也就不可能有内容再生产和意义再生产；反之，内容和意义的重构、转移，也必然伴随着形式的再生。因此，形式再生产是内容再生产和意义再生产的基础、前提，也是档案记忆再生产最直接、最明显的体现。

如今天人们在各种网络媒体上看到1949年新中国成立时"开国大典"的影像资料，看到毛泽东主席在开国大典上宣读《中华人民共和国中央人民政府公告》的视频资料，我们知道，这些影像资料或视频资料是对"开国大典"仪式活动记忆或中华人民共和国成立记忆的再生产，是对传统影像资料、视频资料进行数字化加工后的再公布。再如看到中央档案馆编印的《共和国六十年珍贵档案》（上、中、下三册），看到其中选录的中华人民共和国成立以来的各种珍贵文献和图片资料，就知道它们是对共和国建设和发展记忆的再生产，而这种再生产是通过对重要档案文献（包括文书档案、电报、照片、题词等）进行影印加工后出版发行的。档案记忆再生产伴随档案管理全过程，融汇在档案工作的各个环节之中，因此，档案记忆形式再生产也伴随着档案管理的始终，并通过各种方式呈现出来，如我们通常所熟知的档案生成、整理、编目、复制、抄录、拍照、缩微、汇编、展览、公布、著述、影像制作、数字化、网络传播等，都可以将档案记忆反复生产和再生产出来。

2. 档案记忆形式再生产的根本特征是文本再造

在《资本论》中，马克思从资本的两种存在形态阐述了社会再生产中资本形式的变化，他指出资本不仅包含着一种阶级关系，而且还是一种运动，一个会不断地通过生产领域和流通领域各个阶段的循环。在流通领域中，资本所采取的形式和它的物质内容，都经历着变化。所谓形式变化就是资本从商品形态变化为货币形态，再由货币形态变化为商品形态。所谓

第五章 文本再造：档案记忆形式再生产

物质变化就是通过交换，一种使用价值交换为另一种使用价值。① 借鉴马克思关于资本形式变化的观点，我们可以发现档案记忆形式再生产也存在着类似的特征，如从一般记忆形态转化为档案记忆形态，或从一种档案记忆形体转化为另一种档案记忆形体，正是通过档案记忆的形式转化，社会记忆（档案记忆）才得以不断地生产和再生产出来，并得以传承。

形式转化是社会记忆再生产的基础、普遍特征之一，也是社会记忆进行保存和传送的前提条件。扬·阿斯曼曾考察过有文字和无文字社会中社会记忆的传承，指出在无文字的社会中"任何最原始的工具也可看成是记忆文化的一种，是'实物的记忆'；它试图把一次性找到的提高、解决和革新的办法保存下来，在保存形式之恒定的发展中把基本的原理传给一代又一代，使之逐渐变为知识的积淀"。② 从"自然的记忆"到"实物的记忆"，是记忆从功能形态到存储形态的转变，如果没有记忆的这种转化性，没有记忆在不同媒介之间的保存和传送，人类也许至今还处于口耳相传时代，不仅人类活动中形成的经验、知识难以积累，社会实践中形成的集体记忆和集体智慧也无法在更广泛的范围内实现流通分享。而在有文字的社会中，社会记忆则主要依赖文字记录加以保存和传送。

在社会记忆的保存和传承中，记忆形式的转化时时刻刻在发生着，社会记忆的每一次媒介运动都意味着记忆发生一次形式上的"变体"，意味着记忆形式的转化。即便是口承记忆，它的每一次讲述，都会形成一个或多个新的"记忆主体"，形成新的"记忆之脑"，使口承记忆发生一次变化。以此观之，记忆的形式转化具有基础性和普遍性。

记忆媒介特点不同，记忆形式转化或形式再生产也有不同的方式和特点。与其他社会记忆形态转化相比，档案记忆作为文本形态社会记忆，其形式再生产中的"形式转化"即可归结为"文本再造"（由"中华善本再造工程"而来），或者说"文本再造"是档案记忆形式再生产的根本特征，这一特征蕴含在社会记忆档案化和档案记忆社会化过程中，或者说档案记忆文本的生成与转化过程之中。

---

① 参见刘国光《马克思的社会再生产理论》，中国社会科学出版社1981年版，第2页。
② ［德］扬·阿斯曼：《有文字的和无文字的社会——对记忆的记录及其发展》，王霄兵译，《中国海洋大学学报》（社会科学版）2004年第6期。

3. 档案记忆再生产文本再造的两种类型

档案记忆形式再生产的"文本再造"可以概括为原始文本生成和次生文本转化两种类型。

（1）档案记忆原始文本生成

档案记忆文本生成也可以称为档案记忆的生成性转化，是生成档案记忆形态/形式的行为、过程和结果，在传统学术语境中就是档案形成的行为、过程和结果。因为产生或形成档案实体，也就相应地产生档案记忆的外在形式，它们作为档案记忆的物质外壳或物质载体，是档案记忆外在的直观表现，也是档案记忆生成的直观表现。没有物质载体或外在形式，记忆只能停留于人脑之中，也就不存在档案记忆；即使在电子环境下产生的数字记忆（数字档案、电子档案），也离不开其需要依附一定的物质载体。早期人们称电子文件为"虚拟档案"，只是一种阶段性的认识；称"电子文件具有信息内容与载体的分离性"也只是针对某种载体而言的，不是说电子文件真正能够脱离载体而存在。

档案记忆原始文本生成是形成"原生记忆文本"（原生文本）的过程，将其纳入档案记忆再生产，既是社会记忆档案化的内在要求和内在体现，也有其社会记忆物质化的理论依据。"记忆不仅仅存在于某个单独的主体或客体之中，它必定是社会性的，而且是物质的"[①]，档案记忆文本生成与社会记忆物态化、社会记忆档案化之间的关系，以及作为"原生记忆文本"的性质，仍需更深入的分析，以便增强对档案记忆形式再生产的理解。

（2）档案记忆次生文本转化

次生文本是相对于原始文本而言的，档案记忆次生文本转化是从原始文本向次生文本的转化、再造，也即对原始档案记忆文本进行加工与再加工，产生档案记忆"变体"的行为、过程和结果，在传统学术语境中就是档案整理、编目、编研/编纂、公布、利用等行为、过程和结果。记忆固然离不开物质媒介，但记忆信息则可以在不同媒介之间转移、"游走"或"栖居"，记忆具有"分身法"和共享性。每次离开旧媒介，"落户"新媒

---

① 祁和平：《记忆活动、记忆史与记忆的物质性》，《人民论坛·学术前沿》2019年第17期。

介，都意味着记忆形式、形体的改变，也意味着档案记忆新文本的再生再造。记忆信息的转移当然是人为作用、人为加工的结果，是产生记忆"人工制品"的行为、过程和结果。

档案记忆次生文本转化是形成"次生记忆文本"（次生文本）的过程，也是可以反复加工、转化的过程，是档案记忆形式再生产明显的、集中的体现。说到档案记忆再生产，人们意识上一般首先想到档案记忆各种次生文本的反复转化和再生。次生记忆文本与档案记忆信息的加工方式、加工程度密切关联，记忆信息转移不只是简单的"复印""复制"，还更多伴随着对信息内容的重组、改造，伴随着对记忆意义的重构和阐释，永远处于"形式—内容—意义"三位一体的整体结构之中，密不可分。

档案记忆再生产文本转化的两种类型构成了形式再生产的分析基础，其中也包含着（社会记忆）非文本形态向文本形态的转化、文本形态向非文本形态的转化，这两种转化都包含在原始文本生成和次生文本转化过程中，前者体现为原始文本的生成，后者体现为次生文本转化和档案记忆社会化过程，贯穿于档案记忆再生产的生成、加工、传播、消费生产环节全过程。

（三）从文本再造分析档案记忆形式再生产的意义

将"文本再造"作为档案记忆形式再生产的根本特征，对其再生产的外在形式加以考察，既是档案记忆再生产学术分析的需要，也是对档案记忆再生产规律的一种认识和把握。

1. *外在形式是社会记忆的研究取向之一*

社会记忆（集体记忆、历史记忆、文化记忆）研究，虽然在多学科展开，但就学科特点和研究思维看，存在着三种基本研究取向（或者说三种切入式研究传统），即主体取向、客体取向、中介取向。其中中介取向是以特定记忆媒介（记忆的外在形态）为出发点和切入点，来分析特定的媒介记录了怎样的过去，以及人们如何利用这些媒介来建构或传承过去。[1]

中介取向注重考察各种社会记忆的外在表现或实体形态，以此探析其中社会记忆传承、建构、控制和保护等问题。除了保罗·康纳顿《社会如

---

[1] 参见丁华东《档案与社会记忆》，人民出版社2016年版，第60—65页。

何记忆》对仪式操演的经典阐释外，近年来在口承记忆、器物记忆、空间记忆等方面的研究成果也非常丰富，富有启发性。如保罗·利科在分析空间与记忆的关系时曾指出："空间是这样一种环境，它记录了历史所经历的最为漫长的变迁。"①"一座城市在同一个空间中会遭遇不同的时代，我们可以在这座城市中看到一段沉淀在趣味和文化形态中的历史。这既是一座可以被观看的城市，也是一座可以被阅读的城市。"②

档案记忆研究是从外在形式视角观察和分析社会记忆的典范。当人们说档案记忆是最权威、最原始、最真实的社会记忆时，档案记忆产生的原始性、唯一性（单份或单件）、直接性等外在形式特点便是其基本依据，它以原始记录或原始文本的形式呈现在社会中，不容否认。档案记忆再生产研究是档案记忆实践研究的深化，是档案记忆由静态质性分析到动态生成演化分析的转变，从文本再造视角分析其形式生成与转化，可与既有研究成果对接，深化对档案记忆再生产外在形态转变的分析。

2. 为档案记忆形式再生产分析提供具体分析对象

"形式再生产"与"再生产形式"两者有所区别，但也彼此关联。"再生产形式"是再生产的行为方式，可从不同维度加以分析，马克思就曾将社会再生产形式划分为简单再生产和扩大再生产、外延扩大再生产和内含扩大再生产等。当再生产形式侧重从生产对象的外在形式去分析时，就是"形式再生产"，比如传统媒体再生产、数字媒体再生产等。"形式再生产"可以视为"再生产形式"的一种表现。

"形式"看似简单，其实很复杂，其自身具有抽象性、表现性、可感性、相对性等特点。虽然马克思认识论强调任何客观存在的事物都有相应的表现形式，形式将我们的认识器官和事物相连接，但在具体的研究过程中，都需要明确具体的对象，而不能仅仅停留于抽象的层面。在档案记忆形式再生产中，从档案媒介外在形式的"文本性"出发，将"文本再造"聚焦为文本生成与转化，可以提供两方面的学术便利：一是为档案记忆形

---

① [法] 保罗·利科：《记忆，历史，遗忘》，李彦岑等译，华东师范大学出版社2018年版，第197页。

② [法] 保罗·利科：《记忆，历史，遗忘》，李彦岑等译，华东师范大学出版社2018年版，第193页。

式再生产研究提供具体"抓手"和分析对象，使问题分析更为具象化。"文本性"作为档案记忆形体的基本特征，运用"文本"作为操作性概念，可以涵盖档案记忆的各种载体、符号、刻写方式，也便于考察它们之间的转化。说甲骨档案转化为数字档案，表达起来似乎存在概念逻辑上的矛盾，但说从甲骨记忆文本转化为数字记忆文本，表达起来意思就较为明了连贯，具有记忆形式再生产的内在关联性。二是为档案记忆形式再生产研究提供分析比较对象，将档案记忆形式再生产置于社会记忆形态转化整体中加以考察，分析把握文本生成、转化与口承记忆、仪式记忆、器物记忆、空间记忆形态转化的各自特点，同时吸收各种记忆形态形式再生产的学术资源，使档案记忆形式再生产分析更聚焦、具象。

3. 为剖解档案记忆再生产机制提供逻辑关联

形式不单是载体的物质外壳，立足文本再造考察档案记忆形式再生产，不仅仅是形式分析问题，还涉及对档案记忆再生产文本内在生成机制的分析，这与当代文本分析理论发展密切相关。

德国学者奥利弗·沙伊丁（Olive Scheiding）指出："一个文本就是一个总体或者一个产品，其中掺杂着众多不同的要素。这样，文本就可以被作为一个带有意义编码的系统来加以分析。"[1] 现代文本分析理论的发展及其在多学科中应用的日渐兴盛，或许正是因为看到了文本中各种要素的凝结，从中可以分析把握文本生产的内在机制。德国学者蕾娜特·拉赫曼（Renate Lachmann）曾从文学文本角度把"文学记忆描述成一个复杂的文本生产机制，而记忆产生于对符号存在形式的各种文化信息进行去符号化和再次符号化的相互转化过程"[2]。她指出：

> 文本中已被编码并存储着的经验以及保留这些经验的编码方式创建了一个能够一再被察看的空间，每个新的文本可以在这个空间中使几乎死亡的文本再次复苏。这种想法建立在无止境的符号化基础之

---

[1] 冯亚琳、[德]阿斯特莉特·埃尔主编：《文化记忆理论读本》，余传玲等译，北京大学出版社2012年版，第258—259页。

[2] 冯亚琳、[德]阿斯特莉特·埃尔主编：《文化记忆理论读本》，余传玲等译，北京大学出版社2012年版，第270页。

上,在这样的符号化过程中,由于文化相互作用而产生的符号永远不会消失。①

美国学者海登·怀特在其著作《形式的内容:叙事话语与历史再现》中也指出:"文学文本的生产必须被看作一个过程,它与其他的文化生产过程具有相同的神秘性,不多也不少","文本被视为更基本原因的结果",在文本生产过程中,或含蓄或明确地运用了各种因果观念(机械的、表达的和结构的),而"这些观念适合于充分记叙任何文本的生产过程"。②

以上分析虽然是以文学文本为例,但对档案记忆文本分析也同样具有启发价值。通过文本分析,在观察档案记忆再生产"变形""变体"的同时,一方面将档案记忆再生产的形式、内容和意义统一于文本上,看到档案记忆再生产内在结构的逻辑关联性(文本形式、文本内容、文本意义);另一方面,也便于分析考察其文本生成、转化的内在机制、社会动因和运作方式,探究档案记忆文本如何生成、如何转化,以及生成后在社会中的意义,为档案记忆文本分析提供探路。

二 档案记忆形式再生产的原生文本生成

马克思在阐述人作为主体和作为客体的二重化时指出:"正是在改造对象世界的过程中,人才真正地证明自己是类存在物。这种生产是人的能动的类生活。通过这种生产,自然界才表现为他的作品和他的现实性。因此,劳动的对象是人的类生活的对象化:人不仅像在意识中那样在精神上使自己二重化,而且能动地、现实地使自己二重化,从而在他所创造的世界中直观自身。"③ 通过人类劳动,特别是工具的制造和使用,一方面使人作为社会存在物从自然界中分化出来;另一方面也使劳动对象按照对人、

---

① 转引自冯亚琳、[德]阿斯特莉特·埃尔主编《文化记忆理论读本》,余传玲等译,北京大学出版社2012年版,第270页。
② [美]海登·怀特:《形式的内容:叙事话语与历史再现》,董立河译,文津出版社2005年版,第198页。
③ 马克思:《1844年经济学哲学手稿》,人民出版社2018年版,第206页。

对社会有用的方式得到改造，使被创造出来的对象世界本身成为人的本质力量的对象化，"在他所创造的世界中直观自身"。档案记忆再生产作为人类实践基础上主体能力和本质力量对象性转化的结果，它以文本形式凝结、积淀、破译、复活社会记忆和实践行为，成为人类认识和"直观"自身的对象世界。考察档案记忆原生文本生成及其历史演化，不仅可以发现档案记忆形式再生产的特点，更能反映社会记忆档案化的历史脉络以及人类主体能力和本质力量提升的历史进步。

（一）原生记忆文本与档案记忆再生产

1. 从自然记忆到人工记忆

"记忆的历史——从人类大脑的进化历程、语言和文字的发明，到不断创新的记录方法、对机器的掌控和对人脑的探索——也就是人类解放的历史。"[①] 从记忆实践发展看，大致可以将人类记忆发展分为三个阶段，即自然记忆、被训练的记忆、人工记忆。

自然记忆是依托人类天生的记忆能力进行的记忆行为，其直接表现就是通过口语进行的回忆、回想和直接交流。语言是人与动物区分的重要标志，语言的产生与发展不仅使人类记忆交流更加方便，而且也促进了人类对记忆的分享，使新旧交织的复杂记忆在人群内传承下去。"被分享的记忆不但能存在更长时间，并且还能通过记忆的分享者不断增添内容并再次分享变得更加丰富"。自然记忆的特点表现为"'共同的记忆'所分享的是智慧，是技巧，而非死记硬背，这是对个体思维的重要改善"[②]。

被训练的记忆是指通过训练、学习、记诵的方式，进行记忆的保存和传递，是从自然记忆向人工记忆的过渡阶段。在没有文字的社会中，往往设置专门的记忆专家或记忆人，如"年长的家长、行吟诗人和祭司"等，他们拥有记忆特权，通过严格训练进行记忆的守护、传送和散发，他们是"谱系学家、王室典制学者、宫廷历史学家、民俗学家"，也是"客观"历

---

① ［美］迈克尔·S. 马龙：《万物守护者：记忆的历史》，程微等译，重庆出版社 2017 年版，"前言"第 6 页。
② ［美］迈克尔·S. 马龙：《万物守护者：记忆的历史》，程微等译，重庆出版社 2017 年版，"前言"第 24 页。

史和"意识形态"历史的保护人。①保罗·利科称这种被驯化的记忆为"记忆化","一种被训练的记忆,在制度的层面上,实际上就是一种被教授的记忆;为了能够回忆起共同历史的诸起伏波折,它们被视作共同同一性的创伤事件,强化的记忆化因此加入进来"②。"通过记忆化,全部知识、本事、能力、信仰、礼仪得到灌输,它们开辟了通向至福的道路。"③不同于自然记忆,被训练的记忆是有意识的记忆,也是有组织的记忆。

人工记忆是运用记忆工具、构建记忆系统来保存和传达记忆信息的方式,是人类记忆术发明和抽象思维发展交互作用的结果。如果说自然记忆和被训练的记忆是人的内在记忆,是存储在心里(人脑)的记忆,那么人工记忆则属于记忆的外在化,它大致通过两种途径来实现记忆保存和传递:一种是发明和运用记忆工具,包括人类早期创立的各种辅助记忆工具,如结绳记事、编贝结珠、刻木为契,也包括人类为记忆而建立(或制造、建造)的记忆物、纪念仪式、纪念碑、记忆宫殿、图画等。如英国学者杰克·古迪在《口头传统中的记忆》中提到的阿散蒂人的"银凳"、扎伊尔卢巴人的"占卜板"(记忆板)、加拿大奥杰布人的"迁徙图";勒高夫在《历史与记忆》中提到的各种有铭文和没有铭文的纪念碑、墓碑等;再如布鲁诺构建的"记忆之轮"、传教士利玛窦提出的"记忆宫殿"等。另一种就是文字的发明并运用于活动记录,形成了新的记忆系统。文字发明使人类记忆有了质的飞跃,它不仅是"人们进行标记、记忆和记录的一种手段,借此人们能穿越时空进行交流"④,而且通过记录文献/文本,存储信息和智慧,凝聚人类主体能力和本质力量,开启人类生存发展的新纪元。

自然记忆到人工记忆的发展过程也是一个社会记忆物态化(物质化)

---

① [法] 雅克·勒高夫:《历史与记忆》,方仁杰等译,中国人民大学出版社 2010 年版,第 63 页。
② [法] 保罗·利科:《记忆,历史,遗忘》,李彦岑等译,华东师范大学出版社 2018 年版,第 108 页。
③ [法] 保罗·利科:《记忆,历史,遗忘》,李彦岑等译,华东师范大学出版社 2018 年版,第 80 页。
④ [法] 雅克·勒高夫:《历史与记忆》,方仁杰等译,中国人民大学出版社 2010 年版,第 67 页。

并不断强化的过程,通过创建各种记忆工具和记忆系统,人类不断形成记忆的"人工制品",使记忆通过"人"与"非人"(照片、文献、仪式、器物、建筑物等)之间的互动而"生成""组装"和"亲历"。人工制品可以被看作由一系列指示场域构成的"杂合体",不仅起到指示过去发生的事件的作用,还能引发过去的活动重复出现,它们还可以充当节点,连接不同的时间和空间场域,将过去与现在以及不同的地域空间融汇为一体,形成动态的记忆过程。"人在记忆的同时也被物所记忆。"①

2. 原生记忆文本:"被做成档案的记忆"

档案记忆是社会记忆物态化的一种表现和结果,具体说就是社会记忆档案化或社会记忆文本化,保罗·利科称其为"被做成档案的记忆";而与此相对应的社会实践活动本身则属于"创始事件"或"创始行动"②,或根基性历史、本源性历史③。

在《记忆,历史,遗忘》中,保罗·利科从历史认识论视角对档案在历史编撰(纂)活动/历史书写中的作用进行了阐释。他将历史编撰活动分为三个环节:文献环节、解释/理解环节、文字表现环节,其中文献环节是从目击证人的声明到档案建立的环节,以及为了认知的目的而建立文献证据的环节;解释/理解环节是回答和处理历史事件为什么是这样发生的,或者说为某个问题而寻找答案的环节;文字表达环节则是把历史读者们所熟悉的话语形诸文学或文字的表象环节。历史编撰活动的每一个环节都是其他两个环节的基础,它们轮流做着其余两个的参照物。利科认为,历史从头到尾就是文字书写,而档案就是历史在以文字的书面形式的书写完成自身之前所要面对的第一种文字书写。在文献环节,利科从见证、档案与文献证据建立来重点阐释"在时空的形式层面上,记忆是如何转变为历史的"这一首要问题。利科认为见证是对历史真实性的追求,与司法上的法庭证词被用作法庭判决的依据一样,历史档案也被用作文献证据,成为历史学家查考的重要依据。"见证最初是口头的;它被聆听,被听取。

---

① 祁和平:《记忆活动、记忆史与记忆的物质性》,《人民论坛·学术前沿》2019 年第 17 期。
② [法]保罗·利科:《记忆,历史,遗忘》,李彦岑等译,华东师范大学出版社 2018 年版,第 55 页。
③ 王明珂:《历史事实、历史记忆与历史心性》,《历史研究》2001 年第 5 期。

而档案是文字；它被阅读，被查考。"①　不同于日常交流中依靠共同保证的口头见证，档案是"在既定的制度框架内被做成的"技术的、"人为的"见证——"在档案可以查考前、被组建之前，先要做成档案"②。"档案化行为可以被置于一系列证实活动当中，并且这一系列活动的暂时终点是文献证据的建立。"③　利科进一步指出："如果历史编撰学首先是将记忆做成档案，如果历史知识的认识论所包含的在档案化之后的所有认识活动都源于档案化这第一步的工作，那么历史学家对记忆进行的时空上的变动就可以被看作是使档案化行为可能的形式条件。"④

档案化的"记忆"作为历史的"过去的痕迹"，是从口述见证进入文字见证的行为和结果。利科说："这样，我们就能说记忆被做成了档案和文献。而被做成档案和文献的记忆的目标就不再是原本意义上的记忆了，即被留存在意识的某个当下的连续性和占有性的关系之中"⑤，成为文本记忆，一种相对于创始事件的原生档案记忆文本，利科称其为"原型文本"⑥；相对于其后的各种档案记忆加工版本/文本而言，可简称其为"原生文本""原生记忆文本"，它既是社会记忆的再生或再现，也是其后续加工的条件、原料和对象，至于这种"被做成档案的记忆"到底是"良药"还是"毒药"，有待后续讨论。

3. 原生记忆文本生成的记忆再生产性质

相对于档案记忆文本转化而言，档案记忆文本生成主要是指档案记忆原生文本的产生或形成，是从社会记忆一般形态向社会记忆特殊形态——

---

①　[法]保罗·利科：《记忆，历史，遗忘》，李彦岑等译，华东师范大学出版社2018年版，第217页。
②　[法]保罗·利科：《记忆，历史，遗忘》，李彦岑等译，华东师范大学出版社2018年版，第217页。
③　[法]保罗·利科：《记忆，历史，遗忘》，李彦岑等译，华东师范大学出版社2018年版，第219页。
④　[法]保罗·利科：《记忆，历史，遗忘》，李彦岑等译，华东师范大学出版社2018年版，第189页。
⑤　[法]保罗·利科：《记忆，历史，遗忘》，李彦岑等译，华东师范大学出版社2018年版，第235页。
⑥　[法]保罗·利科：《记忆，历史，遗忘》，李彦岑等译，华东师范大学出版社2018年版，第297页。

档案记忆形态的初始转变。通过各种记录方式，将社会活动/实践记忆转化为档案记忆形式，形成社会记忆的人工制品——"原生档案记忆文本"或"档案记忆原生文本"，使社会记忆得到凝结和积聚，这种原生记忆文本的生成行为、过程和结果既具有社会记忆再生产的性质，也具有档案记忆再生产的性质。

从社会记忆整体系统看，档案记忆原生文本生成意味着社会活动记忆从自然状态转化为人工状态，成为人类可管、可控、可用的记忆体，并开启新的生命运动。随着社会实践循环往复地进行，原生档案记忆文本也在持续不断地生成、累积、汇集，逐步汇聚形成人类宝贵的档案记忆资源。从档案记忆系统自身看，原生档案记忆文本的生成一方面意味着档案记忆资源的增加和累积；另一方面也为档案记忆后续的生产加工、传播、利用提供了前提条件和基本素材，没有原生文本的生成，档案记忆再生产也就成为"无源之水""无本之木"。正如马克思在讨论人口再生产时将其分为劳动者劳动能力的恢复和更新，既包括劳动者自身劳动能力的维持和恢复、劳动技能的积累和传授，也包括新的劳动力的繁衍、培育和补充，原生档案记忆文本的生成就相当于新的劳动力（人口）的繁衍和补充。

在社会记忆研究中，学者们虽然立场、视野不同，但都或多或少对文字发明给社会记忆带来的转变和便捷做过积极的评价。《斐德罗篇》中说"一件事情一旦被写下来，它就会到处流传，传到能看懂它的人手里，也传到与他无关的人手里"。利科为此评价道："从某种意义上讲，这是件好事：和所有文字一样，档案文献对任何识字的人都是开放的，与口头见证有一个明确的对话者不同，它没有明确的听众"；"在我们的历史文化中，档案对于查阅档案的人具有某种权威性；我们可以称之为文献革命"。[1] 虽然这些论述中没有直接提及记忆再生产，但其潜含的意思容易理解。

（二）档案记忆原生文本生成的两种方式

站在档案记忆本体角度看，"被做成档案的记忆"，其来源主要有两种

---

[1] [法]保罗·利科：《记忆，历史，遗忘》，李彦岑等译，华东师范大学出版社2018年版，第221页。

方式或两条途径。

1. 社会活动直接产生的原生档案记忆文本

档案作为人类社会实践活动的历史记录，具有原始性、记录性和直接生成性，对此档案学界已做过充分的论述。吴宝康先生主编的《档案学概论》中，就将档案定义为"是国家机构、社会组织和个人在社会活动中形成的，保存备查的文字、图像、声音及其他各种形式的原始记录"，或简要表述为"档案是原始的历史记录"。[1] 档案界普遍认识到，档案是在社会实践中随着业务或活动的开展自然而然生成的，它记录了人们社会实践活动的内容、过程和结果（结论），因而是社会实践活动的"副产品"或"副本"。人类具体的、单项的社会实践活动具有即时性，活动过后，作为活动自身已不复存在，但活动内容和活动情形仍然可以透过档案记录以文本形式反映出来。正是在这个意义上，我们将档案记录或档案文本称为档案记忆原生文本（或原生文本），它是社会实践活动记忆的再生和转化物，以历史的思维看，它也是社会实践活动的替代物与文本形式的物化反映。

人类社会实践活动具有广泛性、多样性和历史联系性，这就决定了档案原生记忆文本产生和来源的广泛性、多样性，并由此形成不同的档案文本形态或档案记忆体。(1) 从其形成主体看，档案或档案记忆原始文本广泛地产生于国家机关、社会组织和个人的公私活动；从法律的意义上说，即是由各种法人和自然人在活动中形成。各种法人，特别是各种机关和组织及其内部的处、科、室、部、院、系等，都有各自的职能任务，只要机关和组织开展自身的职能活动，一般总会产生活动的记录；各种自然人，无论是著名人物、社会活动家，还是普通百姓个人或家庭，在生产生活中也会产生各种活动记录，这些活动记录都是原始档案，也是档案记忆原生文本。(2) 从其产生活动领域看，档案记忆原生文本广泛来源于社会政治、经济、文化、科技、军事、宗教、外交、社会管理等各个领域。今天，人们把档案分为文书档案、科技档案、专业/专门档案，每一类档案都有丰富多样的形式，但就专业档案而言，我国《国家基本专业档案目录》先后公布了两批计100种专

---

[1] 吴宝康主编：《档案学概论》，中国人民大学出版社1988年版，第32页。

业档案名称①,足见档案形成的范围之广。(3)从其记录要素看,档案原生记忆文本不仅涉及甲骨、金石、简牍、缣帛、纸张、胶片、磁带、磁盘、光盘等不同载体;也涉及机关活动形成的各种草稿、定稿、正本、副本、修改稿等不同形式文书/文件稿本,以及机关和个人在公私活动中产生的日记、记账本、奖状、证件(证照)、书稿、文稿、回忆录、传统或数字式录音录像等非文书类信息记录物等,它们构成档案记忆原生文本的实存形态(实态、实体),是档案记忆原生文本的直接体现。②

自人类发明文字之后,档案记忆文本就在不断地生成和累积之中,而且随着时代发展不断变化,在保存人类社会实践活动连续性、积累人类智慧和经验等方面发挥着重要作用。

2. 非文本记忆形态转化为文本记忆形态

社会记忆具有多样性和转化性。勒高夫说:"文字以外的记忆活动不仅是无文字社会里的一种常见的活动,也是有文字社会里的一种常见活动。"③ 在社会历史发展中,社会记忆既以文本方式传承与再现,也以非文本方式传承与再现。考察任何一项社会活动或任何一个记忆事项,都可以发现其存在方式并不是单一的,而是具有多种不同的表现形式或者说多种传承途径。比如"孟姜女哭(倒)长城"的传说,既可见各种民间歌谣、地方戏曲、民间故事文本,也在百姓口耳之间代代相传,千年不绝,妇孺皆知。同时,各种样态的社会记忆形态之间也可以相互转化,由口承形式转化为文献/文本形式,或者由器物、仪式、空间形式转化为文本,由文本形式转化成口承或仪式形式等。不仅不同形态社会记忆之间存在多样性和转化性,同一种社会记忆形态内部也存在多样性和转化性,所以后文我们将档案记忆形态内部的转化作为档案记忆形式再生产的一种方式单独加以考察。

---

① 《国家档案局关于印发〈国家基本专业档案目录(第一批)〉的通知》(档函〔2011〕261号),2011年10月14日发布;《国家档案局关于印发〈国家基本专业档案目录(第二批)〉的通知》(档函〔2011〕273号),2011年11月7日发布。

② 吴宝康主编:《档案学概论》,中国人民大学出版社1988年版,第33—44页。

③ [法]雅克·勒高夫:《历史与记忆》,方仁杰等译,中国人民大学出版社2010年版,第61页。

在社会记忆诸形态转化中，社会记忆文本化是一种普遍方式和归宿。各种非文本形态社会记忆都趋向于转化为文本形态加以保存和传承，这一方面是因为文本形态记忆的信息存储能力和跨越时空的信息交流能力；另一方面也是因为随着记录手段的发展，人类文本记录能力提高带来的便利。所以，各种口述、仪式、器物、空间等非文本记忆形态都可以通过记录、刻录、摄录等方式转化为文本形态的记忆。

非文本形态社会记忆的文本化也是社会记忆档案化，站在档案记忆本体上看，这种转化而成的文本虽然不能完全等同于原始记忆，但也属于档案记忆的原生文本。比如对口承记忆（口头传说记忆、历史人物记忆）通过采访、记录、录像等方式加以采录，形成口述历史档案；再比如对仪式记忆、器物记忆、空间记忆等通过文字记录、图样描绘等形成的纸质文本，或通过拍照、摄录等方式形成的照片、数字影像记录等，虽然从严格意义上说，这些文本化记录与传统意义上理解的社会活动中直接产生的"档案"有所差别，但它们也具有原始记录性，是另一种社会实践活动（民间文化整理、文物保护、建筑保护、非遗保护等）的原始记录或转化物。从社会记忆再生产看，它们是社会记忆转化为档案保管和传承的重要方式，也是档案记忆的重要来源，具有原生文本的特性。

今天，在社会实践活动中将非文本形态社会记忆转化为档案记忆文本已相当普遍，特别是在口述历史档案整理、文化遗产保护、"非遗"保护、城乡记忆工程等活动中，通过采录/采访、录音、拍摄、摄录/摄像、文字记录、数字化扫描等方式，将非文本形态社会记忆转化为档案记忆管理和保护，是其重点工作内容和主要方式，档案界一些学者将其称为"文化遗产的档案化保护""非物质文化遗产的档案化保护"或"城乡（市）记忆工程的档案化保护"等。随着我国档案资源体系建设的推进和档案记忆理论思维的影响，从社会记忆视角思考和拓展档案记忆资源来源，已成为我国档案收集工作创新发展的动力和档案资源建设的关注重点，非文本形态社会记忆转化为档案记忆正在成为构建我国档案记忆资源体系的重要来源之一，苏州市档案局王来刚撰写的《社会记忆档案化的吴江样本》[①]一文

---

① 王来刚：《社会记忆档案化的吴江样本》，《档案管理》2019年第1期。

就是对这种现象的反映。这些非文本记忆形态向文本记忆形态转化，使社会记忆档案化的"河流"变得更宽，流量更大。

档案记忆文本生成的记忆再生产特点、功能、机理，在第四章第一节"档案记忆再生产的生成环节"中已做过详细阐述，以上是对原生记忆文本生成方式所做的分析。

(三) 档案记忆原生文本生成的历史演化

学术界对社会记忆形态分析通常有两种维度：一种是静态或结构/构成维度，分析社会记忆的表现形态或媒介形态，如王明珂认为社会记忆是所有在一个社会中借各种媒体保存、流传的"记忆"，并以举例方式指出如"图书馆中所有的典藏，一座山所蕴含的神话，一尊伟人塑像所保存与唤起的历史记忆，以及民间口传歌谣、故事与一般言谈间的现在与过去"[1]。再如，上文涉及的韦尔策所提出的属于回忆社会史范畴的几种媒体形态，以及本书对社会记忆五种形体（口承记忆、文献记忆、仪式记忆、器物记忆、空间记忆）的划分等。另一种是动态或历史/演化维度，分析人类历史发展进程中社会记忆形态的转变与演进。如英国人类学者杰克·古迪在《口头传承中的记忆》中对口头记忆向书面记忆转变的分析；法国人类学者安德烈·勒鲁瓦-古朗（André Leroi-Ganrhan）将社会记忆演化史分为五个时期，即"口头传承时期、利用石板或刻度进行书面传承的时期、简易卡片传承的时期、利用机器处理的时期、使用电子设备的时期"[2]。法国历史学家勒高夫将历史记忆的发展史分为种族的记忆（在没有文字的社会里的"原始的"记忆）、记忆的飞跃（从口语到文字，从史前到古代）、中世纪的记忆（口语、文字各半）、16 世纪至今（书面记忆的发展）、现今的各种记忆（电子记忆、口语档案等）。其他如荷兰学者杜威·德拉埃斯马的《记忆的隐喻——心灵的观念史》、美国学者迈克尔·马龙（Michael S. Malone）的《万物守护者：记忆的历史》等也都带有对人类记忆方式，或者说社会记忆形态历史演化分析的性质。这些对人类记

---

[1] 王明珂：《历史事实、历史记忆与历史心性》，《历史研究》2001 年第 5 期。
[2] [法] 雅克·勒高夫：《历史与记忆》，方仁杰等译，中国人民大学出版社 2010 年版，第 102 页。

忆形态历史演化的分析,也为我们考察档案记忆形式再生产,特别是原生文本的生成发展史提供了参考基础。

档案随着文字的发明和使用而产生的,并随着社会的发展和文明的进步,其形态和名称(名称中包含着形态转变的寓意,或者说档案名称某种程度上是根据其形态而命名的)也在不断发展变化之中。档案学界对档案形态和名称研究历来很重视,认为"考察档案形态、种类的演变,对于研究人类历史,了解档案的产生和发展规律,以及档案的性质和特点等具有重要的学术价值"[1]。在冯惠玲、张辑哲主编的《档案学概论》中,对中外档案形体(态)和名称进行了历史性梳理,其中我国产生的档案形体和名称有甲骨档案、金石档案、简牍档案、缣帛档案、纸质档案、声像档案、电子档案等;外国产生的档案形态和名称有石刻档案、泥板档案、纸草档案、羊皮纸档案、蜡板档案、金属档案、棕榈树叶档案、桦树皮档案、纸质档案、声像档案、电子档案等[2],这些档案形态和名称的产生体现出历史的演变性和连续性,反映出档案记忆原始生成形态的一种整体性历史沿革变化过程。正如《档案学概论》所言:"档案的起源和演变与人类物质文明、精神文明的发祥和进步程度密切相关,反映了人类记忆的发展脉络和水平。"[3]

"从档案的出现到每一次变化,都是人类记忆的一次进步,人类的记忆从大脑中独立出来之后,由其记录载体和记录方式的变化,不断向高密度、易传递、易查找、多媒体的方向变化,越来越丰富、准确地反映社会生活的真实面貌,成为连接过去、现在与未来的纽带。"[4] 档案记忆原生文本演化及其多样性呈现是多种社会推动力相互作用的结果,包括:(1)记录技术的变革。档案记录形式构成三要素(记录载体、记录符号和刻写方式)的每一种、每一步变化,都会形成档案记忆的不同形体。(2)社会实

---

[1] 冯惠玲、张辑哲主编:《档案学概论》(第二版),中国人民大学出版社2006年版,第26页。

[2] 冯惠玲、张辑哲主编:《档案学概论》(第二版),中国人民大学出版社2006年版,第26—43页。

[3] 冯惠玲、张辑哲主编:《档案学概论》(第二版),中国人民大学出版社2006年版,第20页。

[4] 冯惠玲、张辑哲主编:《档案学概论》(第二版),中国人民大学出版社2006年版,第43页。

践领域的延伸和扩展。随着人类创造活动的日益复杂、社会分工的日渐深化和人们知识水平的不断提高，在各种社会实践领域都产生相应的档案记忆文本，各专业领域档案记忆文本各具形态。(3) 不同时代、不同地域、不同民族或国家的文化发展。社会文化有其模式或传统，不同时代、不同地域的民族或国家，其文化各显特色，并在一定程度上凝结、体现在其形成的档案文本内容和形体中（如孙德忠所言，无论何种文化都直接地表现为记载、记录、记忆[①]），形成各具特色的档案记忆原生文本，档案文本的多样性反映文化的多样性和差异性。这些推动力及其影响在现代档案学中已有过较为详细的论述。

档案记忆原生文本的历史演化，既存在替代关系，一种记录方式的产生导致另一种记录方式的式微或消失；但更多的是叠加关系，是传统的记录方式与新兴的记录方式的并存，甚至融合。在记录技术变革、实践领域拓展、不同类型文化发展的推动下，档案记忆原生文本的催生与演化、迭代与融合，形象展示出档案记忆形式再生产的生动图景。

三　档案记忆形式再生产的次生文本转化

档案记忆形式再生产不仅包含档案记忆原生文本的生成，也包括原生文本向次生文本转化与再转化过程，简称为"文本转化"。传统档案学研究中，人们多从管理利用角度探讨档案的整理编目和编研利用，或从信息加工角度探讨档案的信息组织和信息开发，将档案信息内容及其存在形式融合在一起加以研究，如档案的整理立卷、分类编目、编研加工、展览出版等，既涉及档案信息内容的选择、提炼、加工、重组，也涉及档案信息存在形式或存在状态的变化。可以说在档案管理利用或信息加工过程的每一环节或每一步骤中都涉及档案记忆文本形态的变化，涉及新的档案记忆制品的形成或新的档案记忆体（记忆形体）的再造，它们是档案记忆形式再生产的典型表现。将"文本再造"从传统档案管理学、档案文献编纂学中"剥离"出来，分析档案记忆从原生文本向次生文本转化，及其与档案

[①] 孙德忠：《社会记忆论》，湖北人民出版社2006年版，第125页。

记忆形式再生产的内在关系，有利于察知档案记忆形体变化及其再生产在档案管理利用中的全程性、融合性，也有利于深化对档案记忆形式再生产的认知和理解，揭示档案记忆文本转化的特点与规律。

（一）文本转化的记忆再生产性质与功能

1. 文本转化是社会记忆的"再生"和"衍生"

原生文本向次生文本的转化，简称为"文本转化"，是相对于"原生文本生成"而言的，它们共同构成档案记忆文本再造的两种方式。如果将"文本生成"界定为档案记忆原生文本的生产，那么"文本转化"就可以界定为档案记忆次生文本的生产与再生产、生成与再生成。保罗·利科在谈到原生回忆与次生回忆转变时指出：对一个延续着的事物来说，持续以开始为前提，开始和持续的区分构成了记忆现象学的"绵延"，它以某种方式超越"过去和现在"的相互排斥，从而保持记忆的内在统一和变异。"次生回忆，作为当下化的时间变种，它使不能在显现的意义上作为当下被给予的东西'成为当下的'。"[①]

档案记忆次生文本是档案记忆文本开始后的"持续"，即在档案记忆原生文本生成后，通过加工重组，形成新的档案记忆体或档案记忆"人工制品"的结果，或者说对档案记忆信息进行加工、重组、转移的结果。这些次生文本具体包括案卷、目录、各种编研成果（档案汇编、大事记、组织沿革、专题数据库）、数字化制品、影像制品、展陈品（陈列品）、史志、谱牒等。宽泛地说，凡是根据档案原生记忆文本（档案原件）重新组合、提炼、加工，将档案记忆信息转移到其他载体上而形成的记忆文本，都属于档案记忆次生文本。一方面，它们保持了同原生文本记忆的同一性，是社会记忆的"绵延"和再生；另一方面，它们又增加了档案记忆文本的多样性，而且同时发生记忆信息的选择、提炼、重组，使记忆内容发生一定程度的变异，因而是原生记忆的"衍化"或"衍生""再造"，体现出档案记忆再生产"原生性与次生性统一"的整体特征。

---

① ［法］保罗·利科：《记忆，历史，遗忘》，李彦岑等译，华东师范大学出版社2018年版，第61页。

正是通过档案原生文本向次生文本的转化和再转化，档案记忆被一次次重新生产与再生产，一次次被重新激活又一次次被再度"沉埋"。

2. 档案记忆文本转化的社会记忆再生产功能

文本转化是生成次生文本的过程和结果，相对于原生文本而言，是"再生产"出社会记忆或档案记忆的过程。文本转化不仅关涉社会记忆的生产、加工、传播、消费各环节，而且更关涉社会记忆的传承、建构、控制和保护，其社会记忆再生产功能突出表现在以下几方面。

（1）记忆信息的转移功能。

文本转化不是空洞的载体变化，而是伴随着记忆信息的转移，是记忆信息从原生文本向新文本转化和扩散的过程，或者说从新文本向更新文本的转化和扩散。通过转移，原文本的记忆信息并未减少或改变，但新文本作为档案记忆体或档案记忆的"人工制品"被重新生产出来，使档案记忆文本增加了新形式，甚至也增加了新内容和新意义。

记忆信息转移是所有档案次生文本或再次生文本的基本功能，即使是一份档案被复制、被翻拍或数字化这类最简单转化形式也具有这种功能。在更高级别的次生文本生成中，如历史编纂、方志编修、家谱编修、影视制作中，也是以档案记忆信息转移为基础的。同时信息与载体的可分离性，使档案记忆信息可以脱离原来的载体；而信息与载体的结合性，又使得档案记忆信息必然依附于新的载体，产生新的记忆体。因此，档案记忆信息的转移，就必然产生新的文本，而新的文本生成也必然伴随着记忆信息的转移。

文本转化的记忆信息转移功能，也再一次表明档案记忆再生产是一种"非消耗性"再生产，原有记忆未曾消耗，新记忆体（档案记忆次生文本）再度生成，档案记忆得到再生产。中国历史上"史存档销"现象早已成为历史。

（2）记忆信息的重组功能。

档案记忆从原生文本向次生文本的转变，以及次生文本的形成，并不意味着原生文本与次生文本之间是一对一的对应关系，或者说简单的"复制关系"；而是随着信息转移，档案记忆信息之间同时发生重组。比如档案展览，除原件展陈外，大多通过复制件、影印件或拍制照片等方式，按照一定的主题，系统地陈列档案材料。作为档案原生记忆文本的组合体，它不仅使档案记忆文本之间的关系得到改变，使以前分散或零散的档案记忆按特定"主题""专题"重新组织起来，形成一种档案记忆叙事（即通过一组档案材料来反映和讲述某一历史事件或某一记忆事项），使社会记忆得到建构或重构。再如档案目录，是在对档案内容和形式特征进行分析、选择、记录和重新组织基础上形成的档案著录条目和条目集合。作为单一条目，它是档案记忆原生文本的信息转移；作为条目组合，它是对原生记忆文本信息的重组，是根据案卷、分类、主题或专题对档案记忆信息的有序化组织。在档案管理意义上说，档案目录具有信息揭示和检索功能，但从社会记忆再生产视角看，它毫无疑问地属于档案记忆次生文本，不仅反映和体现了原生档案记忆文本的记忆信息，而且使单份档案记忆信息整理、组织成系统化、专题化的档案记忆体，使社会记忆得到建构或重构。

在文本转化中，档案记忆信息提炼（提取）程度、加工要求不同，其信息重组方式也各有差别，由此产生不同的档案记忆次生文本，在形式上使社会记忆得到重新生产和再生产，在内容与意义上也使社会记忆得到重新叙述和阐释。

（3）记忆信息的传播功能。

档案记忆原生文本的传播具有很大局限性，一般情况下仅限于单位之间内部短时借阅或档案馆（室）阅览室阅览，档案信息的传播很大程度上需要依靠文本转化，通过生成次生文本加以传播使用。

在档案原生记忆文本转化而成的次生记忆文本中，基本上都具有记忆信息传播功能或作用，或者说都是为档案记忆传播服务的。比如档案检索工具，既具有桥梁作用，"在数量浩繁、内容丰富的档案文献和利用者的特定需要之间架设了一道'桥梁'，沟通了二者的供需关系，利用者借助检索工具便可以较为迅速准确地获取所需档案"；更具有交流作用，"不仅可以提供查寻，同时可成为档案馆（室）与利用者，档案馆（室）与档案馆（室）之间的交流工具。利用者和其他档案管理部门借助它即可概要地了解馆藏档案的内容、价值等信息"[①]。档案检索工具，如目录和各种指南

[①] 陈兆祦、和宝荣、王英玮主编：《档案管理学基础》（第三版），中国人民大学出版社2005年版，第260页。

（全宗指南、档案馆指南、专题指南），往往也作为编研成果加以出版，其传播功能更明显。

信息传播分直接传播和间接传播，档案记忆信息传播更多地属于间接传播，是将记忆信息通过转移、加工、重组，转化成次生文本，实现记忆信息的传递、传达，从而扩大档案记忆接受者范围。

（4）记忆信息的分享功能。

档案利用是档案工作的中心任务和全部档案管理活动的最终目的。在档案学研究和档案工作实践中，人们早已认识到为了保护档案原件的安全，档案馆的档案非特殊需要一般不向外借出；而到档案馆阅读档案，在同一时间内只能供一人阅读，同时阅览室空间有限，难以满足多人同时需要，只靠阅读档案原件获得信息，其分享性存在很大局限性。因此，为满足人们对档案信息的广泛需求，就"需要把信息从档案原件外壳中解放出来，转换为新的载体形式，利用多种渠道加以传输，那样，人人都可以共享。例如档案史料汇编、档案馆指南和历史档案目录的公开出版，在报刊上公布档案，档案缩微胶卷的出售等等，就可以使这些信息资料，变成图书，变成商品，人们不仅仅在各种图书馆、资料室可以借阅，而且可以购买，归自己所有，可做到档案信息共享"①。

"把信息从档案原件外壳中解放出来，转换为新的载体形式"，"变成图书，变成商品"或者说"信息资料"等，就是档案记忆文本转化，是产生档案记忆次生文本的过程和结果，表达用语、语境不同，但意思是一致的。记忆信息共享或分享是记忆的消费行为，它关涉消费主体的集体意识、身份认同，是记忆共同体形成的基础，也是档案记忆再生产的重要目标和任务。

（二）档案记忆形式再生产文本转化的方式

文本转化贯穿于档案管理活动全过程，从档案收集归档开始，到档案开发利用，其中的每一过程和环节都存在着档案记忆信息存在形式或存在状态的变化，存在着档案记忆的再生或衍生，是档案记忆形体转变和文本

---

① 吴宝康主编：《档案学概论》，中国人民大学出版社1988年版，第96—97页。

再造，也是档案记忆再生产的突出表现。概括起来，档案记忆由原生文本转化为次生文本的方式主要有以下三种类型。

1. 记录要素转化

档案记忆文本记录要素转化是通过抄录、拓印、排字、电脑打字、复印、拍照、缩微、摄像、数字化扫描、翻译等方法和手段，将档案原生记忆文本信息转移到另一载体上，形成档案记忆次生文本的过程和结果，既包括档案记忆原生文本向次生文本的直接转化，也包括次生文本的再转化或间接转化。文本记录要素转化或多或少都关涉档案记忆形体的改变，比如对一份档案文件进行抄录形成的抄录文本，不仅记忆信息发生转移，而且其记录载体、抄录的字体字形、行款格式、书写风格等也都相应发生变化；再如拓印，从金石铭文转化为纸质拓本，档案记忆载体形态发生明显的改变。

档案记忆文本记录要素的转化一般只涉及单份档案记忆文本，通过转化形成不同作用或不同载体、不同外形的副本，如手抄件、拓印件、复印件、缩微件、影像资料、数字（化）资料、翻译件等，以便于保存、传播、学习和利用。文本转化的方法和手段虽然多种多样，但从转化后次生文本及再次生文本形态看，主要有四种"副本"。

一是纸质副本。即从古代及至近现代，档案原始文本的转化主要通过手抄、拓影、排印、打字等方式，将甲骨、金石、简牍、纸张等载体形态档案中的文字信息转移成纸质文本（纸质副本）。其中，除了由纸质原始文本转化为纸质副本外，其他形式转化的次生记忆文本，如甲骨拓片、金石拓片、简牍抄录等，都发生了载体的改变，成为一种新的纸质记忆文本，也属于纸质副本。

二是声像副本。近现代以后，随着复印技术、照相技术、录音技术、影像技术的发展，人们在继续保持传统手抄等转录方式的基础上，更多地通过复印、拍照、缩微等方式，对档案原生文本信息进行转录，形成复印件、照片、录音、缩微胶片（胶卷）、影像资料等。复印、照片、录音、缩微胶片（胶卷）、影像资料等都是以模拟声音、图像方式存储的，可以合称"声像副本"（为区别于数字声像副本，也可称为"传统声像副本"；复印也可以归为纸质副本）。与传统手抄形成的纸质副本相比，复印、照片、录音、缩微胶片（胶卷）、影像资料等在形成与纸质载体不同的载体形式外，还附带保留了原始文本的记录信息，转化而成的记忆信息更加直观、全面、生动，也更加具有作为记忆文本的外部特征。

三是数字（化）副本。20世纪80年代后，随着现代信息技术的发展和计算机、数字记忆、数码技术的使用，档案记忆原生文本在更多以电子/数字方式生成的同时，传统纸质档案、声像档案的数字化也渐成趋势，形成越来越丰富的数字记忆文本，即档案数字副本或档案数字化副本。档案数字化副本包括以数字方式直接形成的电子文件副本（虽然电子文件因其载体的可分离性，原件和副本难以区分，但因保管和利用的需要，数字备份还是需要的），也包括传统各种档案原生文本的数字化，与纸质副本和声像副本相比，能够更好地转移和传达原生记忆信息，在某种程度上，数字副本就是原始文本的"化身"。今天，它们与直接生成的电子文件一起，被称为"数字记忆"。

四是不同符号副本。原生文本通过翻译、音视频文字转化等形成不同语言文字，或不同记录媒介符号的文本，如形成不同文字的"译本"、声像档案的文字文本等。

2. 文本组合转化

文本组合转化是指单份档案记忆文本通过组卷、分类、整序、排列等，组合形成案卷、文件集合、类别等，由单份记忆文本转化为集合记忆文本。这种集合记忆文本虽然记忆信息及其载体没有发生变化，但其存在状态发生改变，从原先零散、分散状态转化为集中、系统状态，由此构成原生性与次生性相结合的新的集合记忆文本。根据文本组合在档案管理工作中的表现，组合转化可以分为三种方式。

一是档案案卷或文件组合。案卷是按照一定主题等内部特征和外部特征编立的、具有密切联系的若干文件（档案原生文本）的组合体。案卷或文件组合都是对若干有相互联系的档案原生文本的组织，它们虽然没有改变单份档案记忆文本信息的存在状态，但通过文件之间的关联，使这部分档案原生文本的整体记忆状态发生了改变，它们不再是孤立的、分散的，而是成为一个有机整体，成为一种新的次生记忆——案卷或文件组合实体。传统上，人们在立卷时多采用"一事一卷"方法，形成的一个案卷就是一个记忆事项的完整集合,能更好反映一件事情的来龙去脉,反映事情发生的背景、经过和结果,使记忆对象整体性反映出来。如果没有立卷或文件组合,单份档案文本反映的记忆或许是片面的,或许会造成许多遗忘。如美国档案学家谢伦伯格所言:"从一个档案组合中抽出来的单独的一份文件本身所能告诉我们的,并不会比脱离了某种已经绝迹的不知名的古动物整副骨骼的一块骨头所能告诉我们的更多一些。"①

二是档案分类。分类是档案整理的核心环节,包括档案实体管理分类,即档案保管体系构成的分类,也包含档案目录中信息内容的分类,即档案专门检索系统性质的分类,或称检索分类。一般而言,档案实体分类,必须按照档案形成的规律,维护其在历史形成上固有的来源、时间、内容和形式的联系;而档案检索的统一分类,则是依据档案内容所反映的社会实践活动的性质,特别是机关的职能活动,对档案信息进行系统的分类。虽然档案实体分类和档案检索分类有所不同——档案实体分类是对档案记忆原生文本的分门别类;而档案检索分类是对档案信息提取(包括著录、标引等),也属于信息提取转化——但两者都是对档案记忆信息的重新组织,其类别、类目或形成的检索系统、检索工具都属于对档案记忆文本的加工转化,属于档案记忆的人工制品,前者改变了档案记忆的存在状态,维护了文件之间的历史联系,后者形成新的档案记忆体或记忆制品,都是档案记忆形式的再生或衍生。

档案分类既包括机关内档案的分门别类(即全宗内档案分类),也包括宏观意义上的档案种类划分,根据分类,使一个机关、一个地区、一个国家的档案记忆组织、整理成一个完整的体系,既为档案记忆再生产打好基础,其自身也是再生产的结果。档案分类的记忆再生产的性质和意义在数字时代/电子时代人们建构的"数字档案馆""数字档案室""数字资源库"中表现得更为明显。

三是档案汇编。档案汇编或档案文献编纂,是以档案原文(原生记忆文本)为物质和信息对象,按照一定的题目对档案文献进行查选、考订、

---

① [美]谢伦伯格:《现代档案——原则与技术》,黄坤坊译,中国档案出版社 1983 年版,第 25 页。

转化、加工、编排和评介，以出版物的方式提供和传播档案记忆信息的行为和结果。档案汇编是对档案原生记忆文本进行选择和转化，不仅涉及档案记忆载体转化，更涉及对单份档案记忆文本转化后信息的重新组合，是一种重要的文本组合转化形式。档案汇编的结果是档案原生文本转化后形成的集成性成果，属于典型的档案记忆再生产作品，古人称其为"比次之书"，现代人多称其为"资料书""史料书"。档案汇编在我国有悠久的历史，孔子编订的《尚书》和历代编纂的诏书、奏书、法典文献汇编以至于近现代问世的大量档案史料汇编、政策法令汇编、各种人物的全集、选集、书信集以及报刊、网络上公布的文件和专题史料等，都属于档案汇编成果。从历史学的角度看，它们是提供原始档案资料，从社会记忆角度看，它们无疑属于社会记忆再生产。

3. 信息提取转化

档案记忆文本信息提取转化是指对档案记忆原生文本的信息进行提取加工，形成新的档案记忆文本或记忆制品的过程和结果。广义的信息提取既包括从档案记忆资料（资源）中选择、挑选相关档案记忆文本重新加以组合，也包括从档案记忆文本中对其内容特征和形式特征的分析、提炼、提取、加工和重组。为区别档案记忆文本组合转化，这里主要是指后者，即对文本信息的提取和加工转化，在档案管理中，与此相关联的主要涉及以下三个方面：

一是档案检索工具。档案检索工具是档案编目加工的结果或产品，其首要功能就是为利用者提供查找档案的线索，但它的另一项重要功能是对档案原生文本利用检索语言加以客观描述，以二次或三次文献的形式将档案信息集中起来。在档案检索工具中，目录和索引是在对档案的内容和形式特征进行分析、选择和记录基础上，通过对档案原始文本关键记忆信息（包括档案主题、档案题名、责任者、形成时间、地点、文种、载体）加以提取组合，以一定顺序加以排列而形成的。它们虽然不同于档案副本，但也是档案原生记忆信息的转化，属于档案记忆再生产作品。通过目录和索引，一方面建立与档案原始文本之间的关联，便于查找利用；另一方面其自身也作为一种档案记忆文本可以传播使用，反映档案馆（室）的档案资源情况，有时甚至作为一种历史资料被社会利用。档案检索工具的另一种重要形式——指南，包括全宗指南、专题指南、档案馆指南等，则是全面概括地介绍一个全宗、专题、档案馆全部档案的情况，是对全宗、专题、档案馆档案记忆内容的揭示、提取和转化，属于档案记忆信息的重构和衍生行为。

二是档案数据库。档案数据库是现代信息技术条件下，按一定的组织方式存储起来的档案内容与档案管理系统相关数据的集合。作为依托档案原生记忆文本建立起来的信息集合体，也是新型的档案记忆体。档案数据库包括目录数据库和全文数据库，其中目录数据库是将反映（数字）档案特征的规范数据，依照一定的字段要求存入计算机中，通过系统的排序等处理，形成由计算机检索的目录数据体系，是对档案内容特征和形式特征提取转化而形成的新型档案检索工具；而全文数据库则是数字档案全文（包括电子文件和传统档案的数字化副本）按照一定的分类、排序方式排列形成的集合，既属于档案原生文本的组合转化，也因其需要与目录数据相挂接以实现有效管理和利用，因而也具有一定的信息提取转化的特点。总之，档案数据库是不同于档案原生记忆文本而形成的集成性记忆体，是一种新型的档案文本转化方式。

三是编史修志。编史修志是在档案史料的基础上"勒成删定""取裁独断"而形成的。从记忆角度看，史书、方志都是在对档案原生记忆文本直接或间接进行记忆信息提取基础上形成的新记忆体。与其他类型档案记忆文本转化不同，编史修志更具有综合性和整体性，作为历史记忆元素的作用更加显著，因此在史学研究、史书编纂中受到学者的高度关注和探讨。利科曾说"历史编纂实践首先是作为一种研究，作为文献的生产而进入其批判阶段的……它们不是以福柯所说的档案形式出现的各种'稀罕之物'的集合"[①]。

以上三个方面只是档案原生记忆文本向次生记忆文本转化方式的大体轮廓，实践是多种多样的，难以一一述及，只是为说明问题采取的分析策略，有待结合案例具体考察。

[①] [法] 保罗·利科：《记忆，历史，遗忘》，李彦岑等译，华东师范大学出版社2018年版，第268页。

(三) 档案记忆形式再生产文本转化的特点

档案记忆文本转化方式反映出档案记忆信息脱离开原生文本后，可以转化形成不同的记忆产品（单份文本、组合文本、新集成文本等），从社会记忆再生产角度看，其属性都是档案记忆的衍生品、次生文本或新的记忆体，是文本的"再造"。文本转化贯穿于档案管理与利用全过程，形式多样，过程复杂，从总体上看，呈现出以下特点。

1. 记录要素的转变联动

档案记录是人们将一定的记录符号通过记录方式（刻写方式或刻写工具）固定到特定载体上形成的，是三者的有机结合和统一。记录要素变化不仅形成和反映原生文本的历史演化过程（如前文所述），在由原生文本向次生文本转化的过程中，只要发生记忆信息的转移，记录符号、记录方式、记录载体就会出现不同程度的关联变化：抄录、复制、拍摄一份档案文件，即使语言符号不变，记录方式和记录载体也会发生变化；翻译、录制、缩微、数字化一份档案文件，其载体、记录符号和记录方式都会相应变化，形成新的记忆"副本"；在文本组合和文本提取等转化方式中，记录要素的联动变化更为明显。

云南傈僳族创世古歌《创世纪》的系列文本转化与再造可以反映出记录要素转化的联动性特点。《创世纪》以傈僳族公元1世纪至19世纪的迁徙史为主，记录了其先民哲学、宗教、占卜、艺术、牧耕、医药、道德、战争等内容，古时傈僳族尚未形成文字，《创世纪》最初是以歌谣形式，口口相传，流传至今。为防止其流失，《创世纪》被收集、翻译、整理成上万行的傈僳族叙事长诗（原生文本）；2020年8月，云南民族文化音像出版社历时两年摄制出版《傈僳族创世古歌〈创世纪〉：一路向西》正式发行，形成音像副本，视频总时长150分钟，包括概述和创世古歌活态演述抢救性影音记录，忠实记录傈僳族先民对宇宙万物、人类社会的种种解释和看法，列入云南省民族文化"百项精品"工程项目。[1] 从口述到纸质

---

[1] 《傈僳族创世古歌〈创世纪〉：一路向西》，云南民族文化音像出版社网，[EB/OL] http://ynmzyx.cn/zh-hans/content/546 [2020-09-14]。

文本，再到声像文本的转化，《创世纪》的文本转化中可以看出记录要素的不同变化及其与档案记忆形式再生产的内在关系。

2. 转化行为的连续反复

档案记忆文本转化具有信息学的一般特点，其转化并非一蹴而就，而是反复不断地加以转化，体现出连续性、反复性、穿插性的统一。

档案记忆文本转化的连续性暂且不论其生成的连续性，仅就原生文本向次生文本转化而言，也有很突出的表现：其一，档案记忆原生文本生成之后，并非静止不变，而是在不断地收集、整理、编目、编研、开发利用，这是一个具有内在规律性、连续性的过程，每一步都涉及档案记忆文本的转化，或形成组合记忆体，或形成"副本"记忆体，只要档案管理活动持续开展，档案记忆文本转化就不会停止。其二，就档案记忆的加工深度而言，传统信息加工所开展的一次文献、二次文献、三次文献形式也同样存在，体现出纵向上连续性的特点，这种连续性与档案记忆叙事有着更加密切的关联。其三，各种次生文本形成是在既有原生文本、次生文本基础上的重组重构，体现出记忆穿插、叠加、连续改造的特征。

档案记忆文本所记载的记忆信息作为人类社会活动信息的组成部分，具有信息的共同特点：信息与载体的可分离性、可分享性、可扩散性、可加工性等，人们可对档案记忆信息进行反复提取、加工，转化为次生记忆文本或形成新记忆产品；同时，档案记忆再生产中的"非消耗性"，使其在人类历史长河中可以为一代又一代人反复回溯历史或提供记忆能量。

档案记忆文本转化的连续性与反复性，使社会记忆档案化和档案记忆社会化能够循环往复地运行，实现档案记忆再生产的社会功能。

3. 记忆事项的多元呈现

文本转化所形成的不同记忆体、记忆组合体或记忆产品，不仅是档案记忆形式再生产的直接体现，也影响着档案记忆内容、意义的再生产，使档案记忆事项呈现出不同的叙事形态和意义表现。这种特点在档案记忆的不同版本或不同叙事方式上可以得到体现。

不同版本既是不同文本的呈现，也是记忆叙事的不同呈现。在社会记忆研究中也使用到"版本"一词,即同一记忆事项的不同叙述或述说。古籍文献因历代辗转翻刻,往往形成多种版本。如我国第一部档案文献汇编《尚书》,早在汉代就流行有 4 种版本:文帝时齐人伏生所传的今文本 29 篇,景帝时孔安国传古文尚书 45 篇,成帝时张霸伪古文尚书 102 篇,东汉杜林传古文本。① 现代档案文献的版本也很复杂,以革命历史文献为例,中国共产党成立和大革命时期,党内的交通网不健全,党刊常常被作为传送文件的手段,如当时的主要刊物《中央政治通讯》,中央刊印的份数并不多,须由各地收到后再翻印下发,因而形成同一时期的几种不同版本。有的文件发表在不同党刊上,有的文件在刊物上发表后,又印成单行本或辑录成小册子出版,也就形成各种不同的版本。② 不同版本之间有统一,也有差异:有统一,说明它们指涉同一记忆事项,可以形成"互文性";有差异,说明它们表述不一致,存在不同的内容和意义理解。

4. 媒体表象的融合叠加

20 世纪 80 年代以来,现代影像技术、数字/数码技术、网络技术、通信技术等飞速发展,为档案记忆文本转化和传播提供了十分便捷的条件,档案原始文本及各种次生文本经过翻拍、扫描、数字化等,一方面,通过与数字(电子)文本生成的档案记忆合流,构建数字资源库、数字档案馆、数字专题记忆库等,形成更大规模的记忆体;另一方面,也通过图书、报刊、影像资料、网络/网站、社交媒体平台(微信、微博等)、智能手机等广泛传播,在形成不同记忆文本、记忆叙事的同时,更是形成了多元化媒体或媒介表象,相互融合叠加,使档案记忆文本转化越发活泼生动。

借助信息技术,档案的多元存储形式之间可进行数字化转录和无缝迁移,不同形态的档案记忆文本由此取得互通互化的渠道,突破了物质载体界限,开始被信息流、记忆流替代,从有形转向无形,流动性增强,档案记忆再生产因此实现跨介质、跨界域的融合。③ 如微信公众号推文可以包

---

① 万刚:《中国古代文献学》,北京大学出版社 2007 年版,第 185 页。
② 参见曹雁行《革命历史文献编纂工作中的版本问题》,载《建国以来档案文献编纂工作得失研讨论文集》,档案出版社 1988 年版,第 202 页。
③ 丁华东、张燕:《论档案记忆再生产的实践特征与当代趋势》,《档案学通讯》2017 年第 4 期。

含档案记忆的文字描述、图片及动图展示、视频演示及录音音频辅助阅读等多种媒介形态；档案信息网站也集档案记忆原生文本与次生文本，文字、口述、图像和影视，真实和仿真等于一体，多角度、多方位地向用户提供记忆文本，展示记忆表象。

档案记忆媒体表象的融合叠加既是新媒体时代档案记忆多元化文本形态（体）的反映，也是档案记忆社会化的反映，其中所涉及的记忆信息的传递与变异、记忆传播影响力与记忆控制、社会主体的广泛介入与记忆伦理等问题都值得关注。

四 形式再生产与档案记忆资源累积

马克思在分析社会再生产基本类型时，将资本积累与再度投入作为简单再生产和扩大再生产的区分标准，认为"生产的扩大，要取决于剩余价值到追加资本的转化，也就是要取决于作为生产基础的资本的扩大"①，资本累积是扩大再生产的唯一源泉。作为"非消耗"性再生产，档案记忆再生产也是一个不断生成、转化、积累的过程，其最终结果即是汇聚形成档案记忆资源。运用马克思社会再生产思想对形式再生产与档案记忆资源累积之间的关系进行考察，表明档案记忆（形式）再生产结果与社会记忆留存的关系不只是概念的，也是实体或实态的；同时从社会总体记忆再生产（如马克思的社会总产品或总资本再生产）角度，分析国家档案记忆资源的形成、构成、表现及其重要意义。国家档案记忆资源既是社会记忆再生产的条件，也是社会记忆再生产的结果。

（一）社会记忆存储性与累积性的论述

社会记忆存储性与累积性彼此相关，正是由于其存储性，才能够被累积；也可以说由于记忆的累积性，所以需要存储。理解社会记忆存储性与累积性，可以为档案记忆形式再生产与记忆资源累积提供思想铺垫。

记忆是"记"和"忆"反复运动的过程和结果，"记"是信息存储的

---

① 《马克思恩格斯全集》第24卷，人民出版社1972年版，第565页。

过程，"忆"是信息提取过程。从人类对"记忆活动"进行有意识地分析和思考以来，思想家们就意识到"记忆"的存储性。古希腊思想家柏拉图说："每当我们要记住自己的所见、所闻、所思，就把蜡板拿到感知或思想面前，将印象印在上面，就像用印章戒指盖印一样。只要印象还在蜡板上，我们就能回忆，就能知道；但如果印象被擦除或者没印上，我们就会遗忘。"① 古罗马思想家奥古斯丁将记忆比喻为存储在"府库"和"洞穴"中的事物影像，"记忆把这一切全都纳之于庞大的府库，保藏在不知哪一个幽深屈曲的处所，以备需要时取用……但所感觉的事物本身并不入内，库藏的仅是事物的影象，供思想回忆时应用"②。

文字的发明与使用，标志着人类进入"记忆时代"，也意味着人类记忆存储的变革。美国未来社会学家阿尔温·托夫勒在《第三次浪潮》中分析了人类有史以来的三次记忆力革命（浪潮），他认为在原始社会，人类被迫把共有的记忆和个人记忆储存在个人的大脑中。"所有这些积累起来的经验，都储存在人类大脑的中枢神经和神经胶质以及神经元的突触中。"第二次浪潮中文明冲破记忆的障碍，它保存了系统的业务记录，建造了上千家图书馆和博物馆，发明了档案柜。当工业文明把很多社会记忆从人类头脑中取出来时，记忆变成了客观对象，体现在人工制品、书籍、工资单、报纸、照片和电影中。第二次浪潮在急剧地扩大社会记忆的同时，实际上也将社会记忆"冻结"了起来。托夫勒认为信息技术带来人类记忆向第三次浪潮跃进，第三次浪潮中社会记忆的转变，并不仅仅限于量的变化，就像已经发生过的那样，我们还正在向人类记忆输入生命。③ 与托夫勒思想相类同，扬·阿斯曼和阿莱达·阿斯曼则将社会记忆分为"交往记忆"与"文化记忆"，又将文化记忆分为"功能记忆"（活跃的、现实的、被栖居的记忆）和"存储记忆"（潜在的、保存的、栖居的记忆）。这些都表明社会记忆的"存储性"或"存储记忆"的存在。

---

① ［古希腊］柏拉图：《特埃特图斯》，转引自［荷兰］杜威·德拉埃斯马《记忆的隐喻——心灵的观念史》，乔修峰译，花城出版社2009年版，第21页。
② ［古罗马］奥古斯丁：《忏悔录》，周士良译，商务印书馆1963年版，第193页。
③ ［美］阿尔温·托夫勒：《第三次浪潮》，朱志焱等译，生活·读书·新知三联书店1983年版，第237—239页。

存储与累积既互为前提,也互为结果。记忆存储下来,必然形成记忆的累积。孙德忠从认识论角度提出社会记忆具有"超生命、超个体、跨时空的累积性",他认为"社会记忆的累积性是指人类主体能力和本质力量具有由简单单一到复杂全面、由低级抽象到高级具体、由量的增加到质的飞跃的不断累积和聚焦的特点。人处理自身与外部世界的关系能力的提高、自在存在的客观事物成为人类活动所指向的对象和文本、人类通过自己的活动创造仅凭客观世界的自在运动永远也不可能产生的对象和文本过程,从人类主体能力和本质力量的演变角度看,也就是社会记忆的累积过程,这一过程的延伸和拓展也就是人类主体能力和本质力量的提升、膨胀和合理化进程"[①]。虽然其论述立足点是指向社会记忆跨时空凝结、积累和破译、复活的运行过程中人类内在的主体能力和本质力量的凝结、累积与提升,但其外在表现却是指向各种"人体外的人造物"。"不仅人类活动的精神产品和进行活动的中介系统(包括物质中介、思维中介和语言符号中介),而且包括物质产品在内的一切人类活动的对象性产物,都以某种特定的物质存在形式凝结、固化着那流动的原本依赖于人类自然肉体生命的主体能力和本质力量,使它们在人类自然肉体生命之外取得社会性的精神生命,从而在体外有效地遗传和积累下来。"[②]

随着认识的日渐深化,人们越来越深刻地感觉到社会记忆不仅仅是在社会交往互动中被建构起来的,而更多的是以"人造物"或物态化结晶的方式在社会活动中不断地沉淀、存储、积累下来,成为社会记忆资源,其中自然包括档案记忆这种最为典型的社会记忆资源——档案记忆资源。

(二) 文本再造与档案记忆资源的形成

1. 档案记忆资源:一个渐被重视的"视界"

在社会记忆经典论著中,虽然"记忆资源"的直接表述并不多见,但其思想已蕴含在相关论述中。如前文提到美国社会学家刘易斯·科瑟在评价哈布瓦赫的集体记忆时所提及的"更齐备的文献记录",这种"齐备的

---

① 孙德忠:《社会记忆论》,湖北人民出版社2006年版,第153页。
② 孙德忠:《社会记忆论》,湖北人民出版社2006年版,第155页。

文献记录"是否就可以理解或替换为"文献记忆资源"。

档案学领域在意识到档案的社会记忆属性、价值、功能的过程中，已逐步认识到档案记忆属于人类一个独立的"记忆存储系统"（如陈智为教授所言，"它标志着人类已经着手建立反映自己活动的，不依赖于人脑的独立记忆系统"[1]）；也逐步认识到档案馆是人类的"记忆库"[2]"记忆宫殿"或"记忆（之）场"。但这些表达还只是对档案记忆存储与积累的概念性或意向性表达，并未触及"记忆系统""记忆库""记忆宫殿""记忆场"之内的档案记忆资源本身。

21世纪以后，随着国家"档案资源体系"建设的提出，档案资源观或档案记忆资源观逐步成为一个新的"视界"。冯惠玲教授在《档案记忆观、资源观与"中国记忆"数字资源建设》一文中，虽然将档案视为一种"具有独特价值的信息资源"，但从其论述的逻辑关联性和论述中可以看出，这种独特价值的信息资源也是档案记忆资源，因为"它所承载的国家、民族、社群、个体的过往历程正是集体记忆所要留存、追溯的对象"[3]。此外，笔者在《档案与社会记忆研究》中多处涉及档案记忆资源建设，并探讨了档案资源量与记忆能量的关系，为档案记忆资源观提供了学术探路。

"档案记忆资源"观不只是一个概念、一种观点，而是一种"视界"、一种思维，它不只是强调档案作为社会记忆的属性或形态，更强调档案记忆作为社会记忆的存储与累积的结果，是质和量的统一、个体和总体的统一（中间涉及许多层次），也是现实性与潜在性的统一。如方李莉研究员所言，"人类一代一代流传下来的文化遗产，只是静静地存在于我们的生活中，甚至博物馆里，与我们的现实生活没有联系，其仅仅只能称之为遗产，却不能称之为资源，只有当它们与我们的现实生活和社会活动及社会

---

[1] 陈智为：《档案社会学概论》，南开大学出版社1989年版，第13页。
[2] 2004年在奥地利首都维也纳召开的第十五届国际档案大会上，与会者就提出档案是保护过去、记录现在和联系未来的桥梁，把档案（档案馆）看成文件库的传统看法正在被记忆库和知识库的认识所取代。参见荆云《档案、记忆和知识——第十五届国际档案大会在维也纳召开》，《云南档案》2004年第6期。
[3] 冯惠玲：《档案记忆观、资源观与"中国记忆"数字资源建设》，《档案学通讯》2012年第3期。

的发展目标联系在一起后,才能被称之为资源"①。

2. 文本再造是档案记忆资源形成的前提

冯惠玲教授指出:"'档案资源'的含义大于'档案馆藏',除了收藏进馆的一次文献外,也包括经加工获得的二次文献、三次文献等开发产品,因此,档案资源建设更加具有可扩展性和创造性。"② 这句话转换到档案记忆再生产语境中,就是档案记忆资源是由原生文本和次生文本两种形态构成的,或者说文本再造是档案记忆资源形成的前提条件。

如前所述,档案记忆形式再生产的实质就是"文本再造",它包括文本生成和文本转化。文本生成是社会记忆档案化的结果,是从"功能记忆"向"存储记忆"的转化,所生成的原生记忆文本构成档案记忆资源的"实体"或"对象物";文本转化则将原生文本转化为次生文本,作为档案记忆再生产的"产物"和"记忆制品",在生产新的档案记忆体的同时,也推动"存储记忆"向"功能记忆"的转化,因此,文本生成与文本转化都属于档案记忆资源来源的方式,原生文本与次生文本构成档案记忆资源的两种基本样态。

社会记忆像条河,有记忆也有遗忘,总是在记忆与遗忘、澄显与遮蔽、存储与弃舍的运动中流淌或延续。档案记忆的文本再造则是"在流动中把握永恒",也是让记忆赋予新的内涵与意义的过程。导致社会"失忆"的因素很多,有自然记忆的衰退,也有人为"有组织的遗忘"或破坏,在人类"记忆留存"的历史上,档案记忆的文本再造功不可没。保罗·利科说:"如果我们想要关注这些由能够获取材料的同时代人留下的见证所组成的文本档案,那么我们就需要考察口述见证到被建构的档案的这一变化过程",一件事情一旦被写下来,它就会到处流传。③ 扬·阿斯曼也说:"当对过去的表象被储存在档案馆、图书馆和博物馆中的时候,文化记忆

---

① 方李莉:《从遗产到资源——西部人文资源研究》,载贾磊磊主编《数字化时代文化遗产的保护和展现》,文化艺术出版社2010年版,第96—97页。

② 冯惠玲:《档案记忆观、资源观与"中国记忆"数字资源建设》,《档案学通讯》2012年第3期。

③ [法]保罗·利科:《记忆,历史,遗忘》,李彦岑等译,华东师范大学出版社2018年版,第220—221页。

就停留在潜在模式之中；当这些表象在新的社会背景和历史背景中被采用，并被赋予了新的含义时，它们就出现在真实模式之中。这些区分暗示着对过去的特定表述可能会跨越整个波段，从交流记忆的领域经过真实文化记忆的领域，最终到潜在文化记忆的领域（反之亦然）。但是在这个过程中，它们的密度、社会深度和意义会被改变。"①

档案记忆的文本再造，使社会记忆由自然状态走向人工状态，由不可控状态走向可控状态，从而克服社会遗忘，为人们进行记忆再生产提供资源基础和"养分""能量"保障。正是在此意义上说，档案记忆文本再生产是档案记忆资源形成的前提，也是将形式再生产与记忆资源累积逻辑地联系起来的根据。

3. 档案记忆资源是文本存储与累积的结果

档案记忆存储和累积涉及两层意思，一层意思是社会记忆以文本形式存储下来，不断累积，形成档案记忆，这是社会记忆档案化过程；另一层意思是档案记忆文本被不断地保存、存储到档案机构（档案库、档案室、档案馆）中，不断累积，形成档案记忆资源的过程。两者构成档案记忆资源形成的双重累积结构或社会机制。

有人说："记忆似乎不是居于对意识觉察之中，而是在材料之中，在社会生活和精神生活的实践和机构之中，这些实践和机构在我们中间发挥作用，但奇怪的是，它们似乎既不（需）要我们的参与也不需要我们明确的忠诚。"② 这种感觉比较符合一般人的感性认知水平，也说明"这些实践和机构"是一种普遍现象或事实。在历史活动中，档案记忆不断生成、存储、累积，最终保存在档案机构，汇聚而成档案记忆资源或档案记忆资源库。"这种人类的社会记忆正是通过档案馆、图书馆和博物馆得以保存的，它们共同构成了人类到今天为止全部社会与文化信息的存贮器和仓库。"③

---

① ［德］扬·阿斯曼：《集体记忆与文化认同》，转引自［美］沃尔夫·坎斯特纳《寻找记忆中的意义：对集体记忆研究一种方法论上的批评》，张智译，载李宏图选编《表象的叙述——新社会文化史》，上海三联书店2003年版，第144—145页。

② ［美］沃尔夫·坎斯特纳：《寻找记忆中的意义：对集体记忆研究一种方法论上的批评》，张智译，载李宏图选编《表象的叙述——新社会文化史》，上海三联书店2003年版，第153页。

③ 严建强：《关于社会记忆与人类文明的断想》，《浙江档案》1999年第3期。

档案记忆资源的存储与累积，从实践层面看，就是档案记忆的收集（征集、采集）、归档、移交、加工，是基于社会实践经验而开展的制度性存储和累积行为，考察任何一个档案机构（档案馆、档案室），其档案（记忆）资源莫不是档案记忆逐步收集、归档、移交、加工，最终汇聚的结果。说档案馆是"记忆库"或"记忆宫殿"，不是说它只是记忆的存储空间，而是指其中所蕴含的档案记忆资源——档案记忆资源宝库。如《民国风云、记忆宝库——走进第二历史档案馆》《记忆粤海沧桑——广东档案馆》《齐鲁大地的记忆库——山东档案馆》《三江源头的高原记忆——青海省档案馆》《雪域高原的记忆明珠——西藏自治区档案馆》《黑土地的记忆库——吉林省档案馆》《彩云之南的记忆宝库——云南省档案馆》《承载西安的历史记忆——西安市档案馆馆藏巡礼》《翠屏道上的记忆之珠——香港历史档案馆》等，这些档案（馆）在宣传上的称法表明人们对档案馆作为社会/档案记忆资源库的价值和认知。如严建强教授所言："只有从社会记忆这样一个最基本的层次来理解，我们才能真正认识到这些机构对人类现实生存和人类文明发展的意义。"[①]

通过对档案记忆文本生成与转化，记忆存储与累积，档案记忆资源或资源库形成的考察，可以更清晰地探明形式再生产与档案记忆资源形成、资源体系构建之间的内在逻辑关联，既是对档案记忆研究的合理延伸，也是对档案馆作为"记忆宫殿"的重新阐释。

（三）我国档案记忆资源体系的构成与特色

1. 我国档案记忆资源体系构成与分布

20世纪50年代以来，我国一直沿用"国家档案全宗"或"国家全部档案"来表达国家所有的档案。虽然在"国家所有"理解上有所差异（或指"所有制"意义上的所有，与集体所有、个人所有相对应，或指"国别"所有），但从"国别"意义上看，也可以表达国家拥有的全部档案资源总量，或者说国家内在的档案资源总和。根据我国国家档案全宗的划分，国家档案资源包括中华人民共和国时期的档案、中华人民共和国成立以前时期的档案

[①] 严建强：《关于社会记忆与人类文明的断想》，《浙江档案》1999年第3期。

(含革命历史档案和旧政权档案)。①

21世纪伊始,随着信息资源观的兴起和"三个体系"建设的推进,人们不仅从整体上看待国家档案资源,还从体系上有意识地思考国家档案资源体系的构成与建设,从档案的社会记忆属性看,"国家档案资源体系"与"国家档案记忆资源体系"可以同义使用,后者更强调其作为"记忆资源"的价值。

国家档案局原局长毛福民较早使用"国家档案资源"概念,认为国家档案资源是指"过去和现在的国家机构、社会组织和个人在社会活动中形成的对国家和社会有保存价值的档案的总和"②。上海大学潘玉民教授指出应该用"集成"来代替"总和"。"'总和'的语义为全部加起来的数量或内容,通常表示数量或内容(相)加后的静态结果。'集成'的语义则是一些分散的事物或元素通过某种方式集中在一起,产生联系,从而构成一个有机整体的过程。考虑到国家档案资源是一个不断聚合的过程和结果,使用'集成'更能体现国家档案资源持续积累的特点。"③ 这一观点与本书意思相"暗合",体现出国家档案(记忆)资源的累积性与体系性。

潘玉民教授从档案资源存藏及分布的维度,提出国家档案资源构成的五个方面,即档案机构收藏的档案资源、社会其他机构收藏的档案资源、民间收藏的档案资源、流失海外的档案资源、口述档案资源等。这些档案资源构成我国档案(记忆)资源的全部或体系,除国家档案馆的藏量有较准确的统计外,其他的档案资源难有确切的统计数字,但并不影响它们在国家档案资源结构中的地位。④

据相关权威数据显示,2004年底,我国4012个各级各类国家档案馆馆藏档案2.1625多亿卷,4000多万件,及音像、照片、底图等其他载体档案。⑤ 到"十一五"末,全国共有各级各类档案馆4077个,馆藏档案达

---

① 吴宝康主编:《档案学概论》,中国人民大学出版社1988年版,第77页。
② 毛福民:《以"三个代表"为指导,全面加强国家档案资源建设》,《中国档案》2002年第2期。
③ 潘玉民:《论国家档案资源的内涵及其构成》,《北京档案》2011年第1期。
④ 潘玉民:《论国家档案资源的内涵及其构成》,《北京档案》2011年第1期。
⑤ 王天泉:《为了记忆不再缺失——专家学者研讨国家档案资源建设》,《中国档案》2006年第12期。

39264万卷（件）；公开出版编研资料5050种，104000万字。①

截至2020年底，全国共有各级各类档案馆4233个，其中，综合档案馆3341个，专门档案馆260个，部门档案馆133个，企业档案馆177个，省、部属事业单位档案馆322个。全国各级综合档案馆馆藏档案91789.8万卷（件），其中，中央级2046.6万卷（件），省（区、市）级4666.9万卷（件），副省级2456.4万卷（件），地（市、州、盟）级19050.2万卷（件），县（区、旗、市）级63569.7万卷（件）；照片档案2401.0万张，其中中央级20.0万张，省（区、市）级285.5万张，副省级235.5万张，地（市、州、盟）级607.6万张，县（区、旗、市）级1252.4万张；录音磁带、录像磁带、影片档案112.1万盘，其中，中央级1.8万盘，省（区、市）级26.7万盘，副省级3.4万盘，地（市、州、盟）级32.5万盘，县（区、旗、市）级47.7万盘；馆藏电子档案1387.5TB，其中，数码照片390.2TB，数字录音、数字录像523.5TB。馆藏档案数字化成果19588.5TB。另，截至2020年底，全国各级综合档案馆共有纸质馆藏资料4039.4万册，其中，中央级213.6万册，省（区、市）级272.9万册，副省级66.8万册，地（市、州、盟）级841.6万册，县（区、旗、市）级2644.5万册。②

我国综合档案馆从2004年的4012个，到2010年（"十一五"末）的4077个，再到2020年的4233个，相对稳定；但档案资源总量增长较为明显，从2004年2.5亿卷（件），到2010年近4亿卷（件），再到2020年10亿多卷（件），几乎每十年以倍增速度增长，同时，新的数字（记忆）资源更是加速增长。

2021年，中办国办印发《"十四五"全国档案事业发展规划》，再次将"深入推进档案资源体系建设，全面记录经济社会发展进程"作为"十四五"档案事业建设的主要任务之一，国家档案资源建设的理念和自觉性

---

① 国家档案局、中央档案馆：《全国档案事业发展"十二五"规划》（档发〔2011〕1号），2011年1月14日发布。
② 《2020年度全国档案主管部门和档案馆基本情况摘要》，中华人民共和国国家档案局网站，[BE/OL] https://www.saac.gov.cn/daj/zhdt/202108/a9369544b1a6412994774ea0e5866881.shtml〔2021-08-06〕。

正在进一步提高，一个"档案资源的覆盖面更加广泛、内容更加丰富、形式更加多样、结构更加优化"的国家档案资源体系格局将会进一步显现。

2. 我国档案记忆资源体系构成的特色

我国档案（记忆）资源广泛来源于政府机构、企事业单位、民间组织、家庭和个人，涉及党务政务、经济、军事、科技、文化、社会管理、家庭事务、个人权益、地方民俗等方面的记录，是社会的重要记忆资源。从资源体系总体看，我国档案记忆资源体系其悠久性、连续性、完整性和珍贵性都是其他国家所无法比拟的，其特色可以概括为以下三个方面。

（1）历史悠久性与历史连续性的统一

与悠久璀璨的中华文化相呼应，在漫长的历史长河中，中华先人为我们留存和累积了数量巨大的档案记忆资源，不仅历史悠久，而且连续不断，形成了一条完整的中华文脉和历史"脚印"。从史书记载中的"三坟五典""八索九丘"，到商周时期的甲骨档案、青铜铭文档案，秦汉魏晋时期的石刻档案、简牍档案、缣帛档案，汉晋后出现的纸质档案，近代出现的声像、音像档案，及至当代信息技术环境下的数字档案，既是中华文化"绵延链"，也是档案记忆"体态链"。

在中国历史不同时期，都有各具特色的档案记忆资源。据甲骨学家胡厚宣统计，殷商甲骨档案共计出土154600多片，其中大陆收藏有97600多片，中国台湾收藏有30200多片，中国香港收藏有89片，总计我国共收藏127900多片。此外，日本、加拿大、英、美等国共收藏有26700多片。明清历史档案仅中国第一历史档案馆保管的就约有1000万件（册），其中明代档案3000多件（册）。

自近代"四大史料新发现"（甲骨档案、汉晋简牍、敦煌经卷文书、明清内阁大库档案）以来，我国珍稀历史档案（档案史料）的发现就连续不断：徽州历史档案、四川巴县衙门档案、孔府档案、吐鲁番文书、睡虎地秦简、银雀山汉墓竹简、马王堆帛书、走马楼吴简……而且每次发现都数量巨大，仅徽州历史档案前后连续800年，数量20万—30万件（卷）；四川巴县衙门档案上自乾隆十七年（1752），下迄民国三十年（1941），共约11.6万卷；孔府档案起自明嘉靖十三年（1534），止于曲阜解放（1948），前后达400多年，总数达25万件。这些都足以反映我国档案记忆资源悠久性与连续性统一的特点。

（2）社会广泛性与类型多样性的统一

档案记忆资源不仅保存在国家档案馆（国家级综合档案馆、省市县级综合档案馆、国家专业档案馆、企事业单位档案馆等），也广泛地保存在国家机关档案室，社会组织档案馆、档案室、图书馆、资料室、信息中心、单位内部办公室，以及更广泛地保存在家庭或个人手中。据2005年国家档案局统计，全国各省、自治区、直辖市直属机关档案处（科）总计为334个，档案室为2737个；共有全宗16530个，案卷数29684523卷，以件为单位的档案13778188件，照片档案2145421张，底图2530895张，缩微胶片（平片）1428947张，缩微胶片（卷片）93341米；室存资料1666651册。[①] 另如上海市图书馆共收藏家谱约17000种、110000余册；收藏盛宣怀档案约17.5万件，是盛宣怀家族自1850年至1936年间的记录，包括日记、文稿、信札、账册、电文等，内容涉及政治、经济、社会、军事、外交、金融、贸易、教育等各方面。有许多珍贵档案散存于民间，如福建、广东的侨批档案（华侨寄回家乡的信和汇款单）达16万件之多，广泛分布于广东潮汕、五邑、梅州等三大侨乡及福建等地家庭，被称为"海邦剩馥"，2000年前后才逐渐被各种公私机构收藏。

由于社会活动的复杂性和文化环境的多样性，我国档案记忆资源种类特别繁多。从总的档案类型上看，有文书档案、科技档案、专门档案；具体到特定的档案种类看，有中国传统音乐录音档案、纳西族东巴古籍文献、"样式雷"建筑图档、近现代中国苏州丝绸档案、徽州历史档案、上海道契档案、四川巴县衙门档案、湘西里耶秦简等。2002年至2015年，我国先后评选公布四批共142件/组档案文献入选《中国档案文献遗产名录》，每一件/组档案文献都是珍稀记忆，是不同文种文本具象的表现。

（3）多民族记忆与国家记忆的统一

作为一个多民族国家，每个民族都有自己的文化和记忆，折射到档案记忆上，就成为民族记忆的表象和表征。其中，典型的民族历史档案记忆

---

① 《2005年度各省、自治区、直辖市直属机关档案工作基本情况表》，中华人民共和国国家档案局网站，[EB/OL] https://www.saac.gov.cn/daj/zhdt/201710/6394cdd108f6432190cdc708d71ce455/files/cff1c2f7c7e64166a2ae3d90769788eb.pdf [2017-10-25]。

第五章 文本再造：档案记忆形式再生产

就目前报道比较多的有如：纳西族东巴古籍文献（被誉为"古代纳西族的百科全书"）、西藏藏文档案（元代西藏官方档案是其一部分）、满文老档、满文木牌、西夏文书、凉山彝族毕摩文献、新疆的老维文档案、水族文书等。在中国第一历史档案馆馆藏档案中，汉文档案约占80%，满文档案约占20%，蒙文档案5万多件（册），还有少量其他民族文字的档案。目前中国56个民族中，除汉族外，有自己语言文字的民族有24个（包括蒙古文、藏文、维吾尔文、苗文、彝文、壮文、布依文、朝鲜文、满文、侗文、瑶文、白文、哈尼文、哈萨克文、傣文、傈僳文、佤文、拉祜文、水书、东巴文与哥巴文、景颇文与载瓦文、柯尔克孜文、锡伯文、独龙文）[1]，其他民族使用汉语（字），无论是使用本民族语言文字还是汉语，其历史活动记录都是民族的集体记忆。

2017年，"边疆民族地区濒危少数民族档案文献遗产保护及数据库建设"列入国家重大项目，项目首席专家武汉大学周耀林教授指出，少数民族档案文献遗产是少数民族的"记忆之源"和"记忆之场"，记载了各少数民族的悠久历史和灿烂文化，既由地域文化所生成建构，又成为传承其地域特色的记忆空间。[2] 各民族记忆（资源）虽然有其自身特点，但都是我们国家记忆一部分，具有内在统一性，即"中华民族"或"中华文化"。中华民族既是文化共同体，也是记忆共同体，其中的历史形成与演化过程，王明珂先生在《华夏边缘：历史记忆与族群认同》一书中已为我们作出解释。

---

[1] "我们的文字"，中国记忆项目实验网站，[EB/OL] http://www.nlc.cn/cmptest/wmdwz/zxzl/。

[2] 周耀林等：《民族记忆视域下少数民族档案文献遗产保护现状与推进策略——基于云贵地区的调查》，《档案学研究》2020年第5期。

第六章

内容叙事：档案记忆内容再生产

档案记忆不是空洞的物质外壳，而是有其记录/记载的内容，在档案作为"记忆载体""记忆工具""记忆装置"背后，我们需要追问档案记录/记载了人们什么样的社会活动信息，这些信息又是如何组织、表达或叙述、讲述的。在档案记忆形式再生产（文本生成和文本转化）过程中，必然伴随着对档案内容或档案记忆信息的发掘、提取、选择、提炼、组织、加工，并最终以新的方式将记忆内容讲述出来。卡西尔指出，记忆"包含着一个创造性和构造性的过程"，"仅仅收集我们以往经验的零碎材料那是不够的；我们必须真正地回忆亦即重新组合它们，必须把它们加以组织和综合，并将它们汇总到思想的一个焦点之中"。[1] 雅克·德里达也说，在古希腊，叙事的本领被称为记忆女神谟涅摩辛涅的馈赠，她让我们把所记住的一切都印刻在蜂蜡上，只要印记留着，我们就能保存对事物的记忆和知识，就能准确无误地谈论它们。[2] 因此，如同将档案记忆形式再生产概括为"文本再造"一样，我们也把内容再生产概括为"内容叙事"。档案记忆内容叙事不仅涉及叙事信息的组织加工，也涉及对叙事对象（事项）的表达表现，还涉及不同记忆叙事的冲突与协调。内容叙事让我们重新思考档案记录/记载了谁的记忆，这种记忆又是如何讲述的，正如阿莱达·阿斯曼所言，"人是历史一部分，而历史却可以由人以不同的方式继续讲述"[3]。

---

[1] ［德］恩斯特·卡西尔：《人论》，甘阳译，上海译文出版社1985年版，第87页。
[2] 参见［法］雅克·德里达《多义的记忆——为保罗·德曼而作》，蒋梓骅译，中央编译出版社1999年版，第17页。
[3] ［德］阿莱达·阿斯曼：《记忆中的历史》，袁斯乔译，南京大学出版社2017年版，第74页。

一 档案记忆内容再生产及其叙事性

保罗·利科指出:"记忆'属于过去',但过去的存在是以多种方式被讲述的。"[1] "过去的存在"即是记忆的对象或记忆的内容、记忆的事项(人物、事物、事件、活动等),而对过去存在的讲述即是对过去的回忆,或者说是对记忆内容的再现、复现、再生产。社会(档案)记忆内容再生产既涉及记忆的信息组织,也涉及记忆的社会建构,是一个对记忆重新加工、讲述的过程,并最终通过对"过去的存在"——过去发生的事件或记忆事项——的再度讲述,从而达到"叙"和"事"的有机统一。运用叙事学理论,对档案记忆内容再生产进行分析考察,既是一个有力的分析视角,也是对其叙事本质的有效把握。

(一) 档案记忆内容及其构成

1. 社会记忆及其内容

在社会记忆基本要素结构中,主体、媒介(中介)、客体三位一体,其中客体即是记忆的对象或内容,是我们记住的过去的事项(人物、事物、事件、活动等)或对过去的回忆性知识、信息。

记忆内容就是记忆对象及其相关内容表达、描述,记忆对象即记忆客体、记忆主题,相关内容表达和描述即是记忆对象的信息呈现。古罗马思想家奥古斯丁曾说在记忆的洞穴中充塞着各式各类的数不清的事物,有的是事物的影像、有的是事物的真身,有的则是内心的情感,奥古斯丁所说的记忆中的事物、影像、真身、情感等,其实都是记忆的对象或内容。

对于社会记忆,古人曾有诸多隐喻,如蜡板上的"蜡痕"、鸽笼中的"鸽子"、闪光灯记忆的"图像"、事件回放的"影像"、事物或事件的"表象",等等。20世纪50年代后,随着信息论的出现,在心理学和认识论等领域,人们更多地以"信息"来指称记忆内容,在研究记忆时多采用

---

[1] 利科的这一观点来源于亚里士多德《形而上学》的名言"存在以多种方式被讲述"。参见[法]保罗·利科《记忆,历史,遗忘》,李彦岑等译,华东师范大学出版社2018年版,第29页。

信息加工的观点，从信息输入、编码、贮存和提取等环节来理解记忆内容的形成过程。

社会记忆内容涉及十分广泛，举凡人类/人群一切的历史、文化、传统、知识、信息等都可以成为记忆的内容，简单地说，社会记忆内容就是我们所记住的历史知识或历史信息，或如韦尔策所说，是"一个大我群体的全体成员的社会经验的总和"[①]。

2. 档案记忆内容及其构成

档案作为社会活动的记录，其记载的内容也就是档案记忆的内容，二者是一致的。因为，档案记录形成的原初意义就是"备忘"，记载下来的内容就是对过去活动原因、过程、结果等的留存，是关于过去活动的知识或信息。20世纪90年代档案记忆观研究以来，学术界有种观点认为档案只是社会记忆的载体或工具，它具有社会记忆的某些属性，但不是社会记忆，这种观点只看到了档案作为记录媒介的外在形式，而没有看到档案记录的实质内容。其实当我们说"档案是社会记忆的载体"的时候，已经潜在地承认了档案是社会记忆"承载体"，其承载的内容就是记录活动的内容，就是对活动的记忆。

"档案内容"与"档案记忆内容"是一致的，适用于不同语境下的表达；档案、档案文件、档案文献、档案史料、档案内容与档案信息内容等也一样，都是基于不同理论范式和分析需要提出的"启发性""触引性"概念。

对于档案记载的内容（即档案内容），在吴宝康先生主编的《档案学概论》中，对此有过论述，作为档案学最权威、使用最广泛的教材，这些论述代表了档案学界的基本认识和共识。

> 档案是各个机关单位和个人在其具体的活动中，记载和反映着一定的内容而逐渐形成的。机关单位在执行各项职能任务的过程中，每处理一方面的工作，办理一起案卷，召开一次会议，进行一项科学研

---

① [德]哈拉尔德·韦尔策编：《社会记忆：历史、回忆、传承》，季斌等译，北京大学出版社2007年版，"社会记忆（代序）"第6页。

究活动等等，都必然相继产生许多有关的公文和相应的原始记录材料，并且陆续将各种文件材料有条理地积累起来。因此，档案中记录了大量的事物，档案的信息内容极其丰富；而一定内容的档案，又具有相互间的密切联系。①

档案既然是由各种机关单位和各种人物在活动中使用的文件转化而来的，那么一个机关、一个人物的档案，就反映了该形成者各个时期的各种活动。整个国家的档案，一般地说，反映了从古至今，社会经济、政治、法律、军事、外交、科学技术、文化艺术、教育、卫生等各方面的情况。②

今天，人们对档案来源的广泛性有了更深刻的认知，普遍认识到档案不仅产生于国家机关和各种人物活动，也产生于各种社会组织和普通个人的活动，因而，档案记录的内容更广泛地包含一切人类的社会活动；同时，人们也认识到档案记录内容是一种信息，是"具有清晰、确定的原始记录作用的固化信息"或一种历史信息，而这种历史信息就是社会记忆或历史记忆。因此，档案记忆内容也可以直接称为"档案记忆"或"档案记忆信息"。

3. 档案记忆内容构成的特点

（1）档案记忆内容是社会实践活动的真实反映。首先，档案记忆内容是人们社会实践活动的原始历史记录，它记录和反映了人们社会实践活动的范围和内容。机关文书档案是机关行政管理活动的记录和反映；科技档案是科研机构和人员开展科学研究活动的记录和反映；各领域的专门档案是各领域专业活动（人事、财会、房地产登记、社会保障等）的记录和反映。作为社会实际活动的"副本"，档案记忆内容与社会活动是"如影随形"，有活动即有档案记录，而"记录"必然是"活动"的记录，这是文明社会中人类实践的一般规律。其次，档案记忆内容是社会实践活动的相

---

① 吴宝康主编：《档案学概论》，中国人民大学出版社1988年版，第35页。
② 吴宝康主编：《档案学概论》，中国人民大学出版社1988年版，第44页。补充说明：这里引用吴宝康主编《档案学概论》的两段话，是想表达一种基本性的认识，即档案记忆是有内容的，其内容包罗万象，涉及我们社会活动的全部。

对比较真实的反映，除非因特殊需要掩盖或歪曲历史事实，一般而言，档案记忆内容还是社会实践活动的客观反映。

（2）档案记忆内容既是单体的，也是群体、整体或抽象的。一份档案文件作为档案记忆的一个基本单元，有其特定的记录对象和内容；而一个组织（地区、民族、国家），作为特定的群体概念，其档案记忆内容也构成一个整体，记录和反映一定组织（地区、民族、国家）的社会活动和社会状况。从宏观、抽象意义上说，一个国家的档案记忆就其内容整体性而言，构成一个国家的档案记忆资源体系。

（3）档案记忆内容就其产生而言具有连续性与系统性。档案是在社会实践活动中随着国家、社会组织和个人活动而产生的，国家、社会组织和个人活动具有连续性和系统性，因而，档案记忆内容也具有连续性和系统性。只要国家、社会组织或个人作为社会生命体持续存在，就会连绵不断产生档案，而且这些档案记忆内容因活动的关联性而体现出特定的历史联系。档案记忆"可以把过去带到现在和未来，也就是所谓'让过去告诉现在'，'让历史告诉未来'，从而将过去、现在和未来联结在一起，维系人类社会的时空统一性与整体连续性"[①]。

（4）档案记忆内容作为历史信息，具有信息的一般特点，可扩充、可压缩、可重组、可传输、可扩散、可分享，正是在此基础上，档案记忆内容可以不断地生产、加工、组合，形成新的活动叙事，从而实现档案记忆内容的再生产。

（二）档案记忆内容再生产的内涵剖析

1. 档案记忆内容再生产的基本内涵

"档案记忆内容再生产"是从内容（或信息）的生成与反复加工、循环角度看待档案记忆再生产的。社会再生产是生产与再生产反复循环的过程，档案记忆内容再生产也同样包含着档案记忆内容反复不断地生产（生成）与再生产（再生）。在此基础上，可以将档案记忆内容再生产定义为档案记忆信息生成、加工与反复再现的不断循环过程，其中包含着对档案

[①] 冯惠玲、张辑哲主编：《档案学概论》（第二版），中国人民大学出版社2006年版，第6页。

内容信息的记录、保存，记忆的发掘、搜寻、发现，记忆的编码、整理、加工，记忆的重组、重构、书写、改写，记忆的描述、叙述、表达等一切施加影响的行为。

2. 对档案记忆内容再生产内涵的认识

（1）内容再生产是一个记忆信息不断生成和累积的过程。内容再生产首先是指其在历史连续性中生产（生成、产生）的反复，人类社会实践活动连续不断地展开，档案记忆信息就会不断地生成，这是社会记忆档案化过程的反映；同时，与物质形态的社会再生产不同，社会产生的档案记忆信息并未在实践中消耗掉，而是不断地保存、存储起来，形成社会记忆资源累积，为档案记忆信息的进一步加工，提供记忆信息原料，使档案记忆内容再生产得以反复、连续进行。

（2）内容再生产是一个记忆信息加工和利用反复运行的过程。档案记忆信息的形成和累积为档案记忆信息加工、利用提供了对象条件，和其他信息一样，也是可以反复加工、传播、消费（利用）的，通过加工和传输，可以形成不同形态的档案记忆产品。在此过程中，由档案记忆信息加工形成新的档案记忆制品或档案记忆体，既是档案记忆由原生记忆形态向次生记忆形态转化的体现，也是档案记忆内容再生产的体现；档案记忆产品的传播、利用就是档案记忆再生产环节中的传播和消费，因此，档案记忆内容信息的加工和利用也是档案记忆社会化的转化过程和体现。

（3）内容再生产是一个社会记忆传承与建构交织的过程。"传承"是记忆的本质，档案记忆内容再生产就是通过对档案记忆信息的生产与再生产（再生），以实现档案记忆的传承；但档案记忆信息的传承也并非"一成不变"的、不做任何加工的传承传递，而是根据特定的社会需要、特定的事实，有选择地进行传承传递，具有社会记忆的建构性。保罗·利科指出：我们"必须从一开始就严格区分历史事实和被回想起的真实事件。事实不是事件，后者对见证者的意识生活而言是被给予的，而陈述的内容则旨在表述这一事件，就此而言，我们应该总是这样写：事实是，某件事发生了"。因此，事实是"从一系列文献中提取出来的程序建构而成的"。传承之中有建构，建构之中有传承，正是在传承与建构的交织中，档案记忆内容再生产成为档案社会记忆功能实现的必然途径与必要过程。

3. 内容再生产与形式、意义再生产的关联

档案记忆形式、内容、意义再生产三位一体，统一于档案记忆再生产系统或过程之中，只是出于分析需要，才将其解剖开来分别加以考察。

在档案记忆再生产系统中，形式转化必然意味着内容的加工、转化与再生成，即使是像复印、抄录、拍照等内容原样复制，也意味着次生记忆生成，作为原生记忆副本，实现记忆信息的传播和消费。脱离内容再生产，档案形式再生产必然成为"空壳"。反之，内容再生产也必然意味着形式再生产，在内容加工转化过程中，必然需要依托新的载体形式或符号形式将加工转化的记忆信息固化下来，形成新的记忆体或记忆制品，成为档案记忆内容再生产的成果表达。这也就是本章后文记忆内容叙事表达时为什么又涉及记忆作品（产品）形式的原因所在。不过，需要特别说明的是，叙事表达所讨论的关注点已不再是形式，而是其内容，是"内容的形式"或内在形式，而不是记忆的外在形式。

档案记忆内容再生产与意义再生产也同样是密不可分，意义再生产潜含、包裹在记录内容之中，并通过内容表述反映出来。离开记录内容，意义就失去基础，失去依托，也就不成为档案记忆的意义。如果春秋战国时期的青铜礼器，上面没有铭文，那也就是一般文物，失去了作为金石铭文档案的意义。为使档案记忆意义再生产得到更深刻、更丰富的阐释，本章对意义问题暂时"悬置"，留待下文解析。

（三）档案记忆内容再生产的叙事学特质

对于记忆内容及其加工的研究，认知心理学多采用"信息加工"来表示，社会学多采用"建构"来表示，而历史学、文化学领域多采用"叙事"来表示，在档案记忆内容再生产研究中，我们倾向于用"叙事"（叙述事件、讲述故事）作为核心关键词和分析视角，来表达记忆内容的生产与再生产。

叙事学是关于叙述、叙事文本、形象、事象、事件以及"讲述故事"等文化产品的一般理论。从结构主义或符号学的角度看，叙事就是对已发生的事情或已经开始发生的事情进行整理或重新整理、陈述或重新讲述的过程。美国学者诺曼·K. 邓金指出："叙事是一种讲述性的、表演性的行

为事件,是编故事、讲故事的过程。故事是一种描述,是叙述不同情境中发生的一系列事件(这里故事与叙事几乎是一对同义词)。故事包括开端、中间和结尾。每个故事均有一定的结构特征,包括叙事者、情节、场景、人物、危机与结局。那些能够记忆并能再现出来的经历将会成为故事所叙述的基本内容,我们没法直接走进同样的经历,我们只能通过再现,通过讲述故事的方式,来研究过去的经历。"①

叙事学自20世纪六七十年代兴起以来,已从传统的虚构类作品(小说、戏剧、电影、舞蹈、雕塑、音乐等文艺类作品)分析走向"非虚构类"作品分析,受到新闻传播、建筑空间、历史研究等领域的重视,也渗透进记忆研究之中。相关研究表明,无论是认知层面的记忆还是社会层面的记忆都是一种叙事行为,"叙事"是记忆行为的特质。

在认识论、认知心理学领域,李伯聪教授指出,反思是一个我国许多人都喜欢的术语,但反思是什么,却很少有人深究。黑格尔说,反思就是"跟随在事实后面的反复思考",其中的"事实"并不是指外界世界的"事实",而是指从长时记忆系统中提取出来的指称外部世界"事实"的"回忆",是以回忆形式出现的间接的"事实"。②他说,如果说我们通常所说的"记住",其心理实质是向长时记忆的存储器进行存储;那么,当我们通常说"回忆""回想""想起"时,其心理实质就是从长时记忆的信息存储器中提取特定信息的信息。提取过程不是存储器中信息的单纯"恢复"或"再现"的过程,而是一个重建或建构的过程。主观体验还告诉我们:提取出(即回忆出)的信息——特别是对于内容复杂的信息——不是"恢复"出来的,而是在"输出"时根据一定的"主题"和线索组织起来、建构起来的。③这表明,记忆不仅是一种"再生产行为",也是一种"叙事"行为,"叙事"即是信息按照"一定的'主题'和线索组织起来",是记忆再生产的一种行为或过程。

在社会学领域,王汉生等在研究知青记忆时指出:从某种意义上说,"记忆"是无法直接认知的,但我们可以借助"叙述",了解和解读记忆。

---

① [美]诺曼·K. 邓金:《解释性交往行动主义》,重庆大学出版社2004年版,第64页。
② 李伯聪:《选择与建构》,科学出版社2008年版,第102页。
③ 李伯聪:《选择与建构》,科学出版社2008年版,第88—98页。

从"当事人对过去经历的叙述,不仅可以获得先前的经历,同时也可以获得他们对那段经历的理解",虽然这种叙述是相当个人化的,但任何个体的叙述都不可避免地带有"社会文本"的痕迹,即我们可以从中发现某种一致的"框架"。换言之,知青的集体记忆,就存在于他们讲述的千差万别的"上山下乡故事之中"。①

"'历史事实'与其说存在于外部世界,倒不如说存在于人们的理解、记忆、叙述和阐释之中。"② 从叙事学角度看,每一个叙事文本都包含两部分:一是故事,二是叙述(或话语),故事意味着"讲什么",叙述意味着"怎么讲"。"叙事的意义,最简单的描述,就是对故事的叙述,其核心问题包括:故事和叙述,而叙述学的主要任务就是叙述什么故事和如何叙述故事……探讨在叙事中情节被如何结构,素材被如何组织,讲故事的技巧,美学的程式,故事的原型,模式的类型及其象征意义等等。"③ 在档案记忆内容再生产中,我们"讲什么"与"怎么讲",是一个需要深入思考的问题。

"内容"作为一个抽象的词汇,在哲学中与"形式"相对,不具有分析的操作性。档案记忆内容再生产如果用一个具象的、可操作的概念来表达,那最好的词汇就只能是"叙事":叙事包含着"叙"和"事":"事"是事物、人物、事件、活动,即过去的人和事的结合与反映,是活动或事项主题、对象;"叙"则是一种讲述、叙述、描述,是对过去事情的陈述以及在陈述之前所做的一切加工活动。档案记忆因事而"生",因"事"而"成"(凝结成),记忆内容就是过去活动、事件的记录和信息反映,指向"事",而"再生产"则是对过去事情的加工、讲述、呈现,档案记忆再生产包含着叙事中的一切因素:人物、故事、主题化、系统化、讲述、信息加工、解释、理解、情境、情节、真实性等,体现出叙事学的一般特征。

档案记忆内容再生产不仅在信息"提取"或事件重构过程中体现叙事学特征,在档案记忆生成或社会记忆档案化过程中,即已体现出"叙事"

---

① 王汉生等:《社会记忆及其建构——一项关于知青集体记忆的研究》,《社会》2006年第3期。
② 龙迪勇:《空间叙事学》,生活·读书·新知三联书店2015年版,第320页。
③ 尹鸿:《当代电影艺术导论》,高等教育出版社2007年版,第160页。

的特质；同样，在传统档案管理中强调档案收集工作与活动的相关性、强调档案整理的"一事一卷"、强调档案之间的"历史联系"等，都体现出"事"与"叙"的双关性。

因此，叙事是档案记忆内容再生产的核心与特质，从叙事角度分析档案记忆内容再生产不仅可以强化其对象性和具象性，而且还可以借用叙事学理论，结合信息加工理论和社会记忆建构论，深化档案记忆内容再生产的分析。

（四）从叙事学解释档案记忆内容再生产的思考

近年来，档案学的"叙事"话语也逐渐增多，一些学者运用叙事学理论对档案（学）现象或问题展开分析和讨论，提出新的看法或观点。如杨光、奕宛在《记录媒介演进与档案历史叙事的变迁》一文中，结合技术进步，从话语形式、主体认知和文化面貌三方面分析了档案历史叙事的变迁，认为"在以文字为媒介的档案中，过去被抽象为概念体系，线性组织的档案文本塑造了强调理性思维方式的读写文化；在以图像为媒介的档案中，过去被复制为具体的视觉形象，直观的档案影像推动了以眼睛为工具的视觉文化的回归；在以二进制代码为媒介的档案中，过去出现了被重构的迹象，档案真实性的边界被重新定义，复合型的媒介环境实现了口语文化、读写文化与视觉文化的交融"[1]。李孟秋从社群档案角度分析了档案叙事的发展演变，认为随着后现代主义的发展，档案界出现的"叙事转向"逐渐引起人们的关注。社群建档所代表的非主流档案叙事体系，对于主流档案叙事体系起到了补充作用。主流档案叙事与非主流档案叙事的共生融合是档案叙事体系发展的必然趋势，有利于实现社会和谐。[2] 在档案记忆研究中，也多涉及官方叙事、主流叙事、多元叙事、历史叙事等内容，显示出其潜在的学术价值。

在档案记忆内容再生产分析中，引入叙事理论和思维，或者说从叙事视角加以探讨，有利于将信息加工、记忆建构等统一在叙事之中，可以探

---

[1] 杨光、奕宛：《记录媒介演进与档案历史叙事的变迁》，《档案学通讯》2019年第4期。
[2] 李孟秋：《论档案叙事的发展演变：基于社群档案的分析》，《浙江档案》2021年第6期。

讨许多新的有意义的问题。

1. 记忆叙事的过程与机制

叙事是一个复杂的过程，是对过去活动、事件的一种塑形行为，利科说"塑形行为是生产性想象力的一种活动"①，虽然所指的是虚构作品（文学作品），但同样适合于非虚构作品或历史作品。在档案记忆内容叙事过程中，既涉及对留存下来的档案资源的拥有、把握，也涉及对档案记忆信息的加工、处理和理解，如何选定主体、设置情节、选择信息、构建表达等，都需要再生产者加以控制把握，也需要作出学术解释。同时，档案记忆再生产中的记忆叙事不是外在于档案管理活动，或者说只是档案管理利用活动中的一种行为、一种现象、个别内容，而是内在于档案管理利用活动，存在于档案的收集、保管、开发、利用全过程，如何将叙事解释与档案管理活动有机融合起来，也是档案叙事分析中需要思考的重要内容。

2. 记忆叙事与历史重构的关系

社会记忆建构性及其档案作为社会记忆建构性资源、档案记忆自身的建构性等问题，在档案界都有相关讨论，但问题并非就此终结。从叙事学角度看，叙事涉及的"事实"本身就是建构与再建构的结果，用科学知识社会学家诺尔-塞蒂纳的话说，是"被制作出来的东西"。如何理解"事实"是"被制作出来的"，如何理解建构的事实与历史重构的关联，特别是记忆叙事的历史真实性问题，是需要认真对待和思考的问题。海登·怀特说："历史故事既是'编造完好的'，又在其要点方面与它们所再现的事件序列相符合"②，很具有认识启发价值。

3. 记忆叙事之间的同一性与差异性

记忆内容再生产在系统化过程中，一方面通过对以往叙事的再加工、再组织，使记忆事项的内容叙述达到定型化和一致化，形成同一性（化）叙事。比如在家谱的编修中，通过对家族历史的追寻、考订和分析，一个家族逐步确立了自身的家族起源，逐步形成家族统一的族源叙述；但另一方面，由于各种叙事主体的存在，基于各自的时空背景和利益需求，在内

---

① [法] 保罗·利科：《虚构叙事中时间的塑形》，王文融译，商务印书馆2018年版，第2页。
② [美] 海登·怀特：《形式的内容：叙事话语与历史再现》，董立河译，文津出版社2005年版，第238—239页。

容再生产过程中也会形成不同的叙事选择、叙事偏好或叙述内容，叙事内容难免产生差异性（化）。比如曹操的形象，有文韬武略的曹操，也有白脸奸雄的曹操，体现出历史认知的差异。如何理解这种同一性与差异性，差异性存在对群体的身份认同和历史意识会产生何种影响，特别是差异化会不会导致记忆冲突和社会隔阂，如何消解记忆差异达至协调，等等，是社会记忆研究关注的核心问题，也是档案记忆内容再生产需要深入思考的问题。

4. 记忆事项历史叙事的演化

从叙事角度分析社会记忆内容再生产，可以从动机方面考察记忆内容是如何选择和表述的，同时可以从叙事结果方面考察记忆事项的历史叙事是如何演化的，这两个方面的研究可以互为表里、相互促进。我国历史学家顾颉刚先生从历史和地域两方面对孟姜女传说的流传演变进行考证，归纳比较孟姜女故事在传述过程中发生的历次转变，以及不同地域风俗下呈现的不同形态，为我们考察记忆叙事演化提供了一个极佳案例。对档案记忆事项叙事的历史演变加以考察，可以较为清晰地看出档案记忆内容再生产的存在，也可以进一步考察记忆叙事的历史性、时代性，及其与叙事意义生成关系，发现其背后的演化逻辑及再生产的内在规律，为档案记忆再生产研究提供经验素材。在历史叙事中，人们（特别是历史学家）更多运用档案来考证事件的历史演变，这也是档案记忆叙事演化的内在表现之一。通过不同时期选择不同档案材料对同一历史活动（记忆事项、对象）的讲述，可以看出档案记忆叙事演化的某种轨迹。

总之，档案记忆内容再生产中，叙事不再只是"某些修辞装饰或诗性效果"[1]，而是一种具有特殊作用的"符号装置"或内容讲述系统，可以让档案记忆内容再生产得到新的解释。

二　档案记忆内容再生产的叙事组织

德国哲学家海德格尔（Martin Heidegger）说："真实的秩序原则自有

---

[1] ［美］海登·怀特：《形式的内容：叙事话语与历史再现》，董立河译，文津出版社 2005 年版，第 2 页。

它的事质内容，这种内容从不说通过排列才能发现，而是在排列中已被设定为前提。所以，排列世界图像须得对世界一般具有明白的观念。如果'世界'本身就是次在的一个建构要素，那么要从概念弄清楚世界现象就要求对次在的基本结构有所洞见。"① 记忆内容再生产普遍地存在于记忆发生和再生之中，认识论、心理学、社会学、文化学等领域都有相关分析，从叙事（学）角度对档案记忆内容再生产加以考察，可以将档案记忆叙事过程分为叙事组织和叙事表达两部分：叙事组织是对叙事的内在形构，是形成或组织一个记忆叙事的过程和机制；而叙事表达则是对叙事的外在呈现，是传达或表达一个记忆叙事的过程和机制。叙事组织是叙事表达的基础和前提，而叙事表达是叙事组织的结果和表现，两者相互关联、融为一体。本部分先探讨记忆的叙事组织，下一节探讨叙事表达。

（一）叙事组织与信息加工的关联

叙事组织即是对记忆事项的组织、加工、建构行为，其中包含着对记忆内容信息的选择、编码、存储、提取、再建等一系列工作，是建立在信息加工基础之上的历史塑形行为。扬·阿斯曼说："回忆是一种进行符号编码的行为。"② 孙德忠也指出："社会记忆最集中、最典型的形式即生产工具和语言符号系统，能够对社会运动中表现出来的信息进行固定、表达、储存、传递和加工，对无序的信息进行整理，对杂多的信息进行筛选，对粗糙的信息去芜存菁，对流动易逝的信息捕捉固定，并通过对所获社会信息的'咀嚼'、'反刍'等深度加工，再进一步反馈到社会生活中，以达到对社会信息的最充分、最高效利用，这必将导致社会运行的结构优化和功能强化。"③

在档案记忆内容再生产中，记忆叙事组织与档案信息加工彼此交织，信息加工过程也就是记忆叙事过程，对此可以通过以下三个环节得以集中体现。

一是档案的收集整理环节。档案收集整理不仅改变档案记忆体态，使

---

① ［德］海德格尔：《存在与时间》，陈嘉映、王庆节译，商务印书馆2019年版，第74页。
② ［德］扬·阿斯曼：《文化记忆》，金寿福等译，北京大学出版社2015年版，第73页。
③ 孙德忠：《社会记忆论》，湖北人民出版社2006年版，第172页。

档案材料由单一走向集合，属于形式再生产的部分；同时，它也改变了档案信息内容或档案记忆内容的存在状态，使档案信息内容由零散走向系统，属于内容再生产的部分。在档案收集整理中，对档案信息所进行的加工工作就是划分全宗、分类、组合、立卷等整理，是组成有序的档案信息体的工作，同时也是档案记忆内容叙事组织，形成记忆叙事单元或档案记忆体。如划分全宗后，经过信息加工整序，形成某个机关、组织、人物的主体全宗或某项活动的客体全宗。全宗是一个机关、组织、个人、活动中形成的，反映了它们的各种活动及其相互之间密切联系的整个过程，是"由其内部成分中多维的历史联系所决定的"[①]。特别是对于客体全宗而言，更是对一项活动过程及其结果的反映，其叙事性或叙事组织的特点更加突出。再如某个案卷或文件组合，是按照一定的主题等内部特征和外部特征编立的、具有密切联系的若干文件的组合体，是对一项活动或一个部门活动的反映，是在经过文件组织后形成的记忆叙事。传统文件归档整理中，强调"一事一卷"的立卷方法，一个案卷就是一项活动（事件）的记述和描述。

　　二是档案的著录编目环节。著录和编目是典型的档案信息加工工作，经过著录和编目而形成的档案目录或著录条目信息也是档案记忆的一种存在形式，属于形式再生产的组成部分；但著录、编目可以建立文件之间的不同联系，涉及档案记忆内容的再组织和记忆事项的重构，是档案记忆叙事组织的一种内在方式。近年来，不少学者开始突破单纯的档案记忆建构分析，从档案管理具体环节、工具和方法入手，分析它们与社会记忆建构的关系，使问题分析更加细致深入。如李思艺在《档案著录工具在数字记忆构建中的应用研究》一文中，在对档案著录工具（著录标准、著录应用程序、著录可视化工具）划分基础上，结合三个案例——温哥华市档案馆奥林匹克遗产项目、瑞典国家图书馆 ARKEN 项目、应用 DACS 为中国农民工群体创建检索工具的探索性研究项目——具体分析著录工具在档案记忆建构中的作用及表现。其中 2018 年，瑞典国家图书馆推出的"ARKEN"

---

① 陈兆祦、和宝荣、王英玮主编：《档案管理学基础》（第三版），中国人民大学出版社 2005 年版，第 100 页。

档案目录项目，包括"达格·哈马舍尔德收藏"和"阿斯特里·林格伦档案"两个专题目录，涵盖包括信件、照片、图画、手稿、视听材料等多种格式和载体在内的档案材料，允许用户对档案材料的名称、机构、术语、地理位置、体裁等关键词进行检索，并提供一个关于项目中所有档案材料的高层次概述，以便用户对目录中列举的档案材料有总体了解。[1] 再如房小可、王巧玲在《档案著录、知识关联与社会记忆重构》中，提出档案著录是社会记忆重构的工具，可以实现"社会记忆内容重组"。"社会记忆各个要素可以从不同著录级别的元数据以及档案文件内容进行抽取，结合文本挖掘与分析、知识聚类和融合、语义分析等方法，实现社会记忆要素的知识关联"[2]。

三是档案的编研开发环节。在档案编研开发研究中，人们早就认识到档案信息的可再生性。韩宝华教授指出："档案信息经过科学的研究和整理，即经过再加工，可以在新的更高的层次上形成新的结构，展现其丰富的内涵和特定价值，消除其中不确定的因素，增强其有序程度和组织程度，从而使档案信息的价值得以升华，产生新的档案信息集合。"[3] 从记忆再生产角度看，档案编研开发因其专题性和信息加工性，使其成为档案记忆内容再生产或内容叙事的典型样态，可以肯定地说通过编研形成的"新的（档案）文献"就是档案记忆内容叙事的新作品，一种新的档案记忆体。档案编研开发中涉及对档案记忆信息的多方面、多层次的加工：提取、选择、浓缩、摘录、删节、重组、排序、改动、剔除等。从加工深度上看，它所涉及的三个层次的编研加工（一次、二次、三次档案文献编纂），都是围绕特定题目（主题）展开的对某一机构或个体历史活动的系统化讲述，因而自然构成记忆叙事的组织行为。

档案在社会实践活动中产生，而人类实践活动总是有目的、有意识、有内容、有步骤展开的，所谓"因事而生""因事而行"，因此，形成的档案及其后续的管理、开发利用，作为社会实践活动的反映，也是对之前活动"事件""事项""事实"的回顾、映照和追寻，构成对实践活动记忆

---

[1] 李思艺：《档案著录工具在数字记忆构建中的应有研究》，《档案与建设》2020年第2期。
[2] 房小可、王巧玲：《档案著录、知识关联与社会记忆重构》，《档案学通讯》2021年第3期。
[3] 韩宝华：《档案文献编纂学教程》，中国人民大学出版社1999年版，第40页。

叙事的一种有序组织行为。

(二) 档案记忆叙事组织的基本程式

叙事是讲述历史，讲述"故事"，是讲述过去曾经存在、现在已然不在的人物及其活动。过去的事件既已过去，留下的只是活动的"痕迹"、记忆的碎片，不再存在的过去如何能够被"讲述"出来，使过去再度复活，就必须将过去活动留存下来的记忆印痕、痕迹有序组织起来，重构起具有逻辑联系的、可被讲述的、有内容的"事件"。叙事组织是一个叙事主题化、故事情节化、内容系统化过程，也是一个生成意义和还原历史的过程，涉及多元构成要素，内外作用机制复杂。从性质上看，档案记忆叙事也属于一种历史叙事，借用历史叙事和社会记忆叙事相关论述，可对档案记忆叙事组织的基本程式加以剖析，以揭示档案记忆内容再生产的基本过程、各要素的作用关系及其某些机制。

1. 主题设定

"事件"是叙事的对象。谭君强教授指出："所谓'事件'，就是一件或者一系列已经发生的事。"利科也说："没有人会忽略这样一个事实，即在成为历史知识的对象之前，事件是叙述的对象。"[1] 当然，这里对于"事件"的理解不能仅仅停留在一个活动上，特别是停留在一个历史事件上，它还有更加宽泛的意涵，即除了特定的活动外，它还包括人物、事物等。人类所有的人物、事物、活动都可以成为社会记忆的客体对象，成为记忆叙事对象，每一个进入人们记忆视域中的事项构成一个叙述单元或"记忆事项"。

与社会记忆叙事主题化一样，档案记忆内容再生产的叙事组织也是围绕特定的"记忆事项"(对象、主题、专题)展开的。其中，在档案生成、收集和整理阶段，根据人们活动规律以及对活动内容、活动性质的理解，档案工作者将形成的档案按照其来源，将档案整理成全宗、类别、案卷等不同等级的文件组合，成为不同等级的记忆事项；在档案著录编目和编研

---

[1] [法]保罗·利科：《记忆，历史，遗忘》，李彦岑等译，华东师范大学出版社2018年版，第320—321页。

开发阶段，也是按照特定主题、专题进行加工整理，使档案成为相互关联的记忆组合体，成为记忆事项。由于人类活动的复杂性和活动之间历史联系的多维性，对档案收集整理、著录编目、编研开发过程文件之间关联的把握与确立，都是根据活动规律和管理利用需求设定的，是对活动对象的一种重构。

档案记忆内容叙事中叙事主题的设立或"记忆事项"的建构，具有多维性、灵活性和层次性。它既可以某个机构的事件为对象，如《上大记忆》，也可以某个人物、某个事物为对象，如《国宝档案》；既可以以重大历史事件为对象，如鸦片战争、五四运动、抗日战争、解放战争，也可以百姓日常生活琐事、俗事为对象，如徽州历史档案、侨批档案等；既可以综合性事件为对象，也可以具体事件为对象，而且重大的综合性叙事主题可以分解成许多具体事件来讲述，如大型文献片《国家记忆》《新中国档案》等。叙事主题的设定直接关涉"记忆事项"内涵和叙事组织范围，这是一般叙事的特点，在档案记忆叙事组织中表现得尤为明显。

2. 情节安排

利科说"情节构造活动成了历史编纂活动的真实组成部分"[1]。记忆是对过去的感知、讲述与再现，"每个故事均有一定的结构特征，包括叙述者、情节、场景、人物、危机与结局，那些能够记忆并再现出来的经历会成为故事所叙述的基本内容。我们没法直接走入同样的经历，我们只能通过再现，通过讲述故事的方式，来研究过去的经历"[2]。在叙事过程中，情节安排至关重要，故事的开头、进展和结局，叙事要素的结合，人物的矛盾和冲突，事情的变化和经过等，都是由情节的安排来决定的。情节不仅决定叙事的结构，也决定事件的意义。海登·怀特指出："真实人类生活（无论是个体的还是集体的）的意义，是情节、准情节、副情节或者失败的情节的意义，通过这些情节，那些生活所包含的事件被赋予具有可辨的开头、中间和结尾的故事的外观。一种有意义的生活是那种追求有情节的故事的一致性的生活。历史的行动者期望将其生活预想成具有情节的故

---

[1] ［法］保罗·利科：《记忆，历史，遗忘》，李彦岑等译，华东师范大学出版社2018年版，第319页。

[2] ［美］诺曼·K. 邓金：《解释性交往行动主义》，重庆大学出版社2004年版，第64页。

事。这就是为什么历史学家对历史事件之回顾性的情节编织不可能是小说作家所喜爱的那种想象的自由的产物。"①

档案记忆叙事的情节安排一般意义上说，主要根据叙事主题的性质和档案文件之间的历史联系来确定。从叙事主题性质看，叙事情节安排往往力求"还原历史"，体现出事件本来的历史逻辑。海登·怀特说："造成'历史'故事与'虚构'故事不同的，首先在于其内容，而非形式。历史故事的内容是真实的事件，实际发生的事件，而不是虚构的事件，不是叙述者发明的事件。这意味着，历史事件向一个将来的叙述者呈现自身的形式是被发现的而不是被建构的。"② 所谓"发现"就是找到事件发生的背景、原因、经过、结果，按事件发生的逻辑顺序设定情节。而发现叙事内在逻辑，必须建立在对档案记忆信息内在关联的分析和把握之上。马克思指出："叙述方法必须与研究方法不同。研究必须充分地占有材料，分析它的各种发展方式，探寻这些形式的内在联系。只有这项工作完成以后，现实的运动才能适当地叙述出来。这点一旦做到，材料的生命一旦观念地反映出来，呈现在我们面前的就好象是一个先验的结构了。"③

哈布瓦赫将"群体"作为社会记忆的框架，即记忆的社会框架，在档案记忆叙事组织中，情节安排也可以作为档案记忆叙事的内容框架，它既涉及档案记忆事项的建构方式，也关涉档案记忆叙事的系统性和条理性，内在于档案记忆事项的每一次叙事活动之中，并力求保持与过去活动的一致性。没有情节便没有顺序，档案材料就是"一团乱麻"。阿莱达·阿斯曼说："叙述的结构是生成联系和意义的一种基础形式；它是对多样的信息进行层次清晰的划分、刺激性再现的处理最为简单和紧凑的形式。"④

3. 材料组合

历史叙事（非虚构叙事）与虚构叙事之间的区别，不仅在于叙事结构

---

① [美]海登·怀特：《形式的内容：叙事话语与历史再现》，董立河译，文津出版社2005年版，第233页。
② [美]海登·怀特：《形式的内容：叙事话语与历史再现》，董立河译，文津出版社2005年版，第35页。
③ 《马克思恩格斯全集》第23卷，人民出版社1972年版，第23—24页。
④ [德]阿莱达·阿斯曼：《记忆中的历史》，袁斯乔译，南京大学出版社2017年版，第128—129页。

的安排上，更在于叙事材料的选择和运用上。虚构叙事往往来源于叙事者的构想或想象。虽然文学艺术创作来源生活，高于生活，"借助想象力的虚构可以超越史料的记载，以这种方式它能够令死去的事实'复活'，并且创造出与其他新的不同的东西等而视之的可能性"①，但其叙事材料都是建立在想象的基础之上。与此不同，档案记忆再生产的叙事组织作为一种非虚构性叙事或历史叙事，其叙事材料主要来源于档案记忆，或者说来源于社会记忆档案化、物态化、文本化之后的记忆"痕迹"。

档案记忆叙事材料组合是记忆叙事组织的具体实施方式，是在主题和情节设定后对叙事材料（信息）的提取、选择、加工、编码、编排等，是对叙事结构的"材料填充"，内容汇集与揭示，以实现对记忆事项的重构。在传统史料编纂学中，称史料编纂（编排、组合、加工）为"比次之法"，是"汇收故籍""比类相从"的"比次之业""纂辑"之学，在档案记忆叙事材料组合中，不仅包括对原生记忆的再加工再组合，还包括对原生记忆自身的组合，即档案文件的组合，也是叙事材料组合的范畴。

材料组合涉及档案信息加工的一系列过程与机制，对记忆信息的"增删改易""修改""删减""提炼""提取""摘录""压缩""浓缩""汇集""聚合""编码""编排"等一系列相关联行为、动作，都在材料组合过程中发生，是叙事组合和"故事"形成的直接体现。

随着现代信息技术发展，人们更多将目光转向档案记忆内容要素的知识关联上，探讨如何通过智能化技术和手段，实现档案记忆内容要素的自动关联、智能关联、智慧关联，以知识图谱、情境（景）再现、数字人文等方式，讲述和展示"记忆事项"。这些探讨代表了档案记忆叙事组织的前沿领域，值得关注。

4. 意义生产（生成）

虽然"内容再生产"分析中可以暂时将"意义再生产"悬置起来，但这里还是有必要提一下，因为两者有内在一致性，意义生产或生成是内容叙事的必要部分和必然结果。海登·怀特指出，历史叙事是一种创造性行

---

① ［德］阿莱达·阿斯曼：《记忆中的历史》，袁斯乔译，南京大学出版社2017年版，第128—129页。

动,历史事件据此被创造出来,不过,这是在"措辞"的领域,而非"工作"的领域。通过叙事"形成"一系列"具备开头、中间和结尾的故事之一致性的事件,历史学家使隐含在历史事件本身中的意义突显出来"①。"与编年史正相对,历史叙事向我们展示了一个公认'完成了的'、已处理过的、结束了的,但没有分解、没有崩溃的世界。在这个世界中,实在戴上了意义的面具,对其完整性和全面性我们只能想像,绝难体验。"②

档案记忆内容再生产通过信息加工形成对特定记忆对象(事项)的叙事组织,其结果是形成一个社会意义系统(包括内容和价值)。夏甄陶先生曾指出:"人类不仅可以掌握和利用物质世界大量自在和潜在的信息,而且还能创造各种人工物质系统来接受、加工、处理、储存、传递信息。"③ 档案作为原生记忆,以及各种档案次生记忆:类别、案卷、目录、档案参考资料、档案编研成果、档案展览等,都是人类创造的人工物质系统和意义系统,以实现信息传递和知识累积。

档案记忆叙事组织在生成意义过程中,潜含着对档案记忆的理解和解释机制,也是各种社会机制的作用场域,通过意义生成,叙事塑形行为使"记忆的意识形态化成为可能",也使档案记忆叙事成为一种社会记忆控制的工作,阿伦特提醒人们,"叙事的有选择性为操控提供了机会和机巧的方法"④。

档案记忆叙事组织或塑形工作是复杂的,这里只是提供一个简便性、概要性解释,理出叙事组织的大致轮廓或框架而已,更多的讨论需要结合具体"记忆事项"的叙述来展开。

(三) 档案记忆叙事组织的立场角度

邓金说:"叙事有许多模式:矛盾叙事、碎片叙事、宏大叙事、地方

---

① [美]海登·怀特:《形式的内容:叙事话语与历史再现》,董立河译,文津出版社2005年版,第233页。
② [美]海登·怀特:《形式的内容:叙事话语与历史再现》,董立河译,文津出版社2005年版,第27页。
③ 夏甄陶:《认识论引论》,人民出版社1986年版,第197页。
④ 参见[法]保罗·利科《记忆,历史,遗忘》,李彦岑等译,华东师范大学出版社2018年版,第107—108页。

叙事和常规叙事。各种叙事均可以赋予重大的生活事件以某种意义。这些叙事常常会成为力量的汇集之所。私人的、公共的以及性别的主体，甚至包括自我均隐藏在叙事之中，并由叙事建构出来。"① 叙事不仅仅是一种讲述行为，还是一种"话语"行为，即它总关涉"谁在讲话"或"讲话的是谁"，不同的叙事主体有不同的叙事立场、站位、角度，因而体现出不同的"话语"。"作为叙述，叙事赖以生存的是与它所讲故事的关系；作为话语，它赖以生存的是与把它讲出来的叙述行为的关系。"② 结合档案记忆叙事组织，我们可以对档案记忆叙事主体及其立场作一点类型学分析。

1. 国家叙事与民间叙事

厦门大学彭兆荣教授在讨论族群记忆时，提出社会记忆呈现出一种层次构造，大致可分为三层：由掌握权力的政治主体主控记忆；由掌握知识的精英主导记忆；由来自草根社会地方的主体记忆。③ 记忆主体与记忆再生产主体，特别是叙事主体既有统一性也有差异性，从社会结构层次看，档案记忆再生产叙事主体大体可以分为国家和民间两类主体。

国家叙事也可称为"官方叙事"，即是由国家及其各级党政机关（机构）、官员职员或国家各类文化、教育、科研机构等，在档案记忆再生产过程中所开展的档案叙事。比较典型的有国家各级各类档案保管机构（档案库、档案馆、档案室）对档案的整理、编研、公布，如古代帝王编修的《诏令》《奏议》《实录》《圣训》《谱牒》等；我国中央档案馆、国家档案局编纂的《共和国六十周年珍贵档案》《共和国脚步》《人民不会忘记》等；国家各类文化、教育、科研机构对档案编纂、加工、研究、制作而成的各种档案编研成果或档案文化制品、档案文献纪录片等，如《国家记忆》《中国记忆》《新中国档案》《周恩来外交风云》等。这些档案记忆的保管、编研、利用都是站在国家整体立场上，为国家政权合法性和科学文化事业发展的需要等开展，体现出国家话语。

民间叙事也可称为"地方叙事"，即是由基层社会及其组织或个人在

---

① ［美］诺曼·K. 邓金：《解释性交往行动主义》，重庆大学出版社2004年版，第64页。
② ［法］保罗·利科：《虚构叙事中时间的塑形》，王文融译，商务印书馆2018年版，第120—121页。
③ 彭兆荣、朱志燕：《族群的社会记忆》，《广西民族研究》2007年第3期。

档案记忆再生产过程中所开展的叙事。自孔子"学下私人"后,民间文化教育得到普及,形成的大量的民间档案文献,如徽州历史档案、侨批档案、水书档案、彝族毕摩档案等,都是对民间生活的记述和讲述;而且民间也存在大量的档案记忆作品,如《家谱》《家训》《方志》《村志》《乡村纪事》《顺风相送》《文会簿》《宗祠簿》《地契》等。这些档案及其档案记忆制品都是站在民间的立场,从传统乡村基层社会和家族的需要出发形成、管理和利用的,体现出民间话语。

档案记忆的国家叙事和民间叙事并非截然对立,许多民间档案收藏进国家档案机构后,进入国家叙事体系,反映地方文化特色和发展;而民间叙事也多照应国家话语,被称为国家叙事的"投影"和"缩影",相互映衬。

2. 古人叙事与今人叙事

社会记忆是在一个历史连续中被讲述的,根据叙事主体的时代性,可简要分为古人叙事和今人叙事。古人叙事也可称为"故人叙事"或"历史叙事",即过去人们对档案记忆的叙事;今人叙事也可称为"当今叙事"或"现代叙事",即今天人们对档案记忆的叙事。由于档案是在历史活动过程中形成和累积的,对于过去人们活动的记录——历史档案,自其产生后,各朝代各历史时期都在保管和利用,形成各历史时期不同的叙事文本。如孔子编订的"六经"(《诗》《书》《礼》《易》《乐》《春秋》),"六经之文,皆周公之政典,以其出于官守,而皆为宪章"[1],形成对西周的经典叙事;汉代在"罢黜百家,独尊儒术"的政治前提下,将"六经"经典化,形成"五经"(《乐》经亡佚);宋代朱熹整理和重新阐释,形成"四书五经"格局,成为儒家经典和封建政治伦理准则。这些都可归属于古人叙事。新中国成立后,曾经有一段时间将"四书五经"作为封建腐朽文化和精神糟粕的象征,加以批判;改革开放后,其文化经典的意义逐步得以回归和确立,虽不再被人们奉为"金科玉律",但也是中国古代文明和传统文化的象征。

---

[1] (清)章学诚著,王重民通解:《校雠通义通解·汉志六艺第十三》,上海古籍出版社2009年版,第75页。

档案记忆内容再生产中，古人叙事与今人叙事也是一个相对的概称，只能是站在"我们"这个时代来看待。今人叙事对古人叙事有继承，也有重新理解、阐释和重构，是档案记忆社会化或社会记忆"穿插式"建构的方式。透过古今叙事的发展与演化，一方面可以发现档案记忆内容再生产是如何受到社会情境皴染的；另一方面也可以反映出档案记忆作为社会历史文化资源的思想价值和现实价值。葛兆光教授指出："思想的'连续性历史'可以理解为，固有的思想资源不断地被历史记忆唤起，并在新的生活环境中被重新诠释，以及在新的诠释时的再度重构。"① 这种"重新诠释"的工作就渗透在内容叙事之中。

3. 群体叙事与个体叙事

群体是社会记忆的框架。文化学者徐川说："构成一个民族自我认同的要素是什么？就是它的集体性记忆，充满瑰丽奇想的神话，先民开疆拓土的壮烈故事，体现民族睿智的典籍，历经岁月沧桑存留下来的格言，脍炙人口几十个世代流传至今的诗歌、小说、戏曲、演义和轶闻。这种集体性记忆的内涵、风格和强韧性，构成了一个民族的精神素质，即民族性。"②

从国家到家庭，每个不同的群体/组织在社会活动中都会产生档案，保管并利用群体档案开展群体叙事，既是群体记忆的固有特征，也是群体自觉意识的体现。如上海市档案馆运用馆藏档案举办上海珍贵档案史料展，讲述黄浦江的昨天、今天、明天；苏州中国丝绸档案馆运用近现代苏州丝绸样本档案讲述近现代苏州丝绸业发展故事；上海大学运用红色校史档案资源，讲述上海大学1922—1927年作为中国共产党创办的第一所红色学府的故事等；一些家庭运用家谱、前辈照片、信札等讲述家庭故事等。国家、地方、组织、家庭档案都是群体记忆的记忆场，也是群体记忆的叙事作品。

有群体叙事，也就必然有个体叙事或个人叙事。在个人叙事中，档案记忆叙事是一种基本形式，一张照片、一本日记、一个笔记本、一封书

---

① 葛兆光：《中国思想史·导论》，复旦大学出版社2004年版，第76页。
② 徐川：《记忆即生命》，载夏中义主编《大学人文读本·人与国家》，广西师范大学出版社2002年版，第7页。

信、一幅题字、一篇回忆录、一部自传等，都是个人对往事的自传体回忆，是"自我故事"或"个人经历故事"。

群体叙事与个体叙事在内容上虽有差异，但也高度相关。群体记忆在个体互动交流中形成，是个体记忆的合成；而个人也是具有一定普遍性的个体，"所谓普遍性正是来源于个体所处的历史时代"[①]。

4. 我群叙事与他群叙事

社会记忆从群体认同和归属看，可以分为"我群"（我群体）与"他群"（他群体）。所谓"我群"就是以记忆主体"我"所归属的群体，即"我们"群体或大写的"I"群体。我群体之外即是"他群"，他群根据与我群、与记忆事项的关联性，可以分为记忆事项中的他群和记忆事项之外的他群。为表达的方便，这里将"我群"称为记忆叙事第一方，记忆事项中的他群称为记忆叙事第二方，而记忆事项之外的他群称为记忆叙事第三方。

一般而言，我群叙事是建立在群体身份认同和记忆分享交流基础之上，叙事的统一性程度高，即使存在差异，也是在同一立场上的差异，不会产生太大冲突。当群体内部对记忆事项的认知和讲述一旦存在不可调和的矛盾时，往往会导致群体的瓦解。

与我群同处于记忆事项中的他群，既是我群的记忆叙事对象，也可以成为该记忆事项的讲述者，故称为叙事第二方。第二方往往是第一方的对抗者，只有对抗才能成为另一叙事主体。比如"阿以冲突"双方可以互为记忆叙事第一方、第二方。再如对南京大屠杀灾难记忆，中国人与某些日本人，就站在不同立场上，日本军国主义者和右翼势力至今不承认南京大屠杀的罪恶事实，不承认加害中国人民的残酷罪行。

与我群不处于记忆事项统一体的他者，是记忆事项的旁观者或局外人，故称为第三方。第三方没有明确的边界，但作为宽泛对象的他们对特定记忆事项也会形成叙事，不过这种叙事与我群叙事的关系，要看记忆事项本身及其第三方立场而定。

叙事立场分析与叙事话语分析高度相关，既复杂也引人入胜，这正是内容叙事可以深入分析的工作。

---

① [美] 诺曼·K. 邓金：《解释性交往行动主义》，重庆大学出版社2004年版，第65页。

三 档案记忆内容再生产的叙事表达

叙事行为不仅包括叙事组织，同时也包括叙事表达，即将叙事组织的结果通过一定方式表现/呈现出来，为听者/读者所接收。"表达"既可用作动词，也可用作名词。作为动词，它是指"作为过程和运作的表达"，即叙述、讲述；作为名词，它是指"作为结果的表达"[①]，即叙事组织的结果或外在表现——叙事作品。

在档案记忆内容再生产过程中，叙事表达作为叙事组织行为的结果和延伸，是内容叙事的表现或呈现。如果说叙事组织与信息加工相关联，是记忆事项组织、编排、塑形行为，构成内容叙事的内在机制；那么，叙事表达就与叙事外部表现形式或叙事内容构成有关，是记忆事项讲述、呈现、传达行为，构成内容叙事的外在机制，是联通形式再生产的"桥梁"。本部分结合现代叙事学的理论成果，对此做探索性分析。

（一）档案记忆叙事表达的外在呈现

在传统叙事学（作为文学批评的叙事学或虚构叙事作品分析的叙事学）中，叙事作品（或叙事文本，如前文提到德国学者奥利弗·沙伊丁说"一个文本就是一个总体或者一个产品"）既是叙事学研究的对象，也是叙事行为呈现的结果。正是通过对叙事呈现出来的作品加以解读，叙事学研究者才能解析和揭示各种叙事作品的基本叙事语法、叙事话语、表达意义、形成机制等。

档案记忆叙事作品（简称档案叙事作品，严格来说两者在外延上还是有区别的）作为叙述组织结果和叙事表达的外部呈现，在叙事作品"大家庭"中是一个独特成员。档案叙事组织贯穿于档案形成与管理活动全过程，其中不同的信息组织加工就会形成不同的"工作成果"，而这些工作成果（档案文件、案卷、全宗、著录条目、目录、指南、索引、大事记、汇编、史志作品、图集、音像制品、数字化成果等）都是叙事作品，也是

[①] 李伯聪：《选择与建构》，科学出版社2008年版，第166页。

档案记忆内容再生产的记忆"人工制品"或"档案记忆体",第五章曾从"文本再造"角度对此作过探讨。从叙事作品的内容组织形式即叙事表达形式看,其类型大致可以分为以下几类。

1. 语言类叙事作品

语言类叙事作品(语言作品、录音制品)是通过口头语言表达的方式进行的叙事。在档案记忆再生产中,属于语言类叙事作品的主要有三种形式:(1)录音档案,是把社会活动中说/唱声音记录下来形成的档案记忆叙事作品。如现藏于中国艺术研究院音乐研究所,入选"世界记忆遗产名录"的"中国传统音乐录音档案",主要为20世纪50年代以来从全国各地采集而来,内容包括中国50多个民族的传统民间音乐、文人音乐、宗教寺庙音乐、城市大众音乐等录音档案,长达7000小时。再如20世纪90年代中央档案馆、中央文献研究室等单位联合制作的《巨人之声》盒式录音带和激光光盘,包括毛泽东、周恩来、邓小平等讲话的原始录音,再现了历史伟人的声音和重大历史场景。(2)口述历史档案,亦称"口述档案""口述历史",是档案部门或研究者对历史事件的当事者、参与者、旁观者进行有计划按专题的采访,通过录音(有时也采用录像)方式将采访者对历史的追忆和述说记录下来,所形成的档案记忆叙事作品。如香港记忆网特设"香港留声"口述历史档案数据库,以口述历史的研究方法,记录香港人的生活经验,传承香港文化。其他如"抗战老兵"口述史、"知青"口述史等。(3)电台开设的"档案"栏目。如2006年,上海人民广播电台开设《声音档案》特色品牌节目,以上海音像资料馆音像档案资料为依托,结合当下时政、新闻、纪念日、主题活动等,重新解读"声音文献",从亲历者、学者的口述中发现"新闻"。语言类叙事作品的典型特征就是"用声音叙事",把"故事"讲述出来。

2. 文字类叙事作品

文字类叙事作品(文字作品)是档案记忆叙事作品的主要形式,传统意义上的纸质档案基本上都是由文字记录而成的。在纸质档案形成和管理过程中形成了不同类型的文字类叙事作品。其作品形式大体可以分为以下几方面:(1)档案文件原件。一份档案文件或档案原件可以说就是一个叙事作品,因为文件/文书的形成因社会活动的需要而产生,任何一份文件都有其标题,而文件标题则是由"发文机关+事由+文种"构成的,或简单点由"事由+文种"构成,"事由"即是文件所要说的"事",而文件则是对这个"事"的原因、过程、结果的表达。即使是社会活动中产生的登记簿、登录簿,如会议记录、宗祠簿、家庭记账簿等,也是因事因时产生的,具有记事叙事性质。(2)档案整理成果。如档案组卷形成的"案卷",划分全宗形成的全宗、全宗卷,分类形成的档案实体类目等,都是叙事组织后形成的叙事作品。人们常说案卷反映出一个机关、组织或个人某项活动的过程、结果,一个全宗的档案是对某个机构活动的反映,"反映"就是一种叙事的表达。(3)档案信息提取形成的检索成果。如目录、索引、指南等,也具有叙事的性质,是对特定对象/范围社会活动的概括性反映。如1998年出版的《河北省档案馆指南》,就是"一部全面介绍河北省档案馆及其馆藏档案、资料情况和内容的工具书"[①]。(4)各种编研/编纂成果。如档案汇编、大事记、组织沿革、专题概要、村史方志、家谱等,其作为记忆叙事的性质和叙事表达的特征更强。正是由于档案及其各阶段加工成果的记忆叙事性质,才使得它们成为档案记忆不同的"人工制品",展示出档案记忆(体)的不同形态,因而也成为档案记忆形式转化的反映与动因。以上作品都是形式与内容的统一,可做不同的理解。

3. 图集类叙事作品

图集类叙事作品(图集作品)是以图表为主要媒介符号,辅以文字说明,汇集编排、组织而形成叙事作品,包括图册、画册、相册、表册、图片集、图像集、图示集等。不同于影像叙事,它是以静止的图表、图片、图像来呈现和表述事件内容,而非动态影像。英国历史学家彼得·伯克(Peter Burke)说:"一些可视叙事本身就可以当作历史来对待,因为它们通过图像以及用不同的方式解读图像,从而重现了过去。"[②] 随着照相、摄像技术发展,图表的形式也逐步由传统"手绘"时代进入"照相"时代或摄影"截图"时代。

[①] 河北省档案馆编:《河北省档案馆指南》,中国档案出版社1998年版,"前言"第1页。
[②] [英]彼得·伯克:《图像证史》,杨豫译,北京大学出版社2008年版,第223页。

档案记忆图集作品，其图表主要为社会活动中形成的各种表册、照片、摄影"截图"、档案复制件等。图集作品呈现方式主要有：(1) 历史图集。如黑龙江省档案馆编纂《黑龙江历史记忆》档案图集，共6章，79个专题，收录历史照片、珍贵档案、历史地图、示意图等图片资料近1200幅，以时为序，再现黑龙江源远流长的文化和近300年历史变化的沧桑。(2) 档案画传、照片集。如上海大学成旦红、刘昌胜主编的《百年上大画传》和《永远的校长——钱伟长1983—2010年画传》，充分利用上海大学档案馆、校史馆等单位馆藏历史照片，以"一幅幅画面，一个个人物，一段段往事，串联起百年上大激情澎湃的历史画卷"；反映钱伟长老校长一生"在中国刻下了一个令国人难忘的历史影像，在上海大学更是留下了一段永恒的记忆"①。(3) 其他如鱼鳞图册、地图集（"舆图集"）、大事年表、世系表、示意图、产品图册、科技产品图表等，或独立成册（集），或作为文字类叙事作品的插图、附录等。

图集作品具有形象性、说明性等特点，能生动、直观地表现、展示某一方面的历史情况、历史场景和发展变化。库尔特·塔科尔斯基（Kurt Tucholsky）说，"一幅画所说的话何止千言万语"②。

4. 影像类叙事作品

影像类叙事作品（影像作品）包括幻灯片、电影、录像片、电视片、文献片、科教片等，是以光、磁、胶片等介质为载体，用模拟信号将图、文、声、像记录下来，加工合成后，通过视听设备播放使用的出版物，常与录音制品合称为"音像制品"或"音像出版物"。影视学界认为，影像是一种特殊的语言，它具有两层表意功能，第一层是叙述，即"讲什么""怎么讲"的语义层；第二层是表现，即"讲得生动""讲得有意思"的意味层。③

随着信息记录技术发展和存储播放设备的广泛使用，影像档案越来越多地产生，其类型主要有：(1) 影像档案。和其他档案文件一样，一段影

---

① 成旦红、刘昌胜主编：《永远的校长——钱伟长1983—2010年画传》，上海大学出版社2020年版，"序"。
② 转引自［英］彼得·伯克《图像证史》，杨豫译，北京大学出版社2008年版，导论题记。
③ 张宇丹：《影视作为一门叙事语言》，《云南艺术学院学报》1999年第2期。

像记录（档案）就是一段或一个历史叙事。（2）档案文献纪录片。或称档案文献片、历史文献片、电视文献纪录片、电影资料片等，其材料主体基本上是利用影像档案或其他档案拍摄、制作的。如20世纪90年代，我国出品的电视文献纪录片《毛泽东》《周恩来》《刘少奇》《朱德》《邓小平》《香港沧桑》《新中国》《新中国外交风云录》《人民不会忘记》《中国1949》等，凭借现代新媒体记录优势，以及对历史的"贴近"观察和对档案文献的综合运用，"使人们跨越时空，体验历史的厚重，感受心灵的震撼"①。（3）档案电视栏目。如北京卫视的《档案》栏目，中央电视台的《中国记忆》《国家记忆》《新中国档案》，上海卫视纪实频道《档案》栏目，重庆卫视《记忆》栏目等，依据原始档案材料，运用现代影视制作技术，"在光与影的交汇中"对重大历史事件和重要历史人物进行回顾和讲述。（4）乡村影像志。如2015年山东省启动"乡村记忆"影像志工程，2016年南通市启动"乡村记忆——南通乡村影像志"文化工程等，通过拍摄大型乡村题材系列纪录片，保护乡村记忆，传承地方文化，显示出档案记忆影像作品的新的生命力。

5. 空间类叙事作品

从古希腊罗马起，空间就和记忆建立了"一个牢不可破的联系"，空间不仅是作为记忆的隐喻而存在，同时也是作为记忆的叙事表达表现方式而存在。档案记忆主要属于文本记忆，其内容转化重组后形成的叙事作品也主要是文本型的"记忆制品"，但在一定条件下，其叙事作品也具有空间叙事作品的特点。其主要表现一是档案记忆展或档案展览；二是人工建造的记忆场馆。

档案记忆展是档案开发利用的一种常见形式，既可以将其视为语言、文字、图片、影像叙事的组合，也因其具有空间感，将其视为"空间叙事"表现形式。阿莱达·阿斯曼指出，"展览的组织形式以一种叙述性的基本模式为基础"，是"对历史文字、绘画和物品在空间内的布局整合"，"除了依照时间顺序的组织原则，展览还可以遵循空间布置的组织原则"。②

---

① 丁华东：《电视文献纪录片：文献公布新视野》，《山西档案》2000年第4期。
② [德] 阿莱达·阿斯曼：《记忆中的历史》，袁斯乔译，南京大学出版社2017年版，第129页。

档案记忆展（无论是档案原件、高仿件还是复制件）通过文字"脚本"把历史事件串联起来，以历史档案为展品将事件的细节和真实性展示出来，形成对历史的新叙事，如阿莱达·阿斯曼所言，展品"是过去秩序的残存碎片，它们脱离了其原始的相互关联而在展览中被置于一种新的联系和新的秩序中"[1]。

记忆场馆或记忆场、记忆场所是记忆的空间，作为"集体记忆的沉淀"[2]，记忆场"存储了大量有关我们的集体记忆"，是"人们从历史中寻找记忆的切入点"。21世纪以来，在城乡档案记忆工程推进中，一些地方档案部门利用乡村（档案）记忆资源，建设了一批"乡村记忆馆""和美乡风馆""企业记忆之窗"，其中融入了许多档案记忆元素，成为乡村记忆再生产的重要阵地和一部立体化的乡村史书，给人以强烈的空间叙事和体验感。

6. 数字化叙事作品（多媒体叙事作品）

在计算机技术、网络技术和数字技术等现代信息技术的推动下，人类记忆开始了一个加速度的数字化进程，数字革命在促使数字档案/电子文件普遍产生，传统档案（纸质档案、口述历史档案、录音档案、照片档案、影像档案等）数字化的同时；也促使档案记忆再生产叙事组织和叙事表达的转变，促使数字化（式）叙事作品或多媒体叙事作品成为档案记忆叙事表达的"新宠"和"归宿"。一方面，以语言、文字、图片、影像、空间等叙事符号形成的叙事作品被广泛地数字化，形成数字语音、数字出版物、数字影像、数字/网络展览等，体现出"数字化生存"的强大动能；另一方面，也因其"记忆的存储日趋精细化""记忆的编码日趋复杂化""记忆的分享日趋简单化"[3]，而使数字化环境中档案叙事作品呈现出许多新特点。

除了上述传统叙事作品的数字化外，直接通过数字化方式组织形成的

---

[1] ［德］阿莱达·阿斯曼：《记忆中的历史》，袁斯乔译，南京大学出版社2017年版，第130页。

[2] ［法］皮埃尔·诺拉：《历史与记忆之间：记忆场》，载冯亚琳、［德］阿斯特莉特·埃尔主编《文化记忆理论读本》，余传玲等译，北京大学出版社2012年版，第108页。

[3] 邵鹏：《媒介作为人类记忆的研究》，浙江大学，博士学位论文，2014年，第168—169页。

档案记忆叙事作品主要有短视频/微视频、数字人文作品、微信推文、虚拟现实等。档案记忆数字化叙事作品具有多媒体融合性、信息碎片化、叙事交流互动性、艺术性等特点,在促进档案记忆传播分享的同时,也带来一些负面影响,如评论家斯万·伯克茨(Svan Birkerts)所言:"尽管(图书以外的)其他许多媒介填补着叙事的空间,但失去的是沉思的读者。"①

(三) 档案记忆叙事表达的内在特征

每个档案记忆叙事都有其故事、情节及所要表达的意义,对档案或档案记忆作品叙事加以分析,可以解释并揭示其意涵、结构、话语、形成机制等,这里仅从叙事表达内容关联性角度,分析档案记忆叙事的某些内在特征。

1. 叙事宏观性与微观性的统一

叙事的宏观性与微观性涉及历史学家(或文学家)对历史事件观察所采用的尺度。"当我们改变尺度的时候,我们所看到的将不再是相同的联系,而是在宏观尺度上无法察觉的那些关联。"②

叙事尺度不同所形成的史学即是宏观史学与微观史学,或历史的宏观(大)叙事与微观(小)叙事。有学者认为宏观叙事是在讲述故事时,立足宏观历史背景,叙事主题宏大,以反映历史发展规律或阐释历史阶段特征,并遴选出重大历史事件、典型历史人物、重要活动等主要内容,形成严谨有序的叙事体系;而微观叙事则回避宏大历史主题,以反映地方风貌、居民日常生活以及对居民生活有重要影响的社会事件为主题,没有明确的历史阶段划分,以相对典型的事件、人物、活动、生活场景等为主要内容。③

在档案记忆内容叙事中,既有宏观叙事,也有微观叙事,特别是在档案文献编研出版中,常常突出符合时代需要的重大主题,选择反映社会经

---

① 转引自徐丽芳、曾李《数字叙事与互动数字叙事》,《出版科学》2016年第3期。
② [法]保罗·利科:《记忆,历史,遗忘》,李彦岑等译,华东师范大学出版社2018年版,第277—279页。
③ 崔孝松:《宏观叙事与微观叙事:当代史展陈的两种叙事模式——以〈深圳改革开放史〉与〈香港故事〉为例》,《中国博物馆》2016年第4期。

济、政治、军事、外交、文化等领域的重要问题、重大事件、重要活动、重点人物等题材作为编纂选题,如《太平天国文书汇编》《第二次鸦片战争》《义和团档案史料》《戊戌变法档案史料》《中华民国史档案资料汇编》《中华民国历史图片档案》《六大以前——党的历史材料》《六大以来——党内秘密文件》《中国共产党八十年珍贵档案》等重要文献汇编;同时也有反映某个地方、乡镇、家族、企业、产品、风俗等地方、基层文献汇编。如《徽州千年契约文书》《记忆浙江》系列丛书(浙江省档案局编纂)、《海宁记忆》系列丛书(海宁档案局编纂)等。

在档案记忆叙事作品中,不仅宏观叙事与微观叙事相得益彰,通过宏观叙事达到对历史整体性、规律性的把握,通过微观叙事达到对历史的细微的、具象的把握;而且从档案叙事作品内容表达看,所谓宏观叙事都是通过微观方式加以表达的,或者说宏观叙事的"微观细描",体现历史的细节,深入历史的细微之处,这是档案叙事与其他历史叙事相比独具特色之处。

2. 叙事圈层性与层级性的统一

费孝通先生在描述中国传统乡村社会的基本结构时,提出中国传统社会结构就像把一块石头丢在水面上所发生的一圈圈推出去的波纹,每个人都是他社会影响所推出去的圈子的中心,这种圈层结构即是"差序格局",是以"己"为中心所形成的由近及远的网络结构。①

档案记忆叙事也存在着类似的圈层结构,这种圈层结构一方面表现在叙事作品的"故事"上,无论是宏观叙事还是微观叙事,所叙述的对象——"故事"或"事件"——都是可以分解的,宏观事件由许多不同层次的微观事件构成,由宏观到中观,再到微观,微观事件也由许多方面、许多细节构成,"事件"就像是"中国套箱",可以逐层、一圈圈分解打开,展示出来。如电视文献纪录片《周恩来外交风云》,透过日内瓦会议、万隆会议、出访十四国、乒乓外交、中美建交,中苏、中越、中印关系等一系列重大历史事件,表现周恩来作为中国领导人和世界杰出外交家的卓越领袖风度。再如安徽池州市编纂出版文化系列丛书《池州记忆》,包括《老地图》《古诗词》《古寺庙》《古石刻》《古村落》《古名胜》《遗珍》

---

① 费孝通:《乡土中国·生育制度》,北京大学出版社1998年版,第26页。

《非遗》《名人书画》《历史人物》等，共10册，全景式展示池州悠久的历史和灿烂的文化，填补地方文化保护与传承方面的空白。在档案整理上，从档案全宗，到类别（组织机构、问题、年度），再到案卷，逐层结构或解构，形成一轮一轮的叙事逻辑关系。如同利科所言，我们"能够依据给定的尺度，对一块场地进行收缩。在从一个尺度向另一个尺度的转换过程中，我们观察到一种建立在组织层次基础上的信息层次的变化"①。

档案记忆叙事不仅存在"故事"上的圈层性，同时也存在形成主体或范围上的层级性。从中央到地方是按科层制逐级划分的，各时代国家的政治体制可能不同，但组织体系大体相似，由中央到省（郡、路）、府（州）、县，甚至延伸到乡里，逐层设置管理机构，每个机构都形成管辖职能范围内的档案文件，由于政令自上而下的贯彻和管理活动的相关性，因而形成的档案记忆在叙事内容上也呈现出某种层级性，形成逐层的对应关系。

档案记忆叙事的圈层性和层级性，虽然是两个不同方向上的层次划分，但也彼此关联统一，可以从空间上反映出宏观叙事向微观叙事的过渡。

3. 叙事片段性与连续性的统一

叙事学认为时间是叙事构成的一个不可或缺的要素：一是"事件本身在一定的时间内，以一定的秩序出现"，"必须以时间序列或时间先后顺序为其先决条件"②；二是叙事的时间长度和时间跨度也直接影响到所叙述事件在叙事整体中所占的分量，或者叙事对象的选择与组织。

如果将叙述中的"故事"界定为一个变化发展的过程，那么这个过程则是由"按照逻辑和时间顺序串联起来的一系列由行为者所引起或经历的事件"③或事件的片段构成的。故事有大小（宏观叙事与微观叙事），大的故事总是包含许多小事件或事件的片段。在叙事学中，人们往往用"长时段"来反映一些时间跨度大的历史叙事或历史的连续性，而用"短时段"

---

① ［法］保罗·利科：《记忆，历史，遗忘》，李彦岑等译，华东师范大学出版社2018年版，第279页。

② ［荷兰］米克·巴尔：《叙述学：叙事理论导论》，谭君强译，北京师范大学出版社2015年版，第202页。

③ ［荷兰］米克·巴尔：《叙述学：叙事理论导论》，谭君强译，北京师范大学出版社2015年版，第3页。

来反映这种历史发展过程中的阶段性和片段性。

档案记忆叙事既是片段的，也是连续的，两者的有机统一是档案叙事作品的另一重要特色。一份档案文件或少数几份档案文件往往只能反映某个历史事件的一个片段或侧面，具有典型的片段性特征；而对一定数量的档案进行逻辑性的加工组合，就可以在一定程度上反映某一历史事件的发展过程、来龙去脉，构成一种连续性、完整性叙事，是历史脚印的"串联"。

叙事片段性与连续性是从时间跨度对档案记忆叙事整体关联性考察，既体现在个体叙事中，也体现在组织（机构）和国家叙事中。将时间要素引入档案记忆叙事分析，其潜在的学术价值非常大，站在过去、现在和未来的哪个时点上，讲述哪一段的故事，将讲述的故事置于什么样的时空中，故事前因后果的梳理、排列和阐释，故事中叙事材料（或事件）的组织、时长等，都是值得探讨的问题。[1]

4. 叙事多样性与互文性的统一

由于档案叙事主体、主题设定、情节安排、材料选择、材料组织、叙事尺度、时间跨度等多有不同，因而呈现出无限的多样性或多元性，但在多样性的背后潜含着互文性特征。

"互文性"是文学研究中用来理解文本之间互相结合或相互关联的最常用的概念，其宽泛意义是指"一篇文学文本与其他文学及非文学文本之间的所有关系"[2]；其核心意涵则是指任何文本都处于"一个由文本组成的记忆空间中"[3]，需要通过其他文本组成的"特殊结构"或"意义世界""文化背景"才能反映自身。苏联文艺理论家米哈伊尔·巴赫金（Michael Bakhtin）指出："一个文本只有通过与另一个文本的相互联系（语境联系）才得以存在。只有在文本的联结点上才会发出光亮，它既能够照向过去又能照亮未

---

[1] 历史叙事中对"记忆流动性缺口"、叙事长时段分析、历史前后朝代的关联等学术话题都值得引进来加以分析。连续性还表现在前后相继的时代，后代仍对前代事的"认账"。后一朝代对前一朝代的"修史"，"史存档销"，档是销了，但档案记忆以新的叙事方式表达出来。

[2] 冯亚琳、[德] 阿斯特莉特·埃尔主编：《文化记忆理论读本》，余传玲等译，北京大学出版社2012年版，第258页。

[3] 冯亚琳、[德] 阿斯特莉特·埃尔主编：《文化记忆理论读本》，余传玲等译，北京大学出版社2012年版，第258页。

来,同时,它还能够使文本参与到对话中来。我们还要指出,这种联系是文本之间的对话式联系而不是'对立点'间的机械式联系。"①

档案记忆叙事的互文性不仅体现在档案记忆文本或档案记忆作品之间的历史联系、逻辑联系乃至文化联系之中,体现在档案记忆叙事宏观性与微观性、圈层性与层级性、片段性与连续性之间的关联之中,也体现在档案记忆叙事内容的相互印证/证明之中。

国学大师王国维曾发明"二重证据法":"吾辈生于今日,幸于纸上之材料外更得地下之新材料,由此种材料,我辈固得据以补正纸上之材料,亦得证明古书之某部分全为实录,即百家不雅训之言亦不无表明一面之事实。此二重证据法,唯在今日始得为之。虽古书之未得证明者,不能加以否定;而其已得证明者不能不加以肯定,可断言也。"②陈寅恪则对"二重证据法"作了更为具体的归纳:"一曰取地下之实物与纸上之遗文互相释证";"二曰取异族之故书与吾国之旧籍互相补正";"三曰取外来之观念与固有之材料互相参证"。③"释证""补证""参证",都是反映出史料或者说档案史料之间的"互文性"。

档案记忆叙事的多样性与互文性是内在统一的,多样性是基础,互文性是其关联的反映,在关联互证中体现出历史的某些客观性和真实性。

5. 叙事建构性与真实性的统一

叙事毫无疑问是带有建构性的,但是这种建构是重构,而不只是虚构,特别是在历史叙事话语中。阿莱达·阿斯曼说:"从根本上来说,回忆以重构的方式来完成。它总是从现实出发,在召回过去的过程中,必然出现推移、改变、歪曲、重估以及更新回忆的现象。"④

档案记忆叙事的建构性在前文已有论及,这里我们所重点关注的是档案记忆叙事的真实性。"正是作为现实性模式的行动将叙事带入其自身的

---

① [苏联]米哈伊尔·巴赫金:《文学研究的方法论问题》,转引自冯亚琳、[德]阿斯特莉特·埃尔主编《文化记忆理论读本》,余传玲等译,北京大学出版社2012年版,第264页。
② 王国维:《古史新证》,载傅杰编校《王国维论学集》,中国社会科学出版社1997年版,第39页。
③ 陈寅恪:《金明馆丛稿二编》,上海古籍出版社1980年版,第219页。
④ [德]阿莱达·阿斯曼语,转引自冯亚琳、[德]阿斯特莉特·埃尔主编《文化记忆理论读本》,余传玲等译,北京大学出版社2012年版,第272页。

领域;就此而言,无论讲述什么,要像它们曾经发生过的那样讲述它们。'就像曾经确实发生过的那样'是我们认为的一切叙事所具有的意义当中应该包含的"①,在档案记忆叙事中,人们追求的目标也可以说是"就像曾经确实发生过的那样",尽管实际上未必能够如愿,但希望得到的结果是真实性,或者说愿意努力去反映历史的真实。

追求历史真实性是对历史的尊重,也是对人类自身的尊重。历史叙事中有重构,但这种重构必须是建立在事实真实性基础上的重构,两者的有机统一才能有效体现或实现叙事作品的价值,而档案记忆叙事作品正体现了这样的统一。葛兆光教授曾说:历史的重构并不是一个关于虚无的文本,"不可能把实在的、曾经发生过的,并残留在各种遗迹、文献、记忆中的'过去'完全放逐。能够面对殷墟那个巨大的遗址说'殷商'与'夏'一样不存在么?能够面对二十四史的记载说历史上的王朝是虚构的么?"② 顺着葛兆光教授的话说,面对大量真实的历史档案,我们能说档案记忆叙事作品是"虚构"的吗?

四 档案记忆内容叙事的冲突与调和

美国社会学家巴里·施瓦茨在批判哈布瓦赫社会记忆建构论时指出,如果将其现在中心观推至极端,历史就变成了一组表达不同观点的快照,"据此,对于圣地,十字军心目中有一幅图画,现代以色列的考古学家的观念中也有一幅关于圣地的图画,而同一个圣地在这二者心目中的图画必定大相径庭"③。他认为"过去总是一个持续与变迁、连续与更新的复合体。我们或许的确无法步入同一条河流,但是这条河流却仍具有绵延不绝的特征,具有别的河流无法与之共有的性质"④。施瓦茨对哈布瓦赫集体记

---

① [法]保罗·利科:《记忆,历史,遗忘》,李彦岑等译,华东师范大学出版社2018年版,第365页。
② 葛兆光:《中国思想史·导论》,复旦大学出版社2004年版,第134—135页。
③ [美]刘易斯·科瑟:《莫里斯·哈布瓦赫》,载[法]莫里斯·哈布瓦赫《论集体记忆》,毕然等译,上海人民出版社2002年版,第45—46页。
④ [美]刘易斯·科瑟:《莫里斯·哈布瓦赫》,载[法]莫里斯·哈布瓦赫《论集体记忆》,毕然等译,上海人民出版社2002年版,第46页。

忆理论的批评，不仅引发我们对社会记忆叙事内容差异性与连续性、多样性与统一性问题的思考，同时更引导我们对社会记忆叙事内容冲突性与调和性的思考。档案记忆再生产在内容叙事上既存在差异性、多样性，也存在连续性、统一性，甚至还存在冲突性、对抗性，如何看待和处理档案记忆内容叙事中的复杂关系，强化记忆叙事的调和功能，增强记忆共同体的凝聚力和包容性，是认识与实践并重的问题。

（一）档案记忆内容叙事的差异与多样

德国哲学家莱布尼茨（Gottfried Wilhelm Leibniz）说："世上没有两片完全相同的树叶。"对于叙事而言，因涉及选择、理解、建构，"故事"差异性就更显突出。在档案记忆再生产中，因叙事时代/年代、主体立场与观点、选题尺度与角度、情节设计与编排，材料的范围、选择、理解与运用等存在差异，因而内容叙事总是存在着千差万别。就其主要方面而言，暂且可归纳为以下几方面。

1. 选题尺度上的差异

利科在论述叙事尺度变化时，借用帕斯卡尔（Blaise Pascal）《思想录》中的话说："多样性。一座城市，一个乡村，从远处看，那就是一座城市，一个乡村；但随着越走越近，那就是房屋、树木、瓦片、树叶、蚂蚁、蚂蚁腿以至无穷。所有这些都包含在乡村这个名称之下。"[①] 尺度不同，看到的内容与细节也不同。

档案记忆叙事需要宏观叙事，也需要微观叙事。宏观叙事能够从整体上把握记忆事项的来龙去脉，反映事件的背景、性质与全貌。"描绘各个历史时代的这种大尺度上的写作创造了一种视觉效果，即一种宏观效果。视野的广度是由它的视线范围决定的，就像我们提到望远镜时所说的那样。"[②] 而微观叙事如同显微镜和放大镜，能够具体揭示和表现记忆事项中人物、事件、活动的过程和细节。档案记忆内容叙事虽然从总体上看是宏观叙事与

[①] [法] 保罗·利科：《记忆，历史，遗忘》，李彦岑等译，华东师范大学出版社2018年版，第277页。

[②] [法] 保罗·利科：《记忆，历史，遗忘》，李彦岑等译，华东师范大学出版社2018年版，第378页。

微观叙事的统一，但就单纯每一个具体叙事而言，它们还是处于从宏观到微观连续统的某个点上。"洋务运动"的编纂选题与"洋务运动"中盛宣怀的编纂选题在叙事内容上自然有所差异。在尺度的变化中，叙事的差异性自然体现出来。

2. 群体立场上的差异

社会记忆是一个特定社会群体的成员共享往事的过程和结果。无论从哪个角度去理解，社会记忆都是与"社会群体""集体"相关，哈布瓦赫在一开始提出"集体记忆"时，就将群体作为记忆的社会框架，不同群体会有不同的记忆。

马克思主义认为人总是处于不同的社会关系之中，档案记忆叙事主体无论是群体（组织、机构）还是个人，都会站在特定的、"我"属的群体来讲述过去，呈现过去，叙事主体的立场、观点、态度不同，对记忆事项会呈现出不同的叙事内容。利科指出："即使集体记忆从其以之为基础的人类整体中得到其力量和延续，不过仍然是个体作为群体之成员在记得。我们很乐意说，每个个体记忆都是集体记忆上的一个视角，这个视角根据我占据的位置而变化，而这个位置又根据我与其他社会环境保持的联系而变化。"① 个体作为叙事主体是如此，群体作为叙事主体也是如此。叙事主体与记忆主体往往会表现出统一性、重合性关系，叙事主体即为记忆主体或其中一员。

当叙事主体站在同一立场上讲述记忆事项时，记忆叙事虽然表现形式、内容表达不同，但往往能够呈现本质上的一致性；而叙事主体站在不同立场，如国家与民间、我群与他群等，因为有各自的利益诉求，叙事内容往往会产生较大的分歧，甚至冲突。分析记忆叙事的差异性，其核心就是要分析产生这种差异所潜藏的群体利益，思考如何调和各自利益冲突，达成平衡、理解与和解。

3. 叙述角度上的差异

苏轼诗云："横看成岭侧成峰，远近高低各不同。"叙事中不仅"远近

---

① ［法］保罗·利科：《记忆，历史，遗忘》，李彦岑等译，华东师范大学出版社2018年版，第157页。

高低"会产生不同,"横看"与"侧看"也会产生不同。

传统档案学中,强调档案文件之间存在着多重关联,如责任者、问题、文种、通讯者、地区、时间等,这些联系都是文件之间的历史联系,也构成了档案记忆的叙事关联或叙述问题的一种视角。在同一叙事尺度、群体立场情形下,也会存在因叙事角度不同,文件之间的历史联系有不同体现,从而使档案记忆叙事呈现不同的叙事样态。

叙述角度上的差异具体表现在两方面:一是在档案整理立卷上,涉及从组织机构、问题、地区、时间、通讯者角度立卷的方法,不同角度会组成不同案卷。二是在档案文献编纂/编研上,选题角度关系到不同档案文件材料的信息选择、提取和组合。如反映某一历史人物活动的选题,可以形成某人物的全集、选集,也可形成某人物、某一方面的档案文献——书信、日记、笔记、奏稿、墨迹、诗文等;再如反映特定内容的选题,可以从历史时期角度选题,也可以从事件或问题角度选题,使选题具体化。曹喜琛先生指出:"由于不同的内容在时空范围内和深广程度上差距甚大,这种选题角度呈现着非常复杂的情况。"①

4. 材料取舍上的差异

档案记忆叙事是依托档案材料选择、组合而成的,选择的材料不同,组合形成的叙事内容自然不同。材料的取舍/选择是档案记忆叙事建构性的重要表现,也是内容差异性、多样性的具体表现。王明珂说:"我们以文字记录保存的'史料',只是这些'过去事实'中很小的一部分。它们是一些被选择、组织,甚至被改变与虚构的'过去'。因此一篇文字史料不能简单的被视为'客观史实'的载体"②,而是在各种社会因素影响下的"社会记忆产物"。

如果说传统档案文献/档案史料编纂中强调史料的博采与善择,提倡"征求异说,采摭群言,然后能成一家,传诸不朽"③,是对历史真实性的一种维护;那么,对底层的、民间的、弱势群体档案的收集、运用,则体现出社会记忆建构或档案记忆叙事的人文关怀。

---

① 曹喜琛主编:《档案文献编纂学》,中国人民大学出版社1990年版,第91页。
② 王明珂:《历史事实、历史记忆与历史心性》,《历史研究》2001年第5期。
③ (唐)刘知几:《史通·採撰(内篇第十五)》,商务印书馆1929年版,第92页。

除了材料取舍与叙事主体、叙事立场关联所体现的叙事差异外，单就叙事信息内容而言，材料的取舍/选择也体现出不同的记忆信息构成或信息呈现，因此，在档案管理过程中，凡是涉及材料选择、取舍之处，如收集、鉴定、销毁、编纂选材等，都直接或间接地形成或表现不同的记忆叙事。

5. 信息提炼上的差异

档案记忆内容再生产过程中涉及对档案记忆信息的提炼、浓缩、聚合等加工行为，对记忆信息的加工层次和加工深度不同，也会导致内容叙事的差异。如档案文献编纂中对一次文献、二次文献、三次文献的编纂，其信息加工程度、提炼程度不同，不仅使编纂成果呈现不同的外在形式（形式再生产），其内容上也存在差异性。韩宝华教授指出，"三次档案文献反映的是档案信息内容，不是编纂者自己创造的内容，但这些档案信息内容经过编纂者的剪裁、加工、熔炼、整序，改编制作成以编纂者的语言和所设定的体例为形式的具有相当程度的再创造性文献"[1]。因此，三次档案文献在记忆内容或信息内容上不同于一次文献，也不同于二次文献。即使在一次文献编纂中，也存在全录、节录、摘录等不同式样，三者对档案信息的提取、提炼程度也不相同。正是在信息提炼程度上的差异，才使档案整理和利用中出现各种不同层次、不同类型的叙事文本。

6. 材料阐释上的差异

档案记忆内容叙事中涉及对档案记忆的理解和阐释，如何阐释和运用档案记忆材料，发掘发现档案背后的历史与记忆，不同叙事者（编者、作者、读者）有不同的眼光、认知和立场。陈寅恪在《陈垣敦煌劫余录序》中说："一时代之学术，必有其新材料与新问题。取用此材料，以研求问题，则为此时代学术之新潮流。"[2] 梁启超在论述"关于史迹之文件"时也说，"此等文件，在爱惜文献之国民搜集宝存，惟力是视……炯眼之史家，得此则新发明日出焉"。[3] "新问题""新发明"等都是对（档案）材料的理解、阐释和运用。阐释不同，必然形成不同的记忆叙事或历史叙事。

---

[1] 韩宝华：《档案文献编纂学教程》，中国人民大学出版社1999年版，第68页。

[2] 陈寅恪：《陈垣敦煌劫余录序》，载《金明馆丛稿二编》，生活·读书·新知三联书店2001年版，第266页。

[3] 梁启超：《中国历史研究法》，上海古籍出版社1980年版，第51页。

(二) 档案记忆内容叙事的冲突与影响

叙事的差异性处处存在，远超出上述分析的几种情形。叙事差异性导致叙事多样性，但这些多样的叙事之间并非就是冲突的，就其一般情况来说，各种叙事之间还是互补、相容的，可以从不同角度、不同方面反映记忆事项的历史真实性，具有互文性特点，从而维护记忆的统一性和连续性。但作为一种历史记录及其后的加工、整理、编研、利用，档案记忆叙事因受到多元主体的干预/参与，因而也难免产生叙事内容的矛盾、紧张，甚至对抗。利科就曾明确指出："相同的事件于是对一些人来说是光荣，对另一些人来说是耻辱。和一边的欢庆相呼应的，是另一边的诅咒。真实的和象征的创伤通过这种方式被存储在集体记忆的档案里。"①

记忆冲突不能简单地理解为记忆叙事文本之间的差异，而是指各种叙述文本或叙事版本（即一种记忆事项的定型化表达或者说对记忆叙事的"某种说法""某种观点""某种表述"等）之间，以及这种叙事文本或版本与一般的社会记忆之间存在矛盾，难以达成协调、融洽，从而产生记忆主体的认知差异或利益争夺。

在社会记忆中，群体记忆不只是涉及连续性问题，同时也涉及统一性问题，不同群体或群体内部记忆的冲突是时常存在的。正是由于冲突的存在，才会产生记忆的选取与遗忘、记忆的争夺与控制、记忆的建构与翻新等。如秦始皇、曹操、武则天、曾国藩、李鸿章等历史人物都曾有过类似的记忆建构与重构。记忆事项的叙事并非全然是统一的，不时充斥着张力，甚至对抗。

档案记忆内容叙事中记忆冲突与一般社会记忆、历史记忆冲突具有相互映衬或映射关系，它一方面表现为档案叙事文本（档案和档案记忆作品）内部或文本之间记述上的冲突；另一方面也表现为档案记忆内容叙事与社会记忆的冲突。

从同一档案记忆叙事文本（档案和记忆叙事作品）记述看，出于特定

---

① ［法］保罗·利科：《记忆，历史，遗忘》，李彦岑等译，华东师范大学出版社2018年版，第103页。

的社会环境、历史背景和社会需求，具有矛盾或对立的记忆在对待档案记忆叙事文本态度上即可得到反映，如《大义觉迷录》就是一个具有说明力的典型文本。该书是由清雍正皇帝钦定的一部档案文献汇编，包括曾静的供词、《归仁说》和雍正的多篇谕旨。书中一方面是吕留良、曾静等"华夷之分"、反清复明的记忆叙事；另一方面则是雍正皇帝"华夷不分""清朝正统"的记忆叙事。通过"华夷之辨"的交锋和曾静等的"归仁"于清，体现出族群记忆、族群身份的冲突、融合、认同与和解。以前人们对此历史事件的分析多立足于雍正"大兴文字狱"，控制言论；而从记忆的冲突与和解角度看，雍正所主张的清朝正统与"华夷一家"的立场无疑更具有积极意义。

从档案记忆叙事不同文本之间记述内容看，由于历史叙事者或现实叙事者观察角度、阶级立场、历史意识、历史认知、个人和国家利益等不同，对记忆事项的记述也多存在矛盾甚至冲突。如柳亚子的曾祖父柳兆薰是一个拥有三四千亩土地的大地主，他对太平天国的态度和记述就不同于太平军或支持太平天国知识分子的记载。在《柳兆薰日记》中有多处对太平天国污蔑性的记述，他所留下的记忆叙事是太平天国的破坏性而不是对腐朽没落的清政府的打击。

从档案记忆叙事文本记述内容与一般社会记忆之间关系看，其矛盾、冲突之处也是比比皆是。如关于雍正皇帝继位的事，历史上沸沸扬扬，说雍正是"篡改遗诏"，将"传位十四子"改为"传位于四子"。尽管历史学家、档案学家多方考订"篡改遗诏"是"讹传"，但正是这种"讹传"构成了流行甚广的社会记忆叙事，在相关历史文献中也有记述，如《大义觉迷录》就列举出雍正谋父、逼母、弑兄、屠弟、贪财、好杀、酗酒、淫色、诛忠、任佞等"十大罪状"。虽然后来在台北故宫博物院、中国第一历史档案馆和辽宁省档案馆发现《康熙遗诏》（亦称《康熙皇帝遗诏》），但有史学家认为康熙遗诏是雍正登基后拟就并颁布天下，并非康熙真迹，所以遗诏也不能说明雍正是否篡位。因此，在康熙遗诏与"篡位"传言之间构成了不同的记忆叙事和记忆冲突。再如关于光绪皇帝死因，近百年来众说纷纭。以往根据"光绪皇帝脉案"和杜钟骏《德宗请脉记》等记载，说明他是正常死亡；而国家清史编纂委员会、北京市公安局法医中心等单位，通过运用先进的技术手段，对光绪的头发、遗骨以及衣服和墓内外环境样品进行分析，在经过五年的反复检验和研究后，于2008年正式披露光绪皇帝系砒霜中毒死亡。①

档案记忆内容叙事冲突有显性冲突，也有隐性冲突，目前我们的分析还只是从人们能够看到的显性冲突，或者说以常见的显性冲突来说明记忆冲突的存在。可以肯定的是在档案记忆叙事文本内部存在着大量记忆叙事的冲突，正是这些叙事冲突的存在，才有各种不同的历史观点，也才需要历史学家对档案文献进行考订，"去伪存真"，把握历史的真相。

档案记忆内容叙事冲突所造成的影响是多方面的，概括起来主要表现在：(1)造成历史认知与历史叙事的困难。档案是提供历史认知和历史叙事的基本材料，郭沫若先生曾说："无论做任何研究，材料的鉴别，是最必要的基础阶段。材料不够，固然大成问题；而材料的真伪或时代性如未规定清楚，那比缺乏材料还更加危险。因为材料缺乏，顶多得不出结论而已；而材料不正确，便会得出错误的结论。这样的结论，比没有更要有害。"② 对历史研究如此，对普通人的历史认知也是如此。冲突的记忆叙事存在，其中必然掺杂着真假对错，谁真谁假，谁是谁非，难免给人们带来认识上、叙述上的困难，历史的"真相"是什么？在哪里？便经常成为人们的追问。(2)造成社会群体意识的分歧与对抗。"现实的、具体的社会记忆总是具有意识形态的性质"③，在唤起和压抑中不时成为形成群体历史意识、身份意识的思想资源，成为动员群体成员集体行动的强大力量。"人们在深厚的关系中以共同的记忆来形成'我们是谁'的意识。这样的群体，它的自我意识是和群体成员对共同过去的记忆分不开的。拥有某种共同记忆的'我们'和不拥有这一记忆的'他们'之间因此区别出亲疏不同的关系。"④ 档案记忆叙事的冲突不仅容易造成群体内部历史意识的分歧和

---

① 《光绪皇帝死因真相大白　砒霜中毒而死》，央视网，[EB/OL] http://news.cctv.com/science/20081211/108123.shtml [2008-12-11]．另参见刘耿生《档案真伪论》，中国档案出版社2002年版。
② 郭沫若：《十批判书》，东方出版社1996年版，第2页。
③ 孙德忠：《社会记忆论》，湖北人民出版社2006年版，第168页。
④ 徐贲：《人以什么理由来记忆》，吉林出版集团有限责任公司2008年版，"序"。

身份认同的困难,更会加剧不同群体之间历史意识的对抗。(3)形成与主流记忆相对抗的"反记忆"。如果说档案记忆内容叙事的差异性导致其多样性,其中占主导地位的叙事为主流叙事或主流记忆,而处于附属地位或次要地位的叙事为非主流(支流)叙事或非主流(支流)记忆;那么,由叙事冲突导致的记忆差别可以称为主流记忆与反记忆的冲突。反记忆即是"他类记忆"或"另类记忆",可以作为非主流记忆中与主流记忆具有冲突、对抗性质的记忆。"反记忆"性质复杂,与主流记忆之间的关系需要作出具体的、道德的评价。

(三) 档案记忆内容叙事的调和及其策略

档案记忆叙事既可能激发、强化冲突,也可以缓和、消解冲突,实现社会和解、强化群体认同、巩固民族团结、提高国家凝聚力。因此,强化档案记忆叙事内容的调和,弱化和消解记忆冲突,应该成为档案记忆再生产内容叙事的目标导向,关涉档案记忆意义再生产。

档案记忆叙事内容调和也是社会记忆调和的一种方式,是为适应一定社会情境下"资源分配、分享与竞争体系下人们的社会认同与区分"[①] 的一种策略。王明珂教授在论述华夏边缘向外迁移和扩张时指出,一个民族或族群的形成与延续,并不全然是生物性繁殖或文化传播的结果,而更赖于其成员之认同和"异族概念"(族群边缘)的延续与变迁。在地理上,华夏认同向四方的成长扩张,主要透过其边缘人群的认同变化,不断有华夏边缘人群对本地古文明"失忆",寻得或接受一位华夏圣王祖先作为"起源",由此达成与华夏的关联与一致,实现非华夏的华夏化。[②] 如"泰伯奔吴"这个故事,虽然不能视为真实的历史,但可以视为族群历史记忆的调整/调和,通过这个历史记忆叙事,原本被华夏视为"野蛮人"的吴国,主动认同为华夏,于是华夏的边缘/边界得以扩展。当然,从雍正皇帝对曾静案审理以及《大义觉迷录》中对"华夷之分"的辨别,也以"华夷不分""清朝正统"的叙事方式实现了另一种记忆叙事的"调和",

---

① 王明珂:《历史事实、历史记忆与历史心性》,《历史研究》2001 年第 5 期。
② 王明珂:《历史事实、历史记忆与历史心性》,《历史研究》2001 年第 5 期。

实现了曾静等人的"归仁",在中华民族形成史上还是值得肯定的。记忆叙事调和广泛存在于社会记忆唤醒与压抑中,也广泛存在于档案记忆叙事文本中。

在档案记忆内容再生产过程中,可以采取一定的叙事调和策略,以尽量消解记忆叙事冲突,达成记忆和解。

1. 坚持原初叙事的多元性

受后现代理论影响,一些档案者也对"传统的、以国家为中心的、实证主义的档案框架"展开了重新反思,其中就涉及档案叙事或档案元叙事(叙述)。特里·库克将档案作为"被动继承的、自然的或有机的元叙述",列为后现代档案学对传统档案中心原则提出的批判重点之一。他认为传统档案观形成一种偏见,即旨在为主流文化和当权者服务,"让官方叙述占有特权,却忽视了社会中的个人和群体的记录,忽视了他们与国家之间的相互作用和对国家的影响。……那些充斥着此类思想的实证主义的'科学'的价值观在当时以及后来的档案工作者的头脑中安营扎寨,妨碍了他们对多元观察和认知方式的采纳和记录"[1]。由此,倡导档案记忆原初叙事的多元性,已成为一种时尚的伦理关怀。

档案(原件)生成是社会记忆档案化的结果,也是一种原生(初)记忆,用德里达概念表达就是"原初书写"(德里达)。坚持原初叙事的多元性就是兼顾不同群体、个人对档案记忆的记录和保存,特别是能够将个人、社会底层群体的档案纳入国家的叙事范围,给予其话语空间,承认并允许多元叙事甚至冲突叙事的存在。这既是平衡国家权力与社会权力、主流叙事与支流叙事的方式,体现记忆的公平伦理;也是对社会运行、社会结构、社会意识的真实反映。不同档案中存在的原初叙事即使存在冲突,也会从某一方面、某个侧面反映客观社会事实,这完全符合马克思主义观点。"解释性交往行动主义"学者邓金说:"研究者所考察的(人生)过程包含形形色色的人物,他们的处境、观点各不相同,研究者必须收集他们的自我故事,方可以创造出能够解释复杂事实的多元叙事文本。惟有这

---

[1] [加拿大] T. 库克:《铭记未来——档案在建构社会记忆中的作用》,李音译,《档案学通讯》2002年第2期。

种多元或混合的传记方法才能够保证历史、结构以及被历史研究的个体在任何一次探究中均可以得到公平而且正确的对待。"①

2. 探寻揭示历史事实的真相

海登·怀特指出:"自从传统的历史编纂学由希罗多德发明以来,它就一种坚信,历史本身是一大堆有关个体和集体的活生生的故事构成的,历史学家的主要任务是发现这些故事并利用叙事来重述它们,而叙事的真实性在于所讲故事与过去现实人物的经历之间的一致性。"② 记忆叙事的调和不是"混淆是非""是非不分"的"和稀泥",而是要发现历史真相,接近历史真相,在寻求历史真相的基础上求得理解与和解,从而达成记忆的一致性。

档案记忆叙事的根基源于历史活动——根基性历史或创始事件,是对历史活动的反映。"历史的事件已经被过去的人类行动者'发明'(在'创造'的意义上),他们通过其行为创造了值得用故事来讲述的生活。"③ 档案记忆内容叙事在寻求历史真相上一是要通过鉴定、考订,把握档案材料的真伪,去除记忆中的芜杂和伪误,以免混淆是非;二是要探寻发现档案记忆背后的历史情境,"不只是那些史料表面所陈述的人物和事件;更重要的是由史料文本的选择、描述与建构中,探索其背后所隐藏的社会与个人情境"④,这样可以对档案记忆叙事有更深切的理解,也能更好地把握档案记忆之间的历史关联,消除记忆文本之间的冲突,由此消除记忆群体之间的对立与冲突。

3. 追求记忆共同体最大同心圆

"有多少观察者,就有多少观点。"⑤ 利科指出"历史学家们常常围绕相同的事件构建不同的和对立的叙事,这一事实使我们所说的历史真理的

---

① [美] 诺曼·K. 邓金:《解释性交往行动主义》,重庆大学出版社2004年版,第67—68页。
② [美] 海登·怀特:《形式的内容:叙事话语与历史再现》,董立河译,文津出版社2005年版,第2页。
③ [美] 海登·怀特:《形式的内容:叙事话语与历史再现》,董立河译,文津出版社2005年版,第232页。
④ 王明珂:《历史事实、历史记忆与历史心性》,《历史研究》2001年第5期。
⑤ [法] 保罗·利科:《记忆,历史,遗忘》,李彦岑等译,华东师范大学出版社2018年版,第417页。

难题变得显著起来。是否应该说，一些人会忽略另一些人所关注的事件和想法，相反，另一些人也会忽略这些人所关注的事件和想法呢？如果我们可以让相互对立的叙述版本相互补充，即使叙述会受到适当的修改，那么历史真理的难题也许就能得到解决"①。从利科的论述中可以看出，"让相互对立的叙述版本相互补充"，既是解决历史真理难题的方式，也是达成共享记忆、消除记忆冲突的方式。

从身份认同与群体凝聚力角度看，记忆共享程度越高，群体的凝聚力越强；而从记忆传播和消费范围看，记忆共享程度越高，群体的范围或记忆共同体的规模也越大。追求记忆共同体最大同心圆，既意味着群体凝聚力的提高，也意味着记忆共同体规模的扩大/壮大，这些都暗含在档案记忆内容再生产的功能导向和价值追求之中。

从消除记忆冲突，强化和扩大记忆共同体角度看，档案记忆内容叙事的调和一方面是需要强化记忆"叙述的融贯性"，即突出"对于异质因素的综合""将不同事件，或是各种原因、意图以及偶然事件协调进入一个相同的意义整体"②，使记忆叙事具有更强的包容性，提高记忆叙述的统一性与群体共同认知；另一方面是需要保持多元叙事的对话和沟通，强化记忆的分享与交流，消除彼此之间的隔阂和过度自我，使记忆共同体达到相容和谐。

4. 压制违背历史伦理的"反记忆"

社会有记忆，也必然有"反记忆"。出于各种历史认知、政治目的和利益关系，反记忆大致可分为以下三种形态：一是抗争型或压迫型反记忆，即弱势群体、边缘群体、基层民众对抗主流记忆所极力保存下来的另类记忆；二是新解型或戏说型反记忆，即在新的历史变局下，人们以新的理解和诠释来取代既有的观点，对历史事件或历史人物提出新的看法，确立新的记忆，或为谋求商业利益，以热闹的"戏说"来取代严肃历史，以迎合大众好奇心；三是否认历史或违背历史伦理型反记忆，即为了某种政

---

① [法]保罗·利科：《记忆，历史，遗忘》，李彦岑等译，华东师范大学出版社2018年版，第324页。
② [法]保罗·利科：《记忆，历史，遗忘》，李彦岑等译，华东师范大学出版社2018年版，325—326页。

治目的或某种企图，罔顾历史事实，刻意隐瞒或歪曲历史真相，挑战人类或国家正义的歪曲记忆。对三类不同的"反记忆"，档案记忆叙事中需要采取不同的策略，对抗争型或压迫型反记忆需要给予关怀和同情，对新解型或戏说型反记忆需要适当引导，不能"超越红线"，而对于否认历史或违背历史伦理型反记忆则需要义正词严地予以压制。[①]

记忆控制关乎人类记忆伦理，"公道自在人心"，只有压制违背历史伦理的反记忆，才能伸张社会正义，增强人类理解、友善与团结，这是记忆控制的正当性，也是人类记忆伦理的基本原则、道德规范与行为准则，后文将继续深入探讨。

---

① 丁华东：《档案与社会记忆研究》，人民出版社2016年版，第251—259页。

第七章

意义阐释：档案记忆意义再生产

"即便说事实的确是不可磨灭的，即便说谁做过的事就不再能当作没做过，发生过的事就不是没有发生过，但是，发生过的事的意义却不是一劳永逸地固定下来的；除了能别样地讲述和诠释过去的事件外，还能加重，或者减轻与对过去的债责关系联系在一起的道德负担。"① 生活世界是一个充满意义的世界，"有生命之物，不管是个体还是类，都指向意义"②。作为具有生命特质的档案记忆，也毫无例外地蕴含并指向意义。潘德荣教授指出："意义的世界不是被发现的，而是被创造出来的。"③ 档案记忆意义再生产不仅需要对其意义现象进行概括提炼，更需要对其意义生成、改造、呈现、作用实现等加以分析和解释，以探索和揭示档案记忆意义生产和再生产的内在规律。在档案记忆再生产结构中，意义再生产具有内在性、隐蔽性，是依托并超越形式、内容再生产之上的精神性、意识性、观念性、价值性生产行为，其核心是对记忆意义再生产的阐释性行为，包含着意义再生产的目的性阐释（目的意向）、价值性阐释（价值赋予）和成效性阐释（作用成效）三个环节或三个分析向度；同时，作为一种延伸和提升，它还涉及档案记忆文本经典化过程。记忆意义再生产在让过去"重新现实化"的同时，也再度开启记忆新的生命运动。

---

① ［法］保罗·利科：《记忆，历史，遗忘》，李彦岑等译，华东师范大学出版社2018年版，第518页。
② Michael P., Harry P., *Meaning*, Chicago: University of Chicago Press, 1975, p.178.
③ 潘德荣：《诠释学导论》，广西师范大学出版社2015年版，第67页。

一 档案记忆意义再生产及其阐释性

社会记忆是物质与精神的统一。随着社会记忆研究的深化,人们对记忆中所负载、所呈现的"意义"越来越重视,赋予其独特、独立地位。弗朗西斯科·德利奇说:"在记忆中,意义被赋予了高于事实的重要性,因为这些事实是在其意义的基础上被建构出来的。"[①] 正是在此认识基础上,我们将意义从社会记忆内容中"剥离"出来,单独加以考察,分析档案记忆再生产行为(实践)中意义的生产与再生产。意义再生产既依托于形式和内容再生产,但又超越两者,既是记忆再生产的出发点也是其归宿,对其地位、构成、特点、分析向度等加以分析,是对其再生产问题的深化。

(一) 社会记忆研究中意义生产的突显

阿莱达·阿斯曼曾指出,记忆中被赋予意义的问题从哈布瓦赫时就开始了,他把意义视为一个回忆进入集体记忆的前提条件。在《记忆中的历史》一书中,阿莱达·阿斯曼也强调了记忆的意义及其赋予行为,她说比回忆的真实性更重要的是那些被回忆的事件的意义,"在当下的回忆中,逝去的人物和事件变得意义重大。那些曾经的存在,现在出现在叙事的语言中。……回忆意味着:赋予那些逝去的事物以现代的意义"[②]。

如果说早期社会记忆研究者更多从生存维度和历史维度[③]去关注、阐释、揭示记忆的意义及其价值(或功能)表现,去发掘和发现记忆中的意义;那么,当代的学者则更多关注并力图探察记忆意义生成/产生背后的问题,即记忆意义是如何生产或再生产出来的,虽然表达用语各不相同,但都在强调记忆意义不是"天生具来"的,而是"后天赋予"或生产、再生产出来的,是需要关注的重要学术话题。

---

① [阿根廷] 弗朗西斯科·德利奇:《记忆与遗忘的社会建构》,陈源译,《第欧根尼》2006年第2期。
② [德] 阿莱达·阿斯曼:《记忆中的历史》,袁斯乔译,南京大学出版社2017年版,第2页。
③ [美] 沃格林:《记忆——历史与政治理论》,朱明成译,华东师范大学出版社2017年版,"编者导言"第2页。

钱力成在分析记忆研究的未来时指出,记忆研究不是也不应该是概念游戏、故事会,其研究内容也不宜用软/硬的二元对立来认识,如何避免记忆研究成为埃尔所担忧的只增量不增质的"添加型工作",或者说避免仅仅只是增加一个记忆研究的案例?他认为对社会记忆研究必须回到一个元问题上来:记忆研究的核心意义是什么?无论是对记忆的社会框架、记忆之场、文化记忆的研究,还是对以记忆为基础的民族国家认同、合法性建构的探究,记忆研究在本质上离不开两个关键词,那就是意义与时间性。"意义并不是可有可无的社会学'变量',而是社会记忆研究的核心元素——无论是个体还是集体记忆,其核心都是人们对历史变迁过程的理解和阐释。"由此记忆研究自然联结到了以意义和意义实践为核心的文化社会学领域。阿斯曼的"文化记忆"理论、诺拉所探讨的"记忆之场"与民族认同的关系、哈布瓦赫关于社会框架与集体记忆的分析无一不涉及人们对"意义的理解以及围绕意义的产生、表达、接受和再生产过程的研究"。因此,只有通过与文化社会学的联结,记忆研究才能摆脱"过去"的魔咒、转而迈向更深层次的意义世界——事实上,近年来有关文化创伤、世界记忆的研究虽未言明但实际上正是往这个方向迈进。①

王汉生、刘亚秋在运用哈布瓦赫社会(集体)记忆建构论对知青集体记忆建构过程和结果进行分析时,也注意到知青集体记忆意义的生产与再生产,从社会记忆建构论出发对记忆的意义(再)生产做了较为深入的探讨。王汉生、刘亚秋指出:"如果记忆研究一定被认为是处理关于过去、现在与未来的关系研究,那么可以说,记忆是现在处理过去的方法。这种观点,在某种意义上,表达出记忆是一种社会机制的观点,它可以生产和再生产某种意义,而这种生产本身离不开社会情境及其过程。"② 在《社会记忆及其建构——一项关于知青集体记忆的研究》中,王汉生等具体讨论了知青"青春无悔"集体记忆的形成过程及其内在的"意义感和意义转移",认为"任何个体化的叙述都不可避免地带有'社会文本'的痕迹,知青集体记忆正是通过知青个体化的充满张力的叙事而展开其逻辑的。通

---

① 钱力成:《记忆研究的未来:文化和历史社会学的联结》,《南京社会科学》2020 年第 3 期。
② 王汉生、刘亚秋:《从集体记忆到个体记忆——对社会记忆研究的一个反思》,《社会》2010 年第 5 期。

过叙事，知青'自我'意义和'群体'意义生成，在此基础上，知青通过对'代'的认同，使得自己与国家历史相联，以确定自我形象并在更宏大的社会结构中进行定位"。对此，不仅可以看出内容叙事与意义再生产的内在关联，而且可以看到知青记忆建构过程中，"意义感"是一个重要特征，"在大量的知青文学作品和知青回忆录中，知青们不断地追索超越于平凡、琐碎、无意义生活之上的'意义'，执着地从'无结果'的受苦受累和'被耽误'的蹉跎岁月中发掘其蕴涵的'意义'"。而由这种意义感所达至的意义转移则是"青春无悔"集体记忆意义再生产的内在逻辑机制。①

社会记忆再生产就其内在的意义再生产特质而言，它已经是扩大再生产，尽管其复杂程度不同。虽然目前对社会记忆意义再生产研究尚处于反思和经验层面，但其思想资源十分丰富和深厚，分散、融透于社会记忆及其历史文化研究之中，注意到社会记忆意义再生产问题的重要性和潜在学术价值，说明档案记忆意义再生产是一个值得探讨的重要问题。

（二）档案记忆的意义及其多维构成

意义不仅是所有的生物所追求的对象，而且内在于我们所知的一切事物之中，"我们有理由说，我们所知的一切事物都充满意义，而完全不是荒谬的，尽管我们有时未能把握这些意义"②。意义既是抽象的，也是具象的，不同领域有不同呈现，认识、探知和把握事物/生活世界的意义是人类永恒的目标追求。

1. 档案记忆的"意义"

"意义是人对自然或社会事务的认识，是人给对象事物赋予的含义，是人类以符号形式传递和交流的精神内容。"③ 意义包含着意思（指向人或事物所表达的话语/信息内容不同，属于叙事表达的层面）和精神（指向人或事物所包含的思想、道理或作用、价值，属于精神、观念层面）两方

---

① 王汉生等：《社会记忆及其建构——一项关于知青集体记忆的研究》，《社会》2006年第3期。
② Michael P., Harry P., *Meaning*, Chicago: University of Chicago Press, 1975, p.179.
③ 赵建国主编：《传播学教程》，郑州大学出版社2012年版，第20页。

面内涵,李德顺教授在其《价值论》一书中对此也有过相关论述。① 本书抛开意义的"意思""内容"层面,单指其精神或观念层面而言,举凡人类在传播活动中交流的一切精神内容,包括意向、意图、动机、认知、作用、功能、价值、思想、观念、符号、象征等,都在意义的范畴之中。狄尔泰说:"如果我们把这些关系都抽象成为范畴,那么,我们就会发现,我们根本无法确定这些范畴的数量,而且,也无法把它们之间的各种关系还原为某种逻辑公式。意义、价值、意图、发展,以及理想,都是这样一些范畴……意义就是这样一种与领悟有关的范畴——通过这种范畴,生命就会变成可以理解的东西。"②

档案记忆的意义是档案文本或档案叙事内容所负载、拥有、表达、传递的精神内涵,以及这种精神内涵对记忆消费者/接受者所产生的潜在与现实影响。在社会记忆研究中,人们通常将记忆的意义理解为"象征意义""精神意义""思想意义""文化意义""符号意义",扬·阿斯曼就曾说"在这种互动中循环着的,是一种经过共同的语言、共同的知识和共同的回忆编码形成的'文化意义',即共同的价值、经验和理解形成了一种积累,继而制造出了一个社会的'象征意义体系'和'世界观'"③。档案记忆意义既是象征体系,也有实践效果体现,如杨国荣教授所言,"意义不仅通过认识和评价活动体现于观念层面,而且基于实践过程而外化于现实的存在领域或实在的世界"④。

意义是记忆事项构成的核心,一旦从记忆中将其抽离,记忆生命之花也就随之枯萎。但(档案)记忆意义作为抽象的引导性概念,其具体的历史内涵必须在记忆事项的认知和实践中才能得到展示。杨国荣教授指出,意义关乎不同的领域。澄明意义的"意义",难以仅仅囿于意义内涵的逻辑辨析,它在更本原的层面上涉及意义的生成过程。在人与世界的互动过程中,"通过成就世界与成就自我的创造性活动,人在追寻意义的同时,

---

① 参见李德顺《价值论》,中国人民大学出版社1987年版,第104页。
② [德]威廉·狄尔泰:《历史中的意义》,艾彦译,译林出版社2014年版,第50页。
③ [德]扬·阿斯曼:《文化记忆》,金寿福等译,北京大学出版社2015年版,第145—146页。
④ 杨国荣:《成己与成物:意义世界的生成》,北京师范大学出版社2018年版,第179页。

也不断赋予意义世界以具体的历史内涵"①。

2. 档案记忆意义的多维构成

玛格利特指出,"对传统主义者来说,记忆本身就涉及了无限多的意义,虽然它的真实性有待确证"②。根据以往的理论认知和实践经验,我们可以对档案记忆意义从不同维度加以解析,以反映和揭示档案记忆"意义之域"既丰富多样,又独具特色。

(1) 群体框架之维。"以意义世界的生成为指向,成己与成物展开于人的整个存在过程","人自身的能力无疑构成了不可忽视的方面"③。档案记忆的意义生成不仅关乎个体的人性能力,更关乎其社会框架/集体框架。不同群体对同一客体对象会生成、秉持不同的价值认知和意义理解。近代学者黄彝仲说:"档案之功用,多因观点与立场不同,持论见解,互有差异,各以其自己之主观,强调其作用。历史家视档案为史料……收藏家视老档案为古物,行政家视档案为治事之工具。"④ 从社会记忆所属的集体框架出发,档案记忆意义涉及社群意义、组织意义、族群意义、国家意义,乃至人类共同体意义。世界记忆工程即表明档案记忆对全人类的意义。

(2) 客体对象之维。档案记忆作为人类认知和实践的客体对象,在本质上就意味着它"被纳入主体对象性活动的结构"之中,对主体的对象性活动具有某种现实意义,否则就不存在主客体,也不存在认知和实践活动。⑤ "从人类认识的实际情况来看,任何一种具体的认识,不仅要确定地选择某种具体客体,而且,就是对同一客体,也要确定地选择人所需要的或对象性活动的任务有关的那一点。"⑥ 一方面档案记忆具有多方面的属性,因而对主体具有多方面的意义:凭证价值与情报价值;工具价值与信息价值;等等。档案记忆具有不同形态和不同类型,可以满足主体多方面需求,生成多种意义:如甲骨档案意义、金石档案意义、纸质档案意义、

---

① 杨国荣:《成己与成物:意义世界的生成》,北京师范大学出版社2018年版,第28页。
② [以] 阿维夏伊·玛格利特:《记忆的伦理》,贺海仁译,清华大学出版社2015年版,第55页。
③ 杨国荣:《成己与成物:意义世界的生成》,北京师范大学出版社2018年版,第71页。
④ 黄彝仲:《档案管理之理论与实际》,中国人民大学历史档案系1958年印,第1页。
⑤ 夏甄陶:《认识论引论》,人民出版社1986年版,第90页。
⑥ 夏甄陶:《认识论引论》,人民出版社1986年版,第94页。

影像档案意义、数字档案意义等，统一性中也存在特殊性。

（3）生产过程之维。"意义既取得观念的形式，又体现于人化的实在。后者意味着通过人的实践活动使本然世界打上人的印记，并体现人的价值理想。"① 档案记忆再生产既是一个总体的意义生成过程，其各环节作为总体意义生成过程的构成部分，也是一种意义生成或理解过程。在档案记忆再生产的生成、加工、传播、消费四个环节中，涉及不同主体（生成者、加工者、传播者、消费者）对档案记忆意义的理解和认知，体现主体各自的需求、目的、价值导向，正是在各环节主体对档案记忆价值认知和意义理解基础上，赋予档案记忆再生产成果以不同意义，形成具有精神内涵和实践影响的档案记忆"意义体"。

（4）社会领域之维。档案记忆意义作为一种对象性关系的反映，与社会实在有着密不可分的关联。社会实在包括日常生活，但从更实质的层面考察，则是以体制、组织、交往共同体以及与之相关的活动过程和存在形态为其形式。从其具体形态看，则涉及政治、经济、文化、社会、生态等各个领域。档案记忆意义在不同社会领域中有不同表现，可概括为政治意义、经济意义、文化意义、社会意义、生态意义等。档案记忆对国家主权和领土的维护即是其政治意义的体现；而其经济资本化过程则是其经济意义的体现；如此等等。

（5）历史发展（时间）之维。人类社会是在时间中展开的连续不断的运动。"人类总是生活在现实的当下的时空中，但他无可避免地要面对过去历史流传下来的人类主体能力和本质力量，并为了更好地生存下去而自觉地描绘、追求其理想图景。"② "档案作为人类文化历史遗产，延续了人类的记忆，是联系过去、现在和未来的纽带"；"通过档案，人们可以探寻历史发展的轨迹，了解世界各民族所创造的辉煌业绩，继承传统文化精华，推动人类社会不断向前发展"。③ 从时间角度看，档案记忆意义可以表

---

① 杨国荣：《成己与成物：意义世界的生成》，北京师范大学出版社2018年版，"自序"第3页。
② 孙德忠：《社会记忆论》，湖北人民出版社2006年版，第138页。
③ 《国际档案理事会主席王刚的致词》，载国家档案局编《第十四届国际档案大会文集》，中国档案出版社2002年版，第17—21页。

现为历史意义、现实意义和未来意义。三种意义在档案记忆研究中都曾有过论述。

（6）现实功能之维。功能与作用、影响、成效等相关联，都可以视为意义的现实体现。意义不仅可以通过人的理解和认知得到把握，即认识到事物具有什么意义，而且还在更深层次上表现为通过对主体的内部精神世界和社会实践产生的影响，具有某种"功能"或"成效"。从功能角度看，档案记忆意义可以表现为：符号意义—象征意义（符号功能或象征功能）、潜在意义—现实意义（潜在功能或现实功能）、导向意义—批判意义（导向功能或批判功能）、情感意义—认同意义（情感意义或认同意义）等。这些功能、作用、影响在档案记忆研究中都或多或少地有所认识和论述。

"只要每一个人物、每一个历史事实渗透进入了这种记忆，就会被转译成一种教义、一种观念，或一种符号，并获得一种意义，成为社会观念系统中的一个要素。"[①] 哈布瓦赫的话不仅反映出记忆意义的多元性，也反映出其生成性；而它是如何"被转译"，又是如何"获得一种意义"的，正是我们试图通过"再生产"加以探讨的。

（三）档案记忆意义再生产内涵与性质

1. 档案记忆意义再生产的内涵

档案记忆意义再生产是在档案形成、管理、开发、利用过程中，或者说在档案记忆再生产过程中人们对档案记忆意义（价值、功能、作用等）加以反复理解、认知、提炼、阐发，揭示和传达档案记忆背后的精神内涵、文化意蕴和象征指向，促使记忆事项进入人们的精神层面、观念层面、思想层面、价值层面，以达到或实现某种现实的社会功能和作用。

意义再生产包含着意义的生成、改造、呈现和作用等一系列反复循环的行为和过程。杨国荣教授指出："事物之成为意义之域的存在，以事物

---

① ［法］莫里斯·哈布瓦赫：《论集体记忆》，毕然等译，上海人民出版社2002年版，第312页。

进入知、行过程为前提"①；"意义的呈现过程，包括着新的意义的生成与既成意义形态之间的互动。一方面，意义的每一次呈现，都同时表现为新的意义的生成；另一方面，这种生成又以既成的意义形态为出发点或背景"②。同时，意义的生成、改造、呈现必然关乎人的目的、意图，反过来也作用和影响人的认识和行为，起到现实的效用。人对档案记忆意义的不断生成、改造和呈现，构成一定的意义形态与意义世界，而意义形态与意义世界反过来又影响、规约人对档案的认知和行为，并由此影响、规约档案记忆意义的再度生成、改造和呈现，如此反复，即为档案记忆意义再生产的一般模式。

需要指出的是："档案记忆意义再生产"与"档案记忆再生产意义"两者是彼此关联而又有所区别的表达。档案记忆意义再生产是指对档案文本或内容所具有的意义生成、改造、呈现与作用，是对作为再生产对象核心和关键组成部分的精神、思想、价值的再生产；而档案记忆再生产意义则是指档案记忆再生产行为的意义，它指向"再生产"行为的功能和作用。如果说档案记忆意义再生产更多地强调为社会输出有精神、有思想、有价值的档案记忆，那么档案记忆再生产意义则更多地强调档案记忆再生产自身对社会记忆传承、建构、控制、保护等所具有的内在价值及其对社会的整体性作用。从另一方面看，档案记忆再生产意义最终需要通过意义再生产来实现和达成，而意义再生产也渗透在档案记忆再生产行为过程中，并通过再生产的最终结果表达、呈现出来。

2. 档案记忆意义再生产的性质

（1）由具象到抽象的过程。"意义"总是某种具有抽象性的表达，因此意义再生产也就是由具象到抽象的过程，是对具象（形式和内容）精神、观念层面的发掘、揭示、阐释。扬·阿斯曼指出，巩固根基性回忆总是通过一些文字或非文字的、已被固定下来的客观外化物发挥作用的，这些客观外化物的形式包括仪式、舞蹈、神话、图式、服装、纹身、路径、绘画、景象等，"所有这些都可以被转化成符号用以对一种共同性进行编

---

① 杨国荣：《成己与成物：意义世界的生成》，北京师范大学出版社2018年版，第55页。
② 杨国荣：《成己与成物：意义世界的生成》，北京师范大学出版社2018年版，第35—36页。

码。在这个过程中起关键作用的不是媒介本身,而是其背后的象征意义和符号系统"①。今天,我们对于历史上重要事件和重要人物就是通过提炼、阐释它们的意义来纪念的,比如"井冈山精神""长征精神""延安精神""西柏坡精神""大庆铁人精神"等。记忆只有进入思想层面、精神层面、象征层面,才能更好地记住,这样的记忆才不是单纯的回忆和记述,而是更富有目的性、时代性和记忆能量。

(2) 让过去"重新现实化"的过程。记忆关涉过去、现在和未来,是"现在处理过去的方法"。记忆再生产把过去放到现实的情境中来考察、来评估、来阐释,不仅可以让过去与现在发生关联,也让过去生产或再生产某种意义,使过去作为一种思想资源进入现在。葛兆光先生指出:过去的历史本身并不彰显,因为它已经消失在时间中,而由书籍、文物、遗迹构筑的历史,却总是被当下的心情、思想和眼光暗中支配着,把一部分事情、一部分人物和一部分年代以及一部分知识和思想的历史从记忆中翻检出来,"翻修""编织"与"涂改"……正是这种历史记忆,当它被发掘出来,在重新诠释之后充当了思想资源时,这一过程才使传统不断延续。②因此,记忆再生产不仅是重建过程、改造过程,更重要的是让过去在现实中发挥作用的过程。

(3) 由承载物转化为象征物的过程。档案记忆意义再生产凝结在其形式再生产和内容再生产所呈现出的"人工制品"中,这种"人工制品"不仅是社会记忆再生产转化的结果,也是社会记忆新的承载物、叙事物,是表达表现社会记忆的一种新象征。诺拉在论述"记忆场"时说,凡是负载着人类记忆的地方都是记忆之场,"记忆场所就是自己的报告人,就是提示自己的标记。但并不是说它们没有内容,或者没有物质的呈现,或者说没有历史,而是恰恰相反";"在这些领域或范围内一切都是象征,一切都有意义"。③ 档案记忆的意义再生产通过意义的阐释,使再生产成果成为自己的"记忆场",从而也成为记忆的象征物。

---

① [德] 扬·阿斯曼:《文化记忆》,金寿福等译,北京大学出版社2015年版,第144—145页。
② 葛兆光:《历史记忆、思想资源与重新诠释》,《中国哲学史》2001年第1期。
③ [法] 皮埃尔·诺拉:《历史与记忆之间:记忆场》,载冯亚琳、[德] 阿斯特莉特·埃尔主编《文化记忆理论读本》,余传玲等译,北京大学出版社2012年版,第112页。

(四) 意义阐释：档案记忆意义再生产分析的关键

1. 意义阐释是理解档案记忆意义再生产的根本

意义再生产行为和过程可以有不同的理解和表述：它既是一个意义生成、改造、呈现，以及发挥作用的行为和过程，也是意义的"寻觅""发掘""发现"的行为和过程，沃尔夫·坎斯特纳称为"寻找记忆中的意义"；此外，还有称其为"意义赋予"的行为和过程；意义"制造"行为和过程；意义理解、解释、诠释、阐释、建构行为和过程；等等。杨国荣教授说"意义世界的生成既以对象的意义呈现为内容，又涉及主体的意义赋予：对象呈现为某种意义，与主体赋予对象以相关意义，本身表现为一个统一的过程"①。海登·怀特写道：

> 这里便出现了两类历史学家的分歧，一类历史学家首要地是想"重构"或"解释"过去，而另一类历史学家感兴趣的是"阐释"过去，或者把历史碎屑当作一种契机，从而对现实（和将来）做出自己的思考。19世纪系统的诠释学（比如孔德、黑格尔和马克思等人的诠释学）所关心的是"解释"过去；古典语言学的诠释学感兴趣的是"重构"过去；现代的和后索绪尔式的诠释学通常带有尼采的风格，它意在"阐释"过去。解释、重构和阐释这几个概念之间与其说具有种的差异还不如说具有属的差异，因为它们任何一个概念都包含其他两个概念的成分；然而，它们各自具有不同的兴趣指向，分别关心："科学的"事业、"研究对象"（过去）和研究者自己的创作和发明能力。②

海登·怀特这段话的意义不仅说明了解释、重构、阐释之间的关联，更强调了人们使用概念的"兴趣指向"。就档案记忆意义再生产而言，在其生成、改造、呈现和作用过程中，包括发掘、发现、生成、再生、制

---

① 杨国荣：《成己与成物：意义世界的生成》，北京师范大学出版社2018年版，第17页。
② [美]海登·怀特：《形式的内容：叙事话语与历史再现》，董立河译，文津出版社2005年版，第252—253页。

第七章　意义阐释：档案记忆意义再生产

造、改造、加工、提炼、揭示、理解、解说、阐释、解释、诠释、建构、重构、转移、赋予、修正、影响等一系列动作"关键词"。如果说用一个核心关键词来表达，我们更倾向于用"阐释"来统称这些对档案记忆的主体性行为。意义阐释是一个赋予意义和理解体验的过程，是对意义的生成和解说行为，也是对意义作用的发掘、总结、提炼行为。通过阐释人们可以对记忆事项及其再生产过程和结果所潜含的意义做深入的理解、解说和揭示，从而发掘发现记忆叙事背后的意图和动机，以及记忆事项在当代的功能和价值。如海德格尔所言，通过阐释（诠释），"存在的本真意义与此在本已存在的基本结构就向居于此在本身的存在之领会宣告出来"①。

2. 用"意义阐释"解释档案记忆意义再生产的合理性

用"阐释"作为档案记忆意义再生产的核心关键词，其合理性不仅在于阐释一定程度上可以涵盖理解、解读、解说、解释、诠释等，体现"研究者自己的创作和发明能力"，是生成、改造、呈现和作用的核心概念，更在于以下三方面思考：（1）档案记忆的文本性。档案记忆作为一种文本记忆，其意义的再生产更多地带有解释学色彩，是对档案记忆文本意义的理解、发掘、发现、解说、解读、阐发和解释，这种意义的理解取向在以伽达默尔为代表的解释学中有着深刻的根基。伽达默尔解释学立足于"文本的解释"，"强调意义并不是一种自在的系统，而是形成于文本、作者与（解释者）之间的互动，这种互动具体展开为读者与作者之间的对话：正是在发问与回应的过程中，文本的意义不断呈现并得到理解"。②（2）与文本性相关联的意义生成的主体性。意义的生成带有主体（个体或群体）的意味，马克思指出："任何一个对象对我的意义（它只是对那个与它相适应的感觉来说才有意义）恰好都以我的感觉所及的程度为限。"③ 从阐释角度看待意义的生成、改造、呈现和作用，可以将主体的目的、动机、意图、期望等纳入档案记忆意义再生产之中，探察揭示档案记忆意义再生产的内在机制。（3）档案记忆生成的社会性。在意义阐释过程中，任何一个阐释者都无法超越或逃避他们身处其中的历史和传统。"一件文本向解释

---

① ［德］海德格尔：《存在与时间》，陈嘉映等译，商务印书馆2019年版，第53页。
② 杨国荣：《成己与成物：意义世界的生成》，北京师范大学出版社2018年版，第57页。
③ 马克思：《1844年经济学哲学手稿》，人民出版社2000年版，第87页。

者诉说的真实意义,并不只依赖于作者及其原来公众所特有的偶然因素。因为文本的意义总是也由解释者的历史情境共同规定,因而也就是为整个历史的客观进程所共同规定。"① 档案记忆的意义阐释不仅受到人类社会知识系统、价值观念等构成的意义形态、意义系统、意识形态的影响,同时更受到与社会记忆相关联的权力等级、社会结构、社会情境的影响,从阐释角度解释可以探察和揭示档案记忆意义再生产的外在机制。

3. 从"意义阐释"分析档案记忆意义再生产的向度

杨国荣教授认为,意义世界的生成与成己、成物的过程表现出内在统一性,既取得观念的形式,又体现于人化的实在;意义之域"同时涉及作用、功能,等等,与之相关的意义,宽泛地看也就在于对成己与成物过程所具有的价值、作用或功能"②。在此基础上,他将意义分为"目的—价值层面的意义"和"理解—认知层面的意义",即从意义的理解之维和价值之维两个向度对世界意义的生成展开分析。

结合意义的观念形态和人化实在、目的与价值、认知与理解、作用与功能等,我们认为对档案记忆意义再生产的意义阐释行为和过程可以分为目的、价值、成效三个分析向度或三种阐释方式。其中：目的性阐释重点探析档案记忆意义阐释行为发生之初（前）对档案记忆的目的意向（包括目的、意图、动机、希望、欲求、目标追求等）,说明意义生成、呈现、表达行为的动因和出发点,是意义再生产行为的有意识导向；价值性阐释重点探析档案记忆意义阐释行为发生过程中对档案记忆意义的价值赋予（包括价值认知、评价、判断、表达与赋予等）,是将阐释者意图与档案价值属性、价值判断有机结合,赋予档案记忆再生产对象（产品）意义的过程；成效性阐释则重点探析档案记忆意义阐释行为发生后对社会接受者的现实影响、功能、作用,以现实的社会效果揭示和反映档案记忆再生产中的意义存在。

档案记忆"意义再生产"分析,关键不在"意义",而在"再生产"行为,旨在探究档案记忆意义是如何生成、改造、呈现和发挥现实作用,其目的意向（目的性阐释）、价值赋予（价值性阐释）、作用成效（成效

---

① [德] 汉斯-格奥尔格·伽达默尔:《真理与方法》,洪汉鼎译,商务印书馆2007年版,第280页。
② 杨国荣:《成己与成物：意义世界的生成》,北京师范大学出版社2018年版,第32页。

性阐释）三个向度涵盖档案记忆阐释行为的生产初（前）、中、后三个环节，构成"全链条式"解释；同时，也将档案记忆的文本性和意义生成的主体性、社会性有机结合起来，让档案记忆意义再生产行为、过程、结果、机制的解释得到有序展开。

二 档案记忆意义再生产的目的性阐释

目的（意向）是实践活动的一个内部规定和内控因素，"是主体实践活动的出发点，决定着实践活动的方式、方法和性质，并表现于实践活动的过程和归宿"[①]。目的意向直接关系并导向意义再生产，马克思曾说："行动如果没有目的就是无目的、无意义的行动。"[②] 目的意向既为行动动机、导向，也在为行动赋予明确具体的意义，"为实践提供了指向未来的明确方向和预定结果"[③]。但是，目的并非"自我呈现"，它潜藏在主体的行为之中，有时甚至是模糊不清的，需要通过主体具有自主自觉意识的阐释表达（目的性阐释），才能生成、改造、呈现、传达意义，并最终起到对现实的影响作用。当人们看到《伟大胜利——中国受降档案》网上展览"前言"[④] 时，便可感知本次档案记忆展览的意义存在（"警示"和"宣誓"），便可感知目的意向及目的性阐释与档案记忆意义再生产之间的内在关系。

（一）目的性阐释作为档案记忆再生产的意义生产行为

马克思主义认为，实践本身就是一个有目的的活动过程。任何主体选择一定的外部事物作为实践的客体，按照一定的形式来改造它，并不是无

---

① 夏甄陶：《认识论引论》，人民出版社1986年版，第130页。
② 《马克思恩格斯全集》第1卷，人民出版社1956年版，第287页。
③ 夏甄陶：《认识论引论》，人民出版社1986年版，第137页。
④ 《伟大胜利——中国受降档案》网上展览"前言"指出："在中国抗日战争暨世界反法西斯战争胜利纪念日即将到来之际，国家档案局……选取当年有关对日受降的部分档案，从不同角度重现这场中华民族的伟大胜利，并以此警示那些不吸取历史教训的玩火者、侵略者：不要重蹈当年日本军国主义的覆辙。同时也以此向世人证明：中国人民是不可战胜的！"参见中华人民共和国国家档案局网，[EB/OL] https://www.saac.gov.cn/zt/sxda/index.html [2014-08-25]。

缘无故的，而是为了实现一定的目的，并受这个目的所支配。马克思曾用蜘蛛与织工、蜜蜂与建筑师的比较来表明人类行为的目的性。①

目的从属于主体，与意图、动机、动因、意志、内在需求、目标追求等同属于人意向性行为的概念。恩格斯说："推动人去从事活动的一切，都要通过人的头脑，甚至吃喝也是由于通过头脑感觉到饥渴而开始的，并且同样由于通过头脑感觉到饱足而停止。外部世界对人的影响表现在人的头脑中，反映在人的头脑中，成为感觉、思想、动机、意志，总之，成为'理想的意图'，并且以这种形态变成'理想的力量'。"② 正是基于这一认识，我们将目的、意图、动机、希望、欲求、目标等概念统合起来，用"目的意向"或"目标导向"来指称档案记忆意义再生产行为中各种目的性、意向性活动。

对自觉的人类行动来说，有实践，就必然体现着一定的意识和思想，包含着一定的目的、意图、动机等。但实践行动又不能归结为内部的意念活动，因为实践中目的、意图、动机和观念等因素，是"对象化于感性的外部活动中的"。"在这种活动中，主体把他的内在观念目的作为一种内在的尺度运用到客体上去，最后在改变了形式的客体中实现他的目的"；"整个实践过程是主观见之于客观，在客观中体现主观，最后到达主观和客观、主体和客体相统一的过程"③；"实践作为一种活动，是由作为效应因素的外部活动和作为内控因素的内部活动的统一的有目的的活动"④。

传统上，人们多把目的意向作为行为的内在要素或内在机制来考察其对行动的影响，但从意义生产角度看，它也是意义生成、改造、呈现、表达的一种体现或反映。杨国荣教授指出："人总是不满足于世界的既成形

---

① 马克思说："蜘蛛的活动与织工的活动相似，蜜蜂建筑蜂房的本领使人间的许多建筑师感到惭愧。但是，最蹩脚的建筑师从一开始就比最灵巧的蜜蜂高明的地方，是他在用蜂蜡建筑蜂房以前，已经在自己的头脑中把它建成了。劳动过程结束时得到的结果，在这个过程开始时就已经在劳动者的表象中存在着，即已经观念地存在着。他不仅使自然物发生形式变化，同时他还在自然物中实现自己的目的，这个目的是他所知道的，是作为规律决定着他的活动的方式和方法的，他必须使他的意志服从这个目的"。参见马克思《资本论》第1卷，人民出版社2004年版，第208页。
② 《马克思恩格斯选集》第4卷，人民出版社2012年版，第238页。
③ 夏甄陶：《认识论引论》，人民出版社1986年版，第131—132页。
④ 夏甄陶：《认识论引论》，人民出版社1986年版，第131页。

态,在面对实然的同时,人又不断将视域指向当然。当然的形态也就是理想的形态,它基于对实然的理解,又渗透了人的目的,后者包含着广义的价值关切。"① "意向性是事物呈现所以可能的前提,意之不在,对事物往往视而不见、听而不闻,事物本身则因之而无法向人呈现。从符号的层面看,对象之获得相关意义,以进入人的知、行之域为前提,在这一过程中,不仅意义的形成与表达,而且意义的理解,都包含着人的创造性活动。同样,与目的指向相联系的价值意义,其生成也离不开成就自我与成就世界的过程:价值意义的形成和展示,与人的评价活动及实践层面的价值创造无法相分。"② 目的意向对意义生产的作用,具体体现在:第一,将事物纳入意义对象之中。"在认识中,主体不仅按照自己的结构方式和需要,而且按照自己的目的,把客体分解成'为我'的物质、能量、信息等成分,从中发现和规划主客体关系的前景以及达到这一前景的途径。"③ 第二,目的为行动赋予意义,使主体按照自己需要的内在尺度,并根据客体实在的尺度(客观事物的属性和规律)对客体实在进行观念的改造和创造。第三,通过引导主体的创造性活动,使客观事物达到真实改造或创造,"在改变了形式的客体中"实现预期目的。人们根据一定的目的开展改造或创造客体的实践,正表明这种实践行为或实践对象具有达成人们目标追求、满足人们内在需求的意义。

　　档案记忆再生产具有建构性,是一种意向性、合目的性行为。扬·阿斯曼指出:"过去并不是自然而然形成的,它是文化建构和再现的结果;过去总是由特定的动机、期待、希望、目标所主导,并且依照当下的相关框架得以建构。"④ 德国历史学家狄尔泰也认为:"生命和历史所具有的意义,都是由各种事件的价值和意味、各种经验的意义及其关系,以及由行为的目的和结果构成的";"所谓'意义'就是通过人们的'表达'所表现出来的东西,也是人们的'理解'所理解的东西;事物由于涉及对于过去的回忆而具有意义。就认识论或者知识论而言,所有各种范畴都可以看

---

① 杨国荣:《成己与成物:意义世界的生成》,北京师范大学出版社2018年版,第32页。
② 杨国荣:《成己与成物:意义世界的生成》,北京师范大学出版社2018年版,第60页。
③ 李德顺:《价值论》,中国人民大学出版社1987年版,第88页。
④ [德]扬·阿斯曼:《文化记忆》,金寿福等译,北京大学出版社2015年版,第87页。

作构成'意义'和认识'意义'的不同方式"。①

如狄尔泰所言，目的是构成"意义"和认识"意义"的方式，作为主体的观念意向，它寓居于人们的思想和行动中，需要通过对行为的目的性阐释（理解、解说、表达），使行动的意义呈现和传达出来，在开展形式和内容再生产的同时，也在更高层次上将档案记忆"意义"生产和再生产出来。

（二）目的性阐释在意义再生产阐释行为中的呈现

"无论在理解和认知的层面，抑或目的和价值之维，'物'的意义都是在人的知、行过程中呈现的。"② 作为档案记忆意义再生产行为的构成要素和生产方式，目的意向或目的性阐释也贯穿于档案记忆再生产全过程。

1. 档案记忆生成环节的目的性阐释

生成环节的目的性阐释是对档案记录、归档、保存等目的意向的阐释与表达，多呈现在档案建档归档要求、收集征集计划、某项工作的行动方案，以及各种档案管理法规制度中。如《长兴县档案馆档案寄存管理办法》中提出："为加强我县档案管理，确保档案的完整与安全，发挥档案馆服务社会民生的作用……"其中"发挥服务社会民生的作用"，既是目的阐释，也是意义的表达。再如《锦西××公司重要历史档案征集方案》："为抢救散存在各部门和个人手中的珍贵档案资料，完整保存锦西××发展记忆"，即由目的意向引导具体行动。

2. 档案记忆加工环节的目的性阐释

加工环节的目的性阐释多体现在档案整理与编研等业务工作过程中，属于对档案整理、编研活动目的意向的阐释与表达。这种目的意向在档案文献编研成果中表现得尤为突出。如中央档案馆编《共和国六十年珍贵档案》，其编辑说明指出："为庆祝中华人民共和国成立六十周年，真实地再现共和国六十年曲折而辉煌的历程，宣传社会主义祖国建设的伟大成就，总结新中国成立以来的历史经验，弘扬爱国主义精神，我们编辑了这部

---

① ［德］威廉·狄尔泰：《历史中的意义》，艾彦译，译林出版社2014年版，"译者序言"第17—18页。

② 杨国荣：《成己与成物：意义世界的生成》，北京师范大学出版社2018年版，第3页。

《共和国六十年珍贵档案》。"①

3. 档案记忆传播环节的目的性阐释

传播环节的目的性阐释是传达传播某种（类）档案记忆的目的意向，阐明某种（类）档案记忆传播对社会、人类、档案记忆利用者、接受者可能会产生的预期影响，主要体现在各种检索工具、网站发布、档案展览、档案公布、档案出版发行等工作中。如《南京市档案馆指南》"前言"指出：南京市档案馆收藏了南京各个历史时期，特别是民国以来形成的大量的档案资料，内容极为丰富。为了揭示馆藏档案资料的基本成分和主要内容，进一步开发档案信息资源，使社会各界了解南京市档案馆，并能熟悉和利用馆藏档案资料，充分发挥档案资料在社会主义物质文明和精神文明建设中的作用，我们编写了《南京市档案馆指南》。② 这里的"充分发挥档案资料在社会主义物质文明和精神文明建设中的作用"便是对意义再生产目的意向的阐释。

4. 档案记忆消费环节的目的性阐释

目的意向最终都汇聚到消费环节，既表现为生产者希望消费者所要达到或实现的目的、愿望，也表现为消费者所希望达到或实现的目的、愿望。与传统档案利用或档案信息利用目的相关联，档案记忆消费目的也体现在利用者（包括集体利用者、个人利用者）对档案原件和档案记忆产品利用需求的动机、目的和意图上。或为解决历史遗留问题，查阅档案作为历史证据，维护历史原貌，或为解决现实问题，利用档案作为经验参考，提高工作效率；或为政治斗争需要，利用档案作为历史武器，捍卫国家、民族利益；或为政治学习需要，利用档案作为历史材料，提高政治觉悟、历史修养和爱国情怀；或为个人利益需要，利用档案作为工具，维护自身权利；等等。利用者的目的意图具有广泛性、多样性、层次性、动态性，依赖于社会实践存在并不断发展。

消费过程中的目的性阐释直接关系到档案记忆意义再生产的实现及其程度，也关系到生成、加工、传播环节目的意向的实现及其程度。记忆生产各环节之间的目的意向能否达成高度统一，既是档案记忆意义再生产现

---

① 中央档案馆编：《共和国六十年珍贵档案》，中国档案出版社2009年版，"编辑出版说明"。
② 南京市档案馆编：《南京市档案馆指南》，档案出版社1998年版，"前言"。

实成效的重要前提,也需要意义再生产中价值赋予为之付出努力。

(三) 从目的性阐释看档案记忆再生产的意义表达①

目的性阐释是行为主体预设的行为目标和结果,是行为主体的意图、动机、期待、希望和目标追求,具有意向性、导向性和约束性,往往以"旨在""意在""为""为了""希望能够"等表达方式在档案记忆再生产行动中反映出来。档案记忆再生产有多方面、多层次的目的意向,就社会活动性质看,其意义表达主要体现在以下几个方面。

1. 政治目的

政治目的涉及阶级(政治)斗争、政权维护、政治建设、国家治理、国家利益(主权维护)、民族团结等多方面内容,是档案记忆意义再生产的首要目的导向。

档案历来为"政治之工具",既是政治活动的产物,也是政治斗争的"武器"。档案工作的政治性,社会记忆的选择性、建构性、控制性或权力渗透性,都要求档案记忆再生产坚持正确的政治立场、政治站位、政治方向。档案记忆意义再生产的政治目的意向始终存在,表现也最为明显。

2. 经济目的

改革开放以来,在"以经济建设为中心"的国家主导话语、市场经济的行为规则、"文化搭台、经济唱戏"的时代旋律中,社会开发利用档案记忆资源,服务经济建设的意识、目的、意向、意愿越来越强。国家出台《关于加强信息资源开发利用工作的若干意见》(中办发〔2004〕34号),强调"信息资源作为生产要素、无形资产和社会财富,与能源、材料资源同等重要,在经济社会资源结构中具有不可替代的地位,已成为经济全球化背景下国际竞争的一个重点";社会也在开发档案资源,希望通过优化管理流程和效能、发展文化旅游产业、打造地方特色产品等,创造经济效益;借助档案记忆资源的情感优势,扩大海内外宗亲联谊,吸收海内外资本投资本地产业,助力地方经济发展。有学者指出,在改革开放的大潮

---

① 这里的分析笔者尽量将其与传统档案学研究内容结合起来,以表明档案记忆意义再生产就内在于我们传统的表述之中,或者说传统上人们的目的性表达就是意义再生产。下面三、四部分相同。

下，档案记忆正日益从经济活动幕后走向前台，"不断拓展其创生经济效益的空间，在传统与现代、历史与现实的交汇中，档案记忆正在演变为一种社会再生产的资本力量"①。

3. 历史目的

记忆是历史的延续与再现，记忆滋养了历史，历史也哺育了记忆。勒高夫说："丰富的档案和文献（纪念性的）是处在上游的历史水库（动态的），而在下游，则是历史研究发出的响亮的回声（鲜活的）。"② 来源于历史活动的档案记忆，其生产与再生产行为必然与历史发生着紧密的关联：或揭露历史事实真相，维护社会正义；或探寻历史奥秘，再现历史轨迹；或借鉴历史经验，把握历史发展方向；或提供历史素材，加强历史学习，提高历史认知；等等，都是档案记忆再生产的目的性意义所在。

4. 文化目的

档案被誉为人类"文明之母""文化之母"，其思想来源正在于"记忆"的力量。档案产生以来，就在人类文化交流传承、体系建构、保存保护、融合发展中发挥着重要作用。尼日利亚国家档案馆馆长埃思先生曾指出"档案反映了社会的文明程度，反映了每位公民的生活，而这种社会文明和公民的生活的性质和本质是文化。毫无疑问，可以断言，一个国家的灵魂和宗旨就在她的档案中"③。今天，档案记忆再生产重要目的之一也是推动传统文化传承、促进文化繁荣发展、建设文化强国，提高国家文化软实力。"城市记忆工程""乡村记忆工程"、档案领域"数字人文""档案文化创意开发"、非遗的档案化保护等，都体现出档案记忆意义再生产旨在推动文化保护、传承、创新、繁荣的目的。

5. 科技目的

科技档案是科技成果、科技活动的副本和记忆。钱学森先生在关于档

---

① 杨雪云等：《转型期档案记忆的资本化及其思考——以徽州历史档案为分析对象》，《档案学通讯》2012年第2期。

② [法] 雅克·勒高夫：《历史与记忆》，方仁杰等译，中国人民大学出版社2010年版，第111页。

③ 国家档案局、中央档案馆编：《第十三届国际档案大会文件报告集》，中国档案出版社1997年版，第212页。

案的论述中就曾提出档案是"人类社会的最典型的记忆工具"的观点,它将人类"从繁重记忆的脑力劳动中""彻底解放出来","而且会给我们带来一个伟大的新世界"。① 今天,人们越来越深刻地认识到档案记忆资源对科技发展、科技创新、科学(家)精神塑造、科技人才培养等方面的意义,有目的有意识地推动档案记忆、科技记忆再生产。2009 年,由中国科协牵头,联合中国科学院等相关部门共同实施的"老科学家学术成长资料采集工程",旨在通过口述访谈、实物采集、录音录像等方法,"把反映老科学家学术成长历程的关键事件、重要节点、师承关系等方面的资料保存下来,为深入研究科技人才成长规律、宣传优秀科技人物提供第一手素材"②,被誉为老科学家的"活档案"。其他如"航天记忆""航空记忆"等活动,也反映出档案记忆再生产意义的科技目的。

6. 社会目的

"社会目的"或"社会服务目的",既是档案工作的总体目的意向,也可以理解为是与政治、经济、历史、文化、科技相对应的狭义的"社会服务""民生服务""社会治理"等方面的目的意向。2007 年国家档案局发布《关于加强民生档案工作的通知》,提出"服务民生是加快推进以改善民生为重点的社会建设的根本要求",要着力建立健全"覆盖人民群众的档案资源体系"和"方便人民群众的档案利用体系",把做好服务民生档案工作作为推动档案事业可持续发展的动力。2019 年 12 月,根据十九届四中全会精神,着力部署推进档案工作服务农村基层社会治理试点工作。这些政策措施,都意在强化档案、档案工作在服务民生、服务基层社会治理目的目标的实现。

档案记忆再生产始终将民众关切和民众情怀放在重要位置。在今天的社会记忆/档案记忆再生产中,这种目的意向愈发突出,如中央电视台的"记住乡愁"、各地开展的乡村记忆工程、美丽乡村建设、乡村记忆场馆建设等,都是从社会(民众)目的意向和意愿出发的。

以上这些目的意向或目的性阐释是档案记忆意义生产的主要出发点,

---

① 杨悒南:《钱学森先生关于档案的两次论述及推论——兼论档案是最典型的记忆工具杨悒南》,《档案学研究》1990 年第 3 期。
② 张盖伦:《"老科学家学术成长资料采集工程" 2.0 版启动》,《科技日报》2020 年 8 月 5 日。

它们从源头反映档案记忆意义是如何或为何生成、呈现、发挥作用的。

(四) 档案记忆意义再生产目的性阐释的影响因素

1. 社会情境

社会情境是在一定时空范围内与主体关联的,并直接影响着主体心理与行为的各种社会因素结合起来的境况。个体或群体总是处于一定的社会情境之中,通过主体的意识和感知,将其转变、内化为自身心理或行为的条件,从而作出符合自身目的的行动选择。

社会情境对社会记忆来说,是一种现实的动力机制或促发机制,构成社会记忆选择的外在机制。葛兆光先生说,在"历史记忆"中,什么历史被唤起,什么历史被遗忘,本来这多在于现实之"缘"而起,"无论哪一种被压抑的历史记忆,只要后来的生活世界出现类似的语境,它又常常被有心人回忆出来,就会再度复活并滋生膨胀,成为历史中的思想资源"。[①] 社会情境就是唤起人们记忆的那个"缘"。传统档案学中,人们也注意到档案价值实现与社会环境背景的关联,但并未注重考察和分析特定社会时空情势下,人们对档案选择性运用的目的、意图、意向和主体动力,这或许是记忆再生产目的性阐释带给我们的启发与思考。

档案记忆再生产往往都会因"缘"而生、因"缘"而起,因"缘"而动。辛亥革命百年周年,有关辛亥革命时期的档案记忆被激起、被开发、被展示;突如其来的新冠疫情,各级档案部门及时跟进、主动作为,全面做好疫情防控档案工作,用档案记录和见证党带领全国各族人民抗击疫情的伟大成就,《"十四五"全国档案事业规划》将其列入"新时代新成就记忆工程"加以重点建设推进。社会情景不断因时因势而变,档案记忆再生产的目的意向也随之发生改变。

2. 主体意识

奥古斯丁在《忏悔录》中说:"我置身其间(记忆的府库),可以随意征调各式影像,有些一呼而至,有些姗姗来迟,好像从隐秘的洞穴中抽拔出来,有些正当我找寻其他时,成群结队,挺身而出,好像毛遂自荐地问道:

---

① 葛兆光:《中国思想史·导论》,复旦大学出版社 2004 年版,第 88 页。

'可能是我们吗?'这时我挥着心灵的双手把它们从记忆面前赶走,让我所要的从躲藏之处出现。"① 这里,"我置身其间""我要的""我寻找""我挥着心灵的双手",都关涉"我"的意识、动机、目的、欲求,只有在"我"(主体)的意识引导下,记忆才能被"随意征调",才会"纷至沓来"。

主体意识对档案记忆再生产目的性阐释具有感悟、导引作用,一方面决定主体能否及时感知、捕捉社会情境动向,产生记忆再生产动机;另一方面,主体意识中的政治倾向、历史观、价值选择和情感意向也决定着记忆意义生产的方向和性质。如彭兆荣教授等曾用局外人与局内人对同一记忆的不同回应来表明记忆在情感上的区别:局内人对其所属族群的记忆带有深厚情感和意义感,而局外人对同一记忆通过各种信息载体所了解、掌握的某一族群的记忆可能更多的只是一种"记录",缺乏情感和意义感。② 主体意识也是档案记忆意义再生产的一种内在动力,受信仰、兴趣、愿望、理想、情感等复杂意识的支配,档案记忆中的过去可能会被生产出不同的意义取向。

3. 社会规制

社会规制或社会规范是特定情境下某一群体成员所广泛认可的行为规范、规则、制度、标准等,包括社会意识形态、主流价值观、法律法规、政策规定、风俗习惯等,对主体目的、意图和行为起着制约、引导作用。遵守社会规制,可以将无序和冲突控制在一定的范围之内,有效维护社会秩序;相反,违背违反社会规制,则被称为越轨行为,将在不同程度上造成对社会秩序的破坏。

社会规制在档案记忆再生产中,从内部影响、制约着主体目的、意图、动机的形成,影响到主体行动未来的决策思维。具体来说,就是影响制约记忆生产主体明确认识到哪些记忆能够(再)生产,哪些记忆不能(再)生产,以及记忆意义的生成和改造如何符合、适应、满足社会规定(规制)的要求和方向。符合社会规制的档案记忆一般称为"主流记忆",违背社会规制的档案记忆则相应被称为"支流记忆"或"反记忆"。

---

① [古罗马]奥古斯丁:《忏悔录》,周士良译,商务印书馆1963年版,第192页。
② 彭兆荣、朱志燕:《族群的社会记忆》,《广西民族研究》2007年第3期。

社会规制往往以内化方式深深"烙印"在记忆主体的记忆生成、加工、传播和消费行为中,让主体产生一种自然而然的反应和判断,从而起到对档案记忆意义再生产前端控制的效果。由此可见,教育是档案记忆再生产的一种重要机制。

4. 权力意志

英国历史学家肯德里克等指出:"那些控制国家的人,只告诉我们他们想要我们知道的事,他们没有必要告诉我们那些我们想要了解的事,而且有时候,就像近几年来的英国,统治者甚至尽其所能地压住那些可能导致政府政策遭受批判的资料。"① 肯德里克这句话,集中反映出权力意志对档案记忆意义再生产的影响。

权力意志是权力控制的一种内在体现,是权力的意旨和表现,也是国家意志和权威意志的代名词。与社会情境的"触发"、主体意识的"想要"、社会规制的"应该"相比,权力意志在档案记忆再生产的目的意向上起到的作用是"必须",即必须按统治者、掌权者的意志、意图行事,是社会权力话语对档案记忆意义再生产的影响与导向。

档案记忆是权力的作用场或权力操控的工具,其意义再生产过程必然也被权力意志深深地皴染,为什么生产记忆?记忆的意义指向什么?为谁服务?这些问题都需要放到权力控制和权力意志的框架中才能得到根本解决。权力存在不同构成和性质,权力意志具有不同意图、目标、方向,正是基于权力意志的根本导因与意图所在,生成或改造出与之相适应的档案记忆意义。

三 档案记忆意义再生产的价值性阐释

杨国荣教授指出:"从事实的认知到价值的评价,从认识世界与变革世界到认识自我与变革自我,从语言的描述到语言的表达"②;"同一意义形态(包括符号、观念系统、人化实在等),往往可以呈现不同的意义内

---

① [德]肯德里克等:《解释过去、了解现在——历史社会学》,王辛慧等译,上海人民出版社 1999 年版,第 137 页。
② 杨国荣:《成己与成物:意义世界的生成》,北京师范大学出版社 2018 年版,第 28 页。

涵：在认知关系中，其意义主要与可理解性相联系；在评价关系中，其意义则更多地包含价值内涵"①，"意义的理解之维"与"意义的价值之维"既有不同维度，也彼此交融。作为意义的一种表达、一种内涵或一种外在形态，对事物（客体）价值的阐释（包括认知、评价、判断、表达与赋予等）行为，是一种意义再生产行为，它构成档案记忆再生产意义阐释的价值向度，或价值性阐释，既是认识、理解和把握档案记忆意义生成、改造、呈现的重要分析向度，也是理解档案（记忆）价值生成的动态视野。

（一）价值性阐释作为档案记忆再生产的意义生产行为

"价值"与"意义"之间的关系，向来含混不清，既可并列使用（"价值与意义"），抑或等同替代（"价值或意义"），简要厘清两者关系，是解析价值性阐释作为意义再生产行为与方式的基本前提。

张曙光认为："在现有的哲学论著中，人生意义问题被归结为人生价值问题，讲的是个人对他人的、对社会的贡献和他人与社会对个人的回报与尊重。但是严格讲来，人的意义与价值并不等同。价值固然是属人的，而以价值为人的尺度也有一定的历史合理性，但人的生命及其人格毕竟是无价的。且人生意义虽然发生于人对其价值创造活动体验，却并不等于价值本身。价值总是为他的社会客观概念，意义则是自为的社会主观概念，它更属于社会的个人，因为归根到底意义是人的生命在其活动中的自我确证感和自我实现感。人在生活中从追求价值到寻求意义的变化正反映了人在更高程度上的自我生成和自我觉解。"②张曙光的这段话虽然是在强调（人的）价值与意义的区别，但也正反映出价值与意义的内在关联性，即意义是价值的"奠基"或"导向"，而价值则是意义的一种表达方式或一种内涵——价值意义。这一观点与杨国荣教授的观点基本一致，杨国荣教授指出"存在的意义也相应地呈现价值的内涵：从成己与成物的目的性之维看，有意义就在于有价值"③。

作为哲学范畴，价值是在认知和实践基础上形成的主体与客体之间的一

---

① 杨国荣：《成己与成物：意义世界的生成》，北京师范大学出版社 2018 年版，第 54 页。
② 张曙光：《生命及其意义——人的自我寻找与发现》，《学习与探索》1999 年第 5 期。
③ 杨国荣：《成己与成物：意义世界的生成》，北京师范大学出版社 2018 年版，第 32 页。

第七章 意义阐释：档案记忆意义再生产

种特定关系（即客体属性对主体需求的满足），这种关系即是一种意义关系。价值大小说到底就是客体满足主体需要程度的大小，客体对主体意义的大小。"当人的生存过程与一定价值目的或价值理想一致时，生活便显得富有意义；反之，如果缺乏价值目标或远离价值目标，则人生容易给人以无意义之感。"① 从此角度看，价值论就是探求"世界的意义"的一门科学。②

价值作为主客体之间的意义关系，与意义彼此交融，一方面表现为认知层面的价值意义，即一事物（客体）对人（主体）是否具有价值、具有何种价值、价值意义有多大等，是"观念上的价值"；另一方面表现为现实层面或实际层面的价值意义，即一事物对人所发挥的现实作用和实际成效等，是"实现了的价值"。无论是观念上的价值还是实现了的价值，都涉及主体对客体的价值认知、价值评价、价值判断、价值解说、价值表达、价值赋予等一系列行为，概括起来说即是主体的价值性阐释或价值赋予行为。"实现了的价值"更多涉及从现实作用（效果、影响等）方面对意义再生产的阐释，本章下节将作重点探讨，这里重点从观念上的价值，结合档案管理实践，探讨价值性阐释作为档案记忆再生产意义生成、改造、呈现方式的内在特质与具体表现。

"以观念为形态的价值意义每每通过语言等形式表现出来。"③ 人们在作出价值分析、评判和表达时，通常是把价值与客体（如档案、档案记忆等）相联系，比如说"档案的价值""档案的记忆价值""某份档案很有价值"等。对于这类习惯说法背后的真实含义，马克思曾作过十分精辟的分析。他说，有些人曾指出，"价值"这个词"表示物的一种属性"，"的确，它们最初无非是表示物对于人的使用价值，表示物的对人有用或使人愉快等等的属性"④；但是，这不过是物"被'赋予价值'"⑤，正是在此意义上，我们把价值认知、评价、判断、表达、赋予等行为统称为"价值赋

---

① 杨国荣：《成己与成物：意义世界的生成》，北京师范大学出版社 2018 年版，第 28 页。
② 袁贵仁：《价值学是一门科学——读〈世界的意义——价值论〉》，《社会科学辑刊》1986 年第 6 期。
③ 杨国荣：《成己与成物：意义世界的生成》，北京师范大学出版社 2018 年版，第 54 页。
④ 《马克思恩格斯全集》第 26 卷第三册，人民出版社 1974 年版，第 326 页。
⑤ 《马克思恩格斯全集》第 19 卷，人民出版社 1963 年版，第 406 页。

予"行为，或价值性阐释行为，即人把本来不属于物的东西看成物本身所固有的东西。"人们实际上首先是占有外界物作为满足自己本身需要的资料，如此等等；然后人们也在语言上把它们叫做它们在实际经验中对人们来说已经是这样的东西，即满足自己需要的资料，使人们得到'满足'的物。"①

在知行实践中，人们对档案、档案记忆进行价值分析、评判和表达，赋予档案记忆以一定的价值意义，这是一种价值性阐释行为，也是一种意义再生产行为。当我们介绍或解释说："尹湾汉墓简牍中的西汉郡级档案文书""主要记载了西汉末年东海郡、县、乡、里的行政建制、吏员设置、户口及垦田和钱谷出入，经济赋税以及武器装备等情况，具有重要的史料价值，是研究汉代政治、经济状况的重要材料，在研究秦汉史、秦汉考古、档案学、简帛学、古代军事史等方面也具有重要的学术价值"②，这批档案文书的意义便被再度生成、改造、呈现出来。前面的内容构成介绍是"内容叙事"，后面的价值表达则是作为主体的"我们""编者"对"尹湾汉墓简牍中的西汉郡级档案文书"的一种价值赋予或价值性阐释。

（二）价值性阐释在档案记忆再生产过程中的体现

价值性阐释既是一种行为，也是一个过程。作为行为，它包括价值认知、分析、评价、判断、赋予、表达等一系列细节；作为过程，它渗透在档案记忆再生产各环节或档案管理各业务环节之中，不断地生成、改造、呈现出档案记忆的意义，并最终通过利用/消费，实现其现实作用。与目的性阐释发生在档案记忆再生产行动前不同，价值性阐释更多地体现在再生产行动过程中，其中，档案收集、档案介绍、档案鉴定、档案编研、学术研究等活动中表现得尤其明显。

在档案收集（采集、征集、归档等）环节，价值性阐释往往是对收集到的档案价值的认知和评判，阐明所收集档案的价值意义。如"老科学家学术成长资料采集工程"在介绍其采集资料的价值时就指出："在采集整

---

① 《马克思恩格斯全集》第19卷，人民出版社1963年版，第406页。
② "尹湾汉墓简牍中的西汉郡级档案文书"，载国家档案局、中央档案馆《中国档案文献遗产名录》第一辑，荣宝斋出版社2016年版。

理和收藏保存这些中国现当代科技发展史料的基础上，开展多角度、多层次的研究，记录老科学家们个人的学术成长轨迹，梳理中国现当代科学家群体的演进过程与学术传承脉络，有助于进一步梳理和丰富新中国科技发展的历史，厘清我国科技界学术传承脉络和学术传统，总结探索我国科技发展规律和科技人才成长规律，为更好地制定科技政策和人才政策、实施人才强国战略、加快建设创新型国家提供参考依据。"①

在档案介绍中，无论是单份档案文件介绍，还是某一案卷、某组档案、某一全宗、某一档案馆（室）或整体性国家档案资源介绍时，都会涉及形式、内容、价值这些基本要素。与形式、内容的介绍与讲述不同，价值介绍则带有更多的认知性、理解性、评判性，体现出档案记忆意义的再生成、再改造、再呈现。如《中国档案文献遗产名录》（第一辑）在介绍《中印两国总理联合声明中方草案》时，指出"这是第一次在外交文件中正式倡议将该原则（即'五项基本原则'——笔者注）作为指导和处理国际关系的基本原则。该文献在新中国外交史研究上具有重要的史料价值"。再如毛福民在《中国档案文献遗产名录》"序"中指出："全国档案部门的馆藏有上亿卷之巨，其中全国重点档案有 12000 万卷以上，这是中华民族珍贵的文化遗产，也是人类共同的精神财富"；"档案是社会的宝藏。开发宝藏，能找到神奇的钥匙，我们可以凭借它开启时空隧道之门，探究历史发展之路。"②

档案价值鉴定作为档案管理六大业务环节之一，虽说其直接目的是"鉴别和判定档案的价值，挑选有价值的档案妥善保存，剔除无须保存的档案予以处理"，是决定档案"存""毁"以及保存期限的工作③；但其内在地潜含着对档案的价值性阐释，因为"鉴别和判定档案的价值"是存毁和确定保管期限的基础，正是在价值认知、评判的基础上，赋予档案以未

---

① 王春法：《〈感悟科学人生〉序言》，中国科学家博物馆网，[EB/OL] http://www.mmcs.org.cn/GZNEW/4196/2017-04/149555.shtml［2017-04-06］。

② 国家档案局、中央档案馆编：《中国档案文献遗产名录》第一辑，荣宝斋出版社 2016 年版，"序"。

③ 陈兆祦、和宝荣、王英玮：《档案管理学基础》（第三版），中国人民大学出版社 2005 年版，第 181—182 页。

来的、社会的、实践的价值或意义，以便合理保管档案。"鉴定档案的保管价值，就是鉴别和分析决定档案保存价值的客观因素，估计和预测每份文件、每个案卷、每部分档案是否有作用，能起到什么样的积极作用以及这种作用的时限，从而确定它们是否需要继续保存，需要保存多长时间。"① 档案价值鉴定的原则、标准和组织方式都可以看作档案记忆意义阐释的实践机制或现实方式。

档案编研成果是档案记忆再生产的人工制品，在其对档案记忆信息进行分析、介绍和传播中，不可避免地要将档案记忆的价值或意义加以阐释和表达出来。《南京市档案馆指南》在介绍完其所藏的各种时期具有重要价值和地方特色的档案史料后，指出"史料丰富，内容详实，对当前及今后进行社会主义物质文明和精神文明建设，进行历史研究，进行爱国主义教育和革命传统教育等将起到无法替代的重要作用"②。再如中央档案馆所编《共和国六十年珍贵档案》，在"编辑说明"中指出："本书收录了新中国建国以来的重要文献及图片……这些文献大部分是从中央档案馆馆藏中精选出来的珍品，也有部分文献选自中共十二大至十七大的重要文选选编、《邓小平手迹选》、《陈云手迹选》和《人民日报》。本书对于广大读者学习和研究共和国六十年历史，提供了丰富的档案文献，具有较高的参考价值和收藏价值。"③

除了档案业务管理各环节对档案记忆价值加以阐发和表达外，与目的性阐释不同的另一方面就是对档案价值的学术研究或者说档案价值的学术阐释。档案价值是档案学研究中的一个重要的基础理论问题，早在1962年，陈兆祦教授就在其论著中提及档案的"查考利用价值"，并将其具体化为五个方面作用。④ 20世纪80年代后，档案界对档案价值进行了较为广

---

① 陈兆祦、和宝荣、王英玮：《档案管理学基础》（第三版），中国人民大学出版社2005年版，第186页。
② 南京市档案馆编：《南京市档案馆指南》，档案出版社1998年版，第4页。
③ 中央档案馆编：《共和国六十年珍贵档案》，中国档案出版社2009年版，"编辑出版说明"。
④ 这五方面作用：利用档案作为机关工作查考的根据；利用档案为工农业生产和各项建设提供计划和管理的科学依据；利用档案为历史研究、理论研究和科学技术研究提供第一手的材料；利用档案作为揭露和打击敌人的武器；利用档案作为宣传教育的生动教材（素材）。参见陈兆祦《档案管理学》，中国人民大学出版社1962年版，第3页。

泛、系统、深入的研究，其代表性成果有如张斌教授的《档案价值论》等。档案价值研究涉及档案价值概念、性质、根源、形态，档案价值认识、评价、判断、赋予和实现等，从档案作为社会记忆形态看，档案价值论是对档案价值实践基础上的理性阐释或学术阐释，是对档案记忆意义的"二次阐释"。值得一提的是，档案价值研究除了对抽象的档案价值现象进行探讨，赋予档案记忆一般的价值意义外，还从社会记忆视角对档案记忆意义进行专门的理论阐释，解释和揭示档案记忆价值的特殊意义。如2000年在第十四届国际档案大会上，时任国际档案理事会主席王刚在致词中指出："档案作为人类历史文化遗产，延续了人类的记忆，是联系过去、现在和未来的纽带"，"通过档案，人们可以探寻历史发展的轨迹，了解世界各民族所创造的辉煌业绩，继承传统文化精华，推动人类社会不断发展"。[①] 2004年的第十五届国际档案大会对"档案、记忆与知识"这一主题作了专门探讨，认识到档案在文化记忆、个人记忆和基因记忆的遗忘、构建、重构和恢复中具有重要的社会功能，是寻找遗忘记忆和发现过去记忆事实真相的重要载体。[②] 这些表述以及其他相关"档案记忆价值"的论述，都是对档案记忆意义的一种学术阐释，是另一种档案记忆意义的再生产（观念形态的再生产）。这些材料都是档案记忆研究方面的常用材料，但正是在这些常用材料中，折射出学术上对档案记忆意义的价值性阐释。

（三）从价值性阐释看档案记忆再生产中的意义表达

价值性阐释广泛地存在于档案介绍、案卷说明、档案馆指南/介绍、全宗指南/介绍、专题指南/介绍，档案汇编、档案影像制品的编辑说明、序言、按语、宣传报道，档案收集、鉴定、编研工作的总结报告等材料之中。与目的性阐释的预想性、希望性、意向性不同，价值性阐释的表达多带有评价性、分析性、判断性、赋予性特点："可以解决什么问题""有利于提高什么认识""对什么具有重要价值""对什么具有重要意义""便于认清什么历史面貌"等，是对档案价值的认识、判定和表述，借此解释和

---

① 国家档案局编：《第十四届国际档案大会文集》，中国档案出版社2002年版，第18页。
② 中国城建档案代表团：《第十五届国际档案大会及其学术动向》，《城建档案》2004年第5期。

揭示出档案记忆的价值意义所在。另外，它又不同于作用阐释，是未完成、未实现的意义，是一种语言上、观念上对意义的提炼、概括、表达和赋予。结合档案学研究中对档案价值的理性化、类型化表达，档案记忆意义的价值性阐释其意义表达主要有以下形态。

1. 凭证价值

社会普遍认为档案是在社会活动过程中直接形成的，是从当时当事直接使用的文件转化而来的，它客观地记录和反映了以往的历史情况，是令人信服的历史证据。档案学前辈引用恩格斯的话说："对于事态的真相，现在不可能提出来作证据。只有在事情本身成为历史陈迹的时候，这些证据才会出现"。①"作为历史陈迹的档案，具有无可置辩的证据价值"。② 档案的凭证价值或证据价值作为档案基本价值之一，不仅得到学术界的广泛论证，也在档案记忆再生产过程中不断表达、呈现出来。

2. 参考价值

参考价值是指档案以知识原载体的形式，凝结了生产实践、社会改造实践和科学实践种种活动的状况和创造成果，可为人们今后处理社会与自然界的关系，处理社会内部人与人的关系，以及与此相关联的探索性、准备性活动等各方面提供借鉴和参考。如 20 世纪 50 年代初期，安徽徽州地区开展过多次社会经济重大问题调查，安徽省档案局（馆）原局（馆）长严桂夫等提道："这些难得的综合性材料，是我们了解徽州社会历史发展的重要依据。从这些材料中，我们可以找出徽州经济和社会发展的历史脉络，为我们制定发展规划提供历史借鉴。"③ 参考价值也是档案基本价值之一，具有普遍性，不过学术界多称为"情报价值""信息价值"，而实践领域则多称为参考价值、借鉴价值、查考价值等。吴宝康先生说"档案对于人们查考既往情况，掌握历史资料，研究有关事物的发展规律，批判地继承历史遗产……具有广泛的情报价值"④。

---

① 《马克思恩格斯全集》第 13 卷，人民出版社 1962 年版，第 672 页。
② 吴宝康主编：《档案学概论》，中国人民大学出版社 1988 年版，第 58 页。
③ 严桂夫、王国健：《徽州文书档案》，安徽人民出版社 2005 年版，第 92 页。
④ 吴宝康主编：《档案学概论》，中国人民大学出版社 1988 年版，第 59—60 页。

3. 研究价值

研究价值是指档案对科学研究或学术研究的价值，有时也称为"资料价值"。早在20世纪50年代，周恩来总理在《关于知识分子问题的报告》（1956年1月14日）中就指出："为了实现向科学进军的计划，我们必须为发展科学研究准备一切必要的条件。在这里，具有首要意义的是要使科学家得到必要的图书、档案资料、技术资料和其他工作条件。"此后，对档案研究价值的表达体现在各种文本中，成为档案价值的常用表达。如《中国档案文献遗产名录》在介绍《西夏文佛经〈吉祥遍至口和本续〉》时，指出"《本续》是唯一经国家鉴定的西夏时期，也是辽、宋、金时期的木活字版印本。是现存世界最早的木活字版印本，它将木活字的发明和使用时间从元代提早到宋代。该文献对考古学、西夏学、佛学、藏学、图书史、文献学、文化史等都具有重要研究价值"[1]。

4. 利用价值

"档案的利用价值，是从档案的具体有用性而言的，是指某一（或一部分）档案对具体利用者的具体（特定）意义或作用。"[2] 吴宝康主编《档案学概论》一书就指出："在档案学和档案工作实践中，通常说所说的档案价值，指的就是档案的利用价值。"[3] 利用价值有时也称为"使用价值"，虽然在表达时有一定的宽泛性，具有什么样的利用价值并不清楚，但也代表了档案的一种价值宣称，在实践中经常使用。

5. 保存价值

保存价值是指档案的留存价值、收藏价值或潜在价值，即表示某份（某种）档案"是否具有保存的意义"[4]、值不值得收藏保存，以及在以后是否可以发挥作用等。在档案管理具体业务实践中，往往与档案价值鉴定关联在一起，"鉴定档案价值，更确切地说，是鉴定档案的保存价值"[5]。

---

[1] "西夏文佛经《吉祥遍至口和本续》"，载国家档案局、中央档案馆编《中国档案文献遗产名录》第一辑，荣宝斋出版社2016年版，第12页。
[2] 张斌：《档案价值论》，中央文献出版社2000年版，第38页。
[3] 吴宝康主编：《档案学概论》，中国人民大学出版社1988年版，第50页。
[4] 张斌：《档案价值论》，中央文献出版社2000年版，第39页。
[5] 陈兆祦、和宝荣主编：《档案管理学基础》（修订本），中国人民大学出版社1996年版，第171页。

即便是在收集、归档等环节对其加以类似的表达，也与价值鉴定相关，表达对档案价值的一种判定和认知，也是一种潜在的阐释。

从价值角度对档案记忆再生产过程的意义生成、改造、呈现的阐释与表达，具有很大的灵活性和语境性，除了以上五方面的意义表达外，还有如现实价值、历史价值、长远价值、第一价值、第二价值、情感价值、工具价值、史料价值、文物价值、文化价值、精神价值、经济价值、政治价值、教育价值等，代表不同的价值认知、价值想象和价值宣称，反映出档案记忆意义在实践中的生成性和阐释性。

（四）档案记忆意义再生产价值性阐释的影响因素

价值性阐释与目的性阐释有一定的关联性，但主要区别在于价值是在主客体关系形成的特定意义关系，影响价值关系形成，或价值认知、评判、赋予等行为的因素既涉及主体因素、客体因素，也涉及主客体之间的互化关系（主体客体化、客体主体化）。夏甄陶先生指出"从人类认识的实际情况来看，任何一种具体的认识，不仅要确定地选择某种具体客体，而且，就是对同一客体，也要确定地选择人所需要的或与对象性活动的任务有关的那一点。我们知道，一方面由于客体本身具有多方面的属性、规定和关系，另一方面由于主体本身在需要、目的、本质力量的性质等方面存在着现实的差异，同一客体在主体的对象性活动中，也会有不同的意义"①。档案记忆意义再生产中价值阐释的影响因素归结起来主要有：

1. 客体属性

价值虽然不是客体的属性，却是形成价值意义的客观基础、前提和条件。档案客体属性包括时代属性（或时间属性，即不同时代产生的各种档案）、类型属性（即政治、经济、文化、科学技术、天文气象、企业、社区、家庭等领域产生的不同类型档案）、内容属性（即档案记载的内容信息）、形成者属性（即国家机关、社会组织、家庭、个人等不同形成者产生的档案）、性质属性（档案所隶属的政策、法规、命令、通知、报告等文件性质），以及完整性、真实性、有效性等。不同的属性可以满足人们

---

① 夏甄陶：《认识论引论》，人民出版社1986年版，第94—95页。

的不同需求，体现出不同价值意义。"样式雷"建筑图档具有建筑史、建筑美学、建筑设计的研究参考价值；而侨批档案则是"华侨移民史、创业史及广大侨胞对所在国和祖国经济社会发展所作贡献的历史真实见证"，属性不同，意义各具特色。正是由于档案形态、资源、属性丰富多样，可以从各种角度对其加以阐释，从而使档案价值呈现出多元的意义表达。档案记忆意义的价值性阐释虽然带有预判性、赋予性，但不是无根据的"臆想""臆断"。

2. 主体能力

作为客体属性对主体需求的满足，传统上对档案价值影响因素的分析往往多集中于主体的需求意识，但从档案记忆意义再生产角度看，需求意识往往与记忆意义生成的目的性阐释相关，而在价值性阐释过程中，更多体现出的影响性因素则是主体能力，或者说再生产主体对特定档案对象价值的认知能力、分析能力、判断能力，它们影响到主体赋予特定档案对象有什么意义、有多大意义等。这一方面是因为社会记忆本质上就是人类主体能力和本质力量对象化结果的凝结、积淀和破译、复活的双向活动；另一方面如前所述，在成己、成物和意义世界的生成中，人自身的能力无疑构成了不可忽视的方面。"理性、感知、想象、直觉、洞察、言与意，以及判断力表现了人性能力的多重形式"，"关乎更广泛意义上理性与非理性的统一"。[1] 在档案价值性阐释中，主体（个体或群体）的认知水平、知识背景、心理情感和思想意识等都在不同程度上影响档案价值评判、赋予和表达。面对民国时的一张菜单，美食家看到的是其美食价值，经营者看到的是其商业价值或经济价值，而历史学者、文化学者、社会学家等则更强调其历史学、文化学、社会学的价值。马克思说"对象如何对他说来成为他的对象，这取决于对象的性质以及与之相适应的本质力量的性质；因为正是这种关系的规定性形成一种特殊的、现实的肯定方式"，对象的意义都以阐释主体的"感觉所及的程度为限"。[2]

3. 价值实践（感）

实践（知、行）既是价值产生根源、价值评价标准，也是价值意识形

---

[1] 杨国荣：《成己与成物：意义世界的生成》，北京师范大学出版社2018年版，第101页。
[2] 《马克思恩格斯全集》第42卷，人民出版社1979年版，第125—126页。

成和主体能力的中介机制。围绕价值产生、追求、实现的实践，可以简称为价值实践。人类价值实践（价值认知、追求、实现）是主体客体化与客体主体化的双重过程，一方面，主体通过实践，从物质和观念上去接触、影响、改造客体，在客体身上显现和直观自己的本质或"本质力量"，从而实现自己的发展。在这个过程中，客体越来越带上主体所赋予的特征，即"客体主体化"；另一方面，客体以其自在规定性影响、制约和改变客体，客体在主体身上映现自己、实现自己，使主体越来越带上客体的某些特征，即"主体客体化"。客体主体化与主体客体化的反复发生和循环演化，催生人们对价值固化意识和思维定势，形成某种语言上相对具体明确的价值名称，也不断推动主体能力向更高水平发展，认识和发现客体更加丰富多元的属性，满足人的需求。"物都是许多属性的总和，因此可以在不同的方面有用。发现这些不同的方面，从而发现物的多种使用方式，是历史的事情。"① 档案价值认知、评判、赋予总是不断地实践—认识—再实践—再认识，反复循环，不断提升；档案价值性阐释的各个环节都是价值实践行为，在实践中评判档案价值，也在实践中积累经验，提高认识。

4. 价值（观念）体系

价值体系，或称价值观念体系、（思想）观念系统、世界意义体系、意识形态体系等，是"由人们的社会地位主要是经济地位及利益所决定的反映人们的社会价值取向和历史选择特点的思想体系。它包括人们在社会一切价值生活领域中的立场、观点、主张等精神生活倾向，如经济主张、政治法律思想、道德观念、宗教态度、哲学倾向、艺术观点等"②。价值体系是对社会价值观念进行反复思考、凝练、建构和倡导的价值观念系统，在不同领域有不同体现。如党的十八大首次明确提出并倡导的社会主义核心价值观（富强、民主、文明、和谐、自由、平等、公正、法治、爱国、敬业、诚信、友善），即是社会主义核心价值体系的构成和体现。

集体记忆建构的社会框架既可看作群体主体框架，也可看作观念框架

---

① 《马克思恩格斯全集》第23卷，人民出版社1972年版，第48页。
② 萧前等主编：《历史唯物主义原理》，北京师范大学出版社2012年版，第194页。

或观念系统。哈布瓦赫说:"时间在流逝,记忆的框架既置身其中,也置身其外。超出时间之流,记忆框架把一些来自框架的稳定性和普遍性传达给了构成它们的意向和具体回忆。"① 康纳顿将其看作经验模式或纲要框架:"在所有经验模式中,我们总是把我们的个别经验置于先前的脉络中,以确保它们真的明白易懂;先于任何个别经验,我们的头脑已经预置了一个纲要框架和经验事物的典型形貌。感知一个事物或者对它有所为,就是把它放到预期体系中。"②

社会价值体系或观念系统,对档案记忆再生产起着价值导引作用,构成一种意义框架,档案记忆价值或意义再生产在此框架体系(预期体系)中反复地生成和改造,一旦打破社会主流或核心价值体系,则意味着"越轨""背叛"或"反记忆"。

四 档案记忆意义再生产的成效性阐释

如果说档案记忆意义再生产的目的性阐释带有意向性或目标导向性,价值性阐释带有价值认知、分析、判断和赋予性,两者都还是档案记忆意义再生产过程中生产主体的意图和"施为",在再生产行动中凝结于档案记忆产品之中,并通过档案记忆产品内容叙事的选择性和倾向性表达表现出来;而档案记忆再生产最终的意义实现则是在档案记忆产品实际消费中,通过消费主体的消化与利用才能达成。杨国荣教授指出:"成就自我(成己)与成就世界(成物)不仅仅表现为对实然的把握,而且展开为一个按人的目的和理想变革世界、变革自我的过程"③,通过变革自我与变革世界,从而成就自我与成就世界,最终达到"意义世界的生成"。档案记忆意义再生产的成效性阐释即是通过对档案记忆最终的现实作用或现实影响的阐释来理解、表达和反映其意义"实在"。卡西尔说"人不可能过着

---

① [法] 莫里斯·哈布瓦赫:《论集体记忆》,毕然等译,上海人民出版社2002年版,第302—303页。
② [美] 保罗·康纳顿:《社会如何记忆》,纳日碧力戈译,上海人民出版社2000年版,第1页。
③ 杨国荣:《成己与成物:意义世界的生成》,北京师范大学出版社2018年版,第32页。

他的生活而不表达他的生活。这种不同的表达形式构成了一个新的领域"①。目的性阐释、价值性阐释和成效性阐释都是档案记忆意义再生产的一种分析向度、一种意义考察或意义表达。

(一) 成效性阐释作为档案记忆再生产的意义生产方式

"成效"或"效果""功效",作为一种事物或行为实际产生结果的意义表达,与功能、功用、作用、影响(甚至也包括价值)等密切关联,一方面它可以视为功能、功用、作用、影响的结果;另一方面也可视为一种"实现了的"功能、功用、作用、影响,因而也就是一种现实的功能或功用,一种实际产生的作用、影响或意义。将这些概念放在一起思考,可以增强对"成效"作为一种意义表达概念的理解,同时也避免其他概念所潜含的过程性、预判性、推断性分析(即具有或可能产生某种功能、功用、作用和影响,但并未真正实现),而是直接指向结果和实际,也因此成为"作用成效"或"现实成效"。借用杨国荣先生的话说,就是"作为意义的外化或现实化,这种形成于知、行过程的存在领域同时可以视为价值意义的现实形态或外在形态"②。

"从认识世界和认识自我到变革世界与变革自我,意义的生成过程都基于人与对象的现实联系和历史互动。"③ 成效作为意义的现实形态和表现形式,也是在知行过程的历史展开中实现的,是目的(目标)追求、价值赋予的延伸与结果。夏甄陶在《认识论引论》中指出:

> 实践的结果是预定目的的实在化,也是主体的本质力量和活动的对象化。因为它意味着目的的观念的规定在被改变了形式的客体中,取得了外部现实性形式的客观实在性,而主体的本质力量和活动也凝聚、积淀在这种静止的物化形式中。这是在实践中主体客体化即对象化的表现。……当客体满足了主体不同的需要的时候,它又以不同的形式转化主体的本质力量,转化为主体的生活、活动、意识、知识的

---

① [德] 恩斯特·卡西尔:《人论》,甘阳译,上海译文出版社1985年版,第283页。
② 杨国荣:《成己与成物:意义世界的生成》,北京师范大学出版社2018年版,第52页。
③ 杨国荣:《成己与成物:意义世界的生成》,北京师范大学出版社2018年版,第61页。

内容，实现着客体主体化，亦即非对象化。……实践就是在这种对象化和非对象化的不断转化中发展的。实现一定的结果，意味着一个具体实践过程的终结，即实践作为过程在结果中"消失"了。但实践的结果通过非对象化，转化为主体的本质力量，转化为主体存在的有机部分，并由此而成为在新的实践过程中起作用的因素。①

夏甄陶关于实践过程（知行过程）中主体客体化与客体主体化的论述，特别是"实践的结果通过非对象化，转化为主体的本质力量，转化为主体存在的有机部分，并由此而成为在新的实践过程中起作用的因素"的观点，为我们理解作用成效作为档案记忆一种意义的表现形式奠定了思想基础。

成效（功能、功效、作用、影响）或作用成效作为一种实践结果的意义表达，可称为"成效意义"，但它并非"自我"呈现，而是需要加以阐释才能将其意义揭示和呈现出来，同目的性阐释和价值性阐释一样，它也是一个意义理解、生成、表达、展现的过程。因此，成效性阐释也就成为档案记忆意义生成与再生产的一种方式，成为理解档案记忆意义再生产的一个向度。伽达默尔曾提出一种"效果历史"的观点，认为"真正的历史对象根本就不是对象，而是自己与他者的统一体，或一种关系，在这种关系中同时存在着历史的实在以及历史理解的实在。一种恰当的解释学必须在理解本身中显示出历史的效果性。因此我就把所需要的这样一种东西称之为'效果历史'。理解在本质上乃是一种效果历史的关系"②。从这些观点和论述中，我们可以看到意义世界的生成最终都需要或都可以落脚到实践的实际效果、作用、影响上来；而实际效果或"效果历史"都是"主体理解的产物"③，需要阐释才能澄明并呈现出来。

---

① 夏甄陶：《认识论引论》，人民出版社 1986 年版，第 162 页。
② ［德］伽达默尔：《真理与方法》，转引自章启群《意义的本体论：哲学解释学的缘起与要义》，商务印书馆 2018 年版，第 122 页。
③ 德里达用"延异"（Différance）概念表达意义生成的"差异"和"推迟"，本文重点强调其意义生成的延迟和扩展，因此选用"延推"。参见杨国荣《成己与成物：意义世界的生成》，北京师范大学出版社 2018 年版，第 57 页。

如果说意义生产的目的性阐释、价值性阐释多发生在档案记忆再生产的生成、加工、传播环节，那么意义生产的成效阐释则多发生于利用消费环节，它与前两者的不同在于：一是其阐释主体不单是档案记忆的生产者、加工者和传播者，还包括档案记忆的消费者以及社会评价者；二是其意义对象不再局限于文本，而是转向实践主体，即接受主体，是"客体主体化"的反映；三是它更是一种"延推"的意义，即"意义的呈现总是被推迟"的，既包括时间的推延，也包括意义在其后的社会实践中不断扩展、延伸和呈现。①

从作用成效角度考察社会记忆意义再生产的一个经典案例就是前文提到的"梅察达"之战。公元73年发生在犹太守卫者与罗马征服者之间的"梅察达"之战，在其后的大约两千年时间中，都只是名不见经传的一次战争，"几乎完全不为人所知"。20世纪，随着犹太复国主义的兴起，"梅察达"之战才重新浮现在犹太人的历史记忆中，通过不断地再生产，转变成为"犹太抵抗运动和对伟大复兴的普遍热忱的重要象征"，"它象征着英勇无畏的抗争精神，象征着不屈不挠的民族气节，象征着不畏强暴的民族尊严"。② 梅察达记忆对近现代犹太人所具有的深远意义正是通过这种社会记忆意义的不断再生产及其历史成效的阐释，人们才能明确地表达和感知。

在档案记忆意义再生产中，从历史与现实成效角度对档案记忆意义的生成、作用呈现进行考察和分析，可以进一步感知档案记忆意义再生产的存在性，从不同视角认识和思考意义再生产的特点和规律。

（二）成效性阐释在档案记忆意义再生产过程中的体现

档案记忆意义再生产的成效性阐释多发生在档案或档案记忆作品利用、展览、公布等档案管理业务环节或档案记忆再生产的传播、利用消费环节，是消费主体对档案记忆接受消化后所产生的内在作用、影响和皴染，也是档案记忆生成、加工主体对档案、档案记忆作品加工、传播、被

---

① 杨国荣：《成己与成物：意义世界的生成》，北京师范大学出版社2018年版。
② ［美］刘易斯·科瑟：《莫里斯·哈布瓦赫》，载［法］莫里斯·哈布瓦赫《论集体记忆》，毕然等译，上海人民出版社2002年版，第56—58页。

社会利用后的效果体现和反馈。对档案记忆意义再生产成效的阐释主体主要有利用者（消费者）、加工者和社会评价者（社会媒体）等。与目的追求、价值赋予的期待性、预判性不同，成效阐释则更多带有总结性、事后评价性与感悟感。

1. 档案查阅利用中的成效性阐释

档案查阅利用（查档利用）是档案馆开展档案利用服务的一项常规性工作，也是档案记忆消费的一项基本行为。查档利用的主体十分广泛，既有国家机关工作人员，也有社会组织和公民个人；查阅档案的利用需求既涉及政策制定、历史研究、科学参考、管理运行，也涉及个人日常事务（民生事务）。查档利用是档案价值实现的过程，也是档案记忆产生现实成效的意义生产过程。在查阅利用后，人们往往会对所利用档案的效果进行回顾和评价，总结和表达档案记忆所发挥的重要意义，反映出档案记忆的意义再生产。如面对钓鱼岛的主权之争，鞠德源先生潜心十余载，查阅数以吨计的历史文献，出版《日本国窃土源流 钓鱼列屿主权辩》巨著，以大量翔实的、无可辩驳的史实证明，自 14 世纪起钓鱼列屿就是中国的领土。记者在采访鞠德源时说："该书 90 余万言，分上、中、下三篇。字字篇篇都在一件一件地阐释着我国固有领土主权的历史证据，都在具体揭露与剖析着日本军国主义在窃土历程中所遗存的各种证据。"[1] 鞠德源先生在采访中也说，写作此书的"目的就是为了给国人和子孙后代留下一份保卫国土的证据，以增强国民的海洋国土及岛屿国土意识"。由此可见目的阐释与成效阐释的相互对应。

2. 档案展览公布中的成效性阐释

档案展览、公布虽略有区别，但都属于利用报刊、图书、网络或实体空间对某些重要档案记忆进行叙事组织后按专题进行公布、展示，以起到揭示历史事实真相、反映社会发展进程、宣传国家重大政策、开展革命传统教育、弘扬爱国主义精神等作用，这些作用的现实成效往往在展览、公布的相关说明、报道和公众反响中得到阐明。"辽宁记忆展"在"结束语"

---

[1] 宏升、赵雷：《古往今来，钓鱼岛非我莫属——访著名学者鞠德源教授》，《海洋世界》2001 年第 9 期。

中指出:"辽宁的记忆是一段辉煌灿烂的文明记忆,是一段不屈不挠的斗争记忆,是一段艰苦奋斗的创业记忆,是一段顽强拼搏的振兴记忆。追寻记忆,循着足迹,透过一幅幅历史画面,我们感受到了辽宁的磅礴气息,我们看到了辽宁的独特魅力。瞻望未来,同舟共济,我们也将为后人留下一段美好的记忆。"① 再如2008年,国家档案局在列出西藏15条历史档案铁证时指出:"人们都说要尊重历史,尊重事实。那么,这些档案,就是西藏自古属于中国的不容置疑的史料! 就是谁也不能把西藏从祖国分裂出去的铁证!"

3. 档案编研出版中的成效性阐释

档案编研产品既是档案记忆叙事重组的成果,也是记忆意义重构的结果,属于档案记忆产品(制品)的典型样态。每一档案编研产品都有其目的追求、价值赋予,通过客体主体化,内化为利用主体的思想、认知和行动,形成具有某种现实成效的意义内涵,并借由编研者、利用者或社会媒体等加以阐释表达。如2009年为庆祝新中国成立60周年,国家档案局和央视网联合推出"共和国脚步——1949年档案"专题,选取1949年发生的52个重大事件的档案资料编辑制作,以历史相册的形式,打开尘封的历史,将人们带回1949年那个令无数国人自豪和兴奋不已的年代,"通过一张张照片和珍贵资料让人们再次感受到新中国成立时的激动与豪迈之情"。再如2014年由中共中央文献研究室编辑出版的《十八大以来重要文献选编》(上册),收录自2012年党的十八大至2014年十二届全国人大二次会议期间重要文献共70篇,"为全党深入学习习近平总书记系列重要讲话精神,掌握我们党理论创新的最新成果提供了基本教材",对"努力开创中国特色社会主义事业新局面,具有重要的推动作用"。②

4. 档案工作总结中的成效性阐释

与目的性阐释和价值性阐释针对具体记忆事项不同,成效阐释往往在档案部门的工作总结中得到反映。传统上人们往往把档案、档案工作实际成效作为档案工作成绩或档案部门社会贡献的一种表达,而从意义再生产

---

① "辽宁记忆展",辽宁省档案局(馆)2013年举办,宣传册"结束语"。
② 《〈十八大以来重要文献选编〉上册出版发行》,中华人民共和国中央人民政府网,[EB/OL] https://www.gov.cn/2014-09/25/contnet_ 2756360.htm [2014-09-25]。

角度看，这种成效阐释正是档案记忆意义的现实表现和概括。2017年12月召开的全国档案局长馆长会议上，李明华局长在总结党的十八大以来档案事业发展情况时特别指出：党的十八大以来的五年，档案工作"服务中心工作成绩突出"，具体表现为：围绕国际国内有关重大问题和经济社会发展热点问题，加强档案编研，报送档案参考资料，为党中央、国务院和各级党委、政府决策提供服务；出版《中共中央文件选集（1949.10—1966.5）》，服务党史国史研究；贯彻习近平总书记"让历史说话，用史实发言，深入开展中国人民抗日战争研究"重要指示精神，出版《中央档案馆藏日本侵华战犯笔供选编》，启动《抗日战争档案汇编》编纂工程。通过举办展览、出版图书、拍摄电视文献专题片和网络视频等方式深入开展党史国史和革命传统宣传教育，其中"红星照耀中国""信仰的力量""两学一做"等专题档案展在全国多地巡展，社会反响良好。[①] 从《报告》中可以反映出档案、档案工作在服务政府决策、开展党史国史和革命传统教育、服务经济社会发展等方面发挥的实际作用和现实意义。

5. 档案学术研究中的成效性阐释

理论与实践紧密关联，学术研究中必然涉及对工作实践的理性思考、总结和升华。在档案学研究中，许多学者都对档案、档案工作的现实成效给予高度关注，结合具体事例从作用、影响、功能、贡献力等不同角度对档案、档案工作的现实成效进行分析和概括，发掘发现档案记忆的意义。如冯惠玲教授在《档案信息资源在国家经济社会发展中的综合贡献力》一文中，"从捍卫国家利益、经济发展、社会进步、科技创新和文化繁荣几方面阐述档案信息资源在国家经济社会发展中的综合作用"。文章强调"综合贡献力"与长期以来档案界所说的"档案作用"概念既并行不悖，又有所不同："'综合贡献力'更强调档案对于国家、社会发展所产生的推动作用，把档案对于个体、个案的微观影响置于社会大背景之中，表明它已经成为一种在社会运行中能够作出积极贡献的力量。"[②]

[①] 李明华：《在全国档案局长馆长会议上的工作报告》，中华人民共和国国家档案局网，[EB/OL] https://www.saac.gov.cn/daj/yaow/201801/4620821e0eb549c389abef95d4b8af36.shtml [2018-01-22]。

[②] 冯惠玲：《档案信息资源在国家经济社会发展中的综合贡献力》，《档案学研究》2006年第3期。

美国学者萨林斯曾借用鲍德里亚的话说："消费本身就是一种（意义的）交换，一种话语——实际功效，'功用'，则是后来才附加到它上面的。"① 这句话是否可以理解为意义是在消费中产生的，而人们所说的实际"功效""功用"只有通过阐释才反映出来，因而是"后来才附加到它上面的"。

（三）从成效性阐释看档案记忆再生产中的意义表达

成效性阐释是对档案记忆意义再生成的一种理解、讲述、表达和呈现，可以经常在利用者接触、使用档案和档案记忆作品时所产生的认识、感想和体会中感知到它的存在："让我们认识到、体会到、感知到、感受到、领会到……"；"使我们增强了、提高了、强化了……意识"；"为我们解决了……问题"；"有力维护了、打击了、捍卫了……"；"充分证明、表明、说明……"；等等。各种阐释、表达都有自己的特定意向和内涵，是现实意义的某一方面的反映和体现。但是"实践的结果是整个实践过程的结果，是实践过程中各种（主观的和客观的、精神的和物质的）因素的总的融合"②。档案记忆再生产的结果不只是物化的劳动产品——档案记忆制品，更在于这些记忆制品的被利用，及其对利用主体思想、行动所产生的影响和作用。在目的性阐释和价值性阐释中，再生产客体对象（档案记忆）是明确的，因而再生产主体（生成者、加工者）也是相对明确的，其目的追求和价值赋予也是相对显现、聚焦的；而在成效性阐释中，档案记忆利用主体更具有多样性、分散性、潜在性，对档案记忆的利用、消化、吸收也更有个体性和多样性，而且更由于成效实现的推延性（时间的延迟性和空间的扩展性），因此与前两者相比，成效性阐释更具有复杂性、隐蔽性、多元性，由此也反观出成效性阐释的内在必然性和重要性。

档案记忆作用成效的"意义之域"繁富复杂，这里仅就其在社会不同层次主体所产生的作用和影响作一简要概括，以反映档案记忆"效果意义"的不同表现与表达。

---

① ［美］马歇尔·萨林斯：《文化与实践理性》，赵丙祥译，上海人民出版社2002年版，第228页。
② 夏甄陶：《认识论引论》，人民出版社1986年版，第158页。

1. 从个人层面对档案记忆成效意义的表达

哈布瓦赫指出:"群体的记忆是通过个体记忆来实现的,并且在个体记忆之中体现自身。"[1] 个体需要在社会脉络中进行回忆,社会记忆也需要通过个体才得到表达,"任何集体历史的建构与表现都可以还原为个人的劳作"[2]。个人在接受和利用档案记忆后,往往会对个体的心理、心灵、意识、观念、历史认知等内在精神世界产生作用或影响,从而转化为主体的认知能力和本质力量。因此,从个体层面对档案记忆成效意义的表达往往强调个体历史意识的提升、价值观念的转变、身份意识的增强、个人情感的满足、心灵世界的熏陶等,多突出档案记忆所产生的教育意义、情感意义和认同意义。作为主体客体化的一种表现,档案记忆对个人所起的作用往往与个体的心理和认知相关联,体现出某种心理学或认识论的色彩。

2. 从组织层面对档案记忆成效意义的表达

组织(党政军机关、社会团体、家庭)是社会细胞和基本单元,也是社会的基础。档案是组织活动的产物,也是有效进行领导工作和开展各种业务活动的依据。"无数事实证明,'无案可查'会使许多工作难以处理,而充分发挥档案的作用为党政领导和各项业务工作服务,有助于计划和决策的科学化。"[3] 各种组织由于其目标、性质、规模、功能、活动方式等不同,存在不同的组织类型或组织形式:政治组织、经济组织、文化组织、环保组织、民间组织等。组织性质不同,档案记忆利用的成效意义也各有表达:"机关工作的查考凭据",强调的是对机关活动的查考意义;"生产建设的参考依据",强调的是对组织生产建设的参考意义;"文化建设的精神财富",强调的是对组织文化建设的精神意义;"科学研究的可靠资料",强调的是对组织科研(技)创新的资源意义;"组织管理的运行维护",强调的是对组织运行的维模意义;"群体团结的内在动力",强调的是对组织力量的凝聚意义;如此等等。这些成效意义的表达在组织运行中都有不同程度的体现。

---

[1] [法] 莫里斯·哈布瓦赫:《论集体记忆》,毕然等译,上海人民出版社2002年版,第71页。

[2] 陈新:《历史思维三论》,新浪"大地长河"博客,[EB/OL] http://blog.sina.com.cn/s/blog_ 62b889490100pwjx.html [2011-04-02]。

[3] 吴宝康主编:《档案学概论》,中国人民大学出版社1988年版,第52—53页。

3. 从国家层面对档案记忆成效意义的表达

国家是一种最高形式的政权（政治）组织，"国家档案全宗"即为一国档案的总和。人们对档案在国家政治、经济、文化、科技、宗教、社会、教育等各方面作用和影响的解读与阐释，某种程度上都是从国家层面对档案记忆成效意义的表达。前文所提到的冯惠玲教授《档案信息资源在国家经济社会发展中的综合贡献力》一文，也是站在国家层面上所做的表达。

传统上人们多将历史档案的作用归结为资政、治史、教化三大主导性功能；近年来，人们越来越多地站在国家立场上总结思考档案记忆的作用和影响，凸显档案的国家（民族）意义：国家民族象征意义、国族认同凝聚意义、政权合法性维护意义、领土主权维护意义、历史文化传承意义、优秀文化培育意义、爱国主义教育意义、思想意识提升意义、经济发展拉动意义、科技创新推动意义等。

扬·阿斯曼说"文化记忆"功能既"存在于教育的、文明化的、人化的功能之中的构成性方面"，也"存在于其提供行为规范的功能之中的规范方面"[①]。对档案记忆作用、影响、功能的论述和表达，也都是对其成效意义的阐释和表达。

4. 从全人类层面对档案记忆成效意义的表达

李昕指出："从个体记忆、集体记忆到文化记忆，再到人类记忆共同体，是意义生产从个人层面、集体层面到文化层面深度共享的过程。"[②] 档案记忆再生产对构建人类记忆共同体，造福全人类同样具有现实意义和影响，"以文化记忆为基础构建人类记忆共同体是促进人类社会健康发展、维护全人类共同利益的重要前提"[③]。

1992年，联合国教科文组织发起实施，国际档案理事会积极参与的"世界记忆工程"，旨在对具有世界、地区和国家意义的文献遗产进行抢救和保护，从而使人类的记忆得到更加完整地保护和利用。世界记忆工程实

---

① ［德］简·奥斯曼（扬·阿斯曼）：《集体记忆与文化身份》，转引自陶东风主编《文化研究》，社会科学文献出版社2011年版，第9—10页。
② 李昕：《从文化记忆到人类记忆共同体》，《学术研究》2019年第10期。
③ 李昕：《从文化记忆到人类记忆共同体》，《学术研究》2019年第10期。

施 20 多年来，已经取得了举世瞩目的成就和广泛的国际影响，不仅有效推动了世界各国对正处于逐渐老化、损毁、消失等濒危珍贵文献遗产的抢救与保护，更重要的是为全球范围内文献遗产保护树立了体系和标杆。截至 2019 年，我国先后有 13 项珍贵档案文献遗产列入《世界记忆名录》，成为世界记忆工程和全人类文化遗产的重要构成，在维护世界各民族自身民族特色与文化特性、促进人类文化相互理解尊重与交流发展、构建人类记忆共同体与人类命运共同体等方面都发挥着极为重要的作用。

（四）档案记忆意义再生产成效性阐释的影响因素

档案记忆的成效意义广泛地存在于社会主体的知行活动中，存在于"成己与成物"的社会实践效果中，它不单是档案记忆意义生产者对文本的目的追求和价值赋予，而是要"不时地返回到源初"[①]，回归到现实世界的意义接收、消费、内化，是一种化当然（理想）为实然（现实）的转变，也是档案记忆社会化的转变。档案记忆的成效意义具有隐蔽性、弥散性，其成效大小或效果程度既取决于档案记忆资源的性质、记忆加工者的施为，也取决于消费者的接受程度，以及外在性的阐释与表达，某种程度上包含了档案记忆再生产的全部影响因素。就其直接影响而言，主要体现在以下三个方面。

1. 记忆叙事的倾向性

在档案记忆再生产行为、过程和结果中，形式、内容、意义再生产是三位一体、高度统一的，其中意义再生产是核心、是主旨、是方向，也是动能。但意义再生产不是纯粹的空想，它必然需要通过一定的形式和内容加以表达和表现。说档案记忆意义的目的性阐释、价值性阐释与成效性阐释，只是试图解析和揭示档案记忆意义再生产的不同生成与呈现形式，是显在的意义再生产，而其潜在的、能够对记忆消费者产生持久影响力的动能则隐藏并渗透于档案记忆内容叙事之中，并通过记忆叙事的倾向性表现出来。

"社会记忆不仅受制于各种复杂的权力关系，同时，各种主观感受以及

---

① 王峰：《意义诠释与未来时间维度》，上海人民出版社 2007 年版，第 92 页。

偏见也会影响人们对'过去事实'的选择和组织。"① 档案记忆的建构，一方面通过目的追求确定叙事的主题，即确定"讲什么"；另一方面也通过价值赋予，确定所讲故事的素材与材料的加工，即确定"怎么讲"。所以，"进入记忆的历史总是要和现实相联系，并且也只有被赋予了现实的意义之后才成为活生生的历史"②。意义使记忆内容带有倾向性，而记忆内容叙事的倾向性，也直接关联着意义的基础、导向和实现。充实、生动，富有情感的记忆叙事不仅能够使记忆意义得到彰显，而且更容易被消费者所接受，反之，则会被消费者所"吐弃"。列宁曾严厉批评莫斯科国家出版社出版的《第三国际。1919年3月6—7日》，说"一个伟大的历史事件竟被这种小册子玷污了"，就是因为"这本小册子编得糟透了。完全是粗制滥造"。③

2. 记忆消费者的接受度

"效果历史意味着文本的真正意义和理解者一起进入不断的生成运动过程"④。葛兆光先生曾指出："在过去的哲学史或思想史研究中，'影响'是一个习惯使用的词语，但是它可能偏重过去的知识与思想在后世的延续、外来知识和思想对本土的冲击，却可能相对忽略了后世对于遗产的'选择'和本土对新知的'接受'，其实，影响和选择应当是哲学史与思想史中的双向过程。"⑤ 档案记忆的实际作用与影响，或成效意义的生成，也存在一个内在接受的过程。档案利用者（或记忆消费者）对档案记忆的消化吸收、对档案记忆的再度生成是能动性、主体性行为，如马克思所言，对象如何对他说来成为他的对象，这取决于对象的性质以及与之相适应的本质力量的性质。没有真正接受，不会成为认知对象，也就不可能存在主体客体化行为，不会发生对档案记忆的重新诠释与再度建构。荷兰学者凡·祖伦（L. van Zoonen）说："受众是主动的意义生产者，按照自己的生活与文化来阐释、容纳媒介文本的意义。"⑥ 正是对消费者（受众）接受行

---

① 王汉生等：《社会记忆及其建构——一项关于知青集体记忆的研究》，《社会》2006年第3期。
② 张伟明：《历史记忆与人类学研究》，《广西民族研究》2005年第3期，第40—46页。
③ 《列宁全集》第49卷，人民大学出版社2017年版，第114页。
④ 章启群：《意义的本体论：哲学解释学的缘起与要义》，商务印书馆2018年版，第118页。
⑤ 葛兆光：《历史记忆、思想资源与重新诠释》，《中国哲学史》2001年第1期。
⑥ [荷兰] 凡·祖伦：《女性主义媒介研究》，曹晋译，广西师范大学出版社2007年版，第149—150页。

为重要性的认识，当代接受理论才受到广泛关注，实践中档案记忆再生产的形式才不断地发生创新和改变，以增强对档案记忆的感知度、认同度、接受度。中央电视台《朗读者》、黑龙江卫视《见字如面》、辽宁省档案局（馆）"信·未来"经典书信档案诵读等，通过构建"浸入式人文记忆场景，使得原先主要通过个人查阅档案来实现的私人式怀旧，转变为可在公共情感空间内集体实现的文化熏陶和记忆缅怀仪式"①，受到媒体和社会广泛赞誉。档案记忆的社会接受机制是个极为复杂的问题，有待今后继续深化。

3. 作用成效的揭示力

加拿大当代著名哲学家查尔斯·泰勒（Charles Taylor）指出："我们是靠表达而发现生活意义的。而发现生活意义依赖于构造适当的富有意义的表达"②；海德格尔也说"被道出的东西仿佛成了一种世内上手的东西，可以接受下来，可以传说下去"③。但对于档案记忆意义的现实作用成效如何"表达"、如何"被道出"却并非易事，它需要经过深入的调查、评估、评价才能揭示出来。

传统档案学在讨论档案价值实现特点时，都认识到其潜在性和隐蔽性，档案价值是通过利用者社会实践活动得到实现并体现出来，又隐藏于活动之中，其实际作用难以评估评价。

档案记忆再生产的作用成效也同样存在潜在性、隐蔽性特点，存在评估评价问题，这也是社会记忆或文化等社会影响成效评估评价的共同问题。在社会活动中，人们能够感受到某种记忆、文化、历史的作用，但要表达、表述、"道出"却有相当的困难，既受消费主体表达能力与意愿的限制，也受社会记忆自身特点的制约。档案学领域虽然有《档案利用登记表》，但只能登记利用者的查阅人次及查阅了哪些档案，并不能全面反映利用者利用档案后的实际结果。现在有些地区档案部门开始组织编写《档案利用成效的案例汇编》，或许是一种改进，但要真正揭示和反映档案记

---

① 王玉珏：《档案情感价值的挖掘与开发研究》，《档案学通讯》2018 年第 5 期。

② [加拿大] 查尔斯·泰勒：《自我的根源：现代认同的形成》，转引自王汉生等《社会记忆及其建构——一项关于知青集体记忆的研究》，《社会》2006 年第 3 期。

③ [德] 海德格尔：《存在与时间》，陈嘉映等译，商务印书馆2019年版，第310页。

忆意义再生产的现实成效，特别是对消费主体内在精神的影响，仍需要更多更深刻的跨时空体验、观察和总结，以达到对档案记忆作用成效的"深描"和揭示。

五 档案记忆意义阐释与文本经典化

档案记忆意义再生产过程中，通过目的追求、价值赋予、作用成效，为社会输送记忆能量，使社会记忆被激活，重新焕发时代光芒。在阐释和实现记忆事项时代意义的同时，也促使档案记忆文本自身意义得到再生产，增强人们对（某件、某组）档案重要性、珍贵性、历史性的认知，使档案文本自身成为一种历史经典、一种精神象征。扬·阿斯曼指出："卡龙的特别之处在于它能够促进身份认同。那些被神圣化的文本、规则、价值能够支撑和助长一个特定的（群体）身份"[1]；阿莱德·阿斯曼指出："将文本列入经典意味着这些文本得到了'封圣'，其存在被宣告为不可侵犯。"[2] 参照扬·阿斯曼关于卡龙和文本经典化的相关论述，可以反身性地考察意义再生产与档案记忆文本经典化之间的关系，理解档案记忆文本经典化的形成过程，揭示档案记忆文本作为一种精神象征形成的内在机制。

（一）扬·阿斯曼关于"卡龙"与文本经典化的论述

在《文化记忆》中，扬·阿斯曼结合书写文化的发展，对卡龙的历史内涵、形成、卡龙与文本经典化等进行了论述。他指出："卡龙"（Kanon）一词与"Kanna"（"芦苇"）相关联，古代两河流域的居民用这种笔直的植物制作标杆和标尺，这是卡龙的最基本词义；古希腊人在建筑活动中普遍使用校准木杆、铅锤、标尺等工具，以确保所砌砖墙的垂直，这些工具被称为卡龙，具有"直杆、仗、校准木杆、标尺"等意思。大约公元前5世纪中叶，希腊雕塑家波利克里特（Polyclitus）以《卡龙》为题编写了一本书，描写人体理想的比例，并制作一尊雕像，取名"卡龙"，作为

---

[1] [德]扬·阿斯曼:《文化记忆》，金寿福等译，北京大学出版社2015年版，第129页。
[2] [德]阿莱达·阿斯曼:《记忆中的历史》，袁斯乔译，南京大学出版社2017年版，第78页。

充分把握和实践有关人体比例理论的范本,在其影响下,希腊人把所有那些堪称典范因而成为经典的作品,都称之为"卡龙"。"无论是在技术领域还是在精神层面,希腊人使用卡龙这个概念都是为了追求和强调准确。无论在认识活动中还是在创作和创造艺术品、音调、诗句以及特定的行为方面,他们把卡龙视为恰当的准则。"① 卡龙渐渐演化为标准、典范、榜样、规则等意思,"经典之作以其纯正的形式体现了永远有效的准则"②。

到公元4世纪,教会开始用卡龙概念来称呼那些被奉为神圣的文献,卡龙的词义发生重大转移,"从此时起,卡龙一词总是表达这样一个概念,即被冠以卡龙的文献乃至神圣的传统。说它神圣,一是因为它具有绝对的权威性和约束力,二是因为它绝不许触及,禁止任何人'添加一个字,减少一个字,更改一个字'"③。从作为精确性、准则性的卡龙,到作为神圣性的卡龙,"卡龙"所具有的象征意义、神圣意义得到凸显和强化,神圣性的卡龙所"涉及的不是一般意义上的准则,而是准则之中的准则,即具有根本意义的、至关重要的和带有价值取向的准则,换言之,一个'神圣化的原理'"④;"当指涉不可触犯的神圣文献的时候,卡龙让人联想到相关文献规范人们的生活、指导他们和引导他们的力量"⑤。

扬·阿斯曼认为卡龙是从文化的仪式一致性向文本一致性过渡的体现和需要。在无文字社会中,仪式"能够原原本本地把曾经有过的秩序加以重现",而在文字使用后,作为传递意义的形式,"文本相对于仪式更不保险,因为它很有可能在流通和交流的过程中把意义转移出去"。为了防止"传统之流"被截断,人们需要规范性和典型性的文本,作为"保证文化一致性的基础和中坚力量"。"那些具有重要意义的文本被视为核心文本,经常被抄写和背诵,最后成为经典之作,拥有了规范和定型的价值",即被人们"奉为卡龙"。卡龙具有其神圣性,不容亵渎,"相关的人有义务一字不差地传承它,其中的一丝一毫也不容许篡改"。"一个被奉为卡龙的文

---

① [德]扬·阿斯曼:《文化记忆》,金寿福等译,北京大学出版社2015年版,第109—110页。
② [德]扬·阿斯曼:《文化记忆》,金寿福等译,北京大学出版社2015年版,第110页。
③ [德]扬·阿斯曼:《文化记忆》,金寿福等译,北京大学出版社2015年版,第119页。
④ [德]扬·阿斯曼:《文化记忆》,金寿福等译,北京大学出版社2015年版,第119页。
⑤ [德]扬·阿斯曼:《文化记忆》,金寿福等译,北京大学出版社2015年版,第122页。

本包含了一个群体所尊重的规范性和定型性价值，即'真理'"。

卡龙的形成是文本意义不断解释、定型、规范化的过程和结果，同时也是文本经典化的过程和结果。扬·阿斯曼指出，"一个文本并不是因为其神圣性，而是被奉为卡龙而需要解释"：

> 因为文字是固定的，不能有丝毫的变更，而人的世界不停地发生变化，一成不变的文本与不断变更的现实之间不可避免地存在距离，这种差距只能借助解释来加以弥补。如此一来，解释变成了保持文化一致性和文化身份的核心原则。只有对那些支撑身份认同的文献不断地进行解释，相关的人群才可能获得它们所蕴含的规范性的和定型性的效力。解释在这里俨然成为回忆的举动，解释者不啻为提醒者，他们告诫相关的人不要忘记真理。①

通过对卡龙的解释，使文本具有"权威性、仿效的价值和指导意义"，成为"具有典范性和规范性的传统之精华的化身"，也由此成为民族文化的"经典"和民族精神的象征。扬·阿斯曼借用犹太人的例子写道：在巴比伦流亡时期和第二圣典被毁时期，犹太人不仅丧失了法律和政治身份，而且不再拥有仪式上的连续性。但犹太人把《申命记》这部最为本真的文献建构为"便携的祖国"，虽然他们失去了土地和圣殿，尽管他们经历了五十年流亡生活，这个祖国依然具有凝聚力。

从扬·阿斯曼关于卡龙与文本经典化的相关论述中，可以发现文本经典化与文本意义阐释、文本意义再生产之间的内在关系：阐释（解释）让文本意义得以重生和复活，否则文本便"不再是意义的承载体，而是其坟墓"。在反复的阐释中，文本所负载的意义被定型和规范化，成为人们行动的主导性价值取向和准则，被奉为神圣性的"卡龙"，成为"经典"，"它代表了一个社会的整体，同时也代表了解释系统和价值系统。每一个个体通过承认它来融入到社会中去，并且以其成员的名义确立自己的身份"②。

---

① ［德］扬·阿斯曼：《文化记忆》，金寿福等译，北京大学出版社2015年版，第95页。
② ［德］扬·阿斯曼：《文化记忆》，金寿福等译，北京大学出版社2015年版，第129页。

扬·阿斯曼对卡龙和文本经典化的论述，与我国传统意义上的"经典"理解有共通之处，文本经典化是我国古今极为显要的文献传统，借鉴阿斯曼的论述，分析我国档案文献意义阐释与文本经典化，对思考档案记忆意义再生产与文本经典化具有启发价值。

（二）古代档案记忆文本经典化的历史考察

"卡龙"的文化象征在中国自古就存在。《隋书·经籍志序》言："夫经籍也者，机神之妙旨，圣哲之能事，所以经天地、纬阴阳、正纪纲、弘道德，显仁足以利物，藏用足以独善，学之者将殖焉，不学者将落焉。大业崇之，则成钦明之德，匹夫克念，则有王公之重。其王者之所以树风声、流显号、美教化、移风俗，何莫由乎斯道？故曰：其为人也，温柔敦厚，《诗》教也；疏通知远，《书》教也；广博易良，《乐》教也；洁净精微，《易》教也；恭俭庄敬，《礼》教也；属辞比事，《春秋》教也。"①"五经"（与《乐》合称"六经"，也称"六艺"。《乐经》毁于秦末战火，故为"五经"）与"四书"是中国文献中经典的经典，为"圣贤述作"②，"恒久之至道，不刊之鸿教"③，属于具有象征意义的中国"卡龙"。

自孔子编订"六经"起，考察"五经"作为经典的形成和传承过程，可以发现它们都是与历代对五经的注释、推崇、运用分不开的，这是中国经学的发展过程，也是"五经"文献政治化与经学意义再生产的过程。上海大学谢维扬教授指出："文献在整个古代生活中发挥着特别重要的作用，这是中国古代发展的一个重要特征，构成中国古代的文献传统。其最高表现是特定文献的组合即儒家经典，不仅是人们行为目标和规范的最高说明，而且是表明国家活动合理性和国家权力合法性来源的终极依据。汉代经学的发展对这一传统的形成有重要影响。包括通过立五经博士而使六艺被置于特殊地位，以及通过对儒学形上学的建设和强化对儒学的经世的运用使儒家经典组合最终具备指导国家政治和国民生活的至高品质。"④

---

① （唐）长孙无忌等：《隋书经籍志·卷一》，商务印书馆1936年版，第1页。
② （唐）刘知几：《史通·叙事第二十二》，上海古籍出版社2008年版，第126页。
③ （南朝·梁）刘勰：《文心雕龙·宗经第三》，新文化书社1933年版，第10页。
④ 谢维扬：《经典的力量：中国传统的现代去路》，《上海大学学报》2011年第2期。

鉴于"五经"("六经")与档案文献之间的关系[①]，在"五经"经学化、经典化、政治化过程中，也自然包含着档案记忆意义阐释与文本经典化的特征。如《诗经》，作为西周时期贫民与贵族的诗歌总集，不仅是文学史料，也是研究殷周时期的社会史料，是社会记忆档案化（"采风"）、文本化的过程与结果。《诗经》的编纂，大约经历了三次：第一次编辑当在周宣王时；第二次当在平王动迁后；第三次是孔子最后整理编定。[②]三次编纂既是对《诗经》的内容重新叙事，但更主要的则是为了"崇礼乐"，稳定政治统治与社会生活，特别是孔子编诗，意义更为巨大，他促使《诗》成为"周代礼乐文明制度的载体"。孔子之后，《诗》成"经"的过程，刘毓庆教授将其划分为七个历史阶段，其中第一阶段为先秦，主要还是从训诂学角度研究的，可以看作对《诗》内容的完善；第二阶段是两汉，是"诗经学"确立与鼎盛时期，传诗者主要有齐、韩、鲁、毛四家，前三家在汉武帝时即被立于学官，介入了官方意识形态的建构，属于今文学派，毛诗因后出，未能立于学官，长期在民间传播。"四家《诗》的学者共同努力，将《诗经》经典化、神圣化、政治化、历史化，创造了一个经学的时代"，奠定了旧《诗》学的根基，也确立了其圣典的性质和地位。在两千多年的中国历史中，几乎没有一个文化人不诵读《诗经》的，它不仅与每个时代人的精神生活相联系，与每个时代思想文化变迁相联系，更与整个中华民族思维、心理、气质、精神、性格等养成相联系。"尽管《诗经》的本质是文学的，她固然是天生丽质，但她要不是乘坐'经'的'圣驾'，浩浩荡荡地穿梭于历史的城镇村乡之中，怎能博得万千之众的'围观'与'喝彩'？怎能产生巨大的历史影响？""'诗'是她自身所具有的，'经'则是社会、历史赋予她的殊荣。"这种殊荣的获得，不只是作为"元典"的《诗经》，还有各时代产生的大量阐释性著作，是共同塑就了作为中华经典文化体系的《诗经》。[③]

"圣人以其心来造经典，后人以经典往合圣心也。故修经之贤，德近

[①] 曹喜琛教授在《档案文献编纂学》对孔子编订"六经"与档案文献编纂的关系做过深入论述。参见曹喜琛主编《档案文献编纂学》，中国人民大学出版社1990年版，第10页。
[②] 参见刘毓庆、郭万金《〈诗经〉结集历程之研究》，《文艺研究》2005年第5期。
[③] 《诗经》，刘毓庆、李蹊译注，中华书局2011年版，"前言"。

于圣矣。"① 由"修经"或"注经""解经",开启了一条中国经学(经典)诠释学之路,由此形成第二等级甚至第三等级的经典。即至清代,构成《四库全书》中的"经部"文献,分为"易、书、诗、礼、春秋、孝经、五经总义、四书、乐、小学"等10类。《四库全书总目提要》"经部总序"云:"经禀圣裁,垂型万世,删定之旨,如日中天,无所容其赞述。所论次者,诂训之说而已。"② 在经学注释中形成了具有严格体系的经、传、注三层结构:经为核心,传、记为辅翼,注解、章句、义疏则锦上添花。三国时东吴人杨泉将其比喻为:"夫五经则海也,传记则四渎,诸子则泾渭也。"在长期的经学诠释实践(修经、注经、解经)中,形成了许多阐释方法和阐释倾向,如文字阐释与义理阐释,"以事解经""知人论世"与"微言大意"③ 等。注经、解经中对于"义""理""意"等的追求、诠释与表达,都是文本(文献)意义再生产的实践与体现,档案记忆意义阐释与文本经典化融于其中。

(三) 近现代档案记忆文本经典化的典型案例

与中国古代对儒家经典的意义阐释与经典文本再生产不同,在近现代中国革命和社会主义建设时期,涌现出一大批红色经典文献:《共产党宣言》《星星之火,可以燎原》《六大以来》《六大以前》《义勇军进行曲》《黄河大合唱》《论持久战》《老三篇》《毛泽东选集》《邓小平文选》等,这些经典文献的形成,都与档案记忆意义阐释、文本经典化相关,试举两例说明。

其一,《共产党宣言》。《共产党宣言》(以下简称《宣言》)堪称"中国红色经典第一书"。1848年2月,《共产党宣言》正式发表,1899年前后由西方传教士传入我国;1920年4月由陈望道首次翻译成中文全译本,同年8月以上海社会主义研究社名义首次印刷出版,开启马克思主义在中国传播的新里程,也开启了《宣言》在中国百年传播、文本诠释、意义生

---

① (汉)王符:《潜夫论》,(清)汪继培笺,上海古籍出版社1978年版,第12页。
② (清)永瑢、纪昀主编:《四库全书总目提要·经部总序》,周仁等整理,海南出版社1999年版,第13页。
③ 参见周光庆《中国古典解释学导论》,中华书局2002年版,第11—12页。

产和文本经典化之路。据华东师范大学马克思学院陈红娟教授考察，建党初期，《宣言》的经典性尚未在党内成为共识性存在，党内对《宣言》的诠释"主要呈现为概览式梳理与总括式解读"；从延安时期到新中国成立前，在党内逐步实现对《宣言》"经典化"的精准定位与系统规制，诠释形式日渐多样化，包括党内政治学习、解读文章发表和纪念性活动诠释等；新中国成立后，在全国范围内掀起了"一场自上而下、由中央向地方辐射的'经典化'学习活动"，包括课程化与体系化诠释、集体化与组织化解读、规模化与常态化的纪念等；新时期对《宣言》诠释方式更加多元化：解读宣讲、展览出版活动、学术交流、影视发行、话剧演绎等，促进了《宣言》诠释样态由"文本注释式的诠释逐渐向理论诠释、观念诠释延展"。在诠释的历史发展过程中，在《宣言》的翻译、传播、诠释、意义生产与经典化过程中，《宣言》文本所具有的象征价值和意义越来越凸显，"行诸文字的文本逐渐转化为传播真理与塑造信仰的现实力量"。[①] 据介绍，目前《共产党宣言》首译本留存仅 12 份，皆成为相关保管单位的"镇馆之宝"，具有"卡龙"的象征价值。[②] 在中国革命事业发展中，《共产党宣言》共有百余种版本，其中中共一大纪念馆共珍藏 72 种，全部展出。[③]

其二，《六大以来——党内秘密文件》（以下简称《六大以来》），是延安时期毛泽东主持编纂的一部重要党的历史文献，是中国共产党早期的一部经典文献。抗日战争进入相持阶段后，在毛泽东提议下，中央从 1940 年下半年开始收集党的六大以来的历史文献，为即将召开的党的七大准备材料，并将收集来的重要文件汇编成册，"供高级干部学习与研究党的历史之用"。在毛泽东亲自主持下，《六大以来》在 1941 年 12 月出版，分"汇编"和"选集"两种版本，其中"汇编"本共收录从 1928 年 6 月党的六大到 1941 年 11 月期间党的历史文献 519 篇，约 280 万字；"选集"本在

---

① 陈红娟、姚新宇：《〈共产党宣言〉在中国的百年文本诠释与意义生产》，《探索与争鸣》2021 年第 6 期。
② 徐光寿：《〈共产党宣言〉：中国红色经典第一书》，《团结报》2021 年 8 月 21 日。
③ 《中共一大纪念馆文物大赏丨馆藏 72 本〈共产党宣言〉全部展出》，彭湃新闻网，[EB/OL] https://baijiahao.baidu.com/s? id = 1701521453747354945&wfr = spider&for = pc [2021 - 06 - 03]。

汇编基础上精练而成，共收录 86 篇文献。作为党的历史档案/文件的系统整理与编纂出版，《六大以来》"全面地反映了六大以来党的各项工作，主要的、次要的，正确的、错误的，为系统了解和认识党的历史、研究党的历史提供了基本材料"[1]，也为"整风运动的开展和七大的召开作了思想认识上的重要准备"[2]。在党史和中国革命史中，许多老一辈革命家都对《六大以来》的意义做过阐释和说明。杨尚昆说："我们系统地读了'党书'，有一个鲜明的比较，才开始认识到什么是正确路线，什么是错误路线；什么是创造性的马克思主义，什么是教条主义。'党书'在延安整风中确实发挥了巨大作用，是犀利的思想武器。"[3]《六大以来》开创了全面系统整理党的历史文献（档案/文件）的先河，也开创了编纂党史档案开展政治学习、思想教育和理论研究的典范。它与其后的《六大以前——党的历史材料》《两条路线》同为中国红色档案编纂史的一座丰碑，被毛泽东称为三大"党书"。

2021 年 11 月 1 日，由中央档案馆国家档案局和中央电视台联合摄制的五集档案行业宣传片《档案背后的秘密》在央视中文国际频道（CCTV-4）《国家记忆》栏目开播。其中涉及瞿秋白起草的《文书处置办法》、中共二大的《中国共产党章程》《北京奥运会申请书》等重要经典文献，并对这些经典文献的意义进行了阐释，这也是一次对档案记忆意义阐释与文本经典化的典型案例。如果对党的历史上每份重要档案文献进行考察，可以发现在历史的不同时期，它们都存在不同的意义阐释与意义表达，既是档案记忆形式、内容、意义再生产的统一，也是意义的目的性、价值性、成效性阐释的统一。

（四）记忆意义阐释与时代经典再生产

2021 年 7 月 6 日，在中国第一历史档案馆新馆开馆之际，习近平总书记做出重要批示，要求档案部门和档案工作者要把"蕴含初心使命的红色

---

[1] 高振：《运用历史文献推动党史学习研究的典范——毛泽东主持编辑〈六大以来〉的历史作用探析》，《文化软实力研究》2021 年第 3 期。
[2] 徐建国：《再谈毛泽东为什么编〈六大以来〉》，《党的文献》2017 年第 3 期。
[3] 《杨尚昆回忆录》，中央文献出版社 2001 年版，第 209 页。

档案保管好、利用好，把新时代党领导人民推进实施中华民族伟大复兴的奋斗历史记录好、留存好，更好地服务党和国家工作大局、服务人民群众"①。习近平总书记的重要批示，对指导我们充分做好档案记忆意义阐释，打造具有象征性的档案记忆时代经典具有重要指导意义。

"每个时代拥有属于自己的卡龙。"扬·阿斯曼的这句话既可指向每一时代对传统卡龙/经典进行时代性理解和阐释，重构具有时代性的经典；也可指向每一时代都会生产出属于自身时代的经典作品。在"以前瞻的方式指向即将开启的视域"中，作为档案记忆意义阐释或意义再生产，如何生产出具有时代意义的经典作品，也是档案记忆再生产需要进一步深化思考的问题。在此略作探讨，以待深述。

1. 强化传统经典文献的现代阐释

"每一代人都有对经典进行重新理解和解释的任务。"② 对于历史上的传统经典，特别是档案记忆经典，一方面需要重新阐释才能在新的时代再度进入人们的视野，开启新的生命运动。如扬·阿斯曼所言："一个文本距离人们铭记心间的可能性越远，即尘封在资料库中，那么这个文本就越发变成了一个空壳，甚至可以被说成是一座坟墓，因为它已经埋藏了原来在活生生的交往过程中起到过作用的意义。结果传承下来的文献当中有相当一部分成为陌生的、遗忘的角落，它们构成了被遗忘的知识，几乎与未知的东西没有什么两样。"③ 结合时代性，重新阐释和建构其时代意义，发掘发现其时代价值，使其重新焕发荣光。谢维扬教授在分析中国传统经典的现代意义时指出，"古代文献传统作为古代政治和社会生活运作程序的一个部分尽管已不再存在，但是使其发生作用的核心——儒家经典及所有有关的古代文献由于其独特的内容是不会被忘却的"；中国经典的永久价值在于"古代中国认知本身所达到的成就"，是"辉煌的人类智慧"，"通过读懂它们来帮助、支持和启示现代人的深入思考和塑造人自身"，其

---

① 伊部：《国家档案局印发〈通知〉要求认真学习贯彻习近平总书记对档案工作重要批示》，《中国档案报》2021 年 7 月 29 日。
② 潘德荣：《诠释学导论》，广西师范大学出版社 2015 年版，第 17 页。
③ ［德］扬·阿斯曼：《文化记忆》，金寿福等译，北京大学出版社 2015 年版，第 95 页。

"显现的正面的价值是可以进入中国的现代生活的"。①

2. 打造具有经典价值的档案记忆作品

档案记忆作为历史活动的记录,其自身就具有见证和象征的意义,通过再生产过程中对其意义的不断阐释,其生成的档案记忆作品自身就具有成就经典的潜质。保罗·利科说:"见证者的活的话语转变成书写,并消散在大多数档案文献中,这些档案文献属于一个新的范式,'征象'范式,其囊括每一种痕迹。"② 档案记忆再生产作品或档案记忆作品,是在对档案记忆原生文本进行加工组合而形成的,在内容叙事上具有高度的凝练性、聚合性、选择性,在意义上具有目的性、时代性、导向性和价值赋予性,优质的"原料",加上精细的"加工",必然能够塑就出时代经典作品。

在我国历史上,档案记忆再生产从未中断,因而也从来不乏档案记忆的"经典"之作。且不说孔子编订的"六经"被后世奉为儒家经典、国学经典(因《乐经》毁,而为"五经"),再如人们所熟知、传诸后世的《资治通鉴长编》《唐大诏令》《两汉诏令》《三朝北盟汇编》《元典章》《大明会典》《清会典》《历代名臣奏议》等也都具有时代典范的意义。曹喜琛先生在《中国档案文献编纂史略》一书中对此有较为系统的分析,可以从中窥测时人对其意义的阐释,也可窥测今人对其意义的再度理解和论述。

20 世纪 90 年代后,随着影像技术、媒体技术、数字技术的发展,在充分利用档案作为叙事素材基础上制作展播的当代影视作品、电视文献片(或称文献片、文献纪录片、档案文献纪录片)、数字作品,如《毛泽东》《周恩来》《邓小平》《新中国外交风云录》《新中国体育 50 年》《新中国科技 50 年》《共和国之最》《中国 1949》《人民不会忘记》《共和国的脚步》《红旗飘飘——中国共产党历史上的今天》《自从有了共产党》《新四军》《新中国档案》《中国记忆》《国家记忆》等,一部又一部纪录片向人们展示了恢宏的历史,真实、全面、生动、形象地再现了新中国的缔造者和建设者们走过的艰难历程与创造的辉煌业绩,弘扬了十一届三中全会以

---

① 谢维扬:《经典的力量:中国传统的现代去路》,《上海大学学报》2011 年第 2 期。
② [法] 保罗·利科:《记忆,历史,遗忘》,李彦岑等译,华东师范大学出版社 2018 年版,第 666 页。

来的时代主旋律，成为具有时代意义的经典佳作。"一部作品之所以被奉为经典，其原因绝不是后世接受过程中的随机任意性，而是它本身所蕴含的潜力得到了充分的发展或者实现。"①而对其蕴含潜力的"充分的发展或实现"，则必须通过意义阐释及其艺术再生产才能够达到。

"一切艺术都带有它的历史时代的印记，而伟大的艺术是带有这种印记最深刻的艺术。"（马蒂斯语）在2007年举办的"利用档案资源创作重大革命历史题材影视精品与发展繁荣社会主义文化"座谈会上，影视专家认为，重大革命历史题材的影视作品从档案材料入手，就使作品本身天然地具有了"经典性""权威性"，许多成功的电视文献片正是充分发挥了国家档案馆的这一作用，以大量第一手的文字、图形、音像档案资料为基础，创造出了社会反响巨大的荧屏佳作。②当代档案记忆作品的生产制作，更需要有意识地注重挖掘和阐释档案记忆中蕴含的意义，着力打造具有时代价值的记忆经典。

3. 以红色档案经典筑牢党的精神谱系

"红色经典"一般是指产生于或者反映"中国共产党领导下的社会政治运动和普通工农兵生活的典范性作品"③。红色经典范围广泛、内涵丰富，既包括优秀的文艺作品④，也包括党在革命战争年代、社会主义建设和改革开放等不同时期形成的重要文件、讲话、经典论述、珍贵档案等，如《星星之火，可以燎原》《遵义会议决议》《论持久战》《在延安文艺座谈会上的讲话》《新民主主义论》《关于建国以来党的若干历史问题的决议》；洗星海《黄河大合唱》手稿、八一南昌起义档案文献、百色起义档

---

① [德] 扬·阿斯曼：《文化记忆》，金寿福等译，北京大学出版社2015年版，第108—109页。
② 杨少波：《历史记忆的现代传达——专家学者座谈利用档案资源创作革命历史题材影视精品》，《人民日报》2007年2月25日。
③ "红色经典"，百度百科，[EB/OL] https://baike.baidu.com/item。
④ 红色文艺经典有如《红岩》《红旗谱》《创业史》《青春之歌》《保卫延安》《林海雪原》《太阳照在桑干河上》等小说；《义勇军进行曲》《东方红》《保卫黄河》《歌唱祖国》《唱支山歌给党听》《春天的故事》《我的祖国》《走进新时代》等歌曲；《中华儿女》《铁道游击队》《烈火中永生》《红色娘子军》《英雄儿女》《闪闪的红星》《开国大典》等电影；以及红色芭蕾舞剧《红色娘子军》，现代京剧《红灯记》《智取威虎山》《沙家浜》《奇袭白虎团》；等等。这些作品之所以成为时代经典，与其艺术性和记忆意义再生产是密不可分的。既是艺术性，也是其时代记忆或红色记忆、革命记忆意义的艺术再现。

案史料、长征史料、中华人民共和国开国大典档案、中华人民共和国第一届全国人民代表大会第一次会议档案、南京长江大桥建设档案……这些红色档案经典代表着一个时代，承载着那个时代的记忆，也是一种时代的精神象征和一种信仰的力量。

习近平总书记《在庆祝中国共产党成立100周年大会上的讲话》中指出："一百年前，中国共产党的先驱们创建了中国共产党，形成了坚持真理、坚守理想，践行初心、担当使命，不怕牺牲、英勇斗争，对党忠诚、不负人民的伟大建党精神，这是中国共产党的精神之源。"[1] 以"伟大建党精神"为开篇，在百年接续奋斗中，团结带领全国各族人民创造了一系列伟大成就，铸就了一系列伟大精神，包括新民主主义革命时期的井冈山精神、长征精神、遵义会议精神、延安精神、西柏坡精神等；社会主义革命和建设时期的抗美援朝精神、红旗渠精神、大庆精神和铁人精神、雷锋精神、焦裕禄精神、"两弹一星"精神等；改革开放和社会主义现代化建设新时期的特区精神、抗洪精神、抗击"非典"精神、载人航天精神、抗震救灾精神等；中国特色社会主义新时代的探月精神、新时代北斗精神、伟大抗疫精神、脱贫攻坚精神等，这些伟大精神是"中国共产党在完成不同历史任务中弘扬伟大建党精神的具体表现，共同构筑起中国共产党人的精神谱系"。[2]

红色档案经典与党的精神谱系建构相辅相成、相得益彰。一方面红色档案经典可以为党的精神谱系建构提供思想资源支撑，通过红色档案经典的意义阐释，丰富党的精神谱系的内涵和表达，展示和表征党的伟大精神；另一方面，党的精神谱系也为红色档案经典提供"观念体系""思想系统"或"意义框架"，将红色档案经典置于党的精神谱系，才能更加凸显其时代意义。在当代档案记忆意义再生产中，将红色档案经典的意义阐释与党的精神谱系建构有机结合起来，以红色档案经典的意义阐释或再生产，在筑牢中国共产党的"伟大建党精神"和"精神谱系"的同时，也使党的红色档案经典成为党的精神谱系的时代象征。

---

[1] 习近平：《在庆祝中国共产党成立100周年大会上的讲话》，人民出版社2021年版，第8页。
[2] 中共中央党史和文献研究院：《伟大建党精神：中国共产党的精神之源》，《求是》2021年第14期。

第八章

档案记忆再生产的伦理关怀

美国犹太人哲学家阿维夏伊·玛格利特指出:"(有)伦理的记忆是一项事业……在记忆共同体中,作为获得某种不朽的事业,记忆采取了与复活类似的形式。"[①] 在记忆的生产和建构过程中,伦理与道德几乎是无处不在的,[②] 作为社会记忆实践的独特领域,档案记忆再生产或明或暗、或多或少与伦理问题相关联,是社会伦理的折射"场域"。"档案工作者是建构社会和历史记忆的积极因素,在此过程中,他们不仅有义务保护或记录过去,还有责任把未来的需要和期望铭记于心,惟其如此,才更能反映社会的价值而不只是某些重要用户或传统用户的价值。"[③] 档案记忆再生产如何将未来铭记于心,秉持何种伦理目标、原则与规范,强化记忆再生产对人类普遍"善目"(善或至善的目标追求)的伦理关怀,促进人类正义事业发展,推动人类命运共同体构建,是档案记忆再生产必须思考并着力追求的伦理事业。

一 档案记忆再生产的伦理问题

玛格利特在《记忆的伦理》中写道:"我所强调的是,记忆义务的资源一方面来自与破坏道德根基的绝对的恶的斗争;另一方面,除了其他必

[①] [以] 阿维夏伊·玛格利特:《记忆的伦理》,贺海仁译,清华大学出版社2015年版,第100页。
[②] 赵静蓉:《记忆的德性及其与中国记忆伦理化的现实路径》,《文学与文化》2015年第1期。
[③] [加拿大] T. 库克:《铭记未来——档案在建构社会记忆中的作用》,李音译,《档案学通讯》2002年第2期。

备的条件,则源于对过去的重新认识以及对集体记忆的管理。"① 社会再生产既是物质资料再生产,也是一种生产关系、社会关系,同时包含道德关系的再生产,档案记忆再生产作为社会记忆再生产的一种形态,也是生产关系、社会关系、道德关系再生产的社会机制,其中必然存在着值得探讨的伦理问题。

(一) 社会记忆研究中的伦理关切

"记忆伦理"是记忆研究中相对较晚的新论域。"虽然从洛克以来,记忆在关于自我的同一性和连续性的哲学探讨中有至关重要的地位,但关于记忆的评价性追问却被哲学家忽略了。"② 自社会记忆研究开创以来,受哈布瓦赫"现在中心观"的影响,学者更多地将社会(集体、历史、文化)记忆及其建构与政治意识形态、与社会权力结构关联起来,思考并不停地追问:谁在记忆?记忆什么?如何去记忆?什么被记住,什么又被忘却?谁能声名远播,谁又无声无息?这样的提问及其解答使"社会记忆成为政治权力的一个呈现",也在社会记忆研究中形成了"权力范式"。这种学术意识"一方面可以说明权力在社会生活中确实占据比较重要的地位;但另一方面,不得不指出,这样的强调往往遮蔽了所研究之物的其他面相,阻碍了我们对记忆其他方面的关注,如记忆的伦理学问题,这既是社会科学的一个误识,也是一个范式的局限"③。

20世纪80年代后,特别是21世纪以来,随着历史学、政治学、文学、社会学等领域对战争、创伤、灾难等记忆研究的深化,记忆伦理问题渐次呈现。学者不仅开始思考记忆与伦理的关联问题;而且将目光转向什么应该记住、什么(是否)可以遗忘,记忆是面向过去还是面向未来,以及记忆与遗忘中的善与恶、对与错、罪责与债责、遗忘与宽恕等诸多问题,使记忆伦理研究呈现出一幅既令人深思,又意境无穷的"新景观"。

---

① [以] 阿维夏伊·玛格利特:《记忆的伦理》,贺海仁译,清华大学出版社2015年版,第73页。
② Jeffrey B., *The Moral Demands of Memory*, New York: Cambridge University Press, 2008, p. 1.
③ 刘亚秋:《从集体记忆到个体记忆——对社会记忆研究的一个反思》,《社会》2010年第5期。

玛格利特首先提出记忆伦理是否存在的问题，他指出"存在记忆的伦理吗？或者说有作为个人的微观记忆伦理和作为集体的宏观记忆伦理吗？……我们有义务记住过去的人和事物吗？如果有的话，该义务的性质是什么？存在关于记住或忘记道德赞美或道德谴责的适当主体吗？谁是那个有记住义务的'我们'：'我们'作为集体还是'我们'作为某种集体的构成性要素使我们有义务记住集体中的每一个人"。他明确提出"我的结论是存在记忆的伦理"。①

玛格利特将人际关系分为浓厚关系（亲戚朋友或民族同胞）和疏淡关系（普通的人类关系），他认为伦理与道德分别涉及人际关系的不同方面："道德主要关涉尊重和谦卑，这些态度体现于疏淡关系的人群中，而伦理学主要关涉忠诚和背叛，并体现于浓厚关系的人群中"②；记忆主要属于伦理而非道德范畴，"由于道德包含了全人类，因此，其范围大，但短于记忆；伦理则典型地范围小而长于记忆。记忆如同粘合剂把具有浓厚关系的人结合在一起，因此，记忆共同体是浓厚关系和伦理的栖息地。依靠这种聚合浓厚关系的关键功能，记忆成为伦理学的明显关切，它告诉我们如何处理人际之间的浓厚关系"③。立足如何处理人际之间的浓厚关系，玛格利特对共享记忆、记忆共同体、情感回忆、道德见证人、宽恕与忘却等问题进行了探讨，提出了一系列精彩的、富有启发性和挑战性的观点、质疑与建议。

如何对待"过去"和"现在"，又如何面向"未来"，是记忆伦理研究中的难题与核心，它一方面关涉我们对"过去"的记忆责任；另一方面也关涉我们现在的生活态度，关涉对"生"的意义的理解，更进一步关涉宽恕和忘却。玛格利特在《记忆的伦理》前言中提及他的父母关于记忆中的生与死问题的争论。作为犹太人，他的母亲难以忘怀过去，她认为，"二战"后犹太人剩下的仅为犹太民族的碎片，犹太人因此形成了一种可

---

① [以]阿维夏伊·玛格利特：《记忆的伦理》，贺海仁译，清华大学出版社2015年版，第7页。
② [以]阿维夏伊·玛格利特：《记忆的伦理》，译文见陶东风《记忆的伦理：一部被严重误译的学术名著》，《文艺研究》2018年第7期。
③ [以]阿维夏伊·玛格利特：《记忆的伦理》，译文见陶东风《记忆的伦理：一部被严重误译的学术名著》，《文艺研究》2018年第7期。

称为"灵魂蜡烛"的记忆共同体,并时时怀念逝者。父亲则站在生者的立场,认为"如果活着只是为了纪念逝者,那将是可怕的景象",父亲认为,美好共同体应当着眼于当代和未来,而不能让逝者的因素发挥主导作用。玛格利特将义务概念引入对以上问题的讨论,即我们有义务记住过去的人和事物吗?我们又该如何面对这一"义务"?①

在对待"过去"问题上,涉及的关键问题就是对"罪责"的追问和承担。德国学者格特鲁德·科赫(Gertrud Koch)认为,有关纳粹大屠杀,基于可见叙述的过去有三种模式:第一种模式是道德神学模式,它呼吁人们通过回忆向死难者表示休戚与共,让人们回想过去并承担为过去做证的义务。这一回忆模式站在死难者立场,要求尽量保留死者的东西,试图让死者发声。第二种模式是心理治疗模式,它基于精神创伤的观念而寻求一种广义上的心理治疗。这种记忆模式的目的是医治生者的负罪感,让其重返生活,它显然是为生者和幸存者服务的。第三种模式是政治教育模式,它问及人们对未来的责任,寻求人们在社会、道德和政治层面上的责任。②刘亚秋对此指出,"这里面存在一个悖论,即如果要医治生者的负罪感,那么如何在一个时间进程中追究生者的罪责问题?反思罪责问题,不能在时间上缺少过去和未来的维度,尤其不能缺少幸存者作为责任主体这一内容"③。保罗·利科认为记忆责任的提出超出单纯的记忆现象学的界限,甚至也超出历史知识认识论的可解释性资源范畴。作为正义的命令,它属于一个不断走向道德问题域的范畴,"我们因此将不得不面对记忆、遗忘的话语和罪责、宽恕的话语之间的微妙联系"④。

面对历史灾难和历史罪责,人们在寻求宽恕与和解。玛格利特提出:"我们应当为了宽恕的目的而忘却吗?"⑤ 他认为,作为道德共同体的人类,

---

① 刘亚秋:《记忆伦理与延迟的弥补——论记忆中的生和死》,《江海学刊》2018年第3期。
② [德]格特鲁德·科赫:《感情或效果:图片有哪些文字所没有的东西?》,载[德]哈拉尔德·韦尔策编《社会记忆:历史、回忆、传承》,季斌等译,北京大学出版社2007年版,第76页。
③ 刘亚秋:《记忆伦理与延迟的弥补——论记忆中的生和死》,《江海学刊》2018年第3期。
④ [法]保罗·利科:《记忆,历史,遗忘》,李彦岑等译,华东师范大学出版社2018年版,第115页。
⑤ [以]阿维夏伊·玛格利特:《记忆的伦理》,贺海仁译,清华大学出版社2015年版,第14页。

应该有最低限度的分享的道德意识,因此,记忆的事业不应该完全留给较小的伦理共同体。全人类都应该记住的事情是存在的,那么,什么是全人类都应该或有义务记住的事情?玛格利特的回答是:"绝对的恶和反人类罪,如奴役、驱逐平民和集体灭绝等。"① 保罗·利科也提出:"如果因此正当地提出遗忘的某个形式,那不会是一个对恶闭口不谈的责任,而是一个心平气和地、没有愤怒地述说恶的责任。这个述说不是对一个命令、一个指令的述说,而是以祈愿语气,对一个心愿的述说"②;"愉快的记忆如果不同样是一种公平记忆,又能是什么?"③

记忆伦理研究方兴未艾、意涵深远,近年来不仅在传统人文科学领域硕果累累,而且正在向媒介记忆、数据记忆、档案记忆等领域延伸拓展,显示出学者对记忆的伦理"道德关爱"或"伦理关怀"及其相应的伦理规范、准则。正如保罗·利科所言:"在历史之下,是记忆和遗忘。在记忆和遗忘之下,是生命。书写生命却是另一种历史。永未完成。"④

(二) 档案记忆伦理的提出与探讨

档案领域对伦理问题的关注,肇始于20世纪20—30年代。1929年埃德加·哈兰(Harlan E. R.)发表《私人文件处理中的伦理问题》(Ethics Involved in the Handling of Personal Papers)一文,以档案馆保管私人档案为线索,探讨私人档案保管与利用的伦理问题。⑤ 20世纪80年代以来,在社会档案意识提高、社会信息共享推进、社会民主化进程加速、社会正义与人权维护呼声提高等多重因素影响下,国内外对档案伦理问题的关注与探讨不断增强,学者将档案伦理问题纳入维护人类历史真相、社会公平正

---

① [以]阿维夏伊·玛格利特:《记忆的伦理》,译文见陶东风《记忆的伦理:一部被严重误译的学术名著》,《文艺研究》2018年第7期。
② [法]保罗·利科:《记忆,历史,遗忘》,李彦岑等译,华东师范大学出版社2018年版,第609页。
③ [法]保罗·利科:《记忆,历史,遗忘》,李彦岑等译,华东师范大学出版社2018年版,第670页。
④ [法]保罗·利科:《记忆,历史,遗忘》,李彦岑等译,华东师范大学出版社2018年版,第667页。
⑤ Harlan E. R., "Ethics Involved in the Handling of Personal Papers", *The Annals of Iowa*, Vol. 16, No. 8, (April 1929), pp. 610–621.

义、公民信息权利以及平等共享等论域,对档案工作(管理)伦理、档案职业伦理、档案信息伦理、档案伦理准则、档案与社会正义、档案伦理与法律、档案伦理国际化、个人档案与专门档案涉及的伦理问题等进行了多方面探讨,[1] 使档案伦理研究显示出由管理伦理,特别是职业伦理向记忆伦理融合进化的势头。

档案职业伦理与职业准则是档案管理伦理中的重要议题。凯伦·本尼迪克特(Benedict K.)在其出版的《伦理与档案专业:简介与案例研究》(*Ethics and the Archival Profession: Introduction and Case Studies*)一书中,细致分析了伦理与职业准则的区别,通过实践案例指出实践工作中各机构内部所面临的伦理问题;提出档案的捐赠者很可能会触及法律问题(如隐私权、税费、知识产权),以及伦理问题(如开放、保密、真实性)。[2] 迈克尔·库克(Michael Cook)以人权为背景,以对档案工作者伦理准则的应用情况调查为基础,对记录与档案管理工作职业伦理加以分析。理查德·J. 考克斯(Cox R. T.)将档案焦虑与职业使命有机地联系在一起,认为这种焦虑反映出档案职业的社会性变化,呼吁档案教育工作者对下一代档案人的教育应站在所有挑战、争论、矛盾的中心看问题。[3] 格伦·丁沃尔(Dingwall G.)认为档案工作伦理准则应放在职业这一背景下予以审视,且这种伦理准则应建立在档案工作者、记录生成者、记录利用者与社会公众之间的关系基础上,注重档案工作伦理准则的专业术语能够更好地完成这项任务。[4] 与学术探讨相呼应,国际档案理事会1996年颁布了《档案工作职业道德准则》,2008年进行了修订完善。美国档案工作者协会也在2005年发布《档案工作伦理准则》,以确保档案的价值判断、真实可靠、安全保存、开放利用、隐私保密为切入点,为档案工作者提供一套高标准的职业原则,激励档案工作者努力构建一个值得社会公众信赖的档案机构。[5]

---

[1] 参见曹玉《档案管理伦理问题研究》,《档案学通讯》2016年第5期。

[2] Benedict K. , *Ethics and the Archival Profession: Introduction and Case Studies*, Chicago: The Society of American Archivists, 2003.

[3] Cox R. T. , *Archival Anxiety and the Vocational Calling*, Sacramento: Litwin Books, 2011.

[4] Dingwall G. , "Trusting Archivists: The Role of Archival Ethics Codes in Establishing Public Faith", *The American Archivist*, Vol. 67, No. 1 (Spring-Summer 2004), pp. 11 – 30.

[5] 参见曹玉《档案管理伦理问题研究》,《档案学通讯》2016年第5期。

在国外档案伦理研究的影响下，我国学者也对档案管理伦理进行了积极探讨。如蒋冠等论述了档案职业伦理的内涵与功能，提出档案职业的基本伦理与构建的建议。曹玉对档案管理伦理进行了较为全面的分析，认为"档案管理伦理是各主体之间围绕档案这一客体资源进行各项活动时产生的关系问题，宏观意义上的档案管理伦理又包括档案管理规范伦理、档案管理责任伦理与档案职业伦理三大类"[1]。张志惠对档案修复伦理规范构建进行了思考，提出档案修复伦理的体系构建也应着眼于法律体系、评价体系、伦理规范与个人教育。[2]

档案管理伦理不仅涉及档案记忆的留存，还涉及档案工作者、记录形成者对档案记忆形成权力、社会记忆建构权力的合理使用，潜在地涉及档案工作者对历史真实（相）、社会公平正义的维护，因此也是档案记忆再生产伦理研究中关注的问题。与档案管理伦理相比，近年来对档案记忆伦理的关注更加突出，往往更直接地与历史真相、社会公平正义相关联。其中，学术影响较为显著的学者有：维恩·哈里斯（Verne Harris）、兰达尔·吉莫森（Randall C. Jimerson）、温迪·达夫（Wendy M. Duff）等。

南非著名档案学者维恩·哈里斯是"档案与社会正义"研究领域的权威学者，他认为无论在哪里工作的档案工作者，都会受到正义的号召并呼吁正义，[3] 档案工作者应把追求社会公平与正义作为自己的职业伦理。在其代表作《档案与正义：南非的视角》中，哈里斯结合南非"转型正义"实践，提倡"档案追寻正义"的思想，认为在南非反对种族隔离斗争中，南非档案界形成了"档案追寻正义"的传统，这一传统在当代仍然具有重要的现实意义。他指出："档案工作是反对种族隔离压迫斗争的一个组成部分；档案工作者不是一个客观的档案保管员，而是一个维护或者反对压迫制度的记忆活动家；为各种声音和叙事创造表达的空间，包括被种族隔离制度导致的沉默；反对旧南非社会占主导地位的元叙事，建构一个新南非的元叙事；档案工作在南非反对种族压迫斗争接近尾声，但档案维护正

---

[1] 曹玉：《档案管理伦理问题研究》，《档案学通讯》2016年第5期。
[2] 张志惠：《我国档案修复伦理规范构建的思考》，《档案学通讯》2017年第5期。
[3] Harris V., "The Archival Sliver: Power, Memory, and Archives in South Africa", *Archival Science*, Vol. 2, No. 1 (March 2002), pp. 63–86.

义传统仍然需要发扬光大。"① 2005年8月，曼德拉基金会在南非约翰内斯堡举办"为正义而记忆"国际学术研讨会，哈里斯多角度阐释了"社会正义是档案工作的指导原则"，解释了"为正义而记忆"的四层内涵：档案是社会正义的记忆工具；记忆工作者是社会话语的积极参与者；在社会话语中给共同体成员一个话语空间；为记忆保存创立新的结构②；此外，他还提出"好客伦理"和"创造新公众"的观点，倡导对话、多元、宽容、相互理解和相互尊重，积极参与更广泛的社会进程，创建相互信任和相互尊重的新公众。③

美国档案学者兰达尔·吉莫森将学术重心转向档案伦理问题，探讨档案工作领域维护社会公平正义及其途径。在《档案馆权力：记忆，责任和社会公平》(Archives Power: Memory, Accountability, and Social Justice) 一书中，吉莫森指出，档案责任与职业伦理就是恪守诚实、公平、真实、专业的原则，在档案和记忆的实际工作中，档案工作者和文件管理员必须立场坚定，勇于为社会和未来负责，保护文件和文件保管体系的完整性与真实性。④

温迪·达夫等在《社会正义对档案的影响：初步考察》一文中，分析了档案与社会正义的关系，提出寻求研究社会正义的档案学新方法，认为这种方法"涵盖了从文件的形成到文件保管斗争全过程，并且把从这些过程中获得的认识，应用到争取社会正义的努力中。这些过程包括什么会被记录和如何被记录，以及这些文件和其他信息资源是如何被选择、管理、控制、访问和保存等"⑤。他们指出档案所具有的证据价值对推进社会正义意义重大，"这些被保存的文件，即使没有被使用，它也会成为促进一种

---

① Harris V., "Jacques Derrida Meets Nelson Mandela: Archival Ethics at the Endgame", *Archival Science*, Vol. 11, No. 1 (March 2011), pp. 113-124.

② Harris V., Cook T., Archives for Social Justice: Implications for Archival Functions, Calgary: Alberta Society of Archivists Conference, 2012 [2013-10-15]. http://www.archivesalberta.org/media/images/pdfs/ASA-2012-conference-booklet-web.

③ 参见付苑《档案与社会正义：国外档案伦理研究的新进展》，《档案学通讯》2014年第4期。

④ Jimerson R. C., *Archives Power: Memory, Accountability, and Social Justice*, Chicago: Society of American Archivists, 2009.

⑤ 转引自付苑《档案与社会正义：国外档案伦理研究的新进展》，《档案学通讯》2014年第4期。

负责任和透明文化的潜在监督者与正义卫士,成为公民的权利与政府的责任的捍卫者"①。

对档案与社会正义的探讨不仅涉及档案(工作)留存、构建了谁的记忆,以及如何维护社会正义,也涉及如何处理"过去",如何宽恕过去的罪责,实现民族和解,因而直接关乎"记忆伦理"。虽然档案界对档案与社会正义问题进行了一定探讨,但就"记忆伦理"论域所涉及的丰富内涵而言,仍显得较为狭窄。另外,将档案记忆伦理学与档案记忆政治学(权力)结合起来,可以发现其中还存在一定的悖论,即档案记忆既然渗透政治权力,又如何能够实现社会正义呢?由此看来档案记忆伦理问题远未得到解决。

(三) 档案记忆再生产伦理问题的分析基础

对档案记忆再生产伦理加以关注和探讨有两方面原因:一方面是由于档案记忆再生产过程中伦理问题不容回避,特别是在社会环境伦理、技术伦理、信息伦理、媒体伦理、数据伦理等普遍受到关注和重视的背景下,人们对档案记忆伦理问题的认识和关注正在不断提高。除了上文提及的中外档案学者讨论的档案管理伦理和档案记忆伦理外,2008年,美国密歇根大学还举办"交叉学科视角下档案与记忆建构的伦理"学术会议,会议主题直接指向"档案记忆伦理",讨论档案、职业伦理、权力关系、社会公平和历史责任的关系等问题。这些(类)成果和学术活动反映出档案领域对档案记忆伦理的探讨有着越来越明显的学术自觉。

另一方面,在社会记忆伦理研究中,学者提出的富有启发价值的学术思想,为我们提供了更为开阔的探讨空间。如玛格利特在讨论"共同记忆"与"共享记忆"时指出:共同记忆是"共同经历某个事件的诸多个人记忆之集合",作为一个"集合观念",它"集中了记住某一事件的所有人的记忆,但是彼此之间没有交流"②;而共享则恰恰相反,记忆者不必在

---

① Duff M. W., Flinn A., Wallace D., et al., "Social Justice Impact of Archives: A Preliminary Investigation", *Archival Science*, Vol. 13, No. 4 (January 2013), pp. 317-348.

② [以] 阿维夏伊·玛格利特:《记忆的伦理》,译文见陶东风《记忆的伦理:一部被严重误译的学术名著》,《文艺研究》2018年第7期。

场,但他们之间要有交流。"共享记忆不是个人记忆的简单相加":"一种共享记忆整合着记住事件的人的不同视角……并将这些片段标准化为一个版本。"① 即"当时不在场者通过描述而非直接经验分享了亲历者的记忆"②。由此,需要我们思考"当时不在场者"又是如何通过"描述"分享了亲历者的记忆呢?阿莱达·阿斯曼似乎为我们提供了某种解答,即"同样属于这一代人的大屠杀受害者……正因为他们具有'道德证人'的牢固地位,所以人们非常有意地通过对书面和影像的见证进行存档,来为他们将来的不在场做好准备"③。阿莱达·阿斯曼的这句话不仅将我们引向"道德见证(人)",而且还直接将档案("书面和影像的见证进行存档")与记忆分享相关联,揭示出档案在共享记忆形成的作用。类似的论述还有很多,它们都直接或间接与档案记忆及其再生产相联系,梳理、吸收这些学术思想,对深化档案记忆(再生产)伦理问题探讨无疑能提供巨大的学术引领力。

伦理学亦称作道德哲学,它关心的问题是:"好的生活是什么样的?有没有道德责任和义务这类的东西在束缚我们?也就是说,有些事是不是我们真正应该去做的?有些道德观点要比其他道德观点'好'吗,还是说,所有的道德观点都是一样正确,或者,都一样不正确的?价值观是绝对的吗?或者,价值观是否与时间和地点有关。"④ 美国伦理学家麦金泰尔(Alasdair C. MacIntyre)将伦理学研究目标或旨趣概括为对"德性""善目"的追求。他认为为了追求"德性""善目",人们必须利用理性对行为进行审慎的评判——"合乎德性的行为如果离开了审慎的人的判断,是无法说清楚的"⑤;同时,必须明确一定的规则——"我们所欲求的任何善,惟有通过阐明那支配我们行为的规则才能说清楚,这些规则(所)支

---

① [以] 阿维夏伊·玛格利特:《记忆的伦理》,译文见陶东风《记忆的伦理:一部被严重误译的学术名著》,《文艺研究》2018年第7期。
② 陶东风:《记忆的伦理:一部被严重误译的学术名著》,《文艺研究》2018年第7期。
③ [德] 阿莱达·阿斯曼:《记忆中的历史》,袁斯乔译,南京大学出版社2017年版,第31页。
④ [美] 唐纳德·帕尔玛:《西方哲学导论》,杨洋等译,上海社会科学院出版社2011年版,第21页。
⑤ [美] 阿拉斯代尔·麦金太尔:《伦理学简史》,龚群译,商务印书馆2003年版,第104页。

配着的行为总是或者促成那个具体的善"①。因此，伦理学研究既涉及道德关爱，也涉及道德规则（准则、规范）。当然，它也是在一定的社会关系中加以考察的——"我的位置是社会关系的一个连结点，并且正是在这些关系中以及在这些社会关系所提供的各种可能性中，能够发现可借以评判行为的目的"②。

对记忆伦理人们有不同的理解。汤姆森（Thompson）认为记忆伦理是指个体或群体应该记住什么或遗忘什么，他们应该做什么来使其被记忆和被遗忘，以及他们应如何回应记忆所引起的需求。③ 库肯·密歇连（Kouken Michaelian）与约翰·萨顿（John Sutton）将记忆伦理理解为"记忆和道德责任、记住的义务、被遗忘权、外部记忆的伦理、记忆修改与增强的伦理"④。这些理解都包含着伦理的旨趣与目标追求。

正是对记忆"善目""德性"的追求，人们在不断地探寻和思考记忆的善与恶、对与错；探寻和思考记住了什么？应该记住什么？探寻和思考哪些记忆行为是符合道德的？哪些记忆行为又是违反道德的？什么情况下可以忘却？什么东西不应该遗忘？记忆伦理其实就是记忆与遗忘的辩证法，涉及"忘记的伦理和记住的伦理两个方面"，玛格利特说"我们应当忘记一些事情吗？例如，我们应当为了'宽恕'的目的而忘却吗？"⑤

从记忆"善目""德性"目标追求出发，人们将伦理问题与社会的正义、公平、道德、责任、罪责、债责、义务、良知、理解、和解、宽恕、（被）遗忘权等概念联系起来，成为记忆伦理问题探讨的具体内涵，这些也正是档案记忆再生产伦理所要关注的具体问题。结合档案管理（档案职业）伦理、档案记忆伦理的研究成果，本书重点围绕责任、公平、正义、理解与和解四个方面，对档案记忆再生产的伦理问题展开具体分析。

英国伦理学家摩尔（G. E. Moore）指出："伦理学应该关注两类基本

---

① [美]阿拉斯代尔·麦金太尔：《伦理学简史》，龚群译，商务印书馆2003年版，第61页。
② [美]阿拉斯代尔·麦金太尔：《伦理学简史》，龚群译，商务印书馆2003年版，第250页。
③ Thompson J., "Apology, Historical Obligations and the Ethics of Memory", *Memory Studies*, Vol. 2, No. 2 (May 2009), pp. 195–210.
④ 转引自闫宏秀《数据与记忆伦理的新面相》，《道德与文明》2018年第4期。
⑤ [以]阿维夏伊·玛格利特：《记忆的伦理》，贺海仁译，清华大学出版社2015年版，第14页。

的问题：第一类是指哪种事物应该为它们本身的实存，哪种事物就其本身而言是善的或者一事物是否具有内在价值的问题；第二类是指我们应该采取哪种行为或者说某一行为是否正当行为或义务的问题。"[1] 作为社会（记忆）伦理在档案记忆再生产领域的反映和要求，档案记忆再生产伦理研究也相应涉及"档案记忆"本体和"再生产行为"两个方面，需要综合起来加以分析和评判，并探寻记忆再生产应该遵循的伦理规范或准则，以及应付出的道德关爱（关心、关照）。

档案记忆及其再生产行为伦理问题的探讨，可以增强档案记忆再生产或者说传统意义上档案管理活动的时代感和现实感，思考在媒体变革、社会转型和人类命运共同体构建背景下档案部门如何更好地履行自身的责任义务和使命担当，如何赋予档案记忆再生产以"生命"和"灵魂"，更好地体现和维护人类公平正义，促进社会和谐与人类进步事业，以达成人类的"善目"，意义深远。

二 档案记忆再生产的责任伦理

玛格利特指出作为道德共同体的人类，应该有最低程度的分享的道德意识，记忆的事业不应该完全留给较小的伦理共同体，全人类都应该记住"绝对的恶和反人类罪"。循着玛格利特的思路略加深入，便可发现人类"应该记住的事情"绝不止于"绝对的恶和反人类罪"，而应还有更为丰富、广阔的内容。宽泛地说，记住"过去"是人类共同的责任，而"遗忘过去就意味着背叛"，在记忆和遗忘之间，人类的记忆事业存在着一种最基本的伦理意识与伦理要求，即记忆的责任，它是人类需要共同遵守并为之付出努力的基本行为准则（"守护记忆"），也是档案记忆再生产需要遵循的基本伦理规范。

（一）记忆责任伦理及其重要性

如果说义务是"应为"的行为，那么责任就是"必为"的行为。康德

---

[1] [英] 乔治·摩尔：《伦理学原理》，转引自唐凯麟主编《西方伦理学名著提要》，江西人民出版社 2000 年版，第 379 页。

曾说:"责任是一切道德价值的泉源……在责任面前一切其他动机都黯然失色。对人来说责任具有一种必要性,也可叫做自我强制性或约束性,所以在伦理学上,责任和义务两者并没有什么本质不同,都是一个人必须去做的事情。"① 但责任对行为的要求程度似乎比义务的要求程度更为强烈和坚定。责任伦理("责任原理""责任原则")是人类赋予每一个体、每一群体,乃至整个社会所"不能不承担并且一定要承担的使命和责任,不能不遵守并且一定要遵守的社会规范",它的根本特征就是"必须如此,非如此不可!"② 作为人人必须遵守的社会规范,责任伦理具有社会普遍性。

社会记忆研究中,除了玛格利特探讨过记忆的义务与责任外,其他学者也多有论述。保罗·利科在《记忆,历史,遗忘》中将记忆的责任问题作为探寻记忆行为的首要目的之一,而且提出了记忆责任问题分析的伦理—政治视野。他指出:"记忆的探寻实际上证实了记忆行为的首要目的之一是同遗忘作斗争";"将称之为记忆的责任的东西本质上在于不要遗忘的责任"。③ 利科认为记忆的责任问题已超出"单纯的一门记忆现象学"的界限,"甚至超出一门历史知识认识论的可解释性资源","属于一个本书(即《记忆,历史,遗忘》)只是向其靠近的道德问题域的范畴"。④

在《记忆之场》中,诺拉将记忆—责任看作"为历史所侵占的记忆"(转变为历史的记忆)的一种特征和要求,他指出"对每个群体来说,从记忆向历史的过渡,使得它们必须通过复兴自己的历史来重新确定自己的身份。记忆的责任使得每个人成为自己的历史学家,历史的迫切需要因而大大超越了职业历史学家的圈子。应该找回被湮没的过去,这不仅仅涉及被官方历史边缘化的人。所有有机的团体,无论是不是思想性和学术性的团体,都在仿照族群和社会少数派的榜样,都觉得应该追寻自己的独特构造,回溯到自己的源头"⑤。

---

① [德]康德:《道德形而上学原理》,苗力田译,上海人民出版社2002年版,第5—6页。
② 许苏民:《唤醒道德良知,强化责任伦理》,《湖北社会科学》1994年第11期。
③ [法]保罗·利科:《记忆,历史,遗忘》,李彦岑等译,华东师范大学出版社2018年版,第38页。
④ [法]保罗·利科:《记忆,历史,遗忘》,李彦岑等译,华东师范大学出版社2018年版,第115页。
⑤ [法]皮埃尔·诺拉主编:《记忆之场》,黄艳红等译,南京大学出版社2015年版,第15页。

档案记忆的责任问题一直受到学者的关注和重视。2010年国际档案理事会通过的《档案共同宣言》，不仅肯定"档案守护并服务于个人和团体的记忆，在社会发展中扮演重要角色"；而且指出"所有公民、公共管理者和决策制定者、公共或私人档案馆的管理者或拥有者，档案工作者和其他信息专家在档案管理方面具有集体责任"。[1]

人类伦理范畴中，责任伦理往往居于最基本或首要地位。亚当·斯密曾说：责任感不仅是最高的权威准则，而且应该成为行为的唯一原则。[2]海德格尔的学生、20世纪著名哲学家约纳斯（Hans Jonas）将"责任原理"作为伦理学第一原则，运用到现代技术，尤其是运用到生物学和医学领域中，力求对现代技术做出哲学批判和伦理学评估，认为责任原理（伦理）"既是本体论的，也是应用着的"[3]。

与传统伦理学处理个体行为的应当性不同，现代责任伦理更多将目光聚焦到因当代社会人类活动性质发生的巨大变化上，思考和处理人类集体活动的应当性问题及其对未来产生的影响（后果）。[4] 同时，作为一种普遍伦理，责任伦理既具有一般性，是社会中人人需要共同遵守的规范；也具有特殊性，每一行业（专业）领域，各有不同的责任内涵，责任有别，"职责分明""恪尽职守"是"各行各业的人所必须遵守的行为规则"。[5]

档案记忆再生产其活动主体不仅是个体，更具有群体（集体）或社会的性质，在这一特殊的社会活动领域，其责任伦理内涵或核心突出表现在记忆留存责任、记忆存真责任、记忆偿债责任和社会共同责任四个方面。

（二）记忆留存责任——担负起守护记忆的神圣使命

记忆留存责任也即档案/社会记忆的保留、保存、守护责任。"记忆留存"可以从两个层面加以理解：一是在一般意义上对社会记忆的留存，即

---

[1] 国际档案理事会：《档案共同宣言》。参见《国际档案大会通过〈档案共同宣言〉》，《中国档案报》2010年11月18日。
[2] 唐凯麟主编：《西方伦理学名著提要》，江西人民出版社2000年版，第198页。
[3] 张荣：《约纳斯责任伦理的定位及其意义》，《道德与文明》2019年第1期。
[4] 曹刚：《责任伦理：一种新的道德思维》，《中国人民大学学报》2013年第2期。
[5] 许苏民：《唤醒道德良知，强化责任伦理》，《湖北社会科学》1994年第11期。

通过档案、图籍文献、影像资料、纪念物（品）、纪念场所、仪式活动、口述讲解、网络传播、新闻采访报道等各种形式，形成、保留和传播社会记忆，让"过去"能够被记住，不被遗忘；二是本书所关注的档案记忆再生产的记忆留存责任，即通过档案文件的记录、形成、保管、保护、开发、传播、利用等，让社会记忆或档案记忆得以保留保存下来，并留传给后代。两者彼此关联，档案记忆的留存构成社会记忆留存一个重要方面，社会记忆留存必然需要利用或借助档案记忆这一重要途径；反之，档案记忆留存也建立在社会记忆留存的责任伦理基础之上。

"人是善于记忆的动物。"人与动物的区别不仅在于记忆的强度和持久性，更在于记忆的集体性、社会性、民族性。人类不仅能够用语言使记忆世代相传，用文字使记忆成为凝固的历史，把生产生活中形成的经验、知识累积起来，成为人类文明进行的动力；而且通过记忆可以形成记忆共同体，提升群体（民族）的凝聚力和身份感。玛格利特指出："人是符号性的动物，这是人之为人的一个显著特点，人与人之间可以在不必面对面接触的情况下形成象征性的团结关系。狼群和狮群之间只能通过舐和嗅发生面对面的关系。人类的做法就好得多，通过操作共同记忆的符号而形成集体共同体。"[1]

正是基于记忆对人类生存发展所具有的价值和意义，留存记忆、捍卫记忆或守护记忆便成为人类共同的责任，"珍视它和呵护它，就是维护我们的尊严和生命"[2]。在记忆留存中，人类一方面要通过各种方式使人类记忆留存下来；另一方面也要努力克服记忆的遗失。利科说"遗忘现象和同过去有关的两大类现象一样重要：在记忆和历史这双重维度中的过去是在遗忘中被遗失的；一份档案、一座博物馆、一个村庄——这些过去历史的见证——的毁坏就相当于是遗忘。只要留下过痕迹的地方就会有遗忘"[3]。

---

[1] [以] 阿维夏伊·玛格利特：《记忆的伦理》，贺海仁译，清华大学出版社2015年版，第86—87页。

[2] 徐川：《记忆即生命》，载夏中义主编《大学人文读本·人与国家》，广西师范大学出版社2002年版，第6页。

[3] [法] 保罗·利科：《记忆，历史，遗忘》，李彦岑等译，华东师范大学出版社2018年版，第390页。

在记忆与遗忘的辩证法中,留存记忆,就是记住过去,就是不要遗忘过去,而能够记住或防止遗忘,都有赖于人类的记忆责任。"记忆共同体的每一个人都负有竭力分享和保存记忆的义务,但不是说每个人都有牢记一切的义务,毋庸置疑,这种义务的继续有效有赖于共同体中的每一个人所承担的最低责任。"①

档案记忆再生产可视为践行人类记忆留存责任的一种行动或一种实践方式,它通过社会记忆档案化和档案记忆社会化,使社会记忆得以存储、保存、累积和复活;与其他记忆再生产不同,它首先是一种存储记忆和"记忆遗迹"②,是人类知识、经验、文化的累积和保存。"档案不仅是产生它的政府的共同记忆,而且也是这个国家、这个民族的共同记忆。档案作为人类文化历史遗产,是知识的存储器与知识咨询和转换的中介,是联系过去、现在和未来的纽带。"③ 在人类(社会)记忆传承体系中,档案记忆及其再生产有其独特的、基础性地位,它既是一个独立的社会"记忆存储系统",也是一个独立的记忆再生产系统,是社会文明程度的标志和象征。

档案"记忆留存"不仅仅是档案的保留,还涉及档案记忆的形成、收集、归档、保管(存)、保护、开发、利用(消费)等,既是档案记忆再生产的条件,也是档案记忆再生产的目的要求和结果体现。记忆留存的责任贯穿于档案记忆再生产全过程,从形成文件记录的责任,到档案收集存档、档案保管保护的责任,再到档案开发传播的责任,每一环节、每一步骤都需要遵循记忆的责任伦理。因此,档案记忆留存责任不仅仅是档案管理者的责任,它也是国家、各级组织和公民个人的责任。我国《档案法》"第五条"明确提出"一切国家机关、武装力量、政党、团体、企业事业单位和公民都有保护档案的义务"④。在诸多责任主体中,档案工作者具有不可推卸的职业责任。正如冯惠玲教授在首届档案学博士论坛上所言:

---

① [以]阿维夏伊·玛格利特:《记忆的伦理》,贺海仁译,清华大学出版社2015年版,第52页。

② 玛格利特在谈到"留下遗迹"还特别指出:"留下遗迹或许不能满足对死后再生的渴望,也不能带来死后荣耀,但这是我们可以合理地希望的东西:被那些与我们保持浓厚关系的人记住。"参见陶东风《记忆的伦理:一部被严重误译的学术名著》,《文艺研究》2018年第7期。

③ 薛匡勇:《档案工作者的历史责任》,《档案学通讯》2006年第5期。

④ 《中华人民共和国档案法》,中国法制出版社2020年版,第3页。

"人类社会最大的遗憾之一是丢失了许多弥足珍贵的记忆,以保存社会记忆为天职的现代档案工作者没有理由再加重这种遗憾。面对全新的信息记录方式和记录手段,我们需要以激情、智慧和使命感进行开创性的探索";这次论坛主题"21 世纪的社会记忆""既诠释了档案事业一如既往的历史责任,更表达了档案学者对未来严肃而认真的思考"。①

留存记忆、守护记忆是记忆再生产的基本责任,更是档案工作者的神圣使命和天职,无论在档案学理论研究还是实际工作中,都已被高度肯定。

(三) 记忆存真责任——维护记忆的历史真实

自社会学家哈布瓦赫创建集体记忆理论以来,社会记忆"建构观"和"现在中心观"就成为人们批判记忆真实性的一把"利剑"! 人们往往遵循哈布瓦赫的观点,认为社会记忆都是由"现在的信仰、兴趣、愿望形塑的",社会记忆与历史的真实存在很大距离。特别是 20 世纪中后期,受后现代理论的影响,对记忆真实,甚至历史真实的评判之声更是"不绝于耳"。如帕斯默(Passmore J.)所断言:"正像没有任何描述是关于法国革命的正确叙事一样,不可能有关于事件的正确描述那种东西。"②

然而,针对社会记忆"建构观"和"现在中心观",及其导致的历史非连续性、历史虚无主义,前文就曾提及我国思想史专家葛兆光教授所论:历史的重构并不是一个关于虚无的文本,面对历史上残留下来的各种遗迹、文献,我们能说"殷商"和"夏"不存在吗?面对"二十四史"的记载,我们能说历史上的王朝是虚构的吗?

玛格利特说:"记忆的事业不是虚空的虚空。"③ 尽管记忆与历史建构中都渗透了主体的因素,但也不能就此否认记忆中的真实性和历史真实性。不仅如此,千百年来,人类从未放弃对记忆之真与历史之真的探寻,

---

① 中国首届档案学博士论坛论文集编委会编:《21 世纪的社会记忆——中国首届档案学博士论坛论文集》,中国人民大学出版社 2001 年版,"序"。
② Passmore J., "Narratives and Events", *History and Theory*, Vol. 26, No. 4 (December 1987), pp. 68 – 74.
③ [以] 阿维夏伊·玛格利特:《记忆的伦理》,贺海仁译,清华大学出版社 2015 年版,第 73 页。

总是希望能够重现真实的记忆与历史,历史学家对历史事件的考订、文献学家对古籍文献的校勘、考古学家对古文物的考问考究等,都是追寻记忆真实与历史真实所做的努力。"历史的真实记忆不应从荧屏中抽离""重现历史真实的永存记忆""守护自己真实的记忆""以敬畏之心构筑真实的国家记忆""追求历史真相"等,都表达出人们对记忆真实和历史真实的一种期待和责任担当。否定记忆的真实性和历史的真实性,就会陷入历史虚无主义的深渊。

记忆真实与历史真实是同一事物彼此关联的两个方面,没有记忆真实也就没有历史真实;同样,没有历史真实,记忆真实也难以存在。勒高夫说:"记忆滋养了历史,历史反过来又哺育了记忆,记忆力图捍卫过去以便为现在、将来服务。我们这样做是为了集体记忆能解放人类,而非奴役人类。"①

档案记忆在人类真实记忆的留存、维护和探寻中具有其他记忆形态无与伦比的价值和地位。"在人类历史的长河中,用于记录社会历史的手段是多元的,但相比于其他手段而言,档案对于社会活动的记录具有完备性、客观性和稳定性等诸多特性,因而别无选择地担当起'社会记忆'的重任。"② 作为一种本真性和本源性记忆形态,档案记忆留下了人类最真实的历史活动"印迹",也留下了人类最真实的历史活动证据。说"档案是历史的凭据""档案是历史的见证"等,一方面反映出档案记忆的真实性,"凭据""见证"本身就是对其"真实"的肯定与表达;另一方面也反映出档案在书写人类历史,维护历史真实性中的重要作用。第三章我们曾对档案记忆及其再生产的历史真实性(客观性)进行了论述,以此表明档案记忆再生产的正当性。从记忆伦理角度深入一步看,正是由于档案记忆再生产的历史真实性,档案记忆及其再生产更"应该"担负起留存、维护和探寻记忆真实性和历史真实性的"宏大责任"。

对记忆真实性的留存维护是社会普遍的责任,就档案领域而言,更是"责无旁贷"!新中国成立以来,我国档案界一直强调档案工作是"维护党和国家历史真实面貌的重要事业",这既是对档案工作性质和功能的科学

---

① [法]雅克·勒高夫:《历史与记忆》,方仁杰等译,中国人民大学出版社2010年版,第113页。
② 薛匡勇:《档案工作者的历史责任》,《档案学通讯》2006年第5期。

认知，也是档案工作所承担历史责任的目标追求。正如裴桐先生所言："'维护党和国家历史真实面貌'是档案部门的光荣职责，也是指导我们工作的最高原则。"①

记忆"存真"不仅是档案（记忆）再生产的生命线，也是维护历史真实、书写真实历史的坚实根基和最强有力的保证。我国明史专家郑天挺教授认为"历史档案是原始资料，应该占最高地位"②。马克思主义史学家翦伯赞先生也说："档案则是最原始的历史记录，因而具有更大的真实性"；"过去的历史是根据档案写的，而今后的历史还是要根据档案来写。"③

传统档案学中，档案界将"存真"作为档案编研（编纂）加工的首要原则，要求"维护档案信息内容的历史真实，忠于档案文献的原文原意，不可妄行增删改易"④。在档案记忆再生产中，应当将这条原则作为一条重要的普遍原则贯穿始终。首先，在档案记忆的生成阶段，就应该强调记忆记录、记忆形成的真实性，做好档案的真实性鉴定工作，为历史留下真实的记忆。在电子文件管理中，突出"鉴定"环节，将其放到管理流程（环节）的前端，从一个方面说明了人们对真实记忆的追求。其次，在档案记忆加工过程中，对记忆内容的叙事加工、叙事表达和意义阐释，要以记忆事实为依据，"存档案原文原义之真"，提供真实可靠的记忆信息，避免对历史的"曲解"和"误解"。最后，在档案记忆传播和利用消费过程中，需遵循唯物史观，既不能无视档案记忆的存在，"信口开河"，更不能面对档案材料"信口胡言"，要避免对档案记忆的滥用。利科曾说："正是因为这层考虑，我选择在记忆的使用和滥用的语境下首次提出记忆的责任问题……记忆的责任同时构成了好的使用和滥用在记忆训练中的极致。"⑤ 档案传播、利用消费中的"存真"伦理与档案记忆正义中的诚信伦理是一脉相承，"存真"即"诚信"。

---

① 裴桐：《维护党和国家历史真实面貌的重要事业》，《山西档案》1986年第1期。
② 郑天挺：《清史研究和档案》，《历史档案》1981年第1期。
③ 古月：《北京大学历史系同学整理清代档案》，《档案工作》1958年第7期。
④ 曹喜琛主编：《档案文献编纂学》，中国人民大学出版社1990年版，第242页。
⑤ ［法］保罗·利科：《记忆，历史，遗忘》，李彦岑等译，华东师范大学出版社2018年版，第110页。

任何尊重并维护记忆真实性的行为都应得到尊重，相反，任何违背记忆真实、违背历史事实的行为都应该受到制止、谴责和批评，而对于那些歪曲历史、否定罪恶的行为更应当以档案为"正义之剑"，捍卫社会正义和历史正义，这是后面需要讨论的话题。

（四）清偿债责责任——偿付对先辈的亏欠

"债责"是法国哲学家保罗·利科提出的一个与记忆遗产、历史遗产保护相关的伦理概念，其中蕴含的思想对理解和探视档案记忆再生产的责任伦理具有新的启发意义。

利科在《记忆，历史，遗忘》中，许多地方谈到或涉及"债责"问题，其中比较突出的几处如下：

> 是时候引入一个新的概念了，亦即债责的概念，重要的是不能将其局限在罪责的概念上。债责和遗产息息相关。我们对那些和我们同属的、先我们离世的人是负债的。记忆的责任，不仅是保存已经过去的事实的物质、书写或其他形式的痕迹，而且保持对这些我们下文会说不再存在，但已经存在过的他者的负有债务感。我们会说，偿还债务，以及清点遗产。①
>
> 保证将来性和过去性之间的联系的，是一个起桥接作用的概念，即"有债责存在"的概念。先行的决断只能是假定债责，债责标志着，就遗产来说，我们对过去的依赖。②
>
> 耐心的寻求和解是必需的，在讨论的伦理中，欢迎分歧也同样如此。一定要至于说"忘记债责"，缺失的这个形态吗？就债责近乎过错，且一再重复来说，可能是的。就债责意味着遗产的承认来说，不是的。就是在债责中，一项解约束和约束的微妙工作也要继续下去：一方面，解过错的约束，另一方面，约束永远无法偿还的负债人。没

---

① ［法］保罗·利科：《记忆，历史，遗忘》，李彦岑等译，华东师范大学出版社2018年版，第112—113页。
② ［法］保罗·利科：《记忆，历史，遗忘》，李彦岑等译，华东师范大学出版社2018年版，第493页。

有过错的债责。赤裸裸的债责。在这里，我们再次看到对死者的债责和作为埋葬的历史。①

对利科来说，"债责"具有以下三层意思：首先，债责是与伦理相关联的概念，是为讨论"有义务的记忆"，探问"记忆的责任和正义的观念之间的关系"而引入的"一个新的概念"；其次，债责是与遗产相关的概念，它不同于罪责，是对遗留下来的记忆遗产公正处理、清偿的责任，是我们对那些和我们同属的、先我们离世的人的负债（感），债责中的"有罪"不是罪恶、罪行，而是对前人的亏欠，对不再存在的他者的"负有债务感"；最后，债责是与偿还债责、清点遗产相关的概念，在偿还中解除责任约束，达到宽恕和解；而对未清偿债责的记忆遗产，仍需保持约束，"约束永远无法偿还的负债人"。

利科所讨论的记忆债责主要涉及如何公正处理和对待过去遗留下来的记忆遗产或记忆问题，"清点遗产"并"偿还债责"，"通过记忆，公正地对待每一个异于自身的他者的责任"。②但利科也提到，记忆的责任也涉及"保存已经过去的事实的物质、书写或其他形式的痕迹"，因此，记忆的债责或负债感，不仅存在于对历史遗留下来的记忆遗产（遗存）如何公正处理的问题，也存在于对历史遗留下来的记忆遗产加以保存保护的责任问题，这也是当代人对过去、对不再存在的他者（前辈）所负有的债务责任，如利科所言，记忆遗产在"保证将来性和过去性之间的联系"中起"桥接"作用，而且也是"我们对过去的依赖"。

对记忆的债责及其偿还伦理，刘亚秋在《记忆伦理与延迟的弥补——论记忆中的生和死》一文中指出，在哈布瓦赫的社会记忆理论框架中，记忆本身并不是复原了过去，而是建构了过去，其中"现在"是一个决定性的力量。人们在回忆过去的时候，是立足现在向后看，群体为了向前走，过去往往都是可以舍弃的，形象地说就是吊起"死者"（过去）拯救"生

---

① [法]保罗·利科：《记忆，历史，遗忘》，李彦岑等译，华东师范大学出版社2018年版，第673页。
② [法]保罗·利科：《记忆，历史，遗忘》，李彦岑等译，华东师范大学出版社2018年版，第112页。

者"（现在）。这种观点不仅容易导致个体自身内在被撕裂的感觉，甚至会达到悔恨的境地，尤其在加入"未来并不是十分美好"的思考维度后。在"生者"（现在）与"死者"（过去在）的记忆交流中，普遍存在着生者对死者进行各种悼念的代际记忆传承现象。对于逝去的父辈，无论子辈生前孝与不孝，都在内心存在对父辈的亏欠，并通过祭奠仪式做出"延迟的弥补"。对于子孙后代而言，"这种延迟的弥补传递出一种延时的公正观，以及人类作为一个物种能够延续下去的动力和希望所在"①。在人类社会中，尽管弥补有所延迟，但一种亏欠的感觉激发起个体"向未来世代缴纳它已经无法向过去世代所缴纳的债务"②。

偿付债责的责任既是对记忆留存责任、存真责任的伦理解释，也提醒人们对过往记忆遗忘的弥补或对残存记忆遗产的抢救，它说明"现在的我们"对"过去的我们"（前辈）是负有债务感或债务责任的，保存过去的记忆是对过去债责的一种清偿，也说明当前开展的口述历史档案抢救、文化遗产档案化保护、非遗档案化管理和城乡档案记忆工程等实践活动是一种"延迟的弥补"。"我们将那些从之前世代获得的，更加丰富地传递给我们之后的世代，以此偿付对之前世代欠下的人情债。"③ 并由此形成一种"超越个体"的思想锁链和记忆共同体。

正如玛格利特在《记忆的伦理》中引用《传道书》所话的说那样："已过的世代，无人记念，将来的世代，后来的人也不记念。"④

（五）社会共同责任——承担社会一般的普遍责任

如果说记忆留存责任、记忆存真责任、记忆债责责任三者属于档案记忆再生产自身所应承担的内在责任，那么作为一种社会行为，它也需要承担社会一般的或普遍的责任，如社会组织或个人普遍应承担的社会责任一样，这种社会责任暂且用"社会共同责任"（或"社会普遍责任"）来表

---

① 刘亚秋：《记忆伦理与延迟的弥补——论记忆中的生和死》，《江海学刊》2018 年第 3 期。
② [德] 阿莱达·阿斯曼：《记忆中的历史》，袁斯乔译，南京大学出版社 2017 年版，第 52 页。
③ 刘亚秋：《记忆伦理与延迟的弥补——论记忆中的生和死》，《江海学刊》2018 年第 3 期。
④ [以] 阿维夏伊·玛格利特：《记忆的伦理》，贺海仁译，清华大学出版社 2015 年版，第 73 页。

达。结合档案记忆再生产的性质、特点和功能，其社会共同责任主要表现在以下几方面。

1. 政治捍卫责任

政治责任是人们在政治生活领域的责任担当或应尽义务，是对正确的政治方向、政治立场、社会价值观或意识形态的坚守，也是对正确的政治利益、国家利益的追求和政权合法性的维护。政治责任是最基本的社会责任，也是政治伦理的表现。

将政治责任作为档案记忆再生产的责任伦理，既是社会对政治责任、政治伦理的普遍要求，"在任何一个存有阶级或阶层的时代或社会，其舆论宣传、社会活动、意识形态等都被要求遵从'政治的正确性'"，这是"统治阶层实施政治管理的基本要求"①；也是档案记忆再生产"政治思想性"的必然要求。社会记忆、档案记忆及其再生产，都是政治权力控制下的产物，问题不在于批判、否认政治权力存在的合法性，而是要辨明政治权力的合法性、合理性、正确性，以把握并遵循正确的政治方向。

德国哲学家雅斯贝斯（Karl Theodor Jaspers）提醒人们，"政治伦理建立在一种国家生活的原则上，所有人通过他们的意识、他们的知识、他们的意见和他们的意志参与到这种生活中"②。从国家层面看，档案记忆再生产的政治责任或政治伦理，其中主要涉及：一是维护国家主权与领土完整，在国家领土和主权受到抢夺或威胁时，能够及时出手，亮出"铁证"，打击国内外敌对势力，捍卫国家主权。二是"必须旗帜鲜明讲政治"，不断提高政治判断力、政治领悟力、政治执行力，通过档案记忆叙事和意义再生产，为政治体制和政治制度提供合法性根基，为人民群众提供认同感、获得感、幸福感、安全感。

2. 赓续文化责任

费孝通先生说："文化得靠记忆，不能靠本能，所有人在记忆力上不能不力求发展。我们不但要在个人的今昔之间筑通桥梁，而且在社会的世

---

① 赵静蓉：《记忆的德性及其与中国记忆伦理化的现实路径》，《文学与文化》2015年第1期。
② 参见[法]保罗·利科《记忆，历史，遗忘》，李彦岑等译，华东师范大学出版社2018年版，第638页。

代之间也得筑通桥梁，不然就没有了文化，也没有了我们现在所能享受的生活。"① "任何文化要得以留存并传承下去，同样也须固化在一定载体上，这也决定了档案是文化的固化物，它凝聚着历史文化积淀的成果。"② 档案记忆再生产作为文化生成、复制、积累的内在方式，肩负着留存文化遗产、传承历史文化、创新社会文化、发展科学文化的重要使命，需要不断挖掘红色档案、经典档案、珍贵档案中的深厚文化底蕴和人文内涵，彰显我国灿烂多元的文化足迹与文明轨迹，助力社会主义文化强国建设。

3. 思想教育责任

档案记忆作为重要的思想教育资源已得到广泛赞同，而且社会也在积极利用档案资源开展爱国主义教育、"四史""党史"学习教育，许多档案馆已建立爱国主义教育基地或"四史""党史"学习教育基地，"不忘初心，牢记使命"学习教育基地等，在思想教育方面发挥着积极的作用和影响。但不容否认，在社会层面的档案/社会记忆传播中，仍存在某些不和谐的、令人发指的歪曲历史事实、遮蔽历史真相的"反记忆"现象，或"野史飘香"，或"胡乱嫁接拼贴"，或"断章取义，过度解释"，或"罔顾事实，胡言乱语"。档案记忆再生产需要发挥思想教育功能，为思想教育输送正能量，也需要与违背历史事实的所谓"反记忆"做斗争。

三　档案记忆再生产的公平伦理

公平是一种美德，更是一个社会必须确立的道德理想、价值目标和行为规范，因此也构成衡量一种社会管理或行动是否合理的重要标准与准则。自古以来，人们就希望构建一个公平的社会，所谓"大道之行也，天下为公"；"人人相亲，人人平等，天下为公，是谓大同"等，无不反映出古代先圣先贤对公平社会的理想追求。公平作为一个综合性概念，涉及政治、经济、法律、文化、社会、道德等诸多方面，当然也包括社会记忆。法国历史学家勒高夫曾说，自古以来，掌权者决定谁可以说话，谁必须保

---

① 费孝通：《乡土中国·生育制度》，北京大学出版社1998年版，第19—20页。
② 金波主编：《档案学导论》，上海大学出版社2018年版，第45页。

持沉默。档案记忆再生产关涉社会记忆的留存、共享、延传，关涉记忆的建构和权利，关涉记住谁和遗忘谁，能否公平对待个体和群体记忆的留存，也是值得关注的重要伦理问题。

（一）对档案记忆公平的批判与诉求

公平是伦理学的基本而又古老的命题之一。受"利益"观念的时代影响，传统上人们多限于经济领域谈论"公平"与"效率"，但随着社会发展，人们越来越意识到公平作为一种伦理的社会广泛性。厉以宁教授指出："公平并不是纯经济学概念，它从来都含有伦理学的意义。这是因为，按照不同的解释，公平或者是指收入分配的公平，或者是指财产分配的公平，或者是指获取收入与积累财产机会的公平，它们全都涉及价值判断问题。它首先涉及价值判断问题，即道义上的是非标准问题。"①

公平与公正、正义虽然在概念内涵上多有交叉，彼此互渗②，但它们也可指向不同的问题域。公平多与权力、权利、利益等相关联，涉及记忆权力与记忆分配、共享问题，本质上是"一个利益分配和关系对待的范畴"③；而正义则多与罪恶、罪责、邪恶、损害、伤害、灾难等相关，涉及某种行为对他人合法或正当权利乃至生命的维护、侵害和剥夺，本质上是一个是与非、善与恶的价值判断范畴。这是本书区分出公平伦理与正义伦理的依据和思考。

在伦理关系中，公平作为社会伦理道德准则，和社会政策体系、法律体系以及舆论氛围等一起维护和保证人们在社会生活中享有平等的地位和公正合理的权利。作为一个历史的、相对的、价值判断的综合概念，

---

① 厉以宁：《经济学的伦理问题——效率与公平》，《经济学动态》1996年第7期。
② 公正有时与公平对称，即"公平公正"，有时又作为公平和正义的合称，兼有公平、正义的意思，在现实语境中或侧重公平，或侧重正义；而正义也可与公平对称，即"公平正义"，有时却又包含或具有公平的意思。亚里士多德曾将正义与非义界定在利益分配领域，此时的正义与非义就更多地指向公平与不公。斯宾诺莎也提出："正义在于习惯性地使每人都有其法律之上所应得，不义是借合法之名剥夺一个人在法律上之所应得，此二者也叫做公平与不公平，因为执行法律的人必须不顾到一些个人，而是把所有的人都看做平等，对每个人的权利都一样地加以保护，不羡慕富人，也不藐视穷人。"参见［荷兰］巴鲁赫·斯宾诺莎《神学政治论》，温锡增译，商务印书馆1997年版，第95页。
③ 王泽应：《公平之伦理真义的掘发与拓展》，《唐都学刊》2010年第6期。

不同的人不同的社会必然存在不同的公平观。马克思指出一切社会公平都源于人们的经济关系和财产关系,"希腊人和罗马人的公平认为奴隶制度是公平的;1789年资产者的公平要求废除封建制度,因为据说它不公平。……所以,关于永恒公平的观念不仅因时因地而变,甚至也因人而异"①。

社会记忆或者直接地说档案记忆都涉及权力和利益,因而直接关乎公平,关于谁拥有记忆,谁最终失去记忆,谁"声名远播",而谁"销声匿迹"。自档案记忆研究以来,人们就在不停地指责和批判档案/社会记忆的不公平:美国历史学家杰尔达·拉勒(Gerda Lerner,格尔达·勒纳)说,从中世纪到20世纪,妇女被排除在社会记忆工具和机构之外,其中也包括档案馆。② 兰达尔·吉莫森在《档案馆权力:记忆,责任和社会公平》中,基于历史学理论与社会学理论,分析了档案馆的权力和档案工作者的社会角色,认为历史是由胜利者书写的,通过档案使权力制度化,因而档案记忆则是一种社会建构,反映了社会中的权力关系。③

对于档案记忆,人们的心态是复杂的,一方面认为档案是最真实、客观的社会记忆;另一方面又不时地批判社会权力渗透进档案,使档案记忆产生腐败,产生不公和不平等,因而呼吁在档案记忆建构中,能够听到"弱者"的声音,这反映出一种期待和厚望!如Jeannette A. Bastian所言,过去几年档案界都在讨论档案权力,档案的权力应该用于促进社会公平与文化公平。④

古罗马哲人西塞罗(Marcus Tullius Cicero)说:"让我们记住,公正的原则必须贯彻到社会的最底层。"保罗·利科也指出:"就公共层面的思考来说,在某一时空中的过多的记忆与在另一时空中的过多的遗忘造成了一些始终困扰我的令人担忧的景象,且不说各种纪念活动以及对记忆和遗忘

---

① 《马克思恩格斯选集》第3卷,人民出版社2012年版,第261页。
② 国家档案局、中央档案馆编:《第十三届国际档案大会文件报告集》,中国档案出版社1997年版,第144页。
③ 参见吕颜冰《国外档案记忆研究热点综述及启示》,《浙江档案》2014年第12期。
④ Bastian J. A., "The Records of Memory, the Archives of Identity: Celebrations, Texts and Archival Sensibilitie", *Archival Science*, Vol. 13 (2013), pp. 121–131.

的各种滥用所造成的影响。就此而言，一种关于公正记忆的政治学概念构成了我所认为的公民主题之一"①；"愉快的记忆"就是一种"公平的记忆"②。作为社会记忆再生产行为，档案记忆再生产也应当确立并坚持公平伦理观，从而能更加全面地构筑社会记忆。

档案记忆再生产公平准则可以作为衡量社会公平的一个指标，一定程度上也涉及社会正义（从公平作为正义的内涵之一看），但其自身更多关涉或指向记忆的持有（拥有、占有）、分享与建构等权力或利益问题，可以从以下四个方面对其伦理内涵及其规范要求加以解析。

（二）平等原则——强化利用者平等观念

"公平精神从主体和人格上讲就是推崇平等。"王泽应教授在论述市场经济条件下的平等时指出："平等是市场经济条件下公平的主体和关系要求，它既要求自己把自己当成与别人一样的经济主体来看待，也要求承认别人的平等经济主体地位，要求别人承认自己的平等经济主体地位，或者说在展现自己主体的平等意识和权利的同时达成一种主体间的平等性，而此处的双重平等（即主体平等和关系平等）恰恰成了市场经济条件下公平的具体内容和必然要求。""如果平等原则得不到落实，公平就会成为价值真空，因为公平是以每一市场主体的地位平等和机会平等为前提的。"③ 这里提醒我们的是，在档案记忆再生产中，记忆生产者是否也应该把自己看作与别人一样，是具有平等地位和权力的记忆共享主体或再生产主体，是否也应该在"展现自己主体的平等意识和权利的同时达成一种主体间的平等性"。

社会记忆关乎权力，特别是档案记忆作为传统社会政治统治中权力运行的条件和结果，其产生、解读和利用，都充斥着权力。有学者就曾批评说："由于传统社会的政治特质，档案记载的往往只是上层精英社会的视野范围，与历史万象的无限性相比，只能是挂一漏万。非但丰富的社会图

---

① [法]保罗·利科：《记忆，历史，遗忘》，李彦岑等译，华东师范大学出版社2018年版，"致读者"第1页。
② [法]保罗·利科：《记忆，历史，遗忘》，李彦岑等译，华东师范大学出版社2018年版，第670页。
③ 王泽应：《公平之伦理真义的掘发与拓展》，《唐都学刊》2010年第6期。

像不能存活于档案世界,即使是人人侧目的上层政治舞台,余留下来的,又何尝不是残缺不全的'故纸堆'呢?因此借助这样的视窗万难'窥一斑而识全貌'。所以,当昔日梁启超批驳旧史学为帝王家史,当今天史学界批评过去的史学为政治史、上层史时,他们或许忽略了当时当事者的困境:除了历史观念的因素外,材料的局限同样起到决定的作用。"①

对权力在社会记忆及其再生产中影响作用的批判体现出社会记忆政治学的学术视野和价值导向,从批判意旨看,人们总是希望和倡导记忆再生产中应尽量克服权力带来的不公与不平,让社会记忆反映出更加广泛的群体利益。记忆的政治学和伦理学是密切关联的,保罗·利科用了记忆的伦理—政治学来表达:"这就是为什么我们可以发展出一套关于记忆的伦理和政治话语,并且在众多人文科学领域内从事前沿的科学研究活动。"②

从社会记忆伦理学角度,倡导并遵循记忆的公平伦理,首先就是承认每位记忆再生产主体的平等地位,无论是个体还是群体,都是平等的记忆生产者、加工者、传播者和消费者,都享有对记忆的留存、分享、理解的权力和利益。特别是对于处社会底层或边缘的人群、弱势群体等,其记忆权利应该得到社会尊重,而不是一味地剥夺与侵占。

与环境、教育、健康、生命等领域倡导人人平等一样,提倡记忆主体的平等观念,也是一种对人格的基本尊重与关怀。玛格利特指出:"根据人类的最大公约数,尊重应当属于每一个人,包括属于那些小人物。每一个人都是适格的尊严主体";"面对尊严,把人当人对待的关爱甚少涉及积极性的内容。在承认人之为人的情况下,它同样适用于承认的政治"。③ 刘亚秋说"记忆的微光"是一种与"记忆强光"相对的社会记忆的另一种存在方式,它存在于个体生命之中,"它是灵动的,它不局限于社会学传统过度关注的集体记忆之中,而更多地以个体记忆的面目出现",但它是

---

① 赵永强:《档案:历史话语的霸权、缺失及丰富》,《档案学研究》2005年第2期。
② [法]保罗·利科:《记忆,历史,遗忘》,李彦岑等译,华东师范大学出版社2018年版,第568页。
③ [以]阿维夏伊·玛格利特:《记忆的伦理》,贺海仁译,清华大学出版社2015年版,第105页。

"射进来的一束光,是认识世界的一条线索"。对"隐隐的记忆微光"的探寻和挖掘,可以揭示"可能被遮蔽的痛苦或感受",使潜藏的"社会事实"展示出来,让记忆面孔更加丰满,让生命更加鲜活。①

档案记忆再生产公平伦理是一种道义的平等,而非绝对的均等(化)或平等主义,不是"均贫富,等贵贱"。正如经济领域强调公平与效率的统一、强调在尊重效率基础上的公平一样,记忆再生产的平等也要强调公正与平等的统一、强调公正基础上的平等,因而是一种具有"公共利益"合理性的平等。如休谟所言,"公正和平等乃是人类社会处于既不非常富足也不十分贫困的中间状态的社会德性,是一切市民社会必不可少的财产权观念的必然产物,因此公正就源于它对公众的有用性,从而仅此便产生了它的优点和道德义务。历史、经验和理性还同样教导我们,我们越是认识到公正的广泛的功利性,就越会增加我们对它的尊重"②。档案记忆再生产中,一方面,需要强调让各种记忆主体(个体或群体)能够发声,有权表达自己的诉求;另一方面,也需要追求并坚持社会整体的利益与公平。"公正对维持社会的必要性乃是这种社会德性的基础","公共的利益和功利决定着有关当事方判定正当与不正当的标准的正确性"③,在此方面,玛格利特为我们提供了经典的案例,他指出"一些共同体比作为民族的共同体在形成其成员的记忆时更有成效",纽约的"9·11"事件中大约有3000人遇难,其中有约300人是消防员。"9·11"之后,纽约城出现了大量的纪念碑,但是,毋庸置疑,纪念碑和社会注意力在受害人之间呈现出不均衡分配的特征。然而,这种"不均衡"并不意味着记忆被不公正地分配,而是说明一个事实,即在救援中牺牲的消防员与其他所有受害人相比产生了压倒性的关注,其最明显的理由就是这些人的英雄壮举,他们冒着失去生命的危险拯救他人。"英雄比普通人更能受到尊崇和获得更为普遍的记忆,在平等社会中亦是如此。"④

---

① 刘亚秋:《从集体记忆到个体记忆——对社会记忆研究的一个反思》,《社会》2010年第5期。
② 唐凯麟主编:《西方伦理学名著提要》,江西人民出版社2000年版,第177页。
③ 唐凯麟主编:《西方伦理学名著提要》,江西人民出版社2000年版,第177页。
④ [以]阿维夏伊·玛格利特:《记忆的伦理》,贺海仁译,清华大学出版社2015年版,第91页。

（三）共享原则——推动档案记忆的社会共享

《记忆的伦理》中，玛格利特区分了共同记忆（Common Memory）与共享记忆（Shared Memory），他认为共同记忆即共同亲身经历某个事件的诸多个人记忆的集合，它是一个集合观念，集中了记住某一事件的所有人的记忆，但是彼此之间没有交流。"在特定社会，如果记住事件的人的比率超过一定的临界点（他们中的大多数、压倒性多数等等），我们就把这种记忆称之为共同记忆。"[①] 而共享记忆却恰好相反：记忆者不必在场，但他们之间要有交流。共享记忆不是个人记忆的简单相加，"一种共享记忆整合着记住事件的人的不同视角，并将这些片段标准化为一个版本"[②]，当时不在场者通过描述而非直接经验分享了亲历者的记忆。玛格利特指出，共享记忆的基础是记忆的劳动分工。这个分工既是共时性的（同时代人之间的分工）；也是历时性的（不同时代的人之间的分工），即记忆的隔代传递，"作为某个记忆共同体的成员，我的记忆与上一代人的记忆具有关联性，前代人的记忆又与他的前代人的记忆关联，以此类推上溯至第一次记住该事件的那一代人"[③]。

在玛格利特的论述中，有两点值得思考和关注：一是共享记忆与普遍道德共同体的关系。他认为作为道德共同体的人类应该具有最低程度的分享的道德意识，而对记忆共时性和历时性的劳动分工（转换个概念即是记忆的"再生产"）是实现这种最低程度分享的道德意识的前提和条件。通过记忆的劳动分工，实现不同主体间交流，从而使记忆事项形成一个标准化的版本，使"分享记忆更接近于信仰而不是知识"，从而达成对群体道德意识的认同、凝聚和固化功能。二是共享记忆与记忆遗产的关系。玛格利特说："在不经意中，我已经将传统的理念引入共享记忆当中。传统是

---

① ［以］阿维夏伊·玛格利特：《记忆的伦理》，译文见陶东风《记忆的伦理：一部被严重误译的学术名著》，《文艺研究》2018年第7期。
② ［以］阿维夏伊·玛格利特：《记忆的伦理》，译文见陶东风《记忆的伦理：一部被严重误译的学术名著》，《文艺研究》2018年第7期。
③ ［以］阿维夏伊·玛格利特：《记忆的伦理》，译文见陶东风《记忆的伦理：一部被严重误译的学术名著》，《文艺研究》2018年第7期。

共享记忆的一个形式,这就是说,传递源自过去叙事的路线以神圣化、权威化甚或圣徒化的方式固定下来,以此免受来自可选择的历史路线的挑战。我想到的共享记忆的范例是对事件的记忆,然而,共享的记忆可以借助于遗产的概念加以表达,抽象的遗产形式如观念和信念等,具体的遗产形式如建筑物和纪念品等"[1];"分享的记忆不仅依赖承担记忆的劳动分工的人和组织的关系网络,也依赖记住从属于该协调网络的每一个具体事物"[2]。

> 现代社会的劳动分工以精致为特征,记忆的劳动分工也是如此。如果说传统社会中有一条连接人民与其教士、说书人或巫师的直线,那么现代社会的共享记忆则通过设立制度(如建立档案),以及建立公共纪念设施(如设立纪念牌和为街道命名)等形式在人与人之间流动。……在很大程度上,这些复杂的公共机制都是产生我们的共享记忆的重要因素。[3]

玛格利特关于共同记忆、共享记忆与道德共同体,共享记忆与记忆遗产的论述,为人们提供了档案记忆再生产中倡导并遵循记忆共享伦理的思想与依据。作为一种记忆遗产或社会记忆的共享(分享)机制,档案记忆及其再生产就是要实现社会记忆的共享,实现同时代与不同时代人之间的交流,从而形成记忆共同体或道德共同体,这也是档案记忆意义再生产的目的和方向之一。

记忆共享伦理虽然在档案记忆乃至社会记忆研究领域中关注不多,但从信息学或信息伦理学角度探讨档案信息开放共享已很普遍。早在20世纪80年代,米歇尔·迪香(Michel Duchein)在《开放、利用和传播档案信

---

[1] [以]阿维夏伊·玛格利特:《记忆的伦理》,贺海仁译,清华大学出版社2015年版,第55页。

[2] [以]阿维夏伊·玛格利特:《记忆的伦理》,贺海仁译,清华大学出版社2015年版,第71页。

[3] [以]阿维夏伊·玛格利特:《记忆的伦理》,贺海仁译,清华大学出版社2015年版,第48—49页。

息的障碍的调查报告》(联合国教科文组织《文件与档案管理规划报告》之一)中就指出：在古代，档案的保管经常与权力的行使相联系，掌握历史资料是进行统治和行使管理权的主要手段之一，所以利用档案是一种特权，而不是权利……但是20世纪60年代以后，"信息权"明确概念至少在西方国家逐渐出现，带来了利用文件的新要求，这个权利"是人权家族的新来者"。尽管公共档案馆作为一个国家政府和行政机构的一部分，"要求它们彻底地、不受限制地向研究界开放，是荒唐的事情"，但各国应该通过颁布法律，确定档案的开放利用权限和范围，"向每个人或各类研究者平等开放"，"从而促进对档案作为国家遗产重要部分的进一步认识并使档案得到更好的利用"。① 今天，档案馆开放共享或档案信息资源共建共享已经成为档案事业发展和推动社会发展的时代潮流。2016年，在中办国办颁布的《关于加强和改进新形势下档案工作的意见》中提出：要"建立起方便人民群众的档案利用体系"，"各级党委和政府要以实现档案信息资源社会共享为目标，统筹协调，充分利用已有的信息传输网络和平台，积极推进城乡档案信息资源共享，支持档案馆（室）把可公开的各类档案、信息上传网络，开展远程利用"，"促进资源共享"。②

共享原则是公平伦理的内涵之一。共享强调每一个国民或公民都具有共同享有社会发展成果和社会资源的平等权利，"它将'共享'视为一种美德，要求最大程度地实现社会发展成果或社会资源的共享性，即社会发展成果或社会资源能够为国民或公民共同享有"③。我国著名社会学家邓伟志教授指出："人类独有的社会性决定了要把'共享'作为目标"，"共享体现了以人为本"，"共享是平等，是权利"。④ 这些论述充分说明了共享原则的伦理价值和意义，充分说明共享原则作为档案记忆再生产伦理准则有其深厚的思想基础和现实要求。

---

① [法] 米歇尔·迪香：《开放、利用和传播档案信息的障碍的调查报告》，孙钢译，载《〈文件与档案管理规划〉报告选编》，档案出版社1990年版，第215—275页。
② 中共中央办公厅、国务院办公厅：《关于加强和改进新形势下档案工作的意见》（中办发〔2014〕15号），2014年5月4日发布。
③ 向玉乔：《共享发展的伦理解读》，《中国教育报》2016年5月19日。
④ 邓伟志：《论"五大理念"的思想解放力》，《上海大学学报》（社会科学版）2016年第5期。

档案记忆再生产中坚持共享伦理原则,既包括每位公民或组织公平地拥有获取档案记忆信息的权利,也包括每位公民或组织公平地拥有对档案记忆理解、解释、加工、传播、消费的权利,通过记忆交流,走向共享记忆。

(四)友善原则——友好对待每位利用者

"好客"是中外文化传统中普遍存在的现象。在我国,《论语》开篇第一句即"学而时习之,不亦说乎?有朋自远方来,不亦乐乎?"好客是一种美德,同时也蕴含着权利、权力(甚至暴力)、责任和义务的法则,主人是慷慨邀约者,是权力的施予者,而客人则享有被接待权力,也有服从义务,主人与客人之间体现出主体与客体、我者(自我)与他者(他人)、我文化(主文化)与他文化(异文化)之间的关系。

好客伦理(The Ethics of Hospitality,"接待伦理")作为一种处理人际关系理论,自18世纪以来受到多位哲学家或思想家的关注。其中康德以世界主义或建立永久和平的世界秩序为目标和出发点,强调"世界公民"意识与容忍外族观念,主张自我与他者都是地球的居民,所有人都享有分享地球的权利,外来者纵使来自异文化,其风俗习惯、宗教信仰均应受到容忍,并给予友善的接待。"当一位外国人到达另一个国家时,(具有)不被视为敌人对待的权利。"[①] 法国哲学家伊曼努尔·列维纳斯(Emmanuel Levinas)基于对战争的反思与警觉,将思考的目光从西方精神传统的中心转向边缘——异质性、他者、弱者、陌生人等,由此构建起一种以他者为基石的"好客伦理",即无条件地向他者敞开家门,将"自我所占有和享受"的东西给予他人,为他人服务,承担起他人的责任,在这个基础上,一个多元化与差异性的和平世界才可能存在。[②] 20世纪中叶法国解构主义者创始人德里达以人文关怀的心理来审视接待伦理,审视国际间的交往、友谊及包容。在将康德国家层次的接待延伸至个人层次接待同时,德里达

---

① [德]伊曼努尔·康德:《永久和平论》,何兆武译,上海世纪出版集团2005年版,第118页。
② 林华敏、王超:《列维纳斯的好客伦理及其对构建和平世界的启示》,《伦理学研究》2016年第1期。

更多承袭了列维纳斯的"好客伦理",指出接待是权利、责任、义务,要像朋友一样欢迎陌生人/外国人,"我开放我家,不只对(具有某种身份或社会地位的)外人开放,也对绝对的、未知的、无名他者开放……不要求他者回报,也不过问来客是谁"①。与康德和列维纳斯等相比,德里达的"好客伦理"是一种无条件的"绝对接待",即"来者不拒、欣然接纳",无需任何条件,不过问或确认任何政治或法律身份,不需任何证件,也不需承担任何法律、伦理或政治义务。②

且不论好客伦理中涉及的接待条件(有条件还是无条件、客人的合法性等)以及由此引发的主客伦理关系问题——是主人维系权威、控制地盘,还是客人成为主人的人质?主客之间如何消解"陌生感"?等等,单就其中所涉及对待他者、外来者的友好接待而言,我们可以从中提炼和归纳出"友善原则",作为档案记忆再生产公平伦理的内涵之一。

南非档案学者维恩·哈里斯近年来从南非转型正义现实出发,将德里达的"好客伦理"用于档案工作维护社会正义的分析,认为呼吁正义,不但应该积极参与争取正义的斗争,而且也应该倾听和回应那些要求终结不平等的呼声;好客伦理是真正的合作行动,是共同体对档案功能的总体性把握,当代通过档案去获得社会正义的主要途径就是坚持好客伦理,也就是"让客人转变为主人,让'他者'成为整体中的一个组成部分",档案机构应该为陌生人开门,主人应该为客人开门。好客伦理倡导对话、多元、宽容、相互理解和相互尊重。③ 正是基于哈里斯分析好客伦理的语境,我国许多学者都将好客伦理作为正义伦理内涵构成来看待,这种观点有其合理性,因为呼吁正义的本质是反中心化、非层级制,这种呼吁的正义融入了好客,接纳他者,反对单一叙述中心,以揭示真相,实现社会正义。

但从好客伦理的基本思想和档案工作实践看,好客伦理不仅关乎正义,关乎公平,更关乎友善。好客伦理要求公平、友善地对待每一位客人、外来者或他者,为他们提供帮助。"正义与他者相关,呼吁正义就是

---

① Derrida J., Dufourmantelle A., *Of Hospitality*, Stanford: Stanford University Press, 2000, p.25.
② 张仰奋:《试论卡斯特罗〈漂泊者〉中的跨文化接待伦理分析》,《重庆科技学院学报》(社会科学版)2010年第2期。
③ 付苑:《档案与社会正义:国外档案伦理研究的新进展》,《档案学通讯》2014年第4期。

接纳他者,呼吁正义就是工作中要友好,招待他者,颠覆传统。"哈里斯认为档案的接待伦理也即档案的权力伦理,在档案系统中的问题在于档案权力应该如何运用于好的行为以及如何定义什么是善行。待客不论条件如何,"公平"与"友善"都是其最基本准则。德里达也赋予"他者"为"全然他者"的意涵,意味着诸全然他者之间的平等性,也意味着我对每一个他者都负有绝对的责任,如朗西埃(Jacques Rancière)所言,这就为探讨一种平等的政治提供了可能性。①

从好客伦理中提取出友善原则作为档案记忆再生产公平伦理内涵之一,可以为档案工作中的"公正和善"服务和"社会救济"提供思想基础。长期以来,在档案利用服务工作中,人们一直强调档案部门和档案工作者要向对待客人一样(档案利用者是"顾客",本身就是我们的"客人"),改善服务态度,公平、友好地对待(接待)每一位档案利用者,并将其作为档案职业伦理准则;另一方面,面对社会弱势群体,人们也在呼吁和推进"社会救济",为弱势人群提供扶危济困的必要条件和手段,体现出"以人为本"的道德情怀和道德关爱,因此,友善原则也是社会公平思想的伦理体现。

(五)互惠原则——不同主体的互利共赢

在伦理学领域,公平总是与平等、互惠、互利、尊重、共赢联系在一起的,是在平等基础上达成社会的互惠、互利、尊重、共赢。互惠(或称互惠互利)既是人们经济交往伦理或商业伦理,也是社会交往的伦理。法国人类学家马塞尔·莫斯(Marcel Mauss)通过研究原始社会交换形式"库拉""夸富宴"等,说明"礼物不是赠与,是一种交往的媒介,是遵循互惠原则的,也只有通过互惠才能使交往得以延续下去"②。"只要社会、社会中的次级群体及至社会中的个体,能够使他们的关系稳定下来,知道给予、接受和回报,社会就能进步。"③ 互惠既可与互利、尊重、共赢并

---

① 参见朗西埃《美学异托邦》,载于《生产》第 8 辑,汪民安等编,江苏人民出版社 2013 年版,第 209—211 页。
② 刘拥华:《礼物交换:"崇高主题"还是"支配策略"》,《社会学研究》2010 年第 1 期。
③ [法]马塞尔·莫斯:《礼物》,汲喆译,上海人民出版社 2002 年版,第 209 页。

列，也可包含互利、尊重、共赢。

既然社会记忆是由不同群体框架构成的记忆，而群体存在层次、性质之分，如阶级与阶层，中央与地方，统治与被统治，体制内与体制外，官方与民间，国家机关、社会组织与个人（家族、家庭）等，每种群体的集体记忆（社会记忆）都有其存在的必然性和合理性，原则上说每一群体记忆都需要或应得到相互理解和尊重；同时，不同群体记忆之间虽然会存在矛盾、冲突或不和谐，但也并非总是排斥、对抗，更多的是处于共存、互融、互补、互构关系中，因此，社会记忆再生产应当遵循互惠原则，在互惠互利、平等尊重、互构共赢中，实现更高程度和水平上的记忆公平。

档案记忆再生产中的"互惠"，从其内涵看包括记忆资源的互补、记忆情感的互通、记忆权利的互认、记忆叙事的互文和记忆意义的互生等，其最终目标是不同群体记忆的"互构"或"共赢"，即互利共赢或互惠共赢在档案记忆再生产中的体现。"档案记忆的互构性在主体层级结构中也可体现，国家记忆、组织记忆和个人记忆对于各种重大问题和历史变迁，都能够得到反映，可以相互印证。"[1]

笔者曾从社会记忆构筑规则的角度，提出档案记忆资源互补的四个维度，并特别强调精英记忆和民众记忆是一种互渗互补的关系。没有民众记忆，精英记忆"曲高和寡""空中楼阁"，社会记忆难以渗透到基层，难以形成社会动员的力量；没有精英记忆，大众记忆处于分散、零散状态，难以形成民众的整体历史意识，不利于民族国家认同的形成和民族力量的凝聚。在构筑社会/档案记忆的过程中，档案工作者需要以包容心态和多元目光，在重视保存精英记忆资源的同时，也需要关注民众的生活史、生产史，重视民众记忆资源的收存。

彭兆荣教授等将社会记忆分为三个层次（政治主体主控记忆、知识精英记忆、地方社会草根记忆），认为"这三个阶层的划分在很大程度上是权力所赋予的社会身份差别，这样的差别会导致他们在记忆历史时采取不同的资源组合方法来进行分层性的历史建构"[2]。这种分析单纯从不同层次

---

[1] 丁华东：《档案与社会记忆研究》，人民出版社2016年版，第104页。
[2] 彭兆荣、朱志燕：《族群的社会记忆》，《广西民族研究》2007年第3期。

记忆建构特点角度看或许是有道理的，但如果从三个层次记忆建构或再生产的情感、叙事、意义关联角度看，是否忽视了其内在统一性。在中国古代社会，"家""国"一体，中央与地方（民间）、精英与草根之间彼此互融，民间、地方、家族（家庭）的记忆往往是王朝中央"缩影""投影"与"掠影"。从历史角度看，有宏大叙事，也有微观叙事（地方叙事），彼此虽有矛盾和差异，但也存在内在的一致性，可以相互印证、相互补充，体现历史的"纵深"。

费孝通先生曾提出不同文明/文化之间理想的认识和处理模式，即"各美其美，美人之美，美美与共，天下大同"，档案记忆再生产也需要以此襟怀和情怀，实现多元记忆的互惠互构，尊重彼此的记忆情感与权利关切，更加全面地构筑社会记忆。当然，作为社会公平伦理的崇高目标，这种互惠互构也必要或必须建基于"社会正义"伦理之上。

四 档案记忆再生产的正义伦理

加拿大档案学家特里·库克指出，随着社会发展和档案学（管理）范式的演化，档案越来越多地与正义和人权联系在一起，越来越多地被用来揭露以往的非正义行为，比如南非的种族隔离暴行、加拿大的血污染丑闻等，"档案从支撑学术精英的文化遗产转变为服务于认同和正义的社会资源"[①]。荷兰档案学者艾瑞克·凯特拉（Er Ketelaar）认为档案（馆）正在变成"记忆实践的空间"，人们在这里可以通过利用文件尝试把他们的创伤放入当时的语境中，这种"为正义打开记忆的档案"，"可以成为一种疗伤仪式。档案馆充当了一个共享的保管和信任空间"[②]。不忘历史才能更好地捍卫正义，面对世界和平与社会正义遇到的新挑战，面对档案管理范式的新转型，档案记忆再生产如何充分发挥和实现社会记忆功能，铭记历史、珍爱和平，捍卫人类尊严，推动人类进步，是每一位档案记忆再生产

[①] [加拿大] 特里·库克：《四个范式：欧洲档案学的观念和战略的变化》，李音译，《档案学研究》2011年第3期。
[②] [加拿大] 特里·库克：《四个范式：欧洲档案学的观念和战略的变化》，李音译，《档案学研究》2011年第3期。

者，特别是档案部门需要持续思考的问题。

（一）档案记忆与社会正义捍卫

正义，即社会正义，既是一种主观的价值判断，也是一种彰显符合事实、规律、道理或某种公认标准的行为。作为一个古老而又常青的话题，"纵观历史，每一时代、每一国家、每一民族、每一阶级甚至每一个人都有自己的正义观"①。由于正义观念萌芽于原始人的平等观，因此，古往今来在人们探讨正义时多涵盖甚至直指公平、公正。但在社会记忆语境中，正义往往是与邪恶、罪恶等相对应的概念，涉及对施害者暴行、恶行、伤害、不义的谴责与惩处，以及对受害者遭受的苦难、不幸、受伤的同情与申诉。保罗·利科说，正义关乎"道德的恶"，"在我看来，以恶在语言中作为过错的特征为标志，当然是道德的恶，然而更是恶"。② 这种"人对人施加的恶"，"在使他者忍受痛苦和杀害他者意志外，实际上还有侮辱他者，抛弃他者，使他者无依无靠，任其自我蔑视的意志"。③ 正是基于上述认识，我们将档案记忆再生产与公正相关的伦理划分为公平伦理与正义伦理，前者属于内部权力矛盾和斗争所引发的记忆公平性问题，而后者则属于由外部权力（武力）施加和迫害所引发的人类善恶问题。

正义的本质在于"社会实践真、善、美的集中统一"，是"社会合理的、合目的的、和谐的自由与平等"④，它标志着社会历史的进步方向，因而也是人类社会普遍认可的崇高价值和基本道德追求。在人类社会的各种道德评价中，正义具有优先性地位，它"不仅是像其他美德一样的一种情感或感情，而首先是一个框架，这个框架限制并协调各种美德"；作为"诸价值的价值"，当"诸价值间与诸善观念间的相互冲突无法解决时，正

---

① 陶德麟：《〈社会正义论〉评介》，《淄博学院学报》（社会科学版）1999 年第 1 期。
② [法] 保罗·利科：《记忆，历史，遗忘》，李彦岑等译，华东师范大学出版社 2018 年版，第 620 页。
③ [法] 保罗·利科：《记忆，历史，遗忘》，李彦岑等译，华东师范大学出版社 2018 年版，第 622 页。
④ 陶德麟：《〈社会正义论〉评介》，《淄博学院学报》（社会科学版）1999 年第 1 期。

义就是这些价值和观念相互和解的标准"。①

　　社会正义是与社会记忆密切相关的课题。保罗·利科说："实际上，历史有一个优势是不得不承认的，它不仅把集体记忆扩展到任何实际记忆以外的地方上去，而且还纠正、批判甚至否认某个限定共同体的记忆，当这个共同体只是封闭地关注它自己的那些苦难，以至于对其他共同体的苦难装聋作哑的时候。在历史批判的道路上，记忆遇见正义感。"② 钱力成也指出："我们在进行经验研究的同时也不能忘记记忆研究的社会意义。事实上，记忆研究的兴起在相当程度上和西方在二战后对犹太大屠杀历史意义和社会正义的探究相关，学者们对线性历史观的挑战也在相当程度上使底层和历史无声者的声音被社会听到。民族国家的合法性建构、认同的维系也都依赖于集体记忆的想象和建构"。③ "前事不忘后世师"，只有记住历史上"不义"造成的苦痛、伤痛、苦难、灾难、劫难这些"前事"，才能真正成为"后世之师"，成为捍卫正义的进步力量。所以，玛格利特说全人类都应该或有义务记住的事情是"绝对的恶和反人类罪"。④

　　不忘历史，离不开历史记忆的载体和记忆再生产，其中有国家纪念日（公祭日）、纪念碑、纪念馆、纪念地、纪念册等，更有档案记忆及其再生产。"档案记忆再生产是正义与非正义的时空对话机制"，在时空的交织与记忆场的形成中，档案起到了关键性作用，它"是一种存放过去事件的容器，也是预见未来事件的手段，一方面记录了过去，另一方面又规定了未来。档案记忆是不同的时空通道，只有借助这些档案，不同断裂的时空才有对话的可能，才能进行连续不断、有规可循的操作。档案记忆中蕴含着正义与非正义伦理导向，通过档案内容再生产与意义再生产，我们在理解、解释和重现过去环节的过程中，就能使空间为历史话语（时间）提供

---

　　① ［美］迈克尔·J. 桑德尔：《自由主义与正义的局限》，万俊人等译，译林出版社2001年版，第191—192页。
　　② ［法］保罗·利科：《记忆，历史，遗忘》，李彦岑等译，华东师范大学出版社2018年版，第670页。
　　③ 钱力成：《记忆研究的未来：文化和历史社会学的联结》，《南京社会科学》2020年第3期。
　　④ ［以］阿维夏伊·玛格利特：《记忆的伦理》，贺海仁译，清华大学出版社2015年版，第70页。

秩序，这种秩序就是正义，这种秩序产生于过去，作用于现在与未来"①。

美国档案学者兰达尔·吉莫森认为，档案工作者的行动目标就是维护社会正义。他指出档案责任与职业伦理就是恪守诚实、公平、真实、专业的原则，在档案和记忆的实际工作中，档案工作者和文件管理员必须立场坚定，勇于为社会和未来负责，保护文件和文件保管体系的完整性和真实性；当面对外部压力时，档案工作者和文件管理员必须愿意成为正义的捍卫者，勇敢地顶住压力，阻止权力操控文件和限制获取信息；当文件真实性和问责性，包括文件的信息内容和获取方式受到威胁时，档案工作者无论个人或集体要敢于成为揭秘者，应该把真相说出来，发出反对权力滥用的声音，以便捍卫档案的价值和保护公众的权利。②

档案记忆再生产公平伦理涉及的是记忆权力/权利的平等公正，是关乎记忆的分配与占有问题；而档案记忆再生产的正义伦理则是涉及对社会正义的捍卫与维护，是关乎对"不义"的历史真相和记忆申诉问题，是对"正义"呼吁/呼喊。在揭露历史真相、呼吁社会正义的工作中，档案记忆再生产恪守的伦理准则包括信任、良知、儆戒、诚信等原则或准则。

（二）信任原则——相信档案的历史见证力

信任作为一种观念或精神形态，不同于盲从或无根据地相信，是以对事与事理的把握为依据，基于理性认识上的肯定性观念形态。杨国荣教授指出，信任不仅包含着某种价值意向，而且关乎对未来的预期。"当主体对相关的人物形成信任之心时，他并不仅仅对其当下的言与行加以接受，而且也同时肯定了其未来言与行的可信性。在此意义上，信任包含着对被信任对象未来言行的正面预期，并相应地具有某种持续性。"③ 从伦理学视域看，信任涉及道德规范，也关乎道德品格。"在信任的发生和形成过程中，无论是信任对象，还是信任主体，都以不同的方式关联着广义的道德规定"：就对象而言，信任之事物内含的真诚、可信赖等品格具有道德意义；就主体而言，以什么为信任对象，也关乎道德立场，"若以危害社会、

---

① 丁然等：《档案在历史正义中的时空责任》，《档案学研究》2021 年第 1 期。
② 参见付苑《档案与社会正义：国外档案伦理研究的新进展》，《档案学通讯》2014 年第 4 期。
③ 杨国荣：《信任及其伦理意义》，《中国社会科学》2018 年第 3 期。

敌视人类者为信任对象，便表明该主体与相关对象具有同样或类似的道德趋向"。① 信任的道德意涵或伦理意义对个体行为与社会实践都具有引导、推动作用，从积极的方面看，可以促进社会实践的持续顺利开展，"为实践活动的成功提供担保"；否则，如果出现"信任危机"，则会阻碍社会实践的发展，甚至会起到破坏作用。

　　档案记忆再生产中所涉及的信任伦理问题，首先是档案记忆的见证力、证明力或证据效能的信任度。坚信档案记忆的见证力是利用档案记忆捍卫社会正义的基础和关键，反之，如果怀疑、否定档案记忆的见证力，以档案记忆或通过档案记忆再生产来维护社会正义便失去其合法性依据。能否信任档案、信任档案的见证力，关乎档案记忆再生产者对档案记忆的态度，既涉及对档案记忆的价值判断，也影响对档案记忆的加工、利用，更影响档案记忆在社会正义捍卫中的价值发挥与实现。

　　如前所述，一段时间以来，受后现代和多元文化思维的影响，人们对档案记忆的原始性、真实性、客观性、权威性产生了诸多怀疑和评判，认为档案是权力作用下的产物，是社会权力的"合谋"，权力让档案馆、档案记忆产生"腐败"，这些论调被不加区别地使用和滥用，已经在一定程度上对档案记忆的真实性、客观性、权威性产生了不良影响，进而引发对档案记忆的"信任危机"，影响档案记忆的公信力及其对历史的见证力与证明力。

　　虽然档案的自然形成规律和档案的原始性、真实性、客观性、权威性已得到一代代档案学者、历史学家及其他领域学者的论证而得到确证，不过，为使问题分析有所深化，笔者在此想再引用保罗·利科关于档案与历史见证的分析，为档案记忆的见证力作进一步的辩护和维护。

　　利科认为作为见证和历史书写的连接，对档案的信任问题一直存在，"正是通过进入历史认知的书写环节，信任问题才得以以源初的方式被提了出来。它就像是整个考察的一个不言自明的前提而高悬在那里"。但他又指出："痕迹、文献和问题构成了历史知识的三脚基座"，"历史在拉开距离的动作中不停诞生着，而这种拉开距离的动作则需要依靠档案线索的

---

① 杨国荣：《信任及其伦理意义》，《中国社会科学》2018 年第 3 期。

外在性。这就是为什么我们会在无数笔迹和铭文中发现档案线索的痕迹,而这些痕迹和铭文不仅先于历史认知的开始,也先于历史学家这一职业的开始"。① 从利科这些论述,以及前文利科将历史认知活动的文献环节直接称为"被做成档案的记忆"来看,档案的历史见证力已得到充分的证明和展示。

正是作为"历史的见证"的凭证性、根基性与合法性,档案中记录/记载了人类历史上各种罪恶、各种反人类罪行,通过记忆再生产,让这些罪恶、罪行公布于天下,让暴行得以揭露,让正义得以伸张。亚当·斯密说:"为了遵守正义法则,我们有必要唤起人们保持对社会整体利益的考虑,并为遵守它们的合宜性辩护。"②

(三) 良知原则——崇尚社会公义准则

2015 年,在十二届全国人大三次会议新闻中心举行的记者会上,外交部部长王毅就"中国的外交政策和对外关系"相关问题回答中外记者提问时指出:"70 年前,日本输掉了战争。70 年后,日本不应再输掉良知。是继续背着历史包袱不放,还是与过去一刀两断,最终要由日本自己来选择。""加害者越不忘加害于人的责任,受害者才越有可能平复曾经受到的伤害,这句话既是人与人的交往之道,也是对待历史问题的正确态度。"③

良知/良心是在人们灵魂深处生来就有的一种正义原则/准则。卢梭把良心看作衡量善恶的尺度,认为"良心是灵魂的声音……良心从来没有欺骗过我们,它是人类真正的向导"④。康德强调真善美的区别与统一,把良心视为每一个公民内心深处的道德律令,"日在天上,德在心中"。我国古代思想家也极为重视"良知"/"良心"的道德价值,强调良知是对自己行为的是非善恶的判断与认知。王阳明说:"良知者,孟子所谓'是非之

---

① [法] 保罗·利科:《记忆,历史,遗忘》,李彦岑等译,华东师范大学出版社 2018 年版,第 178—180 页。
② [英] 亚当·斯密:《道德情操论》,转引自唐凯麟主编《西方伦理学名著提要》,江西人民出版社 2000 年版,第 200 页。
③ 《日本输掉战争 不应再输掉良知》,人民网,[EB/OL] http://lianghui.people.com.cn/2015npc/n/2015/0309/c393680-26658839.html [2015-03-09]。
④ [法] 卢梭:《爱弥尔》,李平沤译,商务印书馆 1978 年版,第 41 页。

心，人皆有之'者也。"① "知善知恶是良知。"② 北京大学王海明教授指出，良知是"良心的命令"，是指导性、命令性的良心，是人之行为合乎道德的约束性力量，有良知才会有良行。③

社会记忆再生产关乎记忆生产者的良知，关乎社会正义。复旦大学张汝伦教授在《记忆的权力和正当性》一文中，对社会记忆的良知、情感与正当性有深刻地分析，他指出："既然事实是人心的构造，而人心往往会受感情的支配，那么由人心构造出来的证据也难免不带感情的成分。就此而言，即使在历史记忆中，感情也自有其正当性。问题还不仅在感情，既然人类历史充满了压迫与被压迫、迫害与受害的事实，那么，压迫者与被压迫者、施害者与受害者之间的区别，应该是无法抹去的。时间会改变一切，却改变不了这个根本区别。因为它不仅是建立在事实基础上，更是建立在人类良知基础上，它具有超越历史的先验性。除非我们认为人类良知也会随着时间而消失，否则，我们就不能否认它的超时间性……时间并不保证什么，它可以消灭一切，却不能消灭记忆。因为，记忆是它惟一的保证，而良知则是记忆的保证，没有良知，人类就不需要有历史记忆，更不需要对历史记忆有巴诺所主张的批判态度。时间可以改变特殊的记忆，却无法改变记忆的这个先验根据。因此，一切屠杀与迫害的受害者与施害者的区别并不会随着时间的改变而改变。无论到什么时候，人们都不能把死于屠刀下的南京平民或奥斯威辛的牺牲者说成是加害者，就像人们在任何时候都不能把白说成黑，能改变的只是人们的评价。"④

在社会记忆再生产中，背离社会道德和良知的行为仍在不断发生。日本一些政治组织和政客仍在极力否认对中国的侵略行为和犯下的滔天罪行，从修改教科书事件到参拜靖国神社、从否定南京大屠杀到掩盖慰安妇罪行、从鼓吹战争责任未定论到否定东京审判等，公然违背历史事实、国际法和国际伦理准则，在自觉不自觉地输掉"历史良知"。

良知原则应该成为档案记忆再生产的基本伦理准则，档案记忆再生产

---

① （宋）朱熹：《大学中庸章句·附：大学问》，中国社会出版社2013年版，第17页。
② （明）王守仁：《传习录四·钱德洪录》，朱孟彩编，线装书局2018年版，第760页。
③ 王海明：《新伦理学》，商务印书馆2008年版，第1446—1447页。
④ 张汝伦：《记忆的权力和正当性》，《读书》2001年第2期。

者特别是档案工作者，需要秉持并遵循社会良知，在行动上具体做到：一是树立正确的历史观。毛泽东指出："今天的中国是历史的中国的一个发展；我们是马克思主义的历史主义者，我们不应当割断历史"①。李大钊也曾说，"故历史观者，实为人生的准据，欲得一正确的人生观，必先得一正确的历史观"②。拥有正确的历史观，才能对历史作出正确判断，才能把握历史中的是是非非，从而为正确地开展档案记忆再生产提供明确的方向。二是坚持并践行社会核心价值观。良知具有时代性，不同社会环境下对良知有不同的内涵理解和要求，在建设中国特色社会主义的今天，档案记忆再生产的社会良知应服从和服务于社会主义核心价值观建设，维护最广大人民群众的根本利益。三是同违背历史正义的"不良"行为作坚决斗争。面对各种形形色色违背历史真相的"反记忆"，档案记忆再生产需要及时作出反应，充分发挥档案记忆的"利剑"功能和教育功能，使记忆群众跨越时空局限，了解历史真相，在正确认识历史中自觉捍卫社会正义。皮埃尔·诺拉说："普遍记忆原子化为私人记忆，这就赋予回忆的法则强大的内在强制权。它让每个人都觉得有责任去回忆，并从归属中找回身份的原则和秘密。而这种归属感反过来会牵涉一切。当记忆不再无所不在时，如果个人不以独立决策和个人良知做出担当记忆职责的决定，记忆就可能无处栖身。"③

（四）儆戒原则——强化历史敬畏感

正义与罪恶、不义、罪责等相关联。对待过去的罪恶或罪责，我们说伸张正义，就是要让犯罪者承认罪责，主动道歉，以寻求宽恕与和解；而对拒不承认犯罪行为和罪恶行径者，则要亮出"正义之剑"，给犯罪者或施暴者以"儆戒"，使其认识到自身所犯下的罪行，避免重蹈历史覆辙。

利科说"儆戒"这一概念是"在接受历史记忆的道路上形成的"，"具有儆戒作用的独特性概念只有通过一种开明的公共舆论才能形成，这种舆论将对罪行的回顾性判断转变为避免让其重蹈覆辙的誓言。通过被放

---

① 《毛泽东选集》第二卷，人民出版社1991年版，第534页。
② 李大钊：《史学要论》，上海古籍出版社2014年版，第43页。
③ ［法］皮埃尔·诺拉主编：《记忆之场》，黄艳红等译，南京大学出版社2015年版，第16页。

在承诺这一范畴之下，对于罪恶的思考就可以离开无尽的悲戚和感人的忧郁，而且更重要的是，可以脱离控告有罪和开脱辩护的恶性循环"①。为使犯罪者有所警醒，知所诫惧，社会必须把正义和强力结合起来，"正义而没有强力就要遭人反对，因为总是会有坏人的；强力而没有正义就要被人指控"。将"人们所遵循的正义和人们所服从的强力结合起来"，使强力正当化，达到对社会记忆的正向控制，捍卫社会的公平正义，"能得到成其为至善的和平"。②或如亚当·斯密所言："值得很好注意的是：我们绝非只是为了维护社会秩序而认为那个不义行为一定要在今生今世受到惩罚，不这样，社会秩序就很难维持，我以为，造物主是使我们希望、宗教也准许我们期待这种罪行甚至来世受到惩罚。""公正的神还是需要的"，"在每一种宗教和世人见过的每一种迷信中，都有一个地狱和一个天堂，前者是为惩罚邪恶者而提供的地方，后者是为报答正义者而提供的地方"。③

2005年4月11日，是德国布痕瓦尔德集中营解放60周年的日子，德国首次举行战后全国性的集中纪念纳粹集中营获得解放的仪式，德国时任总理施罗德再次强调："对纳粹主义和其发动的战争、种族屠杀及其他暴行的记忆，已经成为我们民族自身认同的一个组成部分。这是我们的一种道义责任"；"过去的历史我们已无法挽回，但我们能够从那段历史中，从我们国家刻骨铭心的那段耻辱中吸取教训。德国决不向试图忘却或不承认那段历史的任何企图让步"。④然而，与德国形成鲜明对照的是日本，不仅至今不承认侵华战争所犯下的罪行，还在试图掩盖历史真相，虚与委蛇，推脱敷衍，试图逃脱历史罪责。"九一八事变""卢沟桥事变""南京大屠杀""731部队活体实验""万人坑"……在日本侵略者的残暴蹂躏下，中华大地满目疮痍，给中国人民造成惨痛的伤害，也给中日友谊造成隔阂。如孙歌所言："对于几代中国人来说，南京大屠杀不仅仅意味着发生在一九三七年十二月的那个惨

---

① [法]保罗·利科：《记忆，历史，遗忘》，李彦岑等译，华东师范大学出版社2018年版，第455页。
② [法]保罗·利科：《记忆，历史，遗忘》，李彦岑等译，华东师范大学出版社2018年版，366—367页。
③ [英]亚当·斯密：《道德情操论》，蒋自强等译，商务印书馆1997年版，第115页。
④ 《战后首次举行全国性的集中纪念纳粹集中营获得解放的仪式》，大洋网，[EB/OL] http://news.sina.com.cn/o/2005-04-12/11425627871s.shtml [2005-04-12]。

绝人寰的具体历史事件。它已经构成中国人情感记忆中一个最突出的象征符号，象征着二战中日本军队在中国国土上犯下的罪行，象征着中国人对至今不肯认罪的日本政府以及日本右翼的愤怒，也象征着战后五十余年中国人与日本人在感情创伤方面无法修复的鸿沟。"[1]

"缅怀过去，并不意味着呼唤仇恨，事实上，无论是复仇还是另一方的自我开脱，都不能令这场灾难更具警示意义。"[2] 曾代表中国出席东京审判的中国法官梅汝璈在回顾往事时不忘告诫世人，"我无意于把日本帝国主义者欠下我们的血债写在日本人民账上。但是，我相信，忘记过去的苦难可能招致未来的灾祸"[3]。

擦亮历史的"镜子"，还原事实真相，档案工作者应该利用档案记忆来促进社会正义，亮出"正义之剑"，使拒不承认历史罪行的施暴者在历史证据的"照妖镜"下原形毕露，无所"遁逃"，时刻受到正义的审判和谴责。这也是利科所说的对历史罪责、债责的"约束"。

(五) 诚信原则——避免记忆的歪曲滥用

唐代史学理论家刘知几提出"史才三长"，即史才、史学、史识；清代史家章学诚在此基础上增加"史德"一说。他说："刘氏之所谓才、学、识，犹未足以尽其理也"，"能具史识者，必知史德"。他将"史德"界定为"著书者之心术也"，并一再强调其重要性："心术不可不虑""心术不可不慎"。他认为"夫史所载者事也，事必藉文而传；故良史莫不工文，而不知文又患于为事役也。盖事不能无得失是非，一有得失是非，则出入予夺相奋摩矣；奋摩不已，而气积焉。事不能无盛衰消息，一有盛衰消息，则往复凭吊生流连矣；流连不已，而情深焉"。在生动的历史事实面前，史家往往"因事生感"，情与气默运潜移，"气积而文昌，情深而文挚"，虽然文成上品，但往往寄寓作者过多的主观思想和情感，难以反映

---

[1] 转引自李红涛、黄顺铭《记忆的纹理——媒介、创伤与南京大屠杀》，中国人民大学出版社 2017 年版，第 8 页。
[2] 《记忆是一种与伦理有关的责任》，薇薇精灵的博客：[EB/OL] http://blog.sina.com.cn/s/blog_3d1c41500100fk5u.html [2009-09-18]。
[3] 钟声：《让人类共同记忆凝聚正义力量》，《人民日报》2017 年 12 月 14 日。

客观史实，所以"有天有人，不可不辨"。①

章学诚对"史德"或史家"心术"的强调，反映出一种尊重客观史实、追求"信史"的学术伦理或道德，与今天诚信伦理内涵相通、一脉相承，也与档案/社会记忆再生产伦理关怀紧密相关。史学研究是典型的档案/社会记忆再生产领域，史料编纂、史书著述或史学研究中的"信史"追求，也需要在档案记忆再生产中充分体现出来。

"人言为信"，诚实守信自古以来就是中国人的伦理和道德规范，"信"作为中国人伦"五常"（"仁、义、礼、智、信"）之一，足见其在中国文化和社会伦理规范中的地位。从档案记忆再生产角度看，社会记忆虽然有建构、有叙事、有阐释、有塑形，但这些再生产行为不是无原则地随意建构、随意阐释、随意重塑，而是必须在尊重档案记忆事实的基础上的建构、阐释、重塑。维护社会记忆的正义也必须建基于客观历史事实基础上的"正义"，而不是也不可能是歪曲客观历史事实上的"正义"。歪曲客观历史事实的所谓"正义"，必将走向其反面，即走向"非正义"，甚至走向邪恶。

诚信伦理既是社会一般伦理，是现代社会主要"德性"之一，也是档案记忆再生产的职业伦理，生产者必须"心术"端正，才能捍卫和维护社会正义，也才能生产出具有历史生命和时代意义的档案记忆，造福社会。在档案记忆再生产中，从诚信伦理角度看，需要遵循以下几点。

一是坚持存真求实。"存真求实"既是档案记忆再生产的责任伦理，也是维护历史正义的诚信伦理。建立在原始历史记录基础上的档案记忆再生产，必须坚持实事求是，尊重历史事实，将社会记忆真实性追求作为价值和道德追求。利科指出："自柏拉图和亚里士多德的时代以来，记忆现象学已经提供了一把解释记忆现象的钥匙，即记忆是一种表现曾经在场而现在不在场的事物的能力"；"就记忆行为本身而言，它也有其雄心、追求和抱负，即忠实地表现过去"。② 档案记忆虽有建构成分，但它是建立在档

---

① （清）章学诚：《史德》，载《文史通义》外篇一，罗炳良译注，中华书局2012年版，第309—319页。

② ［法］保罗·利科：《记忆，历史，遗忘》，李彦岑等译，华东师范大学出版社2018年版，第307页。

案客观真实性基础之上,或者说是以档案本源记忆、原生记忆为基础的建构,存真求实既是其行动准则,也有其实现的可能性条件。

二是避免过度理解与解释。档案自生成之后,离开其原初的生成环境,其文本内容、字面意义及其背后隐含的历史真相需要后人结合新的环境来理解和解说。但后人的理解和解说必须建立在材料的正确解读和阐释的基础之上,"摆事实,讲道理","有一份材料说一份话","无证不立""无征不信",不能不顾生成时的历史背景和前后文本之间的历史联系,"断章取义",妄加解说,更不能为迎合某种权威或一时政治需要,借题发挥,曲意解读,需要谨防对档案记忆的"滥用"。

三是以虔诚的态度对待历史。历史自有是非对错,虽然历史功过自有后人评说,有时难免"成王败寇",但涉及正义问题,则需要记忆再生产者以虔诚敬畏之心认真对待。一方面,对历史上的罪恶、错误,作为其后代应勇敢地承担其历史的债责和罪责,而不是千方百计地抵赖和否认;另一方面,对媒体上的历史"戏说"保持距离和警惕。面对各种媒体上为商业目的和"赚眼球""吸流量"的"记忆滥造",档案记忆再生产需要避免盲目跟风,守住自身的底线,成为维护社会正义和历史真实的中流砥柱。

五 走向社会记忆的理解与和解

侵华日军南京大屠杀遇难同胞纪念馆内,以中、英、日三种语言刻有约翰·拉贝(John H. D. Rabe)的名言"可以宽恕,但不可以忘却"。在人类记忆长河中,既充满着快乐、幸福、成功、感恩,也难免充斥着大大小小的灾难、苦难、创伤、仇恨、悲愤、无助与无奈。面对灾难和创伤记忆,保罗·利科指出:"耐心的寻求和解是必须的"[1],"不是罪责,而是和解才是区分要素,和解的完成以记忆活动的完整系列为标志"[2]。

德国哲学家西奥多·阿多诺(Theodor Wiesengrund Adorno)曾问:

---

[1] [法]保罗·利科:《记忆,历史,遗忘》,李彦岑等译,华东师范大学出版社2018年版,第673页。

[2] [法]保罗·利科:《记忆,历史,遗忘》,李彦岑等译,华东师范大学出版社2018年版,第663页。

"与过去和解是什么意思？"① 我们是否也可以追问人类又是如何才能够达对过去的理解与宽恕，"不计前嫌"而实现和解的呢？玛格利特说不能为了宽恕就必须"遗忘"，那么在通向社会记忆理解与和解之路上，档案记忆再生产能够或应该做些什么，在灾难和创伤记忆的修复、疗愈中又能够或应该发挥怎样作用呢？

（一）理解与和解：记忆的伦理目标追求

"宽恕不可能是一种自觉的精神行为，在最好的情况下，它是一种心理上的变化。"② 宽恕、宽容、和解都只是结果，"而非某种教条式的义务"，而"理解"才是宽恕、宽容、和解的前提与基础，"当理解达成时，宽容自然会发生，和解也会随之而来"③。理解与和解（包含着宽恕）均与伦理相关联，具有某种伦理学的意蕴，是社会记忆特别是灾难记忆、创伤记忆再生产行为的一种伦理目标追求。

"理解"既是记忆实践的行动逻辑，更是达成共享记忆和记忆共同体的条件和基础。法国当代哲学家埃德加·莫兰（Edgar Morin）认为人类之间的相互理解十分重要也非常复杂，"互不理解统治着人类之间的关系。它在家庭的核心，在工作和职业生活的核心，在个人、民族、宗教之间的关系中肆虐。它是日常的、无所不在的、全球性的，它产生误解，引起轻蔑和仇恨，引发暴力和总是跟战争相伴随"；"理解的障碍还是跨主体的和超主体的：以牙还牙的报复、复仇以难以消除的方式扎根于人类精神的意识结构中"；"互不理解的支配作用引起误解，对他人的虚假不实的感觉，关于他人的不正确的认识，以及对立、轻蔑、仇恨的后果。基本上到处在日常生活的范围内，在互不理解的作用下，存在着无数的心理上的仇杀、恶语和诋毁的泛滥"。因此，人类需要了解产生不理解的各种根源，并自觉地加以克服，努力达到相互的宽容和团结。"走出全球性的铁器时代需

---

① 转引自［法］保罗·利科《记忆，历史，遗忘》，李彦岑等译，华东师范大学出版社2018年版，第350页。
② ［以］阿维夏伊·玛格利特：《记忆的伦理》，贺海仁译，清华大学出版社2015年版，第194页。
③ 陶力行：《从"理解"到"和解"》，《经济观察报》2017年7月3日。

要个人之间、文化之间、民族之间的相互理解。理解本身包含着相亲相爱的潜能，它将引导我们相互承认是地球—祖国的孩子。"① 我国学者庞俊来也指出，多元主义时代，不同主义、不同文化间的相互理解已成为社会进步与文明发展的一个基本前提，现实、历史与哲学的发展都在不同程度上期待"伦理理解"，即以"伦理"理解世界，沟通不同文化之间的"我们"与"他者"，"从主体性视角就是'类本质'意识的觉醒与自觉而生成的'类主体'，从伦理共同体视角就是'人类命运共同体'的价值共识与实践建构"。②

和解是成功化解矛盾的动态过程和结果，是共同体维系和重建的伦理动力。马克思、恩格斯早年就提出了"两个和解"（即人类与自然的和解以及人类本身的和解）的思想，晚年再次强调了这一思想。恩格斯在《国民经济学批评大纲》中指出，"他的全部利己的论辩只不过构成人类普遍进步的链条中的一环，他不知道，他瓦解一切私人利益只不过是替……人类与自然的和解以及人类本身的和解开辟道路"③。马克思、恩格斯"两个和解"思想贯穿于历史唯物主义思想体系的构建过程之中，通过对资本主义"虚幻的共同体"批判性分析，提出创建劳动者共同占有生产资料从而进行联合劳动基础上的"真正的共同体"，这样才能使人与自然、人与人之间的关系得到极其明白且合理的解决，联合劳动基础上的实现社会整体幸福的共同体伦理才得以可能。因此，"两个和解"思想具有在"自由劳动意义上实现社会整体幸福的共同体伦理意蕴"④。

从社会记忆实践或再生产看，社会对历史、对过去的理解与和解，其意旨都在强调不同群体、个人如何达成对过去的宽恕、谅解，以面向未来，建立良好的、友善的人际关系，一起携手走向未来。埃德加·莫兰说："理解不是宣告无罪，既不是放弃判断也不是放弃行动，这是承认犯

---

① ［法］埃德加·莫兰：《理解的伦理学》，陈一壮译，《江南大学学报》（人文社会科学版）2012 年第 1 期。
② 庞俊来：《论伦理理解》，《伦理学研究》2020 年第 4 期。
③ 《马克思恩格斯全集》第 3 卷，人民出版社 2002 年版，第 449 页。
④ 苗贵山：《马克思恩格斯"两个和解"思想及其共同体伦理意蕴》，《伦理学研究》2021 年第 1 期。

下大罪或卑鄙行径的肇事者也是人类。永远不要忘记罗贝尔·昂泰尔姆发出的信息：SS（纳粹德国的党卫队）企图把我们从人类中排除出去，他们永远也做不到，而我们本身不能（不应）把他们从人类中排除出去。"① 美国加州圣玛丽学院教授徐贲也指出："走出历史灾难的阴影，实现社会和解，是'不计'前嫌，不是'不记'前嫌。记住过去的灾难和创伤不是要算账还债，更不是要以牙还牙，而是为了厘清历史的是非对错，实现和解与和谐，帮助建立正义的新社会关系。"②

《论语》有云："不念旧恶，怨是用希。"③ 人类数千年的文明史似乎总是伴随着战争与和平、安宁和纷扰，因此，英国学者彼得·卡尔佛特（Peter Calvert）说"我们永远需要一个宽恕与和解的过程，来处理令人遗憾又是不可避免的关系问题。这是人类生存无法逃避的特征"④。英国学者瑞格比（Andrew Rigby）也认为"和解与宽恕不同，它与未来联系在一起，要求相互敌视的各方能够积极参与其中。人们做好共同勾画未来的准备是任何和解过程的关键。为此，他们可以不忘记过去，但应该宽恕过去，在这个基础上携手共进"⑤。

（二）南非"档案正义"的记忆伦理实践

特里·库克指出："档案网站出现了，常常与那些寻求获取自身档案的群体进行互动对话，这些群体借助记忆使他们的认同更加清晰和一致。先在南非，后来在加拿大等许多国家成立的真相与和解委员会，其部分目的就是要建立档案，以促进凯特拉所描述的治疗和记忆工作。"⑥ 南非真相与和解委员会及南非档案学者维恩·哈里斯的工作可以看作"档案正义"

---

① [法] 埃德加·莫兰：《理解的伦理学》，陈一壮译，《江南大学学报》（人文社会科学版）2012年第1期。
② 徐贲：《人以什么理由来记忆》，吉林出版集团有限责任公司2008年版，第1页。
③ （春秋）孔丘：《论语·公冶长第五》，吴兆基编译，京华出版社1999年版，第42页。
④ [英] 彼得·卡尔佛特：《革命与反革命》，张长东译，吉林人民出版社2005年版，第224—225页。
⑤ [英] 安德鲁·瑞格比编：《暴力之后的正义与和解》，刘成译，译林出版社2003年版，第14页。
⑥ [加拿大] 特里·库克：《四个范式：欧洲档案学的观念和战略的变化》，李音译，《档案学研究》2011年第3期。

(或称"档案工作正义",即"档案为了正义")的记忆伦理的典型案例,也是档案记忆再生产过程中迈向理解与和解的一种尝试。

伴随冷战的结束,国际政治格局发生了剧烈变化。1994年新南非政府组建成立,致力于实现国家政治民主转型和正义转型。面对南非种族隔离时期对黑人犯下的诸多种族暴行与侵权伤害,为缓和多民族、多种族社会内部矛盾,重建社会信任,稳固新生的民族团结政府,新南非政府选择在"纽伦堡审判"和"全民遗忘"(普遍大赦)两种侵犯人权罪行处理模式之外的第三条道路,即以赦免换取罪恶真相的揭露,实现对伤痛记忆的谅解。

1995年1月,南非公布《促进民族团结与和解法案》,并成立"真相与和解委员会","真相意味着直面曾经的种族隔离暴行,对曾经的恶魔和罪行不屈不挠";而"和解则是以更大的智慧和勇气,让整个国家完成一次艰难的转型,让分裂的阶级和种族,在真相的前提下,握手言和,共同组成新的南非共同体"。[1] 曼德拉(Nelson Rolihlahla Mandela)任命图图(Desmond Tutu)大主教为真相与和解委员会主席,共同推动南非的正义转型与避免分裂。

真相与和解委员会的任务是"收集证据,安抚、赔偿受害人,赦免那些对政治罪行供认不讳的人"。经过多方面的工作,委员会于1998年10月递交了一份洋洋五卷本的报告,图图在最终报告中宣称:"我们相信我们对过去发生的真相已经提供了全部的统计。这是一个各方都做了残暴事情的统计。"[2]

通过真相调查与历史和解,南非避免了正义转型中的暴力冲突,创新了一条处理对待历史问题或创伤记忆的新模式、新道路——"必须宽恕,但绝不忘记";"理解,不要报复"。利科指出:"问题不是清除,而是揭露,不是遮掩罪行,而是相反,揭露它们。为了得到宽恕,过往的罪犯必须参与到民族史的重写中:豁免是应得的,它意味着公众认识到他的罪

---

[1] 邹思聪:《真相与和解:全人类的南非遗产》,博客中国,[EB/OL] https://jingyingtan.blogchina.com/1636951.html [2013-12-13]。

[2] Tutu A. D., *Truth and Reconciliation Commission of South Africa Report*, London: Palgrave Macmillan, 1998, p.18.

行，新的民主规则也得到接受……自古以来，人们都说任何罪行都必须得到惩治。在非洲大陆的一段，由一个前政治犯发起，在一个主教的领导下，一个国家探索了一条新的道路，对那些认识到自己罪行的人来说，这是一条宽恕之路。"[1]

在受害者这边，从治疗、道德和政治的角度一起来看，成果是不可否认的。为了知道真相数年来不懈抗争的家属，面对被告，并且在证人面前，能够说他们的悲痛，表露他们的仇恨。以漫长的听证为代价，他们能够讲述那些虐待，能够指认那些罪犯。在这个意义上，听证真正地允许在恰当的审讯程序的引导下，公开地从事记忆的和哀伤的工作。在给控诉和讲述痛苦提供一个公共空间的同时，委员会顺理成章地引起了一个互相的净化。[2]

南非"档案正义"是反对种族压迫的一部分，也是南非正义转型的一部分。南非档案学者、国家档案馆副馆长维恩·哈里斯参与了真相与和解委员会（TRC）的和解工作，而且作为白人档案工作者在南非档案正义转型、档案工作新体系建立方面做出了十分重要的贡献。1996—1998年，哈里斯代表南非国家档案馆成为南非国家档案馆与TRC之间的官方联络人，参与TRC与安全部门联合委员会的文件销毁工作，还参加过一系列精心组织的旨在改变南非种族隔离档案现状、推动南非正义转型、避免南非分裂的活动[3]，旨在建立新的南非记忆元叙事，重塑南非国民的集体记忆。"正义意味着不允许只有一个元叙事，南非档案工作转型正义要面临的首要任务是推翻旧有的主导元叙事，建立新的元叙事体系。哈里斯所工作的曼德拉基金中心正是以呼吁正义为核心目标的非政府机构，机构的正义文化也

---

[1] [法]保罗·利科：《记忆，历史，遗忘》，李彦岑等译，华东师范大学出版社2018年版，第647页注②。

[2] [法]保罗·利科：《记忆，历史，遗忘》，李彦岑等译，华东师范大学出版社2018年版，第648页。

[3] 吕颜冰：《南非转型正义时期哈里斯的档案思想及其特征》，上海大学，硕士学位论文，2017年。

为哈里斯的正义追求奠定了框架。"①

南非的正义转型与"档案正义",都是旨在对种族隔离背景下"非正义"侵权暴行进行调查、揭露、控诉,还原历史真相,谴责施害者和赔偿、安抚受害者,让当代人汲取教训,铭记历史,避免历史悲剧重演,同时治疗受害者精神创伤,在和解基础上,重建南非黑人的集体记忆,为档案记忆治愈社会创伤记忆,走向社会记忆理解与和解提供了启发、案例和经验,其性质与债责伦理密切关联。"过去的一切不是消失了,而是令人尴尬地顽固存在着,它将不断回过头来纠缠我们,除非我们彻底地解决一切。"②

(三) 走向理解/和解之路的见证和建档

鲁迅先生在《为了忘却的记念》一文的开篇即说道:"我早已想写一点文字,来纪念几个青年的作家。这并非为了别的,只因为两年以来,悲愤总时时袭击我的心,至今没有停止,我很想借此算是竦身一摇,将悲哀摆脱,给自己轻松一下,照直说,就是我倒要将他们忘却了。"鲁迅先生的"忘却"并非为了达成理解/和解,也并非为了宽恕,而是要"摆脱"悲哀的重压,化悲痛为力量,以战斗来"记念"死者;但他通过回忆性叙事,尽力保存所能得到的材料,表达对牺牲者的悼念和对反动派的憎恨,把希望留给未来。"我不如忘却,不说的好罢。但我知道,即使不是我,将来总会有记起他们,再说他们的时候的。"③

通向理解/和解的记忆之路确实艰难而漫长,既需要摆脱悲哀,寻求宽恕、和解与忘却,又需要记住历史,记住伤痛,以防忘却,"忘记历史等于背叛"。达成记忆与遗忘(纪念与忘却),记住伤痛与历史宽恕的内在平衡和有机统一,需要时间、情感、勇气,更需要理解。理解是通达宽恕、和解的必由之路。

莫兰指出,人类之间的理解主要有三种方式:客观的理解、主观的理

---

① 吕颜冰:《南非转型正义时期哈里斯的档案思想及其特征》,上海大学,硕士学位论文,2017年,第20页。
② 邹思聪:《真相与和解:全人类的南非遗产》,博客中国,[EB/OL] https://jingyingtan.blogchina.com/1636951.html [2013-12-13]。
③ 鲁迅:《为了忘却的纪念》,载《鲁迅全集》第4卷,人民文学出版社2015年版。

解、复杂的理解：①客观的理解包含解释。解释取得、连接和组合关于一个人物、一个行为、一个形式等的客观资料和信息，把这些资料整合在一个总体中加以把握。②主观的理解是主体对主体的理解的结果，它通过Mimesis（亚里士多德古希腊用语"模仿"：投影—同化）理解他人体验到的东西、后者的感情、他的内在动机、他的痛苦和不幸。尤其是他人的痛苦和不幸引导我们认识到他人的主观存在，并在我们身上唤醒对于我们的人类共同体的意识。③复杂的理解包含解释、客观的理解和主观的理解。复杂的理解是多维度的，它趋于从整体上把握这个人的不同维度或不同方面，力图把这些方面放置到它们的背景中，从而寻求同时认识他人的行为和观念的、心理的和个人的根源，它们的文化的和社会的根源，它们可能受到干扰的和起干扰作用的历史条件。理解是从整体上把握、掌握；解释是从客观的角度掌握，主观的理解是从主观的角度掌握，复杂的理解是同时从主观的角度和客观的角度掌握。人们可以从客观的理解走向主观的理解，而主观的理解在某些条件下导致对人类存在的复杂性的理解。①

人类之间的相互理解是建立在复杂性人类学基础之上，需要坦诚、同情、体谅、换位思考、"推己及人"，但不管如何，有一点必须清楚，那就是正确处理施害者的义务与受害者的权利。法国文学家维克多·雨果（Victor Hugo）曾说过："在昨日的被压迫者之中存在着明日的压迫者"②，作为施害者（压迫者）必须有勇气承担历史的罪责与债责，"真诚悔罪"，而受害者（受压迫者）则保有对所受伤害或灾难创伤控诉的权利。南非及其他国家的真相与和解委员会所开展的工作，既是一种政治伦理行为，旨在明确施害者的政治责任，也让受害者有机会宣泄自己及亲人所遭遇的不幸。

在施害者与受害者真正"握手言和""携手同行"的过程中，建立档案，保存过去历史的见证和记录，既是"客观的理解"的基本方式和途径，也是达成"主观的理解""复杂的理解"的必要途径和结果，是对施害者进行"约束"和"解除约束"的行为，利科称之为"保留的遗忘"。

---

① ［法］埃德加·莫兰：《理解的伦理学》，陈一壮译，《江南大学学报》（人文社会科学版）2012年第1期。
② 转引自［法］埃德加·莫兰《理解的伦理学》，陈一壮译，《江南大学学报》（人文社会科学版）2012年第1期。

"在宽恕的这个终极隐匿状态的影响下,能够呼应《雅歌》的智慧之语:'爱像死亡一样强大'。我要说,保留的遗忘,像消失的遗忘一样强大。"①

遗忘并不只是记忆和历史的敌人。在我最想要说明的一系列论题中,有一个论题就是还存在着一种有保留的遗忘,无论就记忆而言,还是就历史而言,它都是一笔财富。……只有当遗忘的整个问题域处在历史的条件的层次上时,遗忘的这一两重性才能被理解。②

如果说鲁迅先生"为了忘却的纪念"旨在留下记忆的材料,作为历史的见证和未来理解的依据,"将来总会有记起他们,再说他们的时候的";那么,"保留的遗忘"似乎更是在理解与和解后的遗忘,这种遗忘正是在宽恕罪责之后的记忆,是对历史遗产(特别是过去的错误行为、罪行)作为债责的承认。因此,在通向理解与和解的道路上,通过作为历史的见证与记录的档案记忆再生产,一方面可以"解除错的约束";另一方面也"约束永远无法偿还的负债人",利科说"在这里,我们再次看到对死者的债责和作为埋葬的历史"。③

(四)"修通"与创伤记忆的疗愈

"修通"(Working-Through)是精神分析理论或临床治疗中的基本概念与技术,弗洛伊德(Sigmund Freud)曾较早使用这一概念。在《记忆、重复和修通》一文中,弗洛伊德指出"精神分析第一阶段的治疗目的是,唤起对隐藏在神经症后面的作为病因的创伤性事件的回忆,以及与这些事件相联系的被'阻滞'的情感的疏泻"。随着"修通"概念的推广使用,其内涵逐渐丰富,涉及阻抗、本我阻抗、本能趋力、解释、移情、学习、领

---

① [法]保罗·利科:《记忆,历史,遗忘》,李彦岑等译,华东师范大学出版社2018年版,第676页。
② [法]保罗·利科:《记忆,历史,遗忘》,李彦岑等译,华东师范大学出版社2018年版,第390页。
③ [法]保罗·利科:《记忆,历史,遗忘》,李彦岑等译,华东师范大学出版社2018年版,第673页。

悟、宣泄等影响因素或内在机制，其目的或意图是通过修通，达到对创伤记忆的治疗与修复，从而"带给病人基本的改变"。"精神分析学派的作者一致地认为，修通是精神分析过程的一个重要部分，与对潜意识内容和移情性重复的解释以及领悟的获得一起，对分析工作的成功来说，是一样至关重要的。"①

德国思想史家多米尼克·拉卡普拉（Dominick LaCapra）认为，个体或特定历史过程不能被视为总体性的派生物，而是处于社会之中且与整个社会、政治、文化过程相关联，移情、创伤、行动化复现、重复、压抑、修通等概念则打破了个体和集体之间的基本对立，对个体和集体同样适用，且根据不同情境可运用于历史创伤的修复。"拉卡普拉将精神分析学和历史学的互动置于广阔复杂的社会语境中，以期促进历史学科自身的反思或历史研究方法的自我批评，亦使历史书写和历史创伤的修复成为一个无可回避的伦理政治问题。"②

"创伤的悖论就在于，它告诉我们的既不是被遗忘的过去也不是被记忆的过去；相反，它告诉我们的乃是作为实在持续存在于我们身上的过去。"③ 因此，历史创伤的修复也就是创伤记忆的修通，"修通不是要求回到创伤之前的历史状态或一种辩证的超越，而是在接受创伤事实的基础上，与其取得和解"④。既然书写创伤可以"作为一种在后创伤语境中与过去的创伤经验进行对话并取得和解的过程"，那么档案记忆再生产能否作用修通的方式或过程，在创伤记忆疗愈中发挥作用呢？我们不仅要将创伤记忆作为"保留的遗忘"，对造成创伤的行动者（施害者）进行约束或解除约束，还需要对受创伤伤害的行动者（受害者）进行修通、疗愈，为其提供"有价值的领悟，以及可靠的、持久的治疗性改变"⑤，这也是在通向

---

① Joseph Sandler,《修通》，曾奇峰译，*The Chinese-German Journal of Clinical Oncology*, No. 5, 2001.

② 章朋:《历史创伤的重复与修通》,《中南大学学报》（社会科学版）2016 年第 5 期。

③ [德] 约恩·吕森主编:《跨文化的争论：东西方名家论西方历史思想》，陈恒译，山东大学出版社 2009 年版，第 77 页。

④ 章朋:《历史创伤的重复与修通》,《中南大学学报》（社会科学版）2016 年第 5 期。

⑤ Joseph Sandler:《修通》，曾奇峰译，*The Chinese-German Journal of Clinical Oncology*, No. 5, 2001.

理解/和解之路上档案记忆再生产的一项伦理任务和社会责任。

结合修通在精神分析等相关领域的阐释，以及档案记忆再生产自身的实践特点，可以探试提出档案记忆再生产在寻求理解与和解、修通和疗愈创伤记忆方面所发挥的作用。

一是移情与共情。即通过档案记忆再生产让受害者（受伤者）获得情感寄托，促进受害者获得社会的同情，获得心理的抚慰。弗洛伊德认为："抑制病人的强迫性重复，使其转变为回忆的动机，主要方法在于对移情的处理。"[1] 移情在伤痛与现实之间创造出一个中间地带，为二者的转换搭建了一座桥梁。"通过移情作用营造一个自由联想的空间，在与过去历史的对话中，将滞留在对象内部的压抑物，尽可能地行动化复现出来。"[2] 对受难者档案的收集、整理、保存、展出，更宽泛地说包括遗物的保存等，可以理解为是移情作用的具体体现和实现途径，它让受害者（受难者亲属）转移伤痛和纪念的目标，通过各种方式"将精力投入其中"，获得思念和慰藉，同样也让社会感受和分担受害者的痛苦，让伤痛具有更为广阔的社会性质，给受害者以安慰与劝勉。

二是倾诉与宣泄。修通是直接针对阻抗而发生的。弗洛伊德认为对分析师和病人来说，修通的工作"必须从根本上改变本能驱力的习惯性的发泄形式"[3]。杰弗里·亚历山大（Alexonder Jeffrey）强调："寻找一些集体的方法，通过公共纪念活动，文化再现和公共政治斗争，消除压抑，让失去和哀伤所郁结的情感得到表达。"[4] 档案记忆再生产也可成为一种创伤记忆的情感宣泄与疏导形式，在南非真相和解委员会所开展的工作中，一项重要的工作就是让受害者把他们所遭受的迫害、所承受的痛苦以建立（口述）档案的方式讲述出来，倾诉出来，一方面表达对逝者的哀悼；另一方

---

[1] Freud S., *Remembering, Repeating and Working-Trough*, The Standard Edition of the Complete Psychological Works of Sigmund Freud (Vol. 12), Trans. James Strachey, London: The Hogarth Press, 1958, p. 154.

[2] 章朋：《历史创伤的重复与修通》，《中南大学学报》（社会科学版）2016年第5期。

[3] Joseph Sandler：《修通》，曾奇峰译，*The Chinese-German Journal of Clinical Oncology*, No. 5, 2001。

[4] Jeffrey C. A., "Towards a Theory of Cultural Trauma", in *Cultural Trauma and Collective Identity*, Jeffrey C. A. (ed.), Los Angeles: University of California Press, 2004, p. 7.

面也表达对迫害者的愤怒和控诉，从集体中汲取力量，走出历史的阴影。

三是理解和领悟。"修通是一种特殊形式的解释"，"作为一种心理运作方式，它使主体接受某种被压抑的因素，将自己从重复机制中解放出来"。① 修通的任务就是制造领悟，并"由领悟导致行为、态度和结构的改变"。② "修通历史创伤必须要认识到行动化复现是无法消除和克服的，过去的伤痕是无法治愈的，它作为一种强迫性重复的对抗性力量，有助于创伤主体建立起一个批判性的距离，使主体能够回忆起过去发生的事件并在过去、现在和未来之间做出区分"，"在更高层次的意识中主动地回忆和把握过去"。③ 通过档案记忆再生产，可以让受害者了解造成创伤、伤痛、伤害的历史原因和复杂过程，从而使受害者将"历史的过去和现在的对立转化为对话关系"，将对创伤记忆的理解转化为"关涉社会文化、伦理政治、历史语境的多元互动和行动实践"，以诉诸更广阔的社会伦理实践，修通历史创伤。④

玛格利特说面对受害者的亲人，"我们可以告诉她的是，'如能忘记就忘记吧，生活还要继续'。这种劝说词可能在精神上是空洞的，但绝不是可憎的"⑤。档案在"修通"创伤记忆，达成记忆理解与和解的道路上，还有更多的东西值得思考。

---

① Laplanche J., Pontalis J-B., *The Language of Psycho-Analysis*, New York: Norton, 1973, p. 488.
② Joseph Sandler：《修通》，曾奇峰译，*The Chinese-German Journal of Clinical Oncology*，No. 5，2001。
③ 章朋：《历史创伤的重复与修通》，《中南大学学报》（社会科学版）2016年第5期。
④ 章朋：《历史创伤的重复与修通》，《中南大学学报》（社会科学版）2016年第5期。
⑤ ［以］阿维夏伊·玛格利特：《记忆的伦理》，贺海仁译，清华大学出版社2015年版，第198页。

总结与展望

古罗马思想家奥古斯丁曾感叹:"我的天主,记忆的力量真伟大,太伟大了!真是一所广大无边的庭宇!谁曾进入堂奥?"① 德国哲学家海德格尔在谈到"存在"时说过一段很有启发意义的话:

> 在这一园地中,"事情本身是深深掩藏着的",在这块园地中的任何探索工作都要防止过高估计自己的成果。因为可能的情况是:随着这种追问不断向前驱迫,自有一片更其源始更其浩瀚的视野开展出来,那便是或能求得"存在"是什么这一问题的答案的视野。唯当我们重新唤起了存在问题,争取到了一片园地以便展开可加控制的争论,才有希望认真谈到上面这些可能性,才有希望收获积极的成果。②

档案记忆作为一种社会记忆或社会存在、社会事实,将奥古斯丁的"记忆"思想与海德格尔对"存在"问题的认识结合起来,让我们更深切地认识到档案记忆问题的深邃性,也更深刻地感知到研究视野的重要性。正如海德格尔所言,"事情本身是深深掩藏着的",但"随着这种追问不断向前驱迫,自有一片更其源始更其浩瀚的视野开展出来","唯当我们……争取到了一片园地以便展开可加控制的争论……才有希望收获积极的成果"。档案记忆再生产研究是运用马克思主义社会再生产理论,从"记忆实践"视角对档案记忆现象(存在)的新尝试、新探索和新园地,或许并

---

① [古罗马] 奥古斯丁:《忏悔录》,周士良译,商务印书馆1963年版,第194页。
② [德] 海德格尔:《存在与时间》,陈嘉映等译,商务印书馆2019年版,第38页。

未"进入堂奥",但肯定"有希望收获积极的成果"。

从档案作为社会记忆载体、工具的一般性论述,到"档案记忆"概念的出现,档案记忆作为社会记忆性质、形态或组成部分的确认,档案与社会记忆传承、建构、控制、保护关系的探讨,档案记忆工程的理论与实践考察;再到档案记忆再生产研究,档案学领域对"档案与社会记忆""档案记忆"的研究是否呈现出越来越深化,越来越有"章法"的趋势,是否显示出自身在社会记忆研究中的学术特色和学术价值?从初期寻求档案记忆与社会记忆研究的接轨、寻求档案记忆的"学术坐标",到今天提出社会记忆档案化与档案记忆社会化、档案记忆再生产所包含的"形式—内容—意义"再生产的三层结构关系等,是否意味着档案记忆理论的一种创新,是否能视为对社会记忆理论的一种学术贡献?理论观点自有学界评说,或许档案记忆(再生产)研究中的观点、结论还不尽合理科学,或许档案记忆(再生产)理论成果被学界接受还需要一个过程,但档案记忆理论研究推进的心路历程是清晰的,档案记忆作为社会记忆理论研究的一支重要力量是不容忽视的。近年来,我们也欣喜地看到"社会记忆再生产""档案记忆再生产"的概念使用与研究成果越来越多。[①]

在本书研究中,我们深切地感受到档案记忆再生产是一个极具学术潜力和学术前景的问题,它突破"档案与社会记忆"框架的局限,站在"档案记忆"本体,档案部门本位立场上对档案记忆的生成、加工、传播、消费(利用),档案记忆形式、内容、意义再生产等进行考察和分析,其思想土壤深厚,是档案记忆研究的"新视野""新园地"。档案记忆再生产不仅开启档案记忆现象研究新门径,让更多人文社会科学理论在此"园地"实现新融合、触发新问题、构思新观点、提供新解释;更重要的是,将档案记忆研究与马克思再生产理论结合起来,突破记忆建构主义、历史虚无

[①] 2020年以后,有如谷佳媚、程含笑《社会记忆的再生产向度:历史虚无主义的消解》(《思想教育研究》2021年第10期)、马林《壮乡社会记忆的再生产与传播探究》(《新闻研究导刊》2021年第11期)、曾楠《政治仪式的记忆再生产向度:国家认同的生成考察》(《青海社会科学》2020年第3期)、郑素侠《脱贫攻坚的集体记忆及其再生产》(《新闻与传播评论》2022年第2期)、徐彤阳等《信息空间理论视域下LAM参与灾难记忆再生产的路径和策略研究》(《档案学研究》2022年第3期)等论文成果发表。

主义和历史怀疑论，为档案记忆研究提供了科学的世界观和方法论，确立了马克思主义思想理论在档案记忆研究中的话语权和指导地位，对打造具有中国特色的档案记忆理论话语体系意义重大。

学术创新永无止境。当今世界正经历着百年未有之大变局，习近平总书记深刻地指出："历史表明，社会大变革的时代，一定是哲学社会科学大发展的时代。当代中国正经历着我国历史上最为广泛而深刻的社会变革，也正在进行着人类历史上最为宏大而独特的实践创新。这种前无古人的伟大实践，必将给理论创造、学术繁荣提供强大动力和广阔空间。这是一个需要理论而且一定能够产生理论的时代，这是一个需要思想而且一定能够产生思想的时代。我们不能辜负了这个时代。"[1] 在此时代变局中，作为档案学人，更应该思考这种时代变局中"社会记忆"留存与保护的意义，更应该思考档案记忆再生产对记录和反映这种时代变局的意义，坚定学术自信，以更大的勇气推动档案记忆再生产研究的发展。

---

[1] 习近平：《在哲学社会科学工作座谈会上的讲话》(2016年5月17日)，人民出版社2016年版，第8页。

主要参考文献

《马克思恩格斯全集》第 23 卷，人民出版社 1972 年版。
《马克思恩格斯全集》第 24 卷，人民出版社 1972 年版。
《马克思恩格斯全集》第 25 卷，人民出版社 1974 年版。
《马克思恩格斯选集》（1—4 卷），人民出版社 1972 年、2012 年版。
习近平：《习近平谈治国理政》第四卷，外文出版社 2022 年版。
陈兆祦、和宝荣、王英玮主编：《档案管理学基础》（第三版），中国人民大学出版社 2005 年版。
冯亚琳、［德］阿斯特莉特·埃尔主编：《文化记忆理论读本》，余传玲等译，北京大学出版社 2012 年版。
国家档案局、中央档案馆编：《第十三届国际档案大会文件报告集》，中国档案出版社 1997 年版。
国家档案局编：《第十四届国际档案大会文集》，中国档案出版社 2002 年版。
林密：《意识形态、日常生活与空间——西方马克思主义社会再生产理论研究》，中国社会科学出版社 2016 年版。
刘国光：《马克思的社会再生产理论》，中国社会科学出版社 1981 年版。
罗季荣：《马克思社会再生产理论》，人民出版社 1982 年版。
孙德忠：《社会记忆论》，湖北人民出版社 2006 年版。
王明珂：《华夏边缘：历史记忆与族群认同》，社会科学文献出版社 2006 年版。
吴宝康主编：《档案学概论》，中国人民大学出版社 1988 年版。
夏甄陶：《认识论引论》，人民出版社 1986 年版。

杨国荣：《成己与成物：意义世界的生成》，北京师范大学出版社 2018 年版。

中央档案馆编：《共和国六十年珍贵档案》（上中下），中国档案出版社 2009 年版。

［奥］卡林·诺尔–塞蒂纳：《制造知识——建构主义与科学的与境性》，王善博译，东方出版社 2001 年版。

［德］阿莱达·阿斯曼：《回忆空间：文化记忆的形式和变迁》，潘璐译，北京大学出版社 2016 年版。

［德］阿莱达·阿斯曼：《记忆中的历史：从个人经历到公共演示》，袁斯乔译，南京大学出版社 2017 年版。

［德］尼采：《历史的用途与滥用》，陈涛、周辉荣译，上海人民出版社 2000 年版。

［德］扬·阿斯曼：《文化记忆：早期高级文化中的文字、回忆和政治身份》，金寿福、黄晓晨译，北京大学出版社 2015 年版。

［法］P. 布尔迪约、帕斯隆：《再生产：一种教育系统理论的要点》，邢克超译，商务印书馆 2002 年版。

［法］保罗·利科：《记忆，历史，遗忘》，李彦岑、陈颖译，华东师范大学出版社 2018 年版。

［法］亨利·柏格森：《物质与记忆》，姚晶晶译，安徽人民出版社 2013 年版。

［法］莫里斯·哈布瓦赫：《论集体记忆》，毕然、郭金华译，上海人民出版社 2002 年版。

［法］皮埃尔·诺拉主编：《记忆之场：法国国民意识的文化社会史》，黄艳红等译，南京大学出版社 2015 年版。

［法］雅克·勒高夫：《历史与记忆》，方仁杰、倪复生译，中国人民大学出版社 2010 年版。

［荷兰］杜威·德拉埃斯马：《记忆的隐喻——心灵的观念史》，乔修峰译，花城出版社 2009 年版。

［荷兰］米克·巴尔：《叙述学：叙事理论导论》，谭君强译，北京师范大学出版社 2015 年版。

［美］保罗·康纳顿：《社会如何记忆》，纳日碧力戈译，上海人民出版社2000年版。

［美］海登·怀特：《形式的内容：叙事话语与历史再现》，董立河译，文津出版社2005年版。

［美］马歇尔·萨林斯：《文化与实践理性》，赵丙祥译，上海人民出版社2002年版。

［美］诺曼·K. 邓金：《解释性交往行动主义：个人经历的叙事、倾听与理解》，重庆大学出版社2004年版。

［以］阿维夏伊·玛格利特：《记忆的伦理》，贺海仁译，清华大学出版社2015年版。

陈蕴茜：《崇拜与记忆——孙中山符号的建构与传播》，南京大学出版社2009年版。

Bartlett F. C., *Remembering: A Study in Experimental and Social Psychology*, Cambridge: Cambridge University Press, 1932.

Boyer M. C., *The City of Collective Memory: Its Historical Imagery and Architectural Entertainments*, Cambridge: MIT Press, 1994.

Jeffrey B., *The Moral Demands of Memory*, New York: Cambridge University Press, 2008.

Jones O. C., *An Introduction to the Study of Public Policy*, 2ed., North Scituate, Mass: Duxbury Press, 1977.

Michael R., "Repression and Reproduction: Social Memory in the 1940s", in *After the Civil War: Making Memory and Re-Making Spain since 1936*, Cambridge: Cambridge University Press, 2013.

Stephen P. H., Amy E. P., Modlin E. A., et al., *Social Memory and Heritage Tourism Methodologies*, London: Routledge, 2015.

Van Assche K., Teampău P., "Narratives of Place and Self", in *Local Cosmopolitanism*, Switzerland: Springer International Publishing, 2015.

Young E. J., *The Art of Memory: Holocaust Memory in History*, New York: Prestel, 1994.

后　记

时隔两年多，在书稿即将出版之际，再来写这篇后记，不免有诸多感慨！一方面是学术环境和研究主题的变化如此之快，新一代信息技术飞速发展和数智时代来临，"数智赋能""数字人文""数据治理""数据资产（化）"等新议题盛行涌现，"档案记忆"似乎已不再是学术的主流话语和时代课题，感觉记忆研究正在"退潮"；另一方面，个人的心境也发生着相当大的变化，脱离当时的写作状态，似乎感觉当初的写作思绪和热情已拉不回来，再谈过去所写的这些东西，也颇感忐忑。不过，既然出版，写篇后记还是很有必要的，回顾一下自己的心路历程和点滴思考，既是对过去的总结，也是对未来的展望。或许如美国伦理学家麦金泰尔所言，它让我明白其中有多少内容仍让我赞成，还能让我明白，正是先写了这本书，尔后再反思它，才让我知道怎样能够做得更好（麦金泰尔《伦理学简史》"中文版序言"）。

档案记忆再生产研究是本人主持完成的国家社科基金项目（项目编号：19BTQ093）的研究成果，也是继《档案与社会记忆研究》《城乡档案记忆工程推进研究》之后，对档案记忆问题的新思考和新探索。在研究档案与社会记忆、城乡档案记忆工程过程中，笔者深切感受到社会记忆主体的多元性、社会记忆形态的多样性、社会记忆行为的复杂性、社会记忆理论的广域性，档案既是社会记忆的物化形态，是社会活动、社会生活记忆的文本化结果，是文明时代人类不可或缺的"记忆体"，档案管理、档案馆、档案资源也相应地是社会记忆物化或文本化的过程与结果，是社会记忆的回溯性、再生性行为，或一个国家、一个民族的记忆场（所）、记忆资源。在此认识基础上，仍然运用哈布瓦赫的社会记忆建构论来解释档案记忆现象，不仅限制了档案记忆研究的理论思维，而且也容易导致对档案记忆客观性、真实性，档案记忆再生产合法性和正当性的怀疑，走向历史虚无主义险境。为此，需要立足于档案记忆作为社会"记忆体""记忆形态""记忆资源"的特质和当代社会记忆研究的实践转向，坚持以马克思主义再生产理论为指导，做到"两个结合"（把马克思主义基本原理同中国具体实际相结合、同中华优秀传统文化相结合），对档案记忆现象进行新的理论阐释和成果整合，开拓思路，努力构建具有中国特色的本土化档案记忆理论体系和话语体系。本成果作为一种学术探索和尝试，提出的观点是否准确，尚待学者辨裁，但笔者始终认为探讨的方向是正确的，我们应当有这样的学术自觉和思想勇气。

法国历史学家雅克·勒高夫曾言："记忆学科专家、人类学家、历史学家、记者以及社会学家都肩负有为普及社会记忆而奋斗的担子，这也是一个客观的科学的要求。"对于置身社会记忆再生产场域中的档案工作者和档案学研究者来说，我们不仅"肩负有为普及社会记忆而奋斗的担子"，还要肩负有档案记忆理论建设的"担子"。习近平总书记指出："要按照立足中国、借鉴国外，挖掘历史、把握当代，关怀人类、面向未来的思路，着力构建中国特色哲学社会科学，在指导思想、学科体系、学术体系、话语体系等方面充分体现中国特色、中国风格、中国气派。"建构并形成中国特色的档案记忆理论体系和话语体系任重道远，或许随着"记忆潮"的减退，档案记忆研究已不再成为学术热点，但这并不意味着档案记忆现象研究不再重要，恰恰相反，随着数字时代的到来，社会记忆或档案记忆再生产的数字转型及其所引发的问题更值得高度关注，面对构建人类命运共同体、铸牢中华民族共同体意识，以及满足人民日益增长的美好生活需要，建设"有伦理的（档案）记忆事业"更是宏旨高远，使命不殆！

课题研究、书稿撰写和成果出版过程中，先后得到国家社科基金项目和上海大学信息资源管理学科建设经费的大力支持；得到课题结项评审专家提出的宝贵修改指导；得到课题参加人安徽大学杨雪云教授，东华大学张燕副研究馆员，上海大学吴铭副教授、韩云惠老师等诸位同仁的协同谋划；得到我的硕博士研究生陈明、尹昭娴、黄琳、周子晴、杨茜兰、朱小慧、付亚楠、陈佳雨等诸位同学在资料搜寻、文稿校核方面的大力协助；

得到中国社会科学出版社编辑安芳老师的精心审校和出版帮助,付梓之际,一并表示衷心感谢!

  书稿完成于2022年7月,本次出版,虽略加修订调整,但内容涉及的相关数据仍截至此时,特作说明。由于学识水平有限,书中舛误难免,恳请专家、学者批评指正。

丁华东
2024年10月